신앙의 기초를 세우는
기독교 기본 교리

죠이선교회는 예수님을 첫째로(Jesus First)
이웃을 둘째로(Others Second)
나 자신을 마지막으로(You Third) 둘 때
참 기쁨(JOY)이 있다는 죠이 정신(JOY Spirit)을 토대로
하나님 나라의 확장을 위해 지역 교회와 협력, 보완하는
선교 단체로서 지상 명령을 성취한다는 사명으로 일합니다.

죠이선교회 출판부는 그리스도를 대신한 사신으로
문서를 통한 지상 명령 성취와 하나님 나라 확장을 위해 노력합니다.

Basics of the Faith: An Evangelical Introduction to Christian Doctrine
Copyright © 2019 Christianity Today International
Lexham Press, 1313 Commercial St., Bellingham, WA 98225
All Rights reserved.

This Korean translation edition © 2020 by JOY Mission Press, Seoul, Republic of Korea.

이 한국어판의 저작권은 Laxham Press와 독점 계약한 죠이북스에 있습니다. 신 저작권법에 의하여 한국 내에서 보호받는 저작물이므로 무단 전재와 무단 복제를 금합니다.

죠이북스는 죠이선교회의 임프린트입니다.

신앙의 기초를 세우는
기독교 기본 교리

칼 헨리 편집 · 케빈 밴후저 서문
노진준 옮김

죠이북스

차례

서문 "가장 위대한 세대"와 미래 복음주의 신학을 위해
그들이 남긴 유산 케빈 밴후저　　　　　　　　　　·8

1장　일반 계시와 특별 계시 애디슨 레이치　　　·22

2장　하나님의 구원 행위들 조지 래드　　　　　·30

3장　성경의 영감 필립 휴즈　　　　　　　　　·39

4장　삼위 하나님의 비공유적 속성들 프레드 클루스터　·47

5장　하나님의 공유적 속성들 앤서니 후크마　　·57

6장　성 삼위일체 J. 케네스 그리더　　　　　　·66

7장　하나님의 작정 제프리 브로밀리　　　　　·76

8장　예정 윌리엄 로빈슨　　　　　　　　　　·85

9장　창조 해럴드 쿤　　　　　　　　　　　　·95

10장　천사 버나드 램　　　　　　　　　　　·104

11장　사탄과 마귀들 헤리트 베르까우어　　　·113

12장　섭리 앤드류 롤　　　　　　　　　　　·121

13장 기적 헨리 스톱 · 129

14장 인간의 기원과 본성 존 거스트너 · 139

15장 행위 언약 오스왈드 앨리스 · 148

16장 죄의 본질과 기원 J. 올리버 버스웰, Jr. · 158

17장 원죄, 전가, 무능 코넬리우스 반틸 · 167

18장 은혜 언약 허버트 카슨 · 177

19장 그리스도의 위격: 성육신과 동정녀 탄생 F. F. 브루스 · 186

20장 그리스도의 위격: 자기 비움론 웨인 워드 · 195

21장 그리스도의 위격: 죽음, 부활, 승천 랄프 얼 · 204

22장 예수 그리스도: 선지자, 제사장, 왕 새뮤얼 미콜라스키 · 214

23장 속죄 레온 모리스 · 223

24장 그리스도의 중재 사역 로버트 로스 · 231

25장 성령의 사역 존 월부르드 · 240

26장 일반 은총 M. 유진 오스터헤이븐 · 248

27장 유효적 소명 J. 노벌 겔덴하이스 · 257

28장 중생 오토 미셸 · 267

29장 회개와 회심 줄리우스 맨티 · 276

30장 믿음 캘빈 린튼 · 285

31장 신비적 연합 윌리엄 뮬러 · 295

32장 이신칭의 휴 맥도날드 · 305

33장 양자 됨 J. 테오도르 뮬러 · 314

34장 성화 존 머레이 · 323

35장 성도의 견인 W. 보이드 헌트 · 332

36장 교회의 본질 제임스 패커 · 341

37장 교회의 행정 에드워드 카넬 · 350

38장 세례와 성찬 메릴 테니 · 359

39장 은혜의 다른 수단들 프랭크 개블라인 · 368

40장 죽음과 불멸 제임스 톰슨 · 377

41장 재림: 천년 왕국에 관한 관점들   윌리엄 아넷   · 386

42장 죽은 자의 부활과 최후 심판   월터 웨셀   · 395

43장 마지막 상태: 천국과 지옥   J. 알렉 모티어   · 404

주제 색인 · 413

성구 색인 · 453

서문
"가장 위대한 세대"와
미래 복음주의 신학을 위해 그들이 남긴 유산

케빈 밴후저

이 책에 수록된 글은 1961-1962년에 간행된 〈크리스채너티 투데이〉(Christianity Today)에 실린 것들이다. 따라서 이 글들은 20세기 중반 영어권 복음주의 신학의 정수를 담고 있는 한 시대의 진정한 타임캡슐이라고 볼 수 있다. 좀 더 정확히 말하자면, 이 글들은 〈타임즈〉(Times)가 빌리 그레이엄을 표지 기사로 다룬 시기(1954년 10월 25일)와, "복음주의: 신앙의 새로운 제국"(1977년 12월 26일)을 표지 기사로 다룬 시기의 것들이다. 그렇다면 이 글들은 과거의 복음주의에 관해 우리에게 무엇을 말해 주며, 우리는 미래의 복음주의를 위해 이 글들에서 무엇을 배울 수 있을까?

복음주의 신학_ 20세기 중반의 상황

우선 이 글들은 해럴드 오켄가(Harold Ockenga)가 1947년에 처음으로 "신복음주의 운동"(neo-evangelical movement)이라고 명명한[1] 초기의 통찰들이 담긴 보물이다. 신학적 진보주의자들과 대화하기를 거부하고 사회 정의와 관련된 일에 동참하지도 않으려 한 근본주의자들과 달리 오켄가는 복음의 진리를 증거하는 길로서 학문과 사회에 동참하는 새로운 신학적 보수 복음주의 세대를 요청했다.[2]

복음주의는 처음부터 교파를 초월한 복음 연합 운동으로 시작되었다. 이 책에 나오는 글 43편의 기고자들에는 영국 성공회, 루터교, 장로교, 나사렛교, 감리교, 침례교, 형제회에 속한 사람들이 포함되어 있다. 게다가 이들의 국적은 미국 외에도 캐나다, 아일랜드, 스코틀랜드, 잉글랜드, 네덜란드, 남아프리카, 독일 등 다양하다. 하버드 출신 네 명을 포함하여 기고자는 거의 대부분 비복음주의 학교에서 박사 학위를 받았으며, 케임브리지, 옥스퍼드, 프린스턴, 에든버러, 서던 캘리포니아, 존스 홉킨스, 베를린, 드류 출신도 있다. 기고자는 모두 백인 남성이지만 문화적 배경이나 고백적 전통은 매우 다양하다.

이 책에 소개된 기고자들은 복음주의의 "가장 위대한 세대"를 대변한다고 해도 과언이 아닐 것이다. 물론 이 명칭은 2차 세계 대전을 겪

---

1 이 책에는 오켄가의 글이 실리지 않았지만, 그는 당대 복음주의에서 대표적으로 목소리를 내던 몇몇 가운데 한 사람이다. 그는 전국 복음주의 협회(National Association of Evangelicals)뿐 아니라 양쪽 연안의 대표 신학교(풀러 신학교와 고든콘웰 신학교)를 세우는 데 도움을 주었다.
2 더 자세한 설명을 원한다면, George Marsden, *Reforming Fundamentalism: Fuller Seminary and the New Evangelicalism* (Grand Rapids: Eerdmans, 1987); Joel A. Carpenter 편집, *Two Reformers of Fundamentalism: Harold John Ockenga and Carl F. H. Henry* (New York: Garland, 1988); Garth M. Rosell, *The Surprising Work of God: Harold John Ockenga, Billy Graham, and the Rebirth of Evangelicalism* (Grand Rapids: Baker Academic, 2008)을 보라.

으며 싸운 세대를 일컫는 말이지만, 이들이 복음주의적으로 직면한 상대 역시 세계적인 도전이었기 때문이다. C. S. 루이스는 그 상대를 "소름 돋는 영향력"(that hideous strength, 그의 우주 3부작 가운데 제3권의 제목. 국내에는 "그 가공할 힘"이라는 제목으로 역간되었다_ 편집자)이라 불렀는데, 이것은 근대 사회의 두 탑인 세속주의와 과학주의를 시적으로 표현한 것이다. 칼 헨리(Carl F. Henry)는 이 책의 원작이자 (이 책에는 포함되지 않은 글들도 모아) 1962년에 출간된 책[3] 서문에서 "초자연의 실재에 대한 현대적 편견"에 관해 언급했다. 헨리는 기독교 중심에 성령을 통하여 부활하신 그리스도와 믿음으로 연합된 복음의 동반자들, 곧 "새로운 인류"(new race)가 있다고 주장하고, 신복음주의의 특징은 성경 교리에 대한 새로운 발견이라면서 적극 환영했다. "지금 이 세기는 그저 교회에 다니기만 하는 교인들에게 신학적 탈지유(skim milk)를 제공한다. …… 신학적으로 새로워지고 있다는 한 가지 분명한 증거는 견고한 성경적 권위의 기준에 근거한 조직 신학에 대해 다시금 관심을 갖기 시작했다는 것이다."[4] 이러한 배경에서 이 책에 수록된 글들은 현대 세속주의 영역으로 들어가는 초기 교두보이자 일종의 교리적 공격 개시였다.

아마도 군사적 은유가 적절할 것이다. 이 책 「기독교 기본 교리」의 기고자들은 하나님의 진리와 생명의 프로젝트에 참여한 사람들이다. 바울은 이것을 "모든 생각을 사로잡아 그리스도에게 복종하게" 하기 위해서 "하나님 아는 것을 대적하[는]"(고후 10:5) 모든 논쟁이나 이론과 싸우는 전쟁이라고 표현했다. 계시된 진리와 우리의 생각이 일치하고, 바른 사고("모든 생각")가 바른 행동("복종")으로 확실하게 이어지게 만드

---

3 Carl F. H. Henry 편집, *Basic Christian Doctrines* (New York: Holt, Rinehart & Winston), viii.
4 앞의 책, viii.

는 것이 바로 신학의 목적이 아니겠는가! 따라서 "신앙의 기본"(Basics of the Faith, 이 책의 원제)이란 우리 생각을 하나님과 복음에 대해 바른 방향으로 조준하게 만드는 기독교의 핵심 가르침이다. 애석하게도 거짓된 교리(우상과 이데올로기) 역시 설득력이 있기 때문에 기독교의 기본 교리는 언제 어디서나 필요하다.

「기독교 기본 교리」의 기고자들은 다양한 교파와 문화를 대변하지만, 성경을 기독교 사상과 삶의 최고 기준으로 인정하는 데는 한목소리를 낸다. 이 책 원작의 후기(이 책에는 포함되지 않음)에서 로저 니콜(Roger Nicole)은 복음주의 신학의 근본 원리를 "절대적으로 확실한(infallible) 신앙 규범으로서 성경의 권위를 순순히 인정하는 것"[5]이라고 보았다. 니콜에 따르면 복음주의 신학 방법의 특징은 하나님의 음성을 순종하며 듣는 것이다. "신학은 기본적으로나 궁극적으로 언제나 성경적이다. 사도 바울과 우리 주님이 친히 보여 주신 모습을 따라 승리의 확신을 가지고 '기록된 바'에 논증의 기반을 둘 때, 복음주의자는 자신이 종교개혁의 위대한 교리인 '오직 성경'(Sola Scriptura)을 따르고 있다고 확신하게 된다."[6]

「기독교 기본 교리」에 수록된 글들은 니콜이 주장한 대로 매우 명확하게 성경을 다른 무엇보다 중요하게 다룬다. 복음주의 신학자들은 성경적 드러머(Drummer)의 박자에 맞추어 행진한다. 한 예로 버나드 램(Bernard Ramm)의 말을 들어 보자. "역사적이며 구체적인 계시의 특징을 떠나 천사에 관해 생각하는 것은 마치 진공 상태에서 날아 보려고 시도하는 것과 같다. 우리에게는 이 문제를 판단할 수 있는 **선험적 원리**

---

5 Nicole, "A Postscript on Theology," in *Basic Christian Doctrines*, 302.
6 Nicole, "Postscript," 302.

가 없다. 우리에게는 그 적합성을 평가할 심미적 감각도 없다. 계시의 내용에 의존하든, 아니면 이 문제를 피해 가야 한다." 다시 말하지만 목표는 하나님과 복음에 대한 교회의 생각이 하나님 말씀과 일치하는가를 확인하는 것이다. 이 책에 수록된 글인 "마지막 상태: 천국과 지옥"에서 J. A. 모티어(Motyer)는 인간의 운명에 관한 질문에 민감한 사람이라면 누구나 "보편주의자가 되고 싶어 한다"고 인정한다. 하지만 감상은 "신학적인 기준이 될 수 없다." 하나님의 사랑을 이해하려면 인간적 사랑에서 유추하는 것 이상이 필요하다. 그렇기 때문에 반드시 성경에 나타난 기독교 교리에 근거를 두어야 한다. "오직 하나님만이 그 의미가 무엇인지를 말씀하실 수 있다. '진리의 하나님은 무엇이라고 하셨는가?'를 배워야 한다."

「기독교 기본 교리」은 하나님의 지식에 관한 세 편의 글로 시작한다. 칼뱅도 하나님을 아는 지식 없이는 자신을 아는 지식이 없다는 통찰로 「기독교 강요」를 시작했다. 복음주의자는 모든 것을 자연, 성경, 역사(특히 예수 그리스도의 구원 역사)에 나타난 하나님의 자기 계시에서 시작한다. 조지 래드(George Ladd)가 말한 대로 "기독교라는 종교의 사건이 지닌 독특함은 역사적인 사건들을 통해 계시가 전달(mediation)되었다고 말하는 데 있다." 따라서 성경은 단순한 정보 모음이나 개념 체계가 아닌 사건들의 이야기다. "성경에 기록된 역사는 하나님의 행위를 수반한다." 이스라엘 역사에서 사실인 것은 예수의 역사에서도 더할 나위 없는 사실이다. 예수가 바로 육신을 입고 오신 하나님이기 때문이다. 이 글들을 복음적으로 만드는 것은 결국 하나님과 복음은 하나라는 확신이다. 래드가 말한 대로 "하나님의 말씀이 하나님의 행위이고, 하나님의 행위가 곧 하나님의 말씀이다."

무엇이 복음주의 신학을 복음적으로 만드는가

이 타임캡슐에 담긴 글들은 그 자체로 복음적임을 드러낸다고 말할 수 있다. 모든 기고자가 기독교 신학의 객관적인 인지 원리, 즉 성경에서 선지자와 사도를 통해 소통된, 영감된 하나님의 말씀을 공유하기 때문이다. 교리란 구원에 관한 성경 이야기에서 배우들을 규정하고 그들의 연기를 판단하는 방법("하나님 안에서 성경적 풍경과 그 궁극적 지평을 보여 주는 창문들"7)이다. 교리를 기본이라고 부르는 것은 그것이 성경적 세계관을 전달하는 이야기와 말씀들을 바르게 이해하기 위해서 알아야 하는 것들을 가르쳐 주기 때문이다. G. C. 베르까우어(Berkouwer)가 이 책에 실린 글에서 말한 대로 "교리는 하나님의 말씀을 연결하려는 시도다." 그러나 이 책에 실린 글들이 실제 내용에서나 형식상(formal)의 방법에서 일치하는지는 전혀 다른 문제다.

일부 비판가들은 복음주의 기독교에는 고유한 교리적 핵심이라고 할 만한 것이 없다는 우려를 지속적으로 표명해 왔다. 이들의 관점에서 복음주의란 (햄릿이 말하는 '삶'처럼) 아무것도 규정하지 못하는 용어다.8 이 비판이 사실처럼 보이는 증거는 얼마든지 있다. 복음주의자들은 종종 많은 교리적 세부 사항(예를 들면 세례 방법, 속죄의 효과, 성령의 은사 등)에서 이견을 표명한다. 어떤 학자들은 기본적인 기독교 교리를 분명

---

7   John Webster, "Principles of Systematic Theology," in *The Domain of the Word: Scripture and Theological Reason* (London/New York: T&T Clark International, 2012), 149.

8   예를 들면 *Deconstructing Evangelicalism: Conservative Protestantism in the Age of Billy Graham* (Grand Rapids: Baker, 2004), 16쪽에서 D. G. 하르트(Hart)가 "복음주의란 존재하지 않기 때문에 종교적 정체성은 단념해야 한다"고 주장한 내용을 보라. 또한 도널드 데이턴(Donald Dayton)과 로버트 존슨(Robert K. Johnson)이 편저한 *The Variety of American Evangelicalism* (Knoxville: University of Tennessee Press, 1991), 251쪽에서 데이턴이 쓴 "복음주의라는 범주의 유용성에 대한 의문들"(Some Doubts about the Usefulness of the Category Evangelical)을 보라.

한 경계가 있는 '유계 집합'(bounded set)으로 보고, 또 어떤 학자들은 이 교리들을 중심에서 멀기도 하고 가깝기도 하지만 들어가거나 나가지 않는 '중심 집합'(centered set)으로 보는 데 만족하기도 한다. 데이비드 베빙턴(David Bebbington)이 지적한 대로 "보수는 복음주의가 무엇이어야 하는지를 구체화하고, 진보는 현상이 무엇인지를 설명한다."[9] 복음주의 신학의 핵심을 규정하는 데 가장 큰 도전은 복음주의자가 누구인지에서 복음주의자가 **누구여야 하는지**가 비롯된다는 사실이다.

내 생각에 이 책에 실린 글의 기고자 대부분은 자신을 복음주의자로 규정하는 데 크게 개의치 않을 것 같다. 자신의 의견을 통해 복음주의자로서의 지위와 소속을 말하는 것이라면 말이다. 이미 살펴본 대로 이 책의 기고자들이 우선으로 지향하는 것은 특정 영역에 속하는 것이 아니라 하나님의 음성을 듣는 것이다. 따라서 모든 것은 **복음주의적이**라는 말을 사회적인 틀에서 다루느냐, 아니면 신학적인 틀에서 다루느냐에 달려 있다. 이상적으로 이 둘은 뗄 수 없는 관계다. 복음주의적이란 "복음의 가르침에 따른, 또는 복음의 가르침에 관한" 것을 의미하며, 그것이 바로 진정한 복음주의자의 열망이기 때문이다. 그러나 스스로 복음주의자라고 부르는 사람들이 여러 교리에서 차이를 보이고 있기 때문에 복음주의 신학은 단순히 투표로 결정할 수 있는 것이 아니다. 나는 「기독교 기본 교리」의 기고자들이 지닌 가장 깊은 관심은 사회적 운동의 대변인이 되는 것이 아니라 하나님이 말씀하시고 행하신 것의 신실한 증인이 되는 것이라고 믿는다.

다른 곳에서 대니얼 트라이어(Daniel Treier)와 나는 복음주의 신학을

---

9 D. W. Bebbington, "About the Definition of Evangelicalism. ……" *Institute for the Study of American Evangelicals* 83 (2012): 5.

'정박된 집합'(anchored set)으로 보는 것이 가장 바람직하다는 논쟁을 한 적이 있다.[10] 교회(그리고 복음주의적 견해)는 닻이 아닌 배다. 다시 말하면, 교회는 한 사람의 신앙이 파선되거나 떠내려가지 않도록 닻을 내려 붙들어 주는 방주인 것이다(딤전 1:19). 성경이 "안전하고 확실한 영혼의 닻"(히 6:19, 새번역)이라고 부르는 것은 다름 아닌 하나님의 약속, 예수 그리스도를 통해 성취된 그분의 은혜의 언약이다. 그렇다면 닻이란 아버지께서 성령에 의해 아들을 통하여 죄인들을 향한 변함없는 하나님의 사랑을 증명하심으로 보여 주신, 자신의 말씀에 대한 신실하심이다. 복음은 성부께서 성령의 능력으로 십자가와 부활을 통하여 성자 안에서 어떻게 모든 것을 바로잡으셨는지에 관한 것이다. 삼위 하나님 자체가 복음의 총합이자 실체시다. "복음의 삼위적 형태는 은혜로 하나님이 자신을 주셔서 영원한 삼위적 생명을 우리에게 주셨다는 사실에서 기인한다."[11] 따라서 복음주의 신학은 복음의 하나님, 하나님의 복음에 닻을 내린다.[12]

J. 케네스 그리더(Kenneth Grider)는 이 책에 실린 그의 글 "성 삼위일체"에서 암묵적으로 이 닻을 인정한다. "예수 그리스도께서 우리 신앙

---

10   Kevin J. Vanhoozer and Daniel J. Treier, *Theology and the Mirror of Scripture: A Mere Evangelical Account* (Downers Grove, IL: IVP Academic, 2015), 51-57쪽을 보라.

11   Fred Sanders, *The Deep Things of God: How the Trinity Changes Everything* (Wheaton, IL: Crossway, 2010), 25.

12   복음주의에 대한 "사변형" 정의(회심주의, 행동주의, 성경 문자주의, 속죄 중심주의)의 표준에 대해서는 David W. Bebbington, *Evangelicalism in Modern Britain: A History from the 1730s to the 1980s* (London: Unwin Hyman, 1989)를 보라. 복음주의 신학을 복음적으로 만드는 것에 관해 설명하는 다른 시도들로는 Larsen and Daniel J. Treier가 편저한 *The Cambridge Companion to Evangelical Theology* (Cambridge: Cambridge University Press, 2007), 1-14쪽에 수록된 Timothy Larsen, "Defining and locating evangelicalism"; Gerald R. McDermott가 편저한 *The Oxford Handbook of Evangelical Theology* (Oxford: Oxford University Press, 2010), 19-32쪽에 수록된 Mark Noll, "What Is 'Evangelical'?"; Andrew David Naselli and Collin Hansen가 편저한 *Four Views on the Spectrum of Evangelicalism* (Grand Rapids: Zondervan, 2011)을 보라.

의 자석과 같은 중심이기는 하지만 …… 우리 복음주의 개신교인들은 종종 성부 하나님과 성령 하나님을 소홀히 여기는 경향이 있다." 여기서 복음주의란 '성경에 따라서'라는 의미보다는 특정한 그룹의 사람들을 가리킨다. 그리더의 글은 삼위 하나님의 각 위(person)가 은혜의 언약을 세우시며 자신이 택한 백성과 자신의 생명을 나누는 하나님의 약속을 완성하는 데 결정적인 역할을 하기 때문에 이 삼위 하나님은 그 위엄과 존귀함에서 동일하다고 강력하게 주장한다.

허버트 카슨(Herbert Carson) 역시 자신의 글에서 복음의 삼위적 형태를 명확히 한다. "성부께서는 언약 관계로 부를 사람들을 택하신다. …… [성자의] 보혈이 은혜 언약의 근거를 세운다. 그리고 성령이 신자의 삶에서 이 언약을 실현하신다." 마찬가지로 J. I. 패커(Packer)도 복음의 삼위적 경륜 안에서 교회의 위치를 주목할 것을 요청했다. "교회는 성경이 선언하는 구속(redemption)의 대상이다. …… 교회론을 공부하지 않고는 하나님의 목적도, 은혜의 방법도, 그리스도의 나라도, 성령의 역사도, 세계 역사도 온전히 이해할 수 없다." 패커는 교회란 "하나님이 만드신 것으로 공통의 구주를 신뢰하고 성령에 의해 성취된 연합 안에서 주와 하나 된 죄인들이 나누는 교제(fellowship)"라며, 교회를 사회학적이 아니라 신학적으로 설명한다. 삼위 하나님의 말씀을 지키는 것이 「기독교 기본 교리」의 기고자들을 하나로 묶어 주는 외형적 원칙이라고 말할 수 있겠지만, 삼위 하나님의 복음과 그것이 전제하고 의미하는 것, 그리고 그것이 복음주의 신학의 교리적 핵심이 되는 것에 대해서도 그들은 공통된 고백을 한다.[13]

---

13   샌더스는 복음주의자들에게 "우리가 그리스도 안에서 누구인지에 대한 실재에" 도달하게 하는 "삼위일체적 뿌리가 있음"을 설득력 있게 논증했다(*The Deep Things of God*, 9). 또한 Michael

기본을 넘어서_ 오늘과 내일을 위한 어제의 교훈들

오늘날 복음주의자들은 가장 위대한 세대가 남긴 타임캡슐을 왜 공부해야 할까?

우선 이는 당대의 자유주의자나 현대주의자와 대조적으로 신복음주의의 첫 세대가 그들의 신학적 소명을 어떻게 이해했는지를 아는 데 도움을 준다. 기고자들은 현대 사상을 무시하거나 비방하지 않았으며, 그렇다고 숭배하지도 않았다. 그들은 단지 성경에 복종했을 뿐이다. 과학과 초자연에 관한 램의 견해를 생각해 보라. "천사들을 거북해하는 현대인의 태도를 대하면서 기독교 신학자들이 직면하는 심각한 질문은 이런 태도에 논리적인 신학적 당위성이 있느냐다. 자연 법칙에서 천사와 원자가 상충된다면 기독교 신학은 심각한 논리적 문제를 직면하게 될 것이다. …… 그러나 자연 세계의 질서나 질서 확립을 위한 설명으로 천사가 언급된 적은 한 번도 없다. 천사와 원자는 상충되지 않는다!" 이 글들에서 특히 주목할 것은 상대적으로라도 현대 자유주의에 유감을 표명하지 않는다는 것이다. 이는 기고자들이 현대 자유주의에 온건한 견해를 취해서가 아니라 자신에게 주어진 주제들에 대한 성경적 가르침을 제시하는 데 주된 관심을 두기 때문이다.

둘째, 과거에서 소중한 통찰을 끌어내는 것은 늘 가치 있는 일인데, 그 점에서 이 책은 많은 신학적 보화를 담고 있다. 달리 말하면 복음주의 교회 안에서 교리적 가르침에 목말라 하는 사람들을 시원케 할 물잔이 이 책 곳곳에 가득하다. 하나님의 사랑을 우선적인 속성으로 보려는 시대에 앤서니 후크마(Anthony Hoekema)가 하나님의 거룩함을 "그

Reeves, *Delighting in the Trinity: An Introduction to the Christian Faith* (Downers Grove, IL: IVP Academic, 2012)를 보라.

분의 피조물 위에 무한히 영광받으시며, 하나님의 존재와 행위에 관한 자질이라는 측면에서 독립된 속성이 아니"라고 상기시킨 것도 좋은 예 중 하나다.

셋째, 점점 양극화되어 가는 이 시대에 다양성 안에서의 통일성이라는 특징을 지닌 20세기 중반기의 복음주의 운동을 기억해 내는 것은 큰 유익이 있다. 일반적으로 말하듯이 그것은 공통으로 소유한 신학적 핵심이 부차적인 신학적 차이를 극복하게 해주는 '순전한 복음주의 신학'이 가능하다는 긍정적인 증거를 제시한다. 헨리는 이 책의 원저 서문에서 바로 이 부분을 강조한다. "헌신된 복음주의자로서 다양한 저자의 공통점은 그들이 보이는 차이점보다 훨씬 크다."[14] 그러나 그는 공통점들이 어떤 것인지는 구체적으로 언급하지 않는다.

이는 네 번째 가능성으로 인도하는데, 이 글들은 복음주의 신학이 복음적이 되기 위한 지속적인 탐구를 권장한다. 어쨌든 현재 상황에서 하나의 운동으로서 복음주의가 위기에 처한 것은 분명해 보인다. 열성적인 구성원들은 이 용어가 무엇을 의미하는지 혼란스러워하며, 또 어떤 사람들은 정체성을 위해 다른 수단을 찾아야 할지를 혼란스러워하고 있으니 말이다. 현재 경험하는 혼란 가운데 이 책이 복음주의 목회자, 교회, 신학자에게 신학적 중력의 중심을 되찾을 수 있도록 도와줄 수 있지 않을까?

〈크리스채너티 투데이〉 편집장인 마크 갤리(Mark Galli)는 최근에 복음주의는 "그리스도인이 된다는 것에 대한 고상하고 독특한 표현 방식"이라고 주장했다.[15] 그는 이 독특한 방식을 그리스도 중심주의

---

14 *Basic Christian Doctrines*, ix.
15 Mark Galli, "The Anvil of the Evangelical Mind," *Christianity Today* 63, no. 2 (March 2019): 64.

(Christocentrism)라고 부르는데, 이는 교리라기보다는 아우구스티누스와 청교도에게서 찾아볼 수 있는 특정한 방식의 경건을 표현한 것이다. 이러한 공통의 경건에 대한 강조는 성경의 권위와 아울러, 복음주의자들은 "참 종교란 하나님에 대한 적극적인 경험을 요구한다"는 확신을 공유했다는 마크 놀(Mark Knoll)의 주장과 연결된다.[16] 모든 신학 형태에서 예수가 주연이지만, 갤리에 따르면 그중에서도 복음주의 신학이 가장 '예수적'(Jesusy)이다. 오순절파는 성령의 경험으로 알려진 반면 복음주의자의 특징은 "예수 중심적인 경건"으로 알려져 있다.[17]

「기독교 기본 교리」에 실린 글들, 아니 기고자들은 얼마나 예수적일까? 사실 하나님만이 우리 마음을 아시니(눅 16:15) 뭐라 말하기는 어렵다. 게다가 그리더의 글에서 앞서 살펴본 대로 예수는 복음주의 신앙의 중심이지만, 이 중심이 진정으로 복음적이려면 삼위일체적 자기장(magnetic field)이 필요하다. "신비적 연합"을 다룬 윌리엄 뮬러(William Mueller)의 글은 이것을 잘 보여 준다. 신비적이라는 용어는 그리스도와의 교통이 지닌 경이로움을 보여 주는 것으로, 복음적 경험에 대한 갤리의 주장과도 일맥상통한다고 볼 수 있다. 그러나 '그리스도와의 연합'이라는 교리는 그 교리가 주장하는 복음을 경험하는 데 구체적으로 무엇이 내포되어 있는지 설명해 줄 수 있어야 한다.[18] 칼뱅이 지적한 대로 칭의와 성화는 그리스도와의 연합에서 흘러나오는 쌍둥이 복이다. 복음은 우리가 그리스도 안에서 성부와 교제하며, 성령을 통하여 서로

---

16 Noll, "What is 'Evangelical'?" 28.
17 Galli, "Anvil of the Evangelical Mind," 66.
18 샌더스는 복음주의자들이 삼위일체의 실재를 경험하는(성자 안에서 성령을 통한 성부와의 교제) 데서 시작하여 언어적, 개념적으로 명료해지는 단계로 옮겨 간다고 바르게 제안한다. "원리는 실재가 먼저이고 설명은 그 다음이다"(샌더스, *The Deep Things of God*, 35).

교제한다는 복된 소식이다. 이것이 성경의 권위 아래에서 복음에 속한 사람들을 하나로 묶어 주는 삼위일체적 확신이라고 나는 기꺼이 고백한다. 바로 이것이 이 책에 실린 글들을 붙들어 주는 함축된 닻이다.

마지막으로 이 글들은 오늘날 복음주의 신학자들이 동경할 수 있는 표본이기도 하다. 기고자들이 주로 백인 남성 영국계 미국인인 것이 사실이지만, 그럼에도 오늘날 매우 절실한, 보다 세계적이고 보편적인 복음주의의 씨앗들이 여기에 있다. 이미 언급한 글인 "신비적 연합"에서 우리는 다음 주장을 발견한다. "남쪽과 북쪽, 어느 곳에 있든지 간에 사도가 '그리스도 안에서'라고 한 말의 무게를 그리스도인들이 이해할 수 있다면, 다른 인종을 향한 인종적 우월감과 교만, 반유대주의, 그리고 모든 비기독교적 자세가 급진적으로 변할 것이다." 아멘.

이 글들이 처음 출간되고 30년 즈음 지난 후에 마크 놀은 「복음주의 지성의 스캔들」(The Scandal of the Christian Mind)이라는 책을 썼다.[19] 이 책은 한 기독교 학자 안에 있는 두 사랑, 즉 지성의 삶과 그리스도 안에서의 신앙에 대한 사랑을 일깨우는 진심어린 호소다. 「기독교 기본 교리」에 실린 복음주의 기고자들에게는 이런 문제가 존재하지 않았다. 예수 그리스도의 복음의 진리를 마음과 뜻을 다해 사랑하는 것은 그들의 일용할 양식이기 때문이다. 학문적이지만 이해하기 쉽게 기록된 이 책의 글들은 공통으로 경험한 것들을 모아 놓은 얄팍한 복음주의를 대변하지 않는다. 오히려 성경의 깊이를 관통하는 다양한 교리적 우물들로 수심이 깊어, 그리스도 안에서 우리에게 부어 주신 하나님 사랑의 길이와 높이와 넓이를 다양하게 보여 준다. 여기에서 영생이 흘러나온다.

---

19 Mark Noll, *The Scandal of the Christian Mind* (Grand Rapids: Eerdmans, 1994). 「복음주의 지성의 스캔들」, IVP 역간.

이 글들은 모두 성령에 의해 성자 안에서 모든 것을 완성하시는 성부의 계획을 탐구한다. 다시 말하면 모든 것은 복음의 근거요, 문법이며, 목표가 되시는 예수 그리스도를 전제하고, 나타내며, 수반한다.

1장
일반 계시와 특별 계시

애디슨 레이치

> 애디슨 레이치(Addison H. Leitch, 1908-1973)_ 케임브리지 대학에서 박사 학위를 받고, 피츠버그 제니아 신학대학원, 타키오 대학, 고든콘웰 대학에서 가르치던 장로교 신학자다. 그가 쓴 책으로는 「기본 신학 해석」(*Interpreting Basic Theology*, 1961), 「장로교 신앙을 위한 평신도 지침서」(*A Layman's Guide to Presbyterian Beliefs*, 1967)가 있다.

시편 기자는 "하늘이 하나님의 영광을 선포하고 궁창이 그의 손으로 하신 일을 나타내는도다 날은 날에게 말하고 밤은 밤에게 지식을 전하니 언어도 없고 말씀도 없으며 들리는 소리도 없으나"(시 19:1-3)라고 노래한다. 사람들은 오래전부터 이 사실을 알고 있었다. 그래서 그들은 경이로운 일들을 통해 자신을 드러내시는 하나님의 영광을 찬양했다. 언어나 말씀이 없어도, 다시 말해 헬라어나 히브리어, 또는 독일어나 영어가 없어도 모든 날이 말하고 모든 밤이 지식을 전해 준다. 나중에 사도 바울은 덧붙여 말하기를, "창세로부터 그의 보이지 아니하는 것들 곧 그의 영원하신 능력과 신성이 그가 만드신 만물에 분명히 보여 알려졌나니 그러므로 그들이 핑계하지 못할지니라"(롬 1:20)라고 했다. 시편 기자와 사도는 피조물을 통해 하나님을 알 수 있으며 그 가운데에서 그분 보기를 거부하는 것은 핑계에 지나지 않는다는 것을 누구도 부인할 수 없다고 선언한다.

우리를 둘러싼 세상이 우리에게 알려 주는 하나님의 지식은 모든 세대의 신자가 인정하고 받아들인 것이다. 어찌 보면 이것은 한 단계씩 올라가다 보면 최고의 이데아(supreme Idea)에 이르게 되고, 그 이데아는 필연적으로 '이상적'(Ideal)이라고 정의할 수 있는 도덕적 자질들을 갖는다는 플라톤의 접근 방식이기도 하다. 다르게 보면 이것은 단순한 사물에서 완전한 형태로, 생동감이 없는 세상에서 흔들리지 않는 제1운동자의 최상부로 옮겨 가는 아리스토텔레스의 접근 방식이기도 하다. 좀 더 구체적으로 기독교 전통 안에서 사람들은 주변 세계에서 하나님에 대한 '증명', 신앙의 이유, 믿음의 필요성을 발견했고, 적어도 그들의 사고 체계 안에서 불가항력적으로 하나님에 대한 지식으로 향하게 되었다. 요즘은 하나님의 존재를 증명하고 하나님의 속성을 지지하는 논증들이 옛것이 되어 버렸고, 많은 비판을 받으면서 사상사(history of thought)에서도 상당한 제한을 받고 있다. 그러나 그러한 비판에도 그 논증들은 세대를 거쳐 이런저런 형태로 계속 나타났고, 어느 것도 완전히 사라지지는 않았다. 이런 논증들이 계속 다시 살아나는 것은 아마도 그것이 지닌 기본적인 힘, 즉 사람들이 자신을 둘러싼 외부 세계의 증거를 통해 하나님에 대해 알고 있는 것들이 사실일 수 있다는 일종의 압력을 느끼고 있기 때문 아닐까?

결과에서 원인으로
이러한 논증들이 하나님의 속성에 관한 것을 말하고 그분의 존재에 대한 이유를 제공한다는 사실을 염두에 둘 때, 하나님에 관한 우리의 지식을 위해 자연 신학을 지지하는 데 그 논증들을 사용할 수 있다는 생각은 합리적이다. 일반적으로 이 논증들은 적어도 네 가지로 분류할 수 있다. 우주론적 논증, 목적론적 논증, 인류학적 논증, 존재론적 논증이다. 이 논증들은 결국 일종의 동일한 법칙을 사용한다고 볼 수 있다. 곧 결과(effect)는 그 결과와 동일하거나 그 결과보다 큰 원인(cause)이 있다는 법칙이다. 사물의 일반 법칙에 따르면 무에서 유를 얻을 수는 없다. 따라서 사람이 자연 세상에서 관찰하는 모든 것은 '근원, 증거, 목적'이 있어야 하는데, 그것이 무엇인가 하는 것이다. 그것들의 존재를 어떻게 설명해야 할까?

가장 쉬운 논증은 우주론적 논증이다. 이 논증은 C. S. 루이스(Lewis)가 "완전한 그림"(the whole show)이라고 부른 코스모스(Cosmos), 우주의 존재에서 시작한다. 사람이 자기 주변 세계를 보고 경탄하는 데 영특하거나 특출한 자질이 필요하지는 않다. 사람은 자신이 보고 경험하는 모든 것(새, 바위, 나무, 별들과 그 운행)을 어떻게 설명할 수 있을까? 자연 신학에서 이 첫 번째 논증은 우리 주변, 우리 위, 우리 안에 있는 우주 뒤에 (여기서는 논할 필요가 없는 어떤 방법에 의해서) 그 존재를 가능하게 한 무언가 혹은 누군가가 있다는 믿음에서 벗어날 수 없다는 사실을 상기시킨다.

목적론적 논증은 우주에 대해 좀 더 성찰적으로 접근한다. 여기서 우리는 말할 수 없이 복잡하면서도 그것들을 상호 의존적으로 긴밀하게 연결시키는 기본적인 설계와 목적에 주목한다. 이렇게 상호 연관된 설계와 목적들은 창조적인 목적을 가진 지적 설계자를 가리킨다. 다른 것과 무관한 별개의 개체는 없다. 아무리 작은 것도 다른 모든 것과 어떤 모양으로든 연관되어 있다. 그 어떤 것도 '우연히 발생하지' 않는다. 그 어떤 것도 "그것은 어느 것과도 상관없다"고 말할 수 없다. 「유추」(Analogy)에서 버틀러(Butler)가, 「증거들」(Evidence)에서 페일리(Paley)가, 그리고 최근에는 「철학적 신학」(Philosophical Theology)에서 F. R. 테넌트(Tennant)가 설계에서의 논증을 통해 하나님의 존재와 성품에 대해 거의 결정적인 결론을 내렸다.

윌리엄 템플(William Temple)은 자신의 대표작이라 할 수 있는 「자연, 인간, 그리고 하나님」(Nature, Man, and God)에서 자연에 인간이 포함된다고 주장하면서 자연 세계를 살펴보며 자연과 인간이 하나님을 향하고 있음을 보이기 위해 전념했다. 어떤 면에서 **인류학적 논증**은 목적론적 논증에서 나왔다고 볼 수 있다. 사람이 설계자를 인식하고 설계를 이해할 수 있다는 사실만큼 지성과 설계를 분명하게 보여 주는 것은 없기 때문이다. 그러나 그 너머에는 인간(person)으로서의 사람(man)이 있다. 인간으로서의 사람에게는 이른바 인격(personality)이라는 것이 있다. 이 인격이 다른 비인격적인 근원에서 나왔다고 진지하게 주장할 사람이 있겠는가? 우발적이거나 물질적인 발생으로 인간의 경이로움을 충분히 설명할 수 있다고 강하게 주장할 사람이 있겠는가? 인간 자신은 창조적인데 그의 존재 근거가 비창조적일 수 있겠는가? 따라서 이 논증은 유효하다. 우리는 무에서 유를 얻을 수 없다. 인간에게는 인격적인 무언가가 있다. 우리는 이 인격적인 최종 결과물이 비인격적인 근원에서 비롯되었다고는 믿을 수 없다.

존재론적 논증은 완전함, 더 정확히 말하면 우리의 사고방식에서 무시할 수 없는 완전함에 대한 개념에 주목하게 한다. 가령 하나님에 관한 우리의 생각을 사용해서 설명하자면, 완전함에 대해 준거가 되는 개념 없이 어떻게 하나님의 완전함에 관한 담론이 가능하겠는가? 우리는 불완전하기 때문에 우리의 생각도 불완전하고 우리가 살고 있는 세상도 불완전하다. 다시 한 번 말하지만 우리가 무에서 유를 얻을 수 없다면, 그런데 우리와 직접 연관된 주변 세계로는 설명될 수 없는 완전함에 대한 개념을 가지고 있다면, 결국 완전함에 관한 이 생각은 완전한 근원, 즉 하나님 자신에게서 직접 온 것임이 틀림없다.

지금까지 간단하게 다룬 내용을 통해 우리는 하나님을 믿어야 할 이유를 적어도 네 가지는 찾은 것 같다(어떤 사람들은 여기에 모든 사람이 일반적으로 가지고 있는 '의무감', 즉 칸트의 정언 명령[categorical imperative, 수단이나 조건을 필요로 하지 않고 무조건 해야 하는 도덕 법칙_ 옮긴이]에 근거한 도덕적 논증을 더하기도 한다. 더 확장시켜 다루지 않았지만 이 도덕적 논증은 인류학적 논증에서 자연스럽게 다루어질 수 있다). 이것들이 하나님의 본성에 관해 분명하게 말해 주는 몇 가지가 있다. 그분은 우주 전체를 주관할 만큼 전능하시고, 자신의 설계에 만족할 만큼 지적이시며, 우리의 모든 이해와 완전함의 근거가 되신다. 인간으로서의 사람(man as person)에게 창조성과 도덕성을 필요조건으로 더한다면, 우리는 전능하고 지혜로우며 인격적이고 창조적이며 도덕적이고 완전하신 하나님이 필요하다고 간주할 수 있다. 우리는 하나님 나라에서 멀지 않다!

필요 전제 조건들로부터

지금까지 말한 것들은 대체로 귀납적으로 결론에 도달하는 후험적 추론(a posteriori reasoning)에 해당한다고 볼 수 있다. 선험적 접근(a priori approach)을 선호하는 사람들도 있다. 사실 오늘날 대부분의 신학적 접근법은 선험적이다. 이 접근법에 따르면 하나님의 지식은 사고의 시작점이지 그 결과가 아니다. 이 시작점은 늘 거기에 있어서 종종 첫 번째 진리로 묘사되기도 한다. 인간은 개인의 지적 원숙함 또는 아마도 인류의 원숙함에 한하여 이 시작점의 본질을 분석한다. 과학적 방법이 압도적인 지금 이 시대에는 과학이나 심지어 '증명'이라고 부르는 것에도 다양한 전제가 존재한다는 사실을 인정하지 않으려 하지만, 많은 사람에게 하나님에 관한 사실은 필요 전제 중 하나다.

우리는 모두 우리 자신에 관한 몇 가지 우선적인 진리들을 받아들여야 한다. 우리는 살아 있고 깨어 있으며 정신이 온전하다. 우리 자신에 관해 객관적으로 증명할 수 없는 이런 진리들을 우리는 단지 시작점으로 받아들인다. 우리는 진리와 이성의 토대로 활동하고, 또 일관되게 그 토대로 돌아간다. 그러한 토대가 우리 마음 깊은 곳에 놓여 있다는 가정에 근거하여 사고한다. 우리는 진리가 (진리에 대한 하나의 체계적 원리인) 우주 안에 상호 관계한다고 믿는다.

모든 진지한 사고들, 특히 가장 객관적인 과학적 연구는 그 방법과 발견에 반드시 정직이 필요하다고 강조하기 때문에 현실 구조 안에 세워진 도덕적 근거에 호소한다. 그렇지 않다면 '합리적'이라든지 '일리가 없다'는 말은 의미가 없다. 그래서 사고와 실험이 합리적인 준거 틀을 요구한다고 우리는 강력히 주장한다. 더 나아가 우리는 이에 필요한 기본들을 공유하고 있다는 전제로 서로를 설득시키려 한다. 행성 간 대화가 가능하다는 논의를 담고 있는 〈타임〉(Time)지 최근호의 과학면에 나오는 다음 문장의 전제를 주목해 보라. "과연 외계인이 지구에 있는 생물이 이해할 수 있는 메시지를 보낼 수 있을까? 드레이크(Drake) 박사는 1, 2, 3, 4와 같은 일련의 숫자를 제안한다. 퍼셀(Purcell) 교수는 처음에는 껐다 켰다 하는 신호만으로 충분할 것이라고 믿는다. 그 후 메시지는 모든 행성 구조에서 사용하는 수학적 관계로 발전될 것이다. ……"[20] 과학자들이 얼마나 자연스럽게 이성적 체계를 바닥에 깔고 사고하는지 주목해 보라.

특별 계시로부터

이 선험적 접근을 통해 진리, 이성, 도덕이라는 속성들의 근원으로 다시 실재(Reality)에 관해 말하고 있음을 주목하는 것은 흥미롭다. 우리는 자연 신학이라 부르는 것을 통해 다시 한 번 하나님의 존재와 그분의 속성을 알 수 있는 강력한 근거가 있다는 결론에 도달하지 않을 수 없다. 하지만 "과연 탐구를 통해 하나님을 찾을 수 있을까?" 우리는 하나님이 자신을 계시하시고, 인간의 가장 근원적인 질문들에 대해 최종적이고 권위 있는 답을 주기 원하실 때에만 그분을 찾을 수 있다. 그것이 바로 자연 계시가 아닌 특별 계시다. 하나님의 계시적인 행위들과 그분 자신에 관한 그분의 능력의 행위와 권위 있는 말씀이 기록되어 있는 성경이 바로 그것이다. 이 하나님의 말씀은 살아 있는 말씀이신 예수 그리스도 안에서 절정에 이르고 완성된다. 자연 계시가 하나님을 찾아가는 방향과 확신을 우리에게 제공한다면, 특별 계시는 인간을 향한 하나님의 의지와 그분의 본성에 관한 최종적인 권위와 확신을 제공한다. 칼뱅이 말한 대로 우리는 성경을 통해 자연 계시의 진리를 바로 볼 수 있도록 초점을 맞춰 주는 "신령한 안경"을 소유하게 되는 것이다.

---

20 "Science-Project OZMA," *Time*, April 18, 1960, 53쪽(강조 추가).

【참고 문헌】

찰스 하지, A. H. 스트롱, 루이스 벌코프 등이 저술한 고전적인 조직 신학서와 더불어 다음 책을 참고하라.

R. Flint, *Evangelical Theism* (오래된 표준 작품이다).

J. Gerstner, *Reasons for Faith* (대중적이면서 내용이 탄탄하다).

S. M. Thompson, *A Modern Philosophy of Religion*.

H. Heppe, *Reformed Dogmatics*, 「개혁파 정통 교의학」, 크리스챤다이제스트 역간.

K. Barth, *Church Dogmatics* (변증적이다), 「교회 교의학」, 대한기독교서회 역간.

F. R. Tennant, *Philosophical Theology* (자유주의적이지만 객관적인 접근법에 있어서는 놀랍도록 견고하다).

2장
하나님의 구원 행위들

조지 래드

> 조지 래드(George Eldon Ladd, 1911-1982)_ 하버드 대학에서 박사 학위를 받고 풀러 신학대학원에서 가르친 침례교 신학자다. 「하나님 나라의 복음」(The Gospel of the Kingdom, 1959, 서로사랑 역간), 「신약 신학」(A Theology of the New Testament, 1974, 대한기독교서회 역간) 등 다수의 책을 썼다.

기독교라는 종교의 사건이 지닌 독특함은 역사적인 사건들을 통해 계시가 전달되었다고 말하는 데 있다. 히브리-기독교 신앙은 주변의 다른 종교들과 구별되었다. 다른 종교들이 신화나 자연의 주기(cycle of nature)에 근거한 반면, 히브리-기독교는 역사적 신앙에 근거를 두었다. 이스라엘의 하나님은 역사의 하나님, 또는 독일 신학자들이 생동감 있게 표현하는 대로 초역사의 하나님(Geschichtsgott)이었다. 히브리-기독교 신앙은 고고한 철학적 사변이나 심오한 신비적 경험에서 비롯되지 않았다. 오히려 긴 시간을 거쳐 하나님이 자신을 드러내신 이스라엘의 역사적 경험에서 비롯되었다. 이 사실이 다른 종교와 달리 기독교 신앙에 구체적인 내용과 객관성을 부여한다.

동시에 바로 이 계시의 역사적 특징은 사고하는 많은 사람에게 예민한 문제를 불러일으킨다. 플라톤은 시간과 공간을 유동과 변화의 영역으로 보았다. 계시는 우주적이고 절대적이며 궁극적인 것을 전달하는 반면, 단어의 정의상 역사는 상대성, 특정함, 갑작스런 변화, 임의성을 포함한다. 그래서 역사는 "의도에 역행하여 기독교를 삼켜 버린 심연"이라 불려 왔다.

계시의 역사

어떻게 유한에서 무한을, 현세에서 영원을, 역사의 상대성에서 절대적인 것을 알 수 있을까? 철저하게 인간적인 관점에서 보면 이는 불가능하다. 하지만 바로 이 점에서 우리는 성경적 신앙의 가장 위대한 기적을 발견하게 된다. 하나님은 살아 계신 하나님이며, 영원하시고 불변하신 그 하나님이 역사적 경험의 부침을 통해 자신의 지식을 전달하셨다.

성경이 아닌 현대 철학에서 세계관을 취하는 사람들에게는 이 문제에 대한 답이 없다. 성경이 계시의 역사적 특징을 강조하고 있음은 의심의 여지가 없다. 이는 성경 자체의 역사적 특징에서도 볼 수 있다. 한편으로 보면, 성경은 종교에 관한 책이라기보다는 역사에 관한 책이다. 다시 말하면 성경은 기본적으로 위대한 사상가들의 종교적인 생각을 열거한 책도 아니고, 무엇보다 철학적 사변이나, 심지어 신학적 개념들의 체계도 아니다. 예를 들면, 성경 어디에도 하나님의 존재를 증명하려는 시도가 없다. 하나님은 그냥 존재하신다. 그분의 존재는 모든 곳에 전제되어 있다. 신약 성경 어디에서도 그리스도의 신성에 관해 숙고하지 않는다. 그리스도는 하나님이다. 하지만 하나님은 단지 그리스도이기만 하신 것이 아니다. 성부도 하나님이고 성령도 하나님이다. 그럼에도 하나님은 세 분이 아닌 한 분이다. 신약 성경은 이 삼위를 신학적 완전체로 통합시키려 하지 않는다. 이는 조직 신학이 감당해야 할 필요가 있는 정당한 과업일 뿐이다.

성경은 또한 심오한 종교적 경험들을 포함하기는 하지만 근본적으로 종교적 영웅들의 깊은 신비적 체험에 대한 묘사는 아니다. 신약의 많은 부분은 사실 바울 한 사람의 종교적 경험의 산물이다. 그럼에도 바울 서신은 바울과 그의 경험이 아니라, 부활하시어 하나님 우편에서 영광을 받으신 나사렛 예수의 의미에 초점이 맞추어져 있다.

성경은 우선 아브라함과 이삭과 야곱의 역사, 이스라엘 열두 지파의 역사, 그리고 그들의 팔레스타인 정착, 다윗과 그의 후손들의 나라, 분열된 왕국, 바벨론 포로 생활에서의 귀환 역사에 관한 기록이다. 그리고 그 역사는 나사렛 예수의 삶과 죽음, 부활, 그리고 그리스-로마 세계에서 초대 교회의 발전에 관한 이야기로 다시 시작된다.

그럼에도 이 역사는 단지 역사 자체를 위한 기록이 아니다. 성경에 기록된 역사는 하나님의 행위를 수반한다. 초대 교회의 복음적 설교는 당시 이방 철학자나 종교 선생의 가르침보다 기독교 진리가 우월하다는 것을 보여 주려 하지 않았다. 그들의 주장은 더 고상한 윤리와 더 깊은 종교적 체험에 대한 자각에서 비롯된 것이 아니기 때문이다. 그것은 하나님의 행위들을 연주한 것일 뿐이다.

구약과 신약을 나눌 수 없게 연결하는 고리가 바로 계시적 역사다. 정통 신학은 전통적으로 계시에 나타난 하나님의 구속적 행위의 역할을 과소평가하거나 소홀히 다루어 왔다. B. B. 워필드(Warfield)의 고전적 논문을 예로 들면, 그는 역사적 행위를 도구로 하는 계시의 사실을 인정하기는 했지만 행위를 통한 계시를 말씀을 통한 계시보다 훨씬 열등하게 다루었다.

하지만 칼 헨리가 기록한 대로, "계시는 …… 단순히 히브리-기독교의 성경과 동일시될 수 없다. 성경은 계시라는 커다란 신적 행위의 한 부분이다. 특별 계시는 예수 그리스도의 성육신, 대속, 그리고 부활을 통해 그 절정에 이른 독특한 하나님의 구원에 대한 역사적 사건들도 포함한다"(*Inspiration and Interpretation*, J. W. Walvoord 편집, 254쪽 이하).

구약 성경에 나타난 가장 위대한 하나님의 계시 행위는 애굽의 압제에서 이스라엘을 구원하신 것이다. 이것은 다른 국가들이 겪은 것처럼 평범한 역사적 사건이 아니다. 그렇다고 이스라엘 민족이 성취해 낸 사건도 아니며, 천재적이고 능수능란한 모세의 지도력 때문에 일어난 사건도 아니다. 그것은 하나님이 하신 일이다. "내가 애굽 사람에게 어떻게 행하였음과 내가 어떻게 독수리 날개로 너희를 업어 내게로 인도하였음을 너희가 보았느니라"(출 19:4).

이 구원(deliverance)은 단순한 하나님의 행위가 아니라, 이스라엘로 하여금 하나님을 알고 섬기게 하여 하나님 자신을 드러내신 행위다. "나는 여호와라 내가 애굽 사람의 무거운 짐 밑에서 너희를 빼내며 그들의 노역에서 너희를 건지며 편 팔과 여러 큰 심판들로써 너희를 속량하여 …… 너희의 하나님 여호와인 줄 너희가 알지라"(출 6:6, 7).

이스라엘의 후기 역사를 보면 출애굽은 하나님이 자신을 그분의 백성에게 알리신 구속적 행위로 다시 언급된다. 호세아는 이스라엘의 역사적 구속(redemption)과, 그에 따른 경험이 하나님 사랑의 증거임을 호소했다. "이스라엘이 어렸을 때에 내가 사랑하여 내 아들을 애굽에서 불러냈거늘 …… 내가 사람의 줄 곧 사랑의 줄로 그들을 이끌었고"(호 11:1, 4).

역사는 또한 진노와 심판을 통해 하나님을 계시한다. 호세아는 바로 이어서 말하기를 이스라엘은 그들의 죄로 인하여 다시 포로가 될 것이라고 했고, 아모스는 이스라엘에 임박한 역사적 멸망을 다음과 같이 해석했다. "그러므로 이스라엘아 내가 이와 같이 네게 행하리라 내가 이것을 네게 행하리니 이스라엘아 네 하나님 만나기를 준비하라"(암 4:12). 역사적 사건들을 통해 자신의 백성을 심판하시는 하나님의 계시는 앗수르에 의한 이스라엘의 역사적 패배를 주의 날이라고 명명하는 데서 예리하게 반영되어 있다(암 5:18).

이스라엘의 역사는 다른 역사들과 다르다. 하나님은 모든 역사의 주인이시지만 일련의 사건을 통해 다른 곳에서는 드러내지 않은 자신을 보여 주셨기 때문이다. 독일 신학자들은 이 계시적 역사의 흐름을 명명하기 위해서 '구속의 초역사'(Heilsgeschichte)라는 유용한 용어를 만들어 냈다. 영어로는 '구속사'(redemptive history) 또는 '거룩한 역사'(holy history)라고 부른다. 확실한 것은 하나님이 애굽과 앗수르, 바벨론과 바사의 역사적 과정도 주관하셨지만 이스라엘 역사를 통해서만 하나님 자신의 개인적 지식을 인간에게 알려 주셨다는 것이다.

신약도 이 '거룩한 역사'의 의식에서 벗어나지 않는다. 오히려 반대로 하나님의 역사적 행위를 통한 위대한 연주는 기독교가 선포하는 내용이 되었다. 신조 고백(creedal confession)과 가장 유사한 형태를 고린도전서 15장 3절 이후에서 볼 수 있는데, 이는 일련의 사건에 대한 설명을 담고 있다. 그리스도께서 죽으시고 장사 지낸 바 되셨다가 다시 살아나사 나타나셨다. 하나님의 사랑에 대한 신약의 증거는 하나님의 본성이 아닌 하나님의 연주 행위에 대한 숙고에서 비롯된다. 하나님은 사랑하셔서 내어 주셨다(요 3:16). 그리스도께서 우리를 위해 죽으심으로 그 사랑을 확증하셨다(롬 5:8). 이스라엘의 구속사에 나타난 하나님의 계시는 그리스도의 삶, 죽음, 부활의 역사적 사건을 통해서 온전한 의미를 찾게 된다.

이 거룩한 역사에서 강조해야 할 점이 있다. 계시적인 사건들은 오늘날 세간의 학자들이 비역사적이라고 부르는 특징을 전제한다는 것이다. 구속사를 통해 자신을 계시하신 하나님은 역사의 주인인 동시에 창조의 주인이시다. 따라서 그분은 역사적 사건들의 일반적인 과정을 형성할 뿐만 아니라 일반적인 역사적 경험을 초월하는 방법으로 직접 개입하기도 하신다.

이를 보여 주는 가장 생생한 예가 바로 그리스도의 부활이다. 과학적이고 역사적인 비평의 관점에서 보면 부활은 '역사적'일 수 없다. 이는 다른 역사적 사건에서 비롯된 것이 아니고 유추할 수도 없기 때문이다. 성경도 이에 동의한다. 하나님이, 하나님만이 부활의 원인이시다. 그러므로 이 사건은 원인적으로 다른 사건들과 관련되어 있지 않다. 게다가 이런 일은 다른 어느 곳에서도 일어난 적이 없다. 그리스도의 부활은 단지 죽은 자에게 생명을 부여한 사건이 아니라 부활의 생명이라는 새로운 생명의 질서를 출현시킨 사건이다. 성경의 기록이 정확하다면 그리스도의 부활에 대한 역사적인 설명이나 유추는 존재할 수 없다. 따라서 과학적, 역사적 비평에 대한 강력한 공격은 역설적으로 초자연적 특징을 지지하게 될 뿐이다.

여기서 기저에 깔린 질문은 결국 신학적인 것이다. 이렇게 초자연적으로 알려진 사건이 거룩한 역사를 통해 자신을 계시하신 하나님의 성품이나 목적에 부합하는가? 그러한 역사가 과연 모든 것의 기준이 될 수 있으며, 그럼에도 살아 계신 하나님이 과연 역사의 주관자가 될 수 있는가? 이 질문에 대한 성경적인 대답은 확정적이다. 역사의 주관자는 역사를 초월하지만 역사와 동떨어져 있지 않다. 따라서 하나님은 실제이면서도 그 특징상 '초역사적인' 사건들을 시간과 공간 안에서 발생시키실 수 있다. 좀 더 간단히 말하자면 하나님의 계시는 역사에 의해 만들어지는 것이 아니라 역사를 초월하시는 역사의 주관자가 역사적 피조물들의 구속을 위해 역사 안에서 행하심을 통해 만들어진다. 구속의 역사는 역사의 밖, 즉 하나님 자신에게서 비롯되어야 한다.

계시가 역사 안에서 발생했지만 계시적 역사는 **단순한** 역사가 아니다. 하나님은 역사적 사건들이 스스로 그 의미를 잘 전달하도록 하는 방식으로 역사 안에서 행하지 않으신다. 가장 생생한 예는 그리스도의 죽음에서 볼 수 있다. 그리스도께서 죽으셨다. 이는 세속적인 역사 분야에 따라서 충분히 만족스럽게 서술할 수 있는 단순한 역사적 사실이다. 그러나 그리스도는 우리 죄를 위해 죽으셨다. 그리스도는 하나님의 사랑을 보여 주기 위해 죽으셨다. 이것은 '단순한' 역사적 사실이 아니다. 십자가 자체는 사랑이나 용서에 관해 말하지 않는다. 그 증거는 예수께서 죽으신 것을 목격한 사람들의 경험에서 찾아볼 수 있다. 그 증인들 가운데 하나님의 사랑을 인식하여, 인간의 죄에 대한 속죄의 관점을 의식하여 크게 감동한 사람이 있었는가? 요한, 마리아, 백부장, 대제사장……, 어느 누가 십자가 앞에서 "하나님이 이렇게 우리를 사랑하시는 줄 몰랐다!"며 주체할 수 없는 기쁨에 겨워 땅에 엎드렸는가?

행위-말씀의 계시

역사적 사건들은 오직 계시적 말씀이 수반될 때에만 계시적이다. 신학자들은 종종 행위 계시와 말씀 계시에 대해 언급한다. 그러나 이것이

서로 분리된 다른 방식의 두 가지 계시를 말하는 것이라면, 이는 정확한 표기가 아니다. 하나님의 말씀이 하나님의 행위이고, 하나님의 행위가 곧 하나님의 말씀이라고 말하는 것이 옳다. 따라서 '행위-말씀 계시'라고 말하는 것이 조금 더 정확할 것이다.

하나님의 행위가 그분의 말씀이다. 에스겔은 유다의 사로잡힘을 말로 묘사하기를, "그 모든 군대에서 도망한 자들은 다 칼에 엎드러질 것이요 그 남은 자는 사방으로 흩어지리니 나 여호와가 이것을 말한 줄을 너희가 알리라"(겔 17:21)고 했다. 포로 됨은 곧 이스라엘을 향한 하나님의 심판의 말씀이었다. 사건이 곧 하나님의 말씀이다.

하지만 그럼에도 사건에는 언제나 말씀이 수반되었다. 앞선 경우는 에스겔 선지자의 말이 수반되었다. 사건 자체로는 무엇인지 말하지 못하며, 사람은 그 사건에서 어떤 결론도 추론해 낼 수 없다. 말씀이 항상 수반되며, 선포된 말씀(spoken word)만이 그 사건의 계시적 특징을 설명할 수 있다. 따라서 행위 자체가 아니라 행위-말씀이 계시다.

신약도 예외가 아니다. 그리스도께서 죽으셨다는 것은 행위다. 그리스도께서 우리 죄를 대신해 죽으셨다는 것은 그 행위를 계시적으로 만드는 해석의 말이다. 오직 해석적인 말씀이 제자들에게 주어진 후에야 그들은 그리스도의 죽음이 하나님의 사랑에 대한 계시임을 이해할 수 있었다.

한 걸음 더 나아가 보자. 하나님의 말씀은 단지 역사적 행위를 수반할 뿐만 아니라 규범적 해석을 제공하기 때문에 종종 역사적 행위에 선행(precede)하거나 그 행위를 가능하게 만든다. 선지자가 한 말이 주님의 말씀인지 시험하는 방법은 그의 말이 이루어지는지를 보는 것이다(신 18:22). 하나님이 어떤 일이 일어날 것이라고 말씀하시면 그 사건은 일어났다. "나 여호와가 말하였거니와 나를 거역하는 이 악한 온 회중에게 내가 반드시 이같이 행하리니 …… 거기서 죽으리라"(민 14:35). "나 여호와가 말하였은즉 그 일이 이루어지리라"(겔 24:14). "평안히 죽을 것이며 …… 내가 말하였음이라 여호와의 말씀이니라 하시니라"(렘 34:5).

계시적인 말씀은 말로 나타나기도 하고 글로 나타나기도 한다. 예레미야는 여호와의 말씀을 말하기도 하고 기록하기도 했는데, 그가 말한 것과 기록한 것 모두 여호와의 말씀이었다(렘 36:4, 6). 신약 성경에서 구약 성경을 "하나님의 말씀"(요 10:35)이라고 언급한 것도 바로 이 배경에서이며, 정통 신학자들이 성경을 하나님의 말씀이라고 부르는 것도, 또한 그렇게 인정하도록 요구하는 것도 이 배경에서다.

계시는 구속사의 독특한 사건들 안에서 발생했고, 이 사건들은 하나님이 주신 해석의 말씀을 동반했다. 말하고 기록된 말씀 자체는 전체 사건의 일부다. 성경은 이 구속적 역사의 기록인 동시에 해석적 말씀의 산물이고, 하나님이 계시하신 행위의 계시적 특징에 대한 규범적 해석이다. 성경은 계시를 이루는 행위-말씀의 복합성을 통해 하나님의 계시 안에 포함되었기 때문이다.

【 참고 문헌 】

J. G. S. S. Thomson, *The Old Testament View of Revelation*.

Paul K. Jewett, *Emil Brunner's Concept of Revelation*.

_____, "Special Revelation as Historical and Personal," in Carl F. H. Henry, ed., *Revelation and the Bible*.

Bernard Ramm, *Special Revelation and the Word of God*.

3장
성경의 영감

필립 휴즈

> 필립 휴즈(Philip E. Hughes, 1915-1990)_ 케이프타운 대학에서 문학 박사 학위를 받은 성공회 소속 신약학자로서 〈더 처치맨〉(*The Churchman*, London)의 편집인이었다. 또한 「히브리서 주석」(*A Commentary on the Epistles to the Hebrews*, 1997, NICNT 시리즈)과 「참된 형상」(*The True Image*, 1989)의 저자이기도 하다.

기독교 교회의 지도자들이 성경의 영감에 관한 교리를 공격한 것은 현대에 와서다. 물론 오랜 시간, 적들이 안팎에서 이 교리를 공격해 왔지만 오늘날에는 많은 교회 진영에서도 전통적인 의미의 성경 영감 교리를 유행처럼 공격하고 있다. 요즘에는 성경이 신이 아닌 인간에게서 비롯된 책으로 널리 받아들여지고 있다(마치 히브리인들은 종교에 천재적이고, 헬라인들은 철학에 천재적이며, 로마인들은 정치에 천재적으로 글을 쓰는 것처럼 철저하게 인간적인 의미에서 영감되었다는 뜻에서 말이다). 서구의 사상에 엄청난 영향을 끼친 실재에 대한 진화론적 해석은 성경의 여러 부분을 동굴에 살던 원시 인간들의 조잡한 불안감에서 오늘날의 윤리적 유일신론의 정제된 개념으로 점차 발전된 과정으로 보기도 한다. 이러한 관점에서는 성경을 철저히 상대적으로만 중요하다고 볼 수밖에 없다. 그렇기 때문에 영감된 하나님의 말씀으로서 타락한 인간을 향한 독특한 진리의 계시로 보며 성경의 절대적 중요성을 강조하는 견해와는 첨예하게 대립된다.

성경은 인간의 말이지만 특정한 때에 특정한 상황에서 하나님의 말씀이 **된다**는 주장이 바로 오늘날 이른바 신정통주의 신학의 특징이다. 다시 말하면 하나님은 성경을 통해 어떤 진리를 나에게 말씀하시거나 계시하실 수 있는데, 내가 경험하는 그 순간에 그것 또는 그 일부가 내게 하나님의 말씀으로 기능을 발휘한다는 것이다. 이러한 관점에서 볼 때 성경은 그 자체로 하나님의 말씀이 아니라 하나님의 말씀을 포함하고 있으며, 신비를 담고 있는 껍질이 역사적으로 사실인지 아닌지와 상관없이 진리는 신비의 '핵심'(kernel)을 통해 전달될 수 있다. 심지어는 아주 기이한 하나님의 섭리로 실수를 통해서도 진리가 전달될 수 있다. 이와 같은 주장은 성경이 하나님이 주신 **객관적** 계시라는 전통적인 견해와 현저하게 대치되는 주관주의로 규정될 수 있다.

그렇다면 우리는 성경의 영감에 관해 무엇을 믿어야 하는가? 이에 대해서는 세 가지 증언, 즉 성경 자체의 증언, 역사의 증언, 그리고 하나님의 증언에 관심을 가져야 한다.

성경 자체의 증언

어떤 사람들은 성경 자체가 증언하는 것은 증거로 채택할 수 없다고 말한다. 성경이 스스로 하나님의 영감된 말씀이라고 주장하기 때문에 성경은 틀림없이 영감된 하나님의 말씀이라는 논증은 그 자체로 용납될 수 없다는 말이다. 다른 사람이나 환경의 독립된 증언이 없는 자체의 증언은 사실일 수도 있고 아닐 수도 있다. 요점은 그것이 사실일 수도 있기 때문에 무시되어서는 안 된다는 것이다. 성경의 경우에는 인류 전체에 가장 엄청난 결과를 증언하고 있기 때문에 그것이 사실이라는 성경의 증언은 귀담아 들어야만 한다.

구약 성경을 읽은 모든 사람이 구약의 주요 주제라고 부르는 것이 합당할 정도로 구약에 아주 광범위하게 자주 나타나는 주제가 있다. 사람이 아닌 하나님이 말씀하고 계시다는 주장이다. 이는 "주께서 말씀하시기를", "주의 말씀이 내게 임하여 말씀하시기를" 등과 같은 독특한 표현 용법에서 나타난다.

그와 같은 표현들에 내포되어 있는 것은 구약에 대한 신약의 증언에 의해서도 입증된다. 바울은 모든 성경이 하나님의 영감으로(문자적으로는 '하나님의 숨으로'[God-breathed], 딤후 3:16) 된 것이라고 했고, 히브리서 저자는 옛적에 선지자들을 통해 하나님이 말씀하셨다고 했으며(히 1:1), 베드로도 옛 선지자들이 "성령에 이끌려서 하나님께로부터 오는 말씀을" 받아 말했다고 했다(벧후 1:21). 그리스도인들에게 (그리스도의 제자들의 태도도 온전하게 일관된다는 사실과 함께) 그리스도 자신의 태도보다 중요한 것이 무엇이겠는가? 그리스도는 자신이 율법과 선지자를 폐하러 온 것이 아니라 완전하게 하러 왔다고 하셨을 뿐만 아니라 모든 것이 완성되기까지는 율법의 일점일획도 없어지지 않을 것이라고 하셨다(마 5:17, 18). 그분에게 성경은 폐하여질 수 없는 것이었다(요 10:35). 광야에서 시험받으실 때 그분은 사탄을 물리치시면서 다른 논쟁 없이 그저 구약을 인용해서 "기록되었으되"라고만 하셨는데, 이는 그것이 절대적으로 권위 있는 하나님의 말씀임을 암시한다(마 4:4, 7, 10). 다시 사신 구주께서 자신에 관하여 기록된 모든 것이 이루어져야 할 것을 강조하시면서 제자들에게 설명해 주신 "모세의 율법과 선지자의 글과 시편"은 구약 성경 전체를 가리켰다(눅 24:44 이하). 신약 성경 전체를 통해 볼 때 그리스도의 삶과 죽음, 부활의 모든 것은 성경의 완성으로 보이며, 이는 성경이 영감된 하나님의 말씀임을 입증한다.

그렇다면 신약은 어떠한지를 물을 수 있다. 신약 성경에도 자체의 증언이 있다. 구약이 앞으로 오실 분에 대해 탁월하게 증언하고 있다면, 신약은 오신 분에 대해 증언한다. 신약은 그분의 인격과 행위, 그리고 가르침을 통해 그리스도가 성육신하신 하나님의 말씀임을 증언한다. 신약 성경은 그리스도께서 행하시고 가르치신, 폐할 수 없는 진리에 대한 기록이다. 그리스도 자신도 천지는 없어져도 자신의 말은 없어지지 않으리라고 선언하셨다(마 24:35). 더 나아가 그분은 제자들에게 성령께서 모든 것을 가르치시고, 그분이 말한 모든 것을 기억나게 하실 것이며, 모든 진리 가운데 인도하시며 장래 일을 알릴 것이라고 약속하셨다(요 14:26, 16:13). 이것이 바로 신약과, 신약이 주장하는 내용의 핵심이다. 따라서 요한이 자신의 복음이 참되다고 주장한 것(요 21:24)과, 베드로가 자신의 서신을 다른 성경들과 동일하게 나열한 것(벧후 3:15, 16)에서도 그 일관성을 찾아볼 수 있다.

역사의 증언

성경에 대한 역사의 증언은 기독교 교회에 대한 역사의 증언이다. 이미 언급한 대로 최근까지 교회는 늘 성경을 하나님의 말씀으로 인정해 왔다. 이 사실에 대한 중요성은 아무리 강조해도 지나치지 않다. 사도 이후 세대에서 성경(구약은 이미 확정되었으므로 특히 신약)의 정경성에 대한 정의는 (마치 교회가 그렇게 선언함으로 성경이 정경이 된 것처럼) 단순히 성경

위에 존재하는 권위에 의해서가 아니라 신적 영감이라는 성경의 원칙에 대한 인정에서 비롯되었다. 성경의 책들은 기록된 하나님의 말씀으로 이루어졌기 때문에 유일하고 규범적인 책들이라는 권위가 부여되었음을 교회가 인정했다는 것이다. 신약 성경이 완성되는 데 결정적인 역할을 한 외부 요소가 있다면, 그것은 정경성과 사도성을 동일선상에 둔 것이다. 사도가 기록한 책이 아니면 정경으로 받아들이지 않았다. 다시 말하면 사도들에게 부여된 권위가 그들이 쓴 글에도 부여되어 그들이 지속적으로 교회를 다스리는 기반이 되었다는 것이다.

하지만 이 사도적 권위가 인간에게 주어진 권위라는 점은 분명했다. 그것이 그들의 주인인 그리스도에게서 비롯되었다면 그들의 권위도 신적인 권위이고, (글로 전승된) 그들의 가르침도 그들 자신의 것이 아니라 그리스도의 것이다. 이는 그리스도께서 그들에게 가르쳐 주신 모든 것을 성령께서 기억나게 하시고 그들을 진리로 인도할 것이라고 하신 약속과도 일치한다. 따라서 성경의 정경성을 정의하는 데 교회는 신앙적 본능에 따라 이 권위를 인정하고 순종한 것이다. 이 권위는 단순히 사도의 권위가 아니라 그리스도의 권위였다. 궁극적으로는 다름 아닌 주님 자신이 관여된 권위이기 때문이다.

교회적으로 교부들이 만장일치를 이루지 못해 마찰이 있었지만 그들에게 하나 된 교리가 있다면, 바로 성경은 영감된 하나님의 말씀이라는 교리다. 그들은 자신의 글이 성경에 부여된 의미의 영감을 받았다고 주장할 수 없었다. 이는 종교 개혁 당시에 특별히 강조된 사실이기도 하다. 수 세기 동안의 영적 암흑기가 지난 후 다시 빛을 내기 시작한 성경적 계시에서 볼 때, 그럴듯한 모든 권위는 위선으로 여겨졌지만 하나님 말씀의 절대적인 권위만은 예외였다. 또한 그렇기 때문에 하나님 말씀으로서 성경의 객관성은 부인하면서도 마치 성경이 객관적 권위인 것처럼 성경을 인용하고 추론하여 제기된 것에서 자신의 신학적 정통성을 찾으려고 하는 현대 자유주의 저자들의 모순도 주목해 보아야 한다.

핍박의 역사도 언급할 가치가 있다. 많은 세대에 걸쳐 사람들은 이 메시지를 받아들이는 것이 어떻게 그들의 삶을 급격하게 변화시켰는지를 보여 주어 성경의 영감을 증명했다. 그들은 자신의 소유보다 성경을 소중하게 여겼고, 그들을 자유하게 해준 이 진리를 부인하기보다는 차라리 고문받기를 원했다. 그래서 성경을 없애고, 불태우고, 금지시키고, 또는 어떤 모양으로든지 사회에서 제거하여 성경이 헛되다고 증명하려 한 시도들은 모두 실패했다. 세월이 흘러도 성경은 세상에서 베스트셀러의 자리를 내주지 않을 뿐만 아니라 인류 사회의 모든 영역에서 선과 복을 위한 가장 위대한 힘임을 의심할 여지가 없다.

성경의 영감에 대한 역사의 증거는 무궁무진해서 성경 자체의 증언을 강력하게 입증한다. 교회가 옛 길을 떠나 교회사의 증언을 조롱하려는 현 시점에서 교회는 그렇게 함으로 이제 교회이기를 포기하는 것은 아닌지, 교회의 유산을 하나님의 것이 아닌 마귀의 것과 교환하고 있는 것은 아닌지 자문해 보아야 할 것이다.

하나님의 증언

이제 우리는 결정적이고 파기할 수 없는 절대적 증언을 직면하게 된다. 하나님의 증언은 인간의 증언보다 확실하고 위대하다. 이 증언은 어떤 도움도 없이 스스로 견고하게 서 있다. 간단하게 말하자면 성경이 실제로 하나님 말씀이라면 이를 자증한다(self-authenticating)는 것이다. 즉 인간의 판결이 필요하지 않다. 하나님 스스로 성경의 진리에 대한 증인이시기 때문이다. 성경의 저자로서 하나님은 모든 신자의 마음과 생각에 이것이 사실임을 증명하신다. 그리스도를 믿는 믿음을 갖게 한 것은 성령의 역사이며, 구원에 이르는 믿음은 **다른 어느 곳도 아닌 성경에 선포된 복음**에 근거한다. 성령의 내적 증거에 의해서 우리는 성경의 메시지를 인정하고 사용하며, 날마다 지속적으로 "모든 성경은 하나님의 영감으로 된 것"임을 확신한다.

성령의 증거로서 이 증거는 객관적이며, 동시에 신자들 안에 있는 내적 증거로서 주관적이기도 하다. 동시에 객관적이고 주관적인 증거로서 이 증거는 난공불락의 증거가 된다. 이를 경험한 사람은 부정할 수 없다. 이를 부정하는 사람은 이를 경험할 수 없게 될 것이고, 따라서 왜 그러한지 마음을 살펴야 할 것이다.

모든 사랑과 겸손으로 우리는 성령 하나님의 내적 증거를 잘 알지 못하는 사람들에게 혹시 참된 기독교의 본질 중 하나를 놓치고 있는 것은 아닌지, 그래서 성경의 영감 교리를 공격하는 측에 서 있는 것은 아닌지 생각해 보길 권한다. 우리는 그들이 성령의 증거를 가질 수 있도록 하나님이 그들의 마음과 지성을 일깨우시고 확신시키시길 간구하라고 그들에게 강력히 권하고 싶다.

마지막으로 성경의 우선적인 목적과 기능은 우리의 구원을 위한 하나님의 계획이라는 큰 그림 안에서 우리를 그리스도께 인도하는 것임을 기억하자. 그래서 바울은 디모데에게 성경에는 그를 "예수 안에 있는 믿음으로 말미암아 구원에 이르게 하는 지혜가 있[다]"(딤후 3:15)고 권면한다. 베드로도 "주의 말씀은 세세토록 있[다]"고 하면서 "너희에게 전한 복음이 곧 이 말씀"이라고 했다(벧전 1:25). 성경을 마지막으로 기록했을 가능성이 있는 요한은 다음과 같이 그 목적을 설명한다. "오직 이 것을 기록함은 너희로 예수께서 하나님의 아들 그리스도이심을 믿게 하려 함이요 또 너희로 믿고 그 이름을 힘입어 생명을 얻게 하려 함이 니라"(요 20:31).

값 주고 살 수 없는 보물인 영어 성경을 갖는 데 우리가 가장 많은 빚을 진 종교 개혁자이자 순교자인 윌리엄 틴데일(William Tyndale)은 이렇게 기록하였다. "성경은 우리를 하나님에게서 멀어지게 하는 것이 아니라 그분과 가까워지게 만든다. 성경은 하나님에게서 나와 그리스도께로 흘러, 우리를 그리스도께 인도하기 위해 우리에게 주어졌다. 따라서 당신은 그 길의 결국이며 안식처가 되시는 그리스도께 갈 때까지 한 줄 한 줄 성경과 동행해야 한다." 하나님이 우리로 하여금 이 거룩한 책을 거룩한 목적에 합당하게 사용하도록 해주시기를 바란다.

【참고 문헌】

Loraine Boettner, *The Inspiration of the Scriptures*.
John Calvin, *Institutes of the Christian Religion*, I. vii, 「기독교 강요」.
John Jewel, *A Treatise of the Holy Scriptures*.
Carl F. H. Henry, ed., *Revelation and the Bible*.
James Orr, *Revelation and Inspiration*.
B. B. Warfield, *The Inspiration and Authority of the Bible* (Cornelius Van Til, introductory essay).
William Whitaker, *A Treatise of the Holy Scriptures*.

4장
삼위 하나님의 비공유적 속성들

프레드 클루스터

> 프레드 클루스터(Fred H. Klooster, 1922-2003)_ 암스테르담 자유 대학에서 박사 학위를 받고 칼빈 신학교에서 가르친 개혁주의 신학자다. 그가 쓴 책으로는 「바르트 신학의 중요성: 선택과 화목에 관한 특별한 언급에 대한 평가」(The Significance of Barth's Theology: An Appraisal with Special Reference to Election and Reconciliation, 1961)와 「유일한 위로: 하이델베르크 요리 문답에 대한 포괄적 주석」(Our Only Comfort: A Comprehensive Commentary on the Heidelberg Catechism, 2001)이 있다.

웨스트민스터 소요리 문답은 하나님을 "영이시며, 그분의 존재, 지혜, 능력, 거룩, 공의, 선함, 진실은 무한하고 영원하며 불변하다"라고 아름답게 묘사한다(4문답). 벨직 신앙고백도 비슷하게 시작한다. "우리 모두는 단일하시며 영적인 존재이신 하나님을 마음으로 믿고 입으로 고백한다. 하나님은 영원하시며, 우리가 온전히 이해할 수 없으며, 보이지 아니하시며, 변하지 아니하시며, 무한하시고, 전능하시며, 완전히 지혜로우시고, 공의로우시며, 선하시고, 모든 선함의 끝없는 원천이시다"(1조). 여기에 나온 대부분의 용어를 하나님의 속성(attributes) 혹은 하나님의 완전하심(perfections)이라고 부른다.

'속성'이란 성경에 계시되어 있고 하나님이 자신의 다양한 일하심

가운데서도 행하고 보여 주시는 하나님의 완전하심이라고 정의할 수 있다. 개혁주의와 복음주의의 신학자들은 종종 공유적 속성과 비공유적 속성으로 구분하는데, 하나님의 **공유적** 속성이란 하나님의 형상대로 창조된 인간 안에서 반영되거나 유추되는 속성들을 의미하고, **비공유적** 속성이란 인간 안에서 아주 미미하게 유추되거나 전혀 유추되지 않는 하나님의 속성들을 의미한다. 후자(연합성, 독립성, 영원성, 불변성, 광대함)는 하나님의 초월적이고 존귀하신 특성을 강조한다.

예비적 고찰

1. 공유적 속성과 비공유적 속성 모두 성부, 성자, 성령이신, 유일하게 참되시며 살아 계신 하나님의 속성임을 인식하는 것이 중요하다. 하나님의 이러한 속성을 마치 일반적인 신들의 속성인 것처럼 논하여 삼위 하나님을 많은 신 중 한 분으로 생각하게 해서는 안 된다. 기독교는 참된 유일신론이며, 따라서 모든 속성은 성경에 나오는 유일하신 참 하나님의 속성이다. 살아 계신 하나님의 이러한 유일성에 대한 인식이 하나님의 비공유적 속성 중 하나인 하나님의 연합성(unitas singularitas) 아래 논의되기도 한다(신 6:4, 왕상 8:60, 사 44:6, 막 12:28 이하, 엡 4:6, 딤전 2:5 참조).

    2. 유일하고 참되신 하나님은 성경에 나오는 **삼위** 하나님이므로 비공유적 속성뿐 아니라 공유적 속성 역시 성부와 성자와 성령께 동일하게 속한다. 따라서 삼위일체 교리를 다루기 전에 반드시 이 속성을 다루어야 하는 것은 아니다. 그럼에도 그렇게 하는 것이 좋은 이유는 이 속성들이 삼위 하나님의 본성을 특별하게 보여 주기 때문이다. 하지만 비공유적 속성들은 각 위격의 하나님의 '비공유적 품성'(incommunicable property), 다시 말하면 생성(generation), 아들 됨(filiation), 발출(spiration)(웨스

트민스터 대요리 문답 10문에 관한 내용이다. "10문: 신성 안에 있는 삼위의 고유한 품성이란 무엇을 말하는가?" "답: 성부께서 성자를 낳으신 것, 성자께서 성부에게서 나신 것, 성령께서 성부와 성자에게서 영원히 나오시는 것을 말한다."_ 옮긴이)과 혼동하지 말아야 한다.

3. 이 속성들을 논의하려면 하나님의 불가해성을 인정해야 한다. 유한한 인간은 무한하신 하나님을 이해할 수 없다. 신자는 하나님이 자신의 속성에 관해 계시하신 모든 것을 온전히 이해하지 못한다.

4. 이 속성들은 신적 존재의 본유적 특징으로 간주되어야 한다. 이러한 완전함은 인간이 하나님에게 부여하는 것이 아니라 하나님 자신이 성경을 통해 우리에게 계시하시는 것이다. 이 속성들은 객관적이며 사실적이다. 그것들은 하나님을 그 존재 자체로 우리에게 묘사한다. 따라서 이 속성들은 하나님이 창조와 섭리, 구속에서 행하신 일들을 통해 드러나고 수행된다.

또한 이 다양한 속성을 하나님의 존재를 이루는 많은 부분이나 부속 기관으로 간주해서는 안 된다. 각 속성은 하나님을 하나님으로 묘사하며, 그저 존재의 한 부분이나 하는 일을 묘사하는 것이 아니다. 더욱이 사랑이나 독립성과 같은 한 속성을 격상시켜 다른 것들을 그것에 예속시키거나 다른 것들보다 우월하게 만드는 것은 성경의 가르침이 아니다. 다양한 속성은 상호 관계가 있지만, 예를 들어 하나님의 영원성과 불변성, 하나님의 사랑과 거룩은 하나님이 계시하신 차이가 있을 뿐이다. 이 주제들은 단순성(unitas simplicitas)이라는 주제 아래 다루어지기도 한다.

특정 속성에 대한 논의

이제 간단하지만 좀 더 구체적으로 비공유적 속성을 다루어 보자. 하나님의 연합성과 단순성은 이미 언급했고, 이제 독립성과 영원성, 광대성, 불변성에 대해 생각해 보자(여기서 우리가 주장하는 것의 근원과 기준은 신학 어디에서나 그렇듯이 전적으로 계시된 무오한 하나님의 말씀이다).

1. 독립성(자존성)_ 성경은 하나님의 독립성을 다양한 방법으로 제시한다. 바로에게 보내졌을 때 모세는 자신을 보내신 이를 "스스로 있는 자"(출 3:14), "자기 속에 생명이 있는"(요 5:26) 살아 계신 하나님이라고 했다. 하나님은 "무엇이 부족한 것처럼 사람의 손으로 섬김을 받으시는 것이 아니니 만민에게 생명과 호흡과 만물을 친히 주시는 이"(행 17:25)라고 하신다. 그분은 "모든 일을 그의 뜻의 결정대로"(엡 1:11) 일하시며, 그분의 "계획은 영원히"(시 33:11) 선다. 이런 점에서 볼 때 하나님의 독립성이란, 하나님이 자신의 모든 일과 계획에서 자신 밖에 있는 어떤 것에도 의존하지 않으시며 그 존재 자체로 충분하시고(self-sufficient) 온전히 충분하시다(all-sufficient)는 것을 가리키는 완전하심이라고 정의할 수 있다.

하나님의 존재 근거는 그분 자신 안에 있지만 하나님 스스로 원인이 되거나 발생된 것은 아니다. 영원하신 하나님에게는 시작도 끝도 없기 때문이다. 하나님의 독립성은 하나님이 **자존적인 존재**라거나 독립적인 존재라는 개념 이상의 의미가 있다. 독립성은 그분의 존재에서뿐만 아니라 그분의 모든 속성, 계획, 창조와 섭리와 구속의 역사에서도 그 특징을 드러내기 때문이다.

하나님의 독립성에 대한 성경적인 관점은 성경의 하나님을 스피노자나 헤겔이 말하는 '절대'의 개념과 동일시하는 것을 용납하지 않는다. 성경이 말하는 자존적이고 독립적인 하나님은 단순히 모든 피조물 위에 뛰어나실 뿐만 아니라 피조물의 창조주이자 주관자가 되시는 살아 계신 하나님이다. 세상을 주관하시는 이 하나님이 타락 전에 인간과 교제를 시작하셨고, 타락 후에는 은혜의 언약 안에서 새로운 교제를 가능케 하셨다. 하나님은 모든 일을 자신의 뜻에 따라 행하시지만 때로는 매개적이고 이차적인 원인들을 통해서도 일하신다. 예를 들어 하나님은 복음서를 기록하는 무엇보다 중요한 임무를 감당하는 데 인간을 사용하셨다.

2. 영원성_ 하나님의 무한하심은 때로 하나님의 모든 속성을 끝없고 완전한 것으로 규정하는 절대적 완전으로 이해되기도 한다. 이런 의미에서 모든 공유적 속성은 영원이라는 비공유적 속성에 의해 그 특징이 드러난다. 하지만 무엇보다도 하나님의 무한하심은 시간과 공간의 차원에서 볼 때 영원함과 광대함으로 이해할 수 있다.

성경은 우리의 거처가 되시는(신 33:27) '영원하신 하나님'에 대해 언급한다. 그분은 세상의 기초를 놓기 전 영원부터 영원까지 존재하시고(시 90:2), 알파와 오메가가 되시는(계 1:8) 영원하신 왕(딤전 1:17)이시다. 그분은 영원히 거하시고(사 57:15), 그분의 연대는 무궁하며(시 102:27), 그분에게는 천 년이 하루 같고 하루가 천 년 같다(벧후 3:8).

영원함은 시간적 초월성을 표현하는 하나님의 완전하심이라고 정의할 수 있다. 하나님에게는 시작도 없고 끝도 없다. 그분은 성장이나 발전, 성숙의 과정을 거치지 않으신다. 그분은 창세전에 계셨고, 지금도 영원 중에 계시며, 역사가 끝난 후에도 영원하신 하나님으로 남아 계실 것이다.

하나님은 시간의 제한을 받지 않으심을 인정해야 하지만, 동시에 시간도 하나님의 피조물이며 그분은 역사의 주인이심도 인정해야 한다. 역사는 그분의 주권적인 계획을 드러낸다. "때가 차매 하나님이 그 아들을 보내[셨다]"(갈 4:4). 시간은 영원하신 하나님에게도 의미 있는 것이다. 그렇기 때문에 그리스도는 금요일에 십자가에서 죽으시고 주일 아침에 무덤에서 살아나셨다. 살아나신 그리스도께서는 제자들에게 "내가 세상 끝 날까지 너희와 항상 함께 있으리라"(마 28:20)고 하셨다. 따라서 그리스도인들은 자신 있게 "나의 앞날이 주의 손에 있[다]"(시 31:15)고 고백할 수 있다.

3. 광대하심과 무소부재하심_ 하나님은 가까이도 계시고 멀리도 계셔서 어느 누구도 은밀한 곳에 숨을 수 없다. "여호와가 말하노라 나는 천지에 충만하지 아니하냐"(렘 23:23, 24). 하늘은 그분의 보좌이고 땅은 그분의 발판이다(사 66:1). 그러므로 누구도 전지하시며 어디에나 계시는 하나님을 피할 수 없다(시 139편). "그는 우리 각 사람에게서 멀리 계시지 아니하도다 우리가 그를 힘입어 살며 기동하며 존재하느니라"(행 17:27, 28).

이와 같은 구절들을 볼 때, 하나님의 광대하심은 공간적 초월성을 표현하는 하나님의 완전하심으로 정의할 수 있다. 무소부재란 하나님의 이러한 편만하심이 하늘과 땅 어디에나 존재한다는 사실을 표현하는 말이다.

우리는 여기서 다시 한 번 비공유적 속성의 긍정적인 의미를 파악할 수 있다. 하나님은 영으로서 육체가 없으시며, 따라서 공간의 제한을 받지 않으신다. 그러므로 우리의 참되신 하나님을 예배하는 것은 예루살렘이나 어떤 장소에 국한되지 않는다(요 4:21 이하). 다른 한편, 하나님은 바로 이러한 세상으로 독생자(only begotten Son)를 보내셨다. 그리고 온 우주를 다스리는 그리스도께서 역사의 끝에 산 자와 죽은 자를 심판하기 위해 육체적으로 다시 오실 것이다.

4. 하나님의 불변성_ 성경에서 하나님은 "변함도 없으시고 회전하는 그림자도 없으[신]"(약 1:17) 빛들의 아버지로 묘사된다. 하나님은 "나 여호와는 변하지 아니하나니"(말 3:6)라고 스스로 확증하셨고, "그 뜻이 변하지 아니함을 충분히 나타내시려고 그 일을 맹세로 보증"하셨다(히 6:17, 18).

불변성이란 하나님이 자신의 존재와 명령, 행함에서 지속적이고 변하지 않으신다는 것을 명명하는 완전하심이다. 그분은 언제나 동일하신 참 하나님으로, 그분 자신과 명령, 계시, 행함에 신실한 분으로 남아계신다. 그분은 자신 안에서 어떤 변화도 없으시며 동시에 자신 밖의 어떤 것에 의해서 변화되지도 않으신다.

그렇다면 하나님의 '후회하심'과 관련된 몇몇 성경 구절 앞에서도 하나님의 불변성은 여전히 유지될 수 있는가? 예를 들면 사울의 신실치 못함에 대해 하나님은 사무엘에게 "내가 사울을 왕으로 세운 것을 후회하노니"(삼상 15:11)라고 하셨다. 하지만 같은 장에 하나님은 후회할 수 없는 분이라고 구체적으로 언급되어 있다. 하나님이 왕국을 빼앗아 다른 이(다윗)에게 줄 것이라고 사울에게 전한 후에 사무엘은 덧붙여 말하기를, "이스라엘의 지존자는 거짓이나 변개함이 없으시니 그는 사람이 아니시므로 결코 변개하지 않으심이니이다"라고 했다(삼상 15:29. 민 23:19 참조). 하나님의 '후회하심'은 인간의 끔찍한 죄와 관련한 그분의 슬픔과 기뻐하지 않으심을 의인화하여 표현한 것으로 이해해야 할 것으로 보인다. 동시에 하나님의 신실하심과 지속성, 불변성은 자신의 신실한 약속을 지키기 위해 그 나라를 사울에게서 빼앗아 다윗에게 주시는 데서 두드러지게 나타난다.

'하나님의 후회하심'이 표현되거나 암시된 어떤 상태와 관련되는 경우도 있다. 이러한 경우에서 일반적인 규칙은 예레미야 18장에 나타나 있다. "만일 내가 말한 그 민족이 그의 악에서 돌이키면 내가 그에게 내리기로 생각하였던 재앙에 대하여 뜻을 돌이키겠고 내가 어느 민족이나 국가를 건설하거나 심으려 할 때에 만일 그들이 나 보기에 악한 것을 행하여 내 목소리를 청종하지 아니하면 내가 그에게 유익하게 하리라고 한 복에 대하여 뜻을 돌이키리라"(8-10절). 그래서 니느웨에 대하여 여호와는 "그들이 행한 것, 곧 그 악한 길에서 돌이켜 떠난 것을 보시고 하나님이 뜻을 돌이키사 그들에게 내리리라고 말씀하신 재앙을 내리지 아니하셨다]"(욘 3:10. 3:9, 4:2 참조). '후회'에 대한 비슷한 언급들은 아모스서(7:3, 6)와 요엘서(2:13, 14)에도 나타난다. 이러한 경우에도 하나님의 '후회하심'은 그분의 약속이나 위협을 통해 표시되거나 암시된 상태를 충족시키는 하나님의 신실하심을 의인화하여 표현하기 위해 사용되었다. 성경 전체 문맥에서 볼 때, 이러한 '후회'는 하나님의 불변성과 상충된다기보다는 오히려 하나님의 말씀과 약속에 대해 영원토록 신실하시고 참되심을 강조한다. 칼 바르트가 말한 것처럼 "하나님의 거룩한 변동"(holy mutability of God)이란 존재하지 않는다. "여호와는 맹세하고 변하지 아니하시[며]"(시 110:4), 또한 그분의 "뜻이 설" 것이다(사 46:10).

그러나 하나님의 불변성은 하나님의 부동이나 피동을 의미하지 않는다. 기독교의 하나님은 언제나 능동적이시고, 태만하여 아무것도 하지 않은 적이 없으시다. 그분은 자신이 창조한 모든 것을 지키시고 보존하실 뿐만 아니라 자신의 주권적이고 불변한 계획에 따라 능동적으로 다스리신다. 자신의 모든 행함에서 영원하고 주권적이신 하나님은 자신의 계획을 실행하시며 "어제나 오늘이나 영원토록 동일하[신]"(히 13:8) 자신을 보여 주신다.

결론

비공유적 속성들은 삼위 하나님의 초월적 위대함을 묘사한다. 그분은 스스로 충족하시고, 온전히 충족하시며, 시간과 공간을 초월하시고, 동시에 하늘과 땅에 편만하게 존재하신다. 그분은 자신의 존재와 지혜, 능력, 거룩함, 공의, 선함, 진리에 불변하시며 항상 참되시다. 모든 신학은 하나님에게, 그리고 하나님과 인간의 관계에 관심을 갖기 때문에 한 사람의 전체적인 신학적 견해는 하나님의 속성에 대한 교리에 반영되어 있다. 그러므로 하나님의 속성에 대한 성경적인 교리는 한 사람의 신학 전반에 반영된다.

【 참고 문헌 】

개혁주의

H. Bavinck, *The Doctrine of God*.

L. Berkhof, *Systematic Theology*, 「벌코프 조직 신학」, 크리스챤다이제스트 역간.

S. Charnock, *The Attributes of God*.

A. A. Hodge, *Outlines of Theology*.

C. Hodge, *Systematic Theology*, Vol. I, 「조직 신학」, 크리스챤다이제스트 역간.

W. G. T. Shedd, *Dogmatic Theology*, Vol. I.

신정통주의

G. Aulén, *The Faith of the Christian Church*.

K. Barth, *Church Dogmatics II/1*,「교회 교의학」, 대한기독교서회 역간.
E. Brunner, *The Christian Doctrine of God*.

5장
하나님의 공유적 속성들

앤서니 후크마

> 앤서니 후크마(Anthony A. Hoekema, 1913-1988)_ 프린스턴 신학대학원에서 박사 학위를 받고 칼빈 신학교에서 가르쳤다. 그는 「개혁주의 종말론」(The Bible and The Future, 1979, 부흥과개혁사 역간), 「개혁주의 인간론」(Created in the Image of God, 1986, 부흥과개혁사 역간)을 저술하였다.

하나님의 속성은 그분의 존재와 분리될 수 없는 만큼 하나님과 그분의 완전하심은 하나다. 하나님의 사랑과 의는 하나님 존재의 부수적인 성품이 아니다. 하나님의 존재 자체가 사랑과 의와 은혜와 거룩이다. 그렇기 때문에 어떤 속성도 다른 속성에 제한받지 않는다. 예를 들면 하나님은 사랑이시기 때문에 무한히 의로우실 수는 없다고 말할 수 없다. 속성은 많지만 하나님은 한 분이다. 연구 목적으로 이 속성들을 구분하기는 하지만 분리할 수는 없다.

이 글에서는 이른바 공유적 속성이라고 부르는 것들을 다루려고 한다. 인간에게서 어느 정도 유추할 수 있다는 점에서 이 속성들을 '공유적'이라고 정의한다(반면에 비공유적 속성은 인간에게서 유추할 수 없는 것들이다). 하지만 이 두 속성의 차이는 상대적인 것임을 잊지 말아야 한다. 하나님은 비공유적인 방법으로 자신의 모든 공유적 속성을 소유하시기 때문이다. 유추를 통해 인간에게서 발견될 수 있는 것은 모두 하나님에게서 발견될 수 있는 완전하심을 희미하게 반영한 것일 뿐이다.

공유적 속성에 대한 다음 구분은 벌코프(Berkhof)의 「벌코프 조직 신학」(Systematic Theology, 크리스챤다이제스트 역간)에서 가져 왔다.

1. 지적 속성_ 지식과 지혜
2. 도덕적 속성_ 선함, 사랑, 은혜, 자비, 인내, (신실함을 포함한) 진실함, 거룩함, 의로움
3. 의지적 속성_ 하나님의 주권적 의지와 능력

지적 속성

지적 속성들과 관련하여 우선 하나님의 지식을 살펴보자. 성경은 "하나님은 빛이시라 그에게는 어둠이 조금도 없으시다"(요일 1:5)고 했는데, 이는 하나님이 모든 것을 아신다는 말이다(요일 3:20). 하나님은 자신에 대해 철저하게, 그리고 완전하게 아신다. 나아가 하나님은 그분 외부에 존재하는 모든 것 역시 아신다. 우리는 이 속성을 하나님의 전지하심(omniscience)이라고 부르는데, 여기에는 아주 세부적인 것, 심지어 우리의 머리카락 수까지도 포함된다.

서로 연관되기는 하지만 하나님의 지혜는 지식과 구별되어야 한다. 지혜란 어떤 목적에 이르기 위해 지식을 적용하는 것을 의미하기 때문이다. 하나님의 지혜는 그분이 직접 세우신 목적에 이르기 위해 최선의 수단을 사용하신다는 의미를 함축한다. 구약의 시편 기자는 창조 세

계에 나타난 하나님의 지혜의 증거에 감동을 받았다. "여호와여 주께서 하신 일이 어찌 그리 많은지요 주께서 지혜로 그들을 다 지으셨으니 주께서 지으신 것들이 땅에 가득하니이다"(시 104:24). 애굽에서 요셉은 자신의 삶에 나타난 섭리적 질서에서 하나님의 지혜를 보았고(창 50:20), 바울은 특히 구원 계획에서 그 지혜를 보았다(고전 1:18, 24).

도덕적 속성

도덕적 속성으로 우선 하나님의 선하심이 있다. 우리는 이 선하심을 "하나님으로 하여금 모든 피조물을 너그럽고 친절하게 다루도록 하는 완전하심"이라고 이해한다(앞의 책, 70쪽). 이 선하심에 관해서는 시편 145편 9절("여호와께서는 모든 것을 선대하시며")이나 사도행전 14장 17절과 같은 구절들을 언급하고 있는데, 일부 신학자들은 하나님의 이 선하심을 그분의 택하신 백성에게만 보여 주신 하나님의 특별 은총과 구별하여 '일반 은총'이라고 부르기도 한다.

하나님의 사랑은 성경, 특히 신약에서 현저하게 드러난다. 삼위일체의 각 위는 영원한 사랑의 교제 가운데 거하시는데(요 3:35, 17:24), 그리스도 안에서, 그분을 통하여 하나님은 자신의 사랑을 인간에게 계시하신다. 이에 관해서는 많은 신약 성경 구절을 언급할 수 있지만, 특히 요한복음 3장 16절을 꼽을 수 있다. 구원의 모든 복은 하나님의 사랑의 결실이다. "보라 아버지께서 어떠한 사랑을 우리에게 베푸사 하나님의 자녀라 일컬음을 받게 하셨는가"(요일 3:1).

오늘날 이 속성들에 관한 중요한 질문이 있다면 하나님의 사랑과 공의를 어떻게 연관시킬 수 있느냐다. 19세기 자유주의 신학은 사실상 하나님의 공의를 제거했다. 리츨(Ritschl)이 하나님의 진노라는 것은 존재하지 않으며, 여전히 존재한다고 생각하는 것은 단지 망상일 뿐이라고 한 말을 기억할 것이다. 최근의 신정통주의는 과거의 이러한 자유주의를 부인한다고 알려져 있지만, 이 속성들을 살피면서 신정통주의 신학자들이 특히 하나님의 사랑과 공의에 대해 가르치는 것을 보면 자유주의 신학자들이 하나님의 진노를 부인한다는 사실을 그들이 정말 부인하는 것인지, 아니면 그 견해를 다른 형태로 말하고 있는 것뿐인지를 물어야만 할 것 같은 경우들을 발견한다.

현대 신학자들은 사랑을 하나님의 계시의 중심이자 핵심이라고 묘사한다. 그래서 칼 바르트도 하나님의 속성을 "신적 사랑의 완전함"과 "신적 자유의 완전함"으로 나누면서, 하나님의 존재나 본성에 관한 속성들에서 시작하여 사랑을 말할 것이 아니라, 하나님의 사랑에 관한 이야기에서 시작해야 한다고 주장한다(Church Dogmatics, II, 1, 348쪽 이하, 「교회 교의학」, 대한기독교서회 역간). 바르트는 하나님의 사랑을 정의할 때, 그 범위에 모든 인간과 모든 피조물을 포함한다. "하나님은 자신의 아들인 그리스도 예수 안에서 자신의 모든 자녀를 사랑하시고, 자녀들 안에서 모든 사람을, 그리고 사람 안에서 자신의 모든 피조물을 사랑하신다"(앞의 책, 351쪽).

바르트와 마찬가지로 에밀 브루너(Emil Brunner)도 사랑이 하나님의 최고 본성임을 강조하면서(The Christian Doctrine of God, 185쪽) 자신의 견해를 뒷받침하기 위해 하나님은 "영원한 사랑의 심연"이라고 한 루터의 말을 인용한다. 브루너는 이 사랑을 아가페(받을 자격이 없는 자에게 부어진 사랑, 원하는 것 없이 무조건 주는 사랑)라 부르고, 에로스(그럴 가치가 있어서 베푸는 사랑)와 구별하는데, 이 점을 앤더스 니그렌(Anders Nygren)에게서 빌려 왔음을 인정한다(앞의 책, 185쪽 이하).

이들은 우리에게 해주고 싶은 말이 많은 것 같다. 하지만 바울에게는 하나님의 공의와 자비가 같다는 브루너의 주장을 볼 때(앞의 책, 301쪽), 그리고 사랑에 대한 바르트의 정의를 다시 들여다볼 때, 우리는 혹시 이들의 주장이 하나님은 모든 사람을 똑같이 대해야 한다는 의미의 아가페를 전제하고 있는 것은 아닌지 의심스럽다. 우리 주 예수 그리스도는 하나님을 거부하고 그분의 아들을 믿기를 거절하는 자들에게 하나님의 진노가 임한다고 분명히 가르치셨다. 그리스도께서는 바깥 어두운 데, 불이 꺼지지 않는 곳, 누군가를 던져 넣을 지옥, 그리고 잃어버린 바 된 영혼이 당할 끔찍스러운 결과도 말씀하셨다.

하나님의 사랑과 관련해서 하나님의 **은혜**(받을 자격이 없고, 오히려 그 반대 결과를 받기에 합당한 사람들에게 보인 하나님의 사랑)가 있고, **자비**(비참함과 절망 가운데 있는 자들에게 보인 하나님의 사랑)가 있으며, **오래 참음**(불순종하는 데도 악한 자들에 대해 참으시고 그들을 회개에 이르도록 하기를 원하는 하나님의 사랑)이 있다.

하나님의 **진실하심**은 그분의 참되심을 의미한다. 하나님은 진리의 근원이시며, 계시와 약속에 있어서 참되시다. 이와 관련해서는 특히 하나님의 **신실하심**이 강조되는데, 그분은 약속을 지키시며 언약 백성에게 신실하시다(딤후 2:13을 보라).

다음으로 하나님의 **거룩하심**을 살펴보자. 히브리 단어 '카다쉬'(히브리어로 '거룩'을 뜻함)의 어원은 애매하다. 하지만 기본 의미는 '구별됨'인 것으로 보인다. 따라서 하나님의 거룩하심은 우선 그분이 다른 피조물과 구별되어, 모든 피조물 위에 무한히 영광받으실 분이라는 의미다. 그런 의미에서 하나님의 거룩하심은 그분의 존재와 행위에 관한 자질이라는 측면에서 독립된 속성이 아니다. 하지만 부정적으로 말하자면 하나님의 거룩하심이란 "눈이 정결하시므로 차마 악을 보지 못[함]"(합 1:13)을 의미하며, 모든 부정한 것에서 자유로워 모든 죄를 미워함을 의미한다. 긍정적으로 말하자면 하나님의 거룩하심은 순결하며 선한 모든 것을 완전하게 품으시는 도덕적 탁월함을 의미한다.

하나님의 의로우심은 최근 많은 논란이 되고 있는 속성 중 하나다. 의로움이란 기본적으로 규칙이나 법에 일치하는 것이다. 따라서 하나님은 법(하나님 위에 있는 법이 아니라, 하나님 안에 있어서 하나님이 창시하신 법)에 따라 행하시기 때문에 의로우시다고 부를 수 있다. 하나님의 '통치적 공의'(rectoral justice)라고 말할 때 우리는 우주, 특히 도덕적 피조물들을 다스리는 자로서 그분의 청렴함을 의미하고, 하나님의 '분배적 공의'(distributive justice)라고 말할 때는 그분의 법을 집행함에 있어서의 청렴함을 의미한다. 이와 관련해서 우리는 (공적[merit]이 아닌 철저하게 은혜에 의해) 상을 주시는 '보상적 공의'(remunerative justice)에 대해서도 생각해 볼 수 있다. 바울은 로마서 2장 6, 7절에서 이렇게 말한다. "하나님께서 각 사람에게 그 행한 대로 보응하시되 참고 선을 행하여 존귀와 썩지 아니함을 구하는 자에게는 영생으로 하시고." '응보적 공의'(retributive justice)란 그분에게 순종하지 않는 자들에게 내리는 형벌을 의미하기도 하는데, 바로 이 공의가 그분의 진노에 관해 말한다. 바울은 로마서 2장 8, 9절에서 이렇게 말한다. "오직 당을 지어 진리를 따르지 아니하고 불의를 따르는 자에게는 진노와 분노로 하시리라 악을 행하는 각 사람의 영에는 환난과 곤고가 있으리니……"(롬 1:32과 살후 1:8도 보라). 하나님의 의로우심은 일반적으로 죄인의 구원에 적용되는 것이 사실이지만(바울이 로마서 3장 21-28절에서 칭의에 관해 말한 것을 생각해 보라), 성경은 한결같이 하나님의 응보적 의와 진노를 다룬다(Shedd, *Dogmatic Theology*, I, 380쪽 이하를 보라).

    이 문제는 매우 중요하므로 하나님의 의로우심에 대하여 최근 신정통주의 신학자들은 어떻게 가르치는지 살펴보도록 하자. 바르트는 하나님의 자비와 의를 모두 '신적 사랑의 완전함'으로 다룬다. 루터와 안셀무스를 인용하면서 그는 하나님의 의와 자비의 동등함을 강조한다(앞서 언급한 책, 377쪽 이하). 바르트에게 성경의 위대한 메시지는 "하나님의 자비가 없는 곳에는 하나님의 공의가 없고, 하나님의 공의가 없는 곳에는 하나님의 자비가 없다"(앞의 책, 380쪽)는 것이다. 리츨과 달리 바르트는 하나님에게 형벌적 의(punitive righteousness)가 있다고 주장한다(앞의 책, 382, 391쪽). 성금요일의 중요성을 논하면서 바르트는 하나님의 응보적 또는 형벌적 의가 그분의 아들의 십자가 죽음을 통해 온전히 충족되었다고 강조한다(앞의 책, 395-406쪽). 그가 제공하는 심오한 통찰은 존중하지만 하나님의 이 응보적 의가 마지막 날 잃어버린 바 된 자들에게 임할 심판을 통해서도 드러난다는 것은 부인하고 있음을 본다. 바르트는 "영원한 영광의 길과 영원한 불의 길" 두 가지를 함께 말하는 것은 성경적 종말론이 아닌 이방 종교의 특징이라고 주장한다(앞의 책, 293쪽). 그런 바르트에게 잃어버린 바 된 자들을 위한 최종 심판이 없을 것이라는 결론은 매우 당연하다. 결국 브루너도 바르트의 주장을 "지금까지 존재한 가장 철저한 보편주의 교리"라고 규정했다(브루너, 앞서 언급한 책, 314쪽).

    브루너의 견해를 한 번 살펴보자면, 그는 "하나님의 사랑에 대한 계시는 그분에게 '마땅한 일'이지만, 하나님의 진노에 대한 계시는 '낯선 일'"이라고 한 루터의 말을 인용하는 것으로 자신의 견해를 대변하였다(앞의 책, 169쪽). 루터와 마찬가지로 브루너는 하나님의 진노는 십자가에서 절정에 이르지만, 이때 믿음은 이 '낯선 일'을 넘어 하나님의 사랑을 보게 한다고 주장한다(앞의 책, 173쪽). 하지만 잃어버린 바 된 자들에게 임할 영원한 형벌로 완성될 응보적 공의에 관해 브루너의 견해를 묻는다면, 우리는 크게 다르지 않은 대답을 듣게 된다. 선택에 관한 바르트의 견해에 상당히 비판적이면서도(앞의 책, 348쪽 이하) 브루너는 바르트와 마찬가지로 이중 예정을 부정한다(앞의 책, 345쪽 이하). 브루너는 보편 구원을 강력히 부정하면서(앞의 책, 352쪽) 신약 성경에서 최후 심판을 배제할 수는 없다고 주장한다(앞의 책, 349쪽). 그럼에도 영원한 형벌에 관해서는 회의적이라서(앞의 책, 353쪽) 또 다른 곳에서는 그리스도 없이 죽는 것은 그냥 존재가 소멸되는 것과 같다고 제안하기도 했다(*Faith, Hope, and Love*, 56쪽).

이 부분에 있어서는 브루너가 바르트처럼 극단적이지는 않음을 볼 수 있지만 넬스 페레(Nels Ferré, *The Christian Understanding of God*, 217쪽 이하)가 강력히 부인하는 교리인 영원한 형벌에 관해서는 주저한다. 이와 같은 현대 신학자들의 견해를 살펴보면서 우리는 다음과 같은 질문을 하지 않을 수 없다. 이들은 하나님의 응보적 의, 특히 하나님의 진노가 실제로 임한다고 보는가? 아니면 이것은 하나님의 사랑이 진노를 덮는다는 자유주의적 주장의 반복인가? 하나님의 진노에 대한 현대적인 관점이 복음 메시지의 가장 깊은 곳에 있는 진정성을 빼앗아 가는 것은 아닐까? 과연 그것이 하나님의 진노에 관해 엄중하게 말씀하신 우리 주님의 가르침일까?

의지적 속성

마지막으로 다룰 의지적 속성에서 우리는 하나님의 주권적 의지와 주권적 능력을 구분해야 한다. 주권적 의지란 그분이 우주의 사건들과 모든 피조물의 행동을 그분의 계획에 따라 이끌어 간다는 것을 의미한다. 두말할 것도 없이 이 주권적 의지는 발생하는 모든 것의 최종 원인이다("모든 일을 그의 뜻의 결정대로 일하시는……"[엡 1:11]). 하나님의 뜻의 궁극적인 방향 아래 사건들이 발생하지 않는다고 말하는 것은 그분의 주권, 또한 그래서 결국은 그분의 존귀에서 이탈하는 것이다.

전능하심이라고 부르는 하나님의 주권적 능력은 무엇을 의미하는가? 단순히 하나님은 무엇이든 하실 수 있다고 말하는 것은 온갖 어리석은 질문을 향한 문을 여는 것일 뿐이다. 예를 들면 하나님이 죄를 지으실 수 있는가, 하나님은 스스로 들 수 없을 만큼 무거운 돌을 만드실 수 있는가 하는 등의 질문이다. 따라서 전능하심이란 그분의 뜻이 이루기 원하는 것은 무엇이든지 하실 수 있는 하나님의 능력을 의미한다고 정의하는 것이 더 낫다(마 19:26 참조).

하나님의 전능하심은 인간적인 결정을 위한 여지를 전혀 용납하지 않는다거나, 인간을 무선유도탄과 같은 존재로 격하한다는 식으로 이해되어서는 안 된다. 하나님의 전능하심은 인간의 자유와 책임을 제거하는 것이 아니라 오히려 세우는 것이다. 바로 이 점 때문에 하나님의 주권은 인간으로서는 도저히 이해할 수 없는 신비가 된다.

【 참고 문헌 】

헤르만 바빙크, 루이스 벌코프, 찰스 하지, 윌리엄 셰드가 저술한 전통적인 조직신학서와 함께 스티븐 차녹의 *The Attributes of God*를 읽어 보길 권한다. 신정통주의 관련 도서는 본문에서 찾을 수 있다.

6장
성 삼위일체

J. 케네스 그리더

> J. 케네스 그리더(J. Kenneth Grider, 1921-2006)_ 글래스고 대학에서 박사 학위를 받고 나사렛 신학교에서 가르친 나사렛 교단 신학자다. 「성화의 전부: 웨슬리주의의 특별한 교리」(Entire Sanctification: The Distinctive Doctrine of Wesleyanism, 1980)와 「웨슬리주의-거룩 신학」(Wesleyan-Holiness Theology, 1994)을 저술하였다.

삼위일체는 거룩한 땅이니 당신의 발에서 신을 벗으라. 여기서는 논리와 수학으로 충분하지 않을 것이니 잘 정리된 삼단논법이나 일반적인 수학을 멀리하라. 필요한 것은 들을 수 있는 귀와 순종하는 마음(요 7:17), 몰입된 경외심, 그리고 성경과의 깊은 관계뿐이다.

한 하나님이 삼위라는 것은 매우 대담한 개념이다. 그럼에도 그리스도인들은 예수 그리스께서 이 땅에서 사역을 시작하신 순간부터 그분 역시 하나님이라고 확신했다. 우리는 '구조적 일체'(structural togetherness)라는 점에서 하나님은 혼합되지 않은 하나의 본성 안에 존재하는 삼위라고 이해해 왔다. 이 영원한 교제에서 '일'이라는 숫자는 성령 역시 그러하시듯 또 다른 자아(alter ego)가 있어서 세 분의 '그'(him)

가 있고, 의식의 세 중심이 있지만, 한 본성, 한 본질, 한 실체의 신격(Godhead)이라는 말이다.

이것을 지적 묘약이라 부르고 싶다면 그렇게 불러도 좋다. 아니면 격하시켜 토머스 제퍼슨(Thomas Jefferson)처럼 "불가해적 용어"(incomprehensible jargon)라 불러도 좋고, 그렇지 않다면 매튜 아놀드(Matthew Arnold)처럼 "세 명의 샤프츠베리 백작의 동화"(the fairytale of the three Lord Shaftesburys)로 치부해도 좋다. 하지만 이것이 우리의 확신이다.

한 분에 삼위가 계신 것, 셋이 하나라는 것은 우리 본연의 능력으로는 이해할 수 없다. 부분적으로 말하자면 우리의 본성적인 기능의 작용 안에서는 이를 이해할 만한 유추가 없기 때문이다. 개인의 삶을 온전히 해석하는 데 장애가 없는 한, 구조적으로 세 사람은 한 사람이 아니다. 또한 어떤 인간도 자신의 지성, 감정, 의지를 가지고 이 독특한 '셋 됨'(threeness, 삼중성)으로 하나님을 이해할 수는 없다. 따라서 우리는 한 분이면서 거룩한 세 분을 인간적으로 상상할 수 없다.

성경적 근거

하나님은 한 본질 혹은 한 실제시지만 세 분이라는 이 교리는 무엇보다 성경에 계시된 것을 설명하려는 시도다. 이것은 하나님의 연합성에서 출발할 수밖에 없다. 히브리-기독교 신앙에서 하나님은 한 분이다. 로스켈리누스(Roscellin, 삼신론을 주장했다는 이유로 1092년 수아송[Soissons] 종교 회의에서 정죄당함)가 말하고 싶어 한 대로 세 분이 아니라 한 분이다. 이레나이우스, 테르툴리아누스, 아타나시우스, 아우구스티누스, 그리고 대부분의 교부와 스콜라 학자들(로스켈리누스는 제외하고), 종교 개혁자들 모두 성경은 세 분이 아닌 한 분 하나님을 가르친다고 보았다. 삼위를 부인하기 위해 소시니안 라코비안 교리 문답(Socinian Racovian Catechism)에서 인용한 "연합"에 관한 신약 성경의 세 구절(요 17:13, 고전 8:6, 엡 4:6)은 모두 하나님은 한 분임을 인정하는 삼위적 개념으로 이해할 수 있다.

그럼에도 성경은 신성을 삼위의 방식으로 구별한다. 가장 일반적인 호칭은 아버지와 아들과 성령이다. 이 세 분은 예수의 세례 때 언급되었다(요 1:27-33). 우리가 세례를 행할 때에도 마태복음 28장 19절에 따라 세 분의 이름으로 행한다. 고린도후서 13장 13절에 나오는 바울의 축도도 세 분을 언급한다. 요한복음 14-16장, 에베소서 2장 18절, 베드로전서 1장 21, 22절 등에서도 세 분이 언급된다. 요한복음 1장 1절과 20장 28절, 디모데전서 3장 16절, 히브리서 1장 8절에서는 성자를 하나님이라 불렀고, 히브리서 9장 14절, 베드로전서 3장 18절, 베드로후서 1장 21절은 성령이 하나님임을 암시했다.

신약 성경의 계시로 하나님의 본성이 속속 드러나면서 그리스도인들은 신약처럼 선명하지는 않지만 구약 성경에도 하나님의 삼위적인 속성을 보여 주는 구절이 많다는 것을 보기 시작했다. 그중 하나가 이사야 6장 8절의 "누가 우리를 위해 갈꼬"와 조화를 이루어 "거룩하다 거룩하다 거룩하다"(사 6:3)라고 고백하는 이사야의 환상이다. 또 다른 것으로는 '연합성'을 가리키는 신명기 6장 4절이나, "우리의 형상을 따라 우리의 모양대로 우리가 사람을 만들고"(창 1:26)라는 구절, "우리가 내려가서 거기서 그들의 언어를 혼잡하게 하여"(창 11:7)라는 구절이 제시하는 것처럼 복수형 엘로힘에 암시된 여러 인격에 대한 언급이다.

신조의 선언

삼위-연합(Tri-Unity)의 교리는 하나님에 대한 우리의 일반적인 경험을 설명하기 위해 고안된 것이다. 이 일반적인 경험은 우선 성경의 계시에 의해 공유되었고, 사도신경과 니케아 신경, 아타나시우스 신경을 통해 표현되었다. 사도신경은 분명하게 삼위일체적이지는 않다. 아주 간략하게 요약된 이 신경 자체만 보면 아리우스주의나 양자론(adoptionism)처럼 오직 성부만이 하나님인 것으로 생각할 수 있다. 성부와 성자와 성령을 간단하게 연속적으로 언급한 것에서 사벨리우스주의(Sabellianism)를 읽을 수도 있다. 이 신경은 삼위가 하나라든지, 예수와 성령의 신성에 관한 언급도 없다. 성부만이 하나님으로 언급되었기 때문에 성자와 성령은 하나님이 아니라는 의미로 받아들일 수도 있다.

하지만 서방 교회가 지지한 세 개의 세계 교회 신조(ecumenical creeds, 보편적 신조) 중 두 번째 것인 주후 325년의 니케아 신경과, 성령에 관한 조항을 더한 381년 신경을 보면 한 본체 안에서 세 분이 하나님이라는 삼위일체론을 볼 수 있다. 수 세기 후에 기록된 아타나시우스 신경은 4세기 인물인 아리우스를 향해 가장 강력하게 "아니요"라고 말하고, 하나 됨과 셋 됨에 관한 메시지를 거듭 찬미한다. 이 신경은 "성부는 하나님이요, 성자도 하나님이요, 성령도 하나님이지만 그럼에도 하나님은 세 분이 아니라 한 분"이라고 주장한다. "삼위 안에는 혼합도 없고, 본체가 나뉘지도 않는다"라는 중요한 공식이 이 신경에 담겨 있다.

그리스 정교와 같은 동방 교회에서는 니케아-콘스탄티노폴리스 신경의 초기 버전(version)에 따라 성령은 성자가 아닌 "성부에게서 발출(proceedeth)된다"고 가르쳤다. 아타나시우스 신경과 서방 교회는 일반적으로 "성령은 성부와 성자에게서 나오며, 창조되거나 낳은 것이 아니라 발출(proceeding)된 것"이라고 가르쳤다. 이는 로마서 8장 9절에 "하나님의 영"과 "그리스도의 영"이 함께 언급된 이유를 설명하는 데 도움을 준다. 어떤 사람들은 그리스도의 영이 성령이 아닌 그리스도 자신의 영을 가리킨다고 말하며 (「헤르마스의 목자」나 4세기 이단인 마케도니우스주의['성령 이단파'라고도 불림_ 편집자]에서처럼) 이위일체론(binitarianism)을 의미한다고 보지만, 실제로는 단일신적 목적으로 사용되었다. 서방 교회의 이러한 관점은 (즉 그리스도에게서 발출되는) "그리스도의 영"은 단순히 그리스도 자신이 아니라, 그리스도의 영이 선지자들을 통해 "그 받으실 고난[을] …… 미리 증언"했다고 말하고 있기 때문에 성령을 가리킨다고 말하는 베드로전서 1장 10, 11절에서도 찾아볼 수 있다. 예수께서 "내가 아버지께로부터 너희에게 보낼 보혜사 곧 아버지께로부터 나오시는 진리의 성령"(요 15:26)이라고 말씀하신 요한복음의 이 구절은 사실 성령의 단일 발출이든 이중 발출이든 이러한 견해를 지지하는 구절로 사용할 수 있다.

무수한 공격자들

세월이 흐르는 동안 수많은 공격자가 있었다. 성부와 성자와 성령은 한 인격이 순서대로 자신을 드러낸 방법이라고 가르친 3세기 초반의 사벨리우스 같은 사람도 있었다. 많은 사람이 아리우스주의나 양자론의 견해를 취했다. 아리우스주의는 어떤 한 사람이 특별한 방법으로 하나님의 아들이 된 것이 아니며, 그리스도는 성부와 유사 본질을 가진 최초의 가장 위대한 피조물이고, 성령은 덜 존귀한 존재라는 가르침으로 삼위일체의 교리에 조금 더 가까이 접근한다. 하지만 두 경우 모두 하나님 자신이 인간의 삶에 참여하지는 않으며, 두 경우 모두 하나님인 동시에 인간인 분이 우리를 위해 죽지도 않는다. 하나님은 우리의 인성에 침해당하지 않은 채 철저하게 구별되어 스스로 존재하신다.

파우스토 소치니(Faustus Socinus, 1604년 사망)는 반삼위일체적 견해를 가진 대표 인물이자, 지금은 보편론자들(Universalists)과 합쳐진 유니테리언의 창시자다. 허버트 경이나 존 로크와 같은 영국의 이신론자들도 이 교리를 공격했고, 나중에는 독일에서 라이프니츠(Leibniz)와 볼프(Wolff)가 이에 합세했다. 같은 나라의 칸트, 슐라이어마허, 헤겔도 양자론이나 비인격적인 범신론의 방향을 취하며 이 교리를 반대했다(비록 슐라이어마허는 자신을 사벨리안이라고 여겼지만 말이다).

뉴욕에 있는 유니온 신학교의 고(故) 윌리엄 애덤스 브라운은 셋 됨은 단순히 우리가 하나님에 대해 생각하는 방식이지 하나님이 존재하는 방식은 아니라고 이해했다(Dogmatics in Outline, 156쪽). 최근에 삼위일체 교리를 가장 논리정연하게 반대한 사람은 유니온 신학교 교수인 시릴 리처드슨(Cyril C. Richardson, The Doctrine of the Trinity)일 것이다. 리처드슨은 셋은 인격이 아닌 "상징"(앞의 책, 111쪽)을 가리킨다고 말했다. 그는 자주 이 삼위를 "용어들"(앞의 책, 98쪽)이라고 부르면서 이 교리가 "기독교 신앙의 중요한 관심"을 "흐리게 만든다"(앞의 책, 14쪽)고 주장했다. 그에게 이 교리는 "추상적 삼 겹"(threefoldness, 앞의 책, 15쪽)일 뿐이다. 그는 "사고할 수 있는 그리스도인"이라면 이 교리를 믿지 않아야 한다고 했다(앞의 책, 14쪽).

리처드슨은 삼위일체 교리에 관한 탁월한 연구 중 하나를 우리에게 제공한 레너드 하지슨(Leonard Hodgson)에게 공이 있음을 인정한다(The Doctrine of the Trinity). 그러나 하지슨은 하나님 안에 의식의 세 중심점이 있어서 산술이 아닌 유기체에서 취할 수 있는 '집중된' 연합에 이를 수 있다고 말한 반면(앞의 책, 96쪽), 리처드슨은 셋의 가능성이 집중된 연합에 이를 수 있음을 인정하면서도 왜 꼭 셋이어야 하는지를 묻는다. 리처드슨은 "이러한 주장의 논리는 아마도 하지슨으로 하여금 삼위일체 안에서 셋이라는 숫자가 갖는 **영원성** 때문에 삼위일체를 받아들이도록 했을 것"(앞서 언급한 책, 113쪽)이라고 주장한다. 하지슨은 계시를 사건에 대한 성경적 기록에서가 아닌 신적 이야기로서의 사건들에서 찾으려고 하는 최근의 견해와 한목소리를 내기는 하지만, 성경과 신경들이 거기서 그치기 때문에 셋을 받아들일 뿐이다. 바르트와 마찬가지로 하지슨은 성경 자체보다는 오히려 이 교리에 대해 더 정통적이다.

양태론적인 견해에 의해 삼위의 영원성이 상실되기는 했지만 최근에는 삼위일체 교리를 공격하는 사람들이 지난 한두 세대 전보다 많지 않다. 1960년 늦여름, 세계 교회 협의회(WWC, World Council of Churches)의 핵심 회원 90명은 모든 회원 교단이 "예수 그리스도를 하나님이요 구주"라고 고백할 뿐만 아니라 약간 바뀌었지만 "성부, 성자, 성령의 한 하나님"이라고 고백할 것을 1961년 뉴델리 회의에 추천하기로 투표로 결정했다.

널리 퍼뜨려야 할 소중한 것

삼위일체는 성경이 지지하며, 특히 역사적 신경들이 언급하고 있는 교리다. 그 안에서 구속(redemption)을 종합적으로 다루고 있음을 생각하면, 이 교리가 기독교 신앙의 기본임은 의심할 여지가 없다. 이 주제를 다룬 탁월한 한 책에서 찰스 로리(Charles W. Lowry)는 이 교리를 "기독교 신앙의 궁극적이고 최고의 영광"이라고 불렀다(The Trinity and Christian Devotion, p. xi).

이 교리에는 풍성함이 있다. 삼위일체는 하나님이 누구와도 교제하지 않는 분이 아니라 영원한 교제 가운데 존재하는 분이라는 의미를 지닌다. 하나님이 세상과 인간을 창조하시기 전 영원부터 철저하게 고립된 외로움 가운데 존재하신 것이 아니라 복된 교통 가운데 존재하셨음을 인식하게 한다. 이는 참으로 가슴 벅찬 일이다.

예수 그리스도께서 우리 신앙의 자석과 같은 중심이시고, 그분에 대한 믿음은 유대교나 유니테리언과 같은 다른 종교와 구분되는 것이 사실이지만, 우리 복음주의 개신교인들은 종종 성부 하나님과 성령 하나님을 소홀히 여기는 경향이 있다. 우리 가운데 '장막을 지으시고', 우리를 위해 흙에 침을 뱉으시고, 우리를 위해 우시고, 우리를 위해 죽으시며, 우리를 변화시키기 위해 다시 오실 그분을 더 친근하게 느끼는 것은 당연하다. 그리스도의 신성을 강조하는 것은 지극히 당연한 일이지만 독생자가 되신 그분을 삼위의 이위가 아닌 일위로 만들려는 듯하다. 세 분은 존귀와 위엄과 영광과 능력과 영원함이 동일하시다. 세 분은 모두 신적 속성을 소유하신다. 하지만 성부 하나님은 영원부터 아들을 생성하심(generating)에 우선적인 분이며, 성령은 성부와 성자에게서 발출(proceed)되신다. 성육신하신 성자께서 성부께 순종하신다는 사실은 성령께서는 스스로 표면에 드러나지 않으신다는 성경적 모습과 함께 성부 하나님의 우선순위를 보여 준다. 예수께서는 자신이 아버지와 하나라고 말씀하시기도 했고(요 10:30), "아버지는 나보다 크심이라"(요 14:28)고도 말씀하셨다. 예수께서는 "내가 내 자의로 말한 것이 아니요 나를 보내신 아버지께서 내가 말할 것과 이를 것을 친히 명령하여 주셨으니"(요 12:49)라고 하셨다.

그리스도께 삼위의 일위를 부여하려는 경향은 우리가 그리스도를 향하여 기도하는 모습에서도 볼 수 있다. 사실 기도는 삼위 중 누구에게나 할 수 있다. 하지만 일반적으로 성경의 전례들을 보면 우리는 개인적인 기도든 공적인 기도든 모두 성령의 도우심 가운데 그리스도의 이름으로 성부께 드린다. 하지만 매우 자주 개인 기도나 공적 기도에서 그리스도께 기도하기도 한다. '성부' 혹은 '하나님'에게 기도할 때 우리는 "당신[예수 그리스도]의 이름으로"(in thy name)라고 끝맺는데, 아마 그래서 그 기도를 그리스도께 드리는 것으로 생각하는지도 모른다.

복음주의 개신교에서 흔히 보는, 그리스도께 용서를 구하는 모습에서도 비슷한 경향의 실수가 나타난다. 물론 신약 성경에 따르면 그분은 죄를 용서하실 수 있다(막 2:10). 하지만 동일한 새 언약의 성경 구절에 따르면, 우리는 일반적으로 성부께서 죄인을 용서하신다고 생각한다. 그리스도께서 자신의 죽음을 통해 성부의 거룩한 진노를 누그러뜨렸기 때문이다(롬 3:24-26).

두 번째 위(person)에 우선순위를 부여하려는 경향은 삼위일체 주일(Trinity Sunday)을 거의 완전히 무시하고 있는 것에서도 잘 나타난다. 복음주의 개신교 목회자 가운데 아주 많은 수가 성령 강림절 바로 다음 주일이 삼위일체 주일인 것조차 모르고 있지 않을까 의심된다. 서방 교회에서 1305년에 제정된 이 삼위일체 주일은 1334년 이후에는 교회에서 널리 지켜졌다. 종교 개혁은 하나님이 삼위라는 믿음을 공유하는 만큼, 로마 교회나 성공회와 마찬가지로 개신교에서도 이 절기를 기억하고 지켜야 함이 마땅할 것이다.

【 참고 문헌 】

Augustine, "On the Holy Trinity," in Philip Schaff, ed., *Nicene and Post-Nicene Fathers*.

R. S. Franks, *The Doctrine of the Trinity*.

L. Hodgson, *The Doctrine of the Trinity*.
C. Lowry, *The Trinity and Christian Devotion*.
B. B. Warfield, *Studies in Tertullian and Augustine*.

7장
하나님의 작정

제프리 브로밀리

> 제프리 브로밀리(Geoffrey W. Bromiley, 1915-2009)_ 에든버러 대학에서 박사 학위를 받고 풀러 신학교에서 가르친 성공회 소속 역사가이자 역사 신학자다. 그는 「약속의 자녀들: 유아 세례에 관하여」(Children of Promise: The Case for Baptizing Infants, 1979), 「역사 신학: 서론」(Historical Theology: An Introduction, 2000)을 저술하였고, 토머스 토렌스와 함께 칼 바르트의 「교회 교의학」(Church Dogmatics)을 편집하였다.

웨스트민스터 신앙고백(1647)은 하나님의 '작정'(The decree of God) 혹은 '작정들'을 이렇게 정의한다. "하나님은 영원 전부터 장차 일어날 모든 일을 작정하셨는데, 이는 그분이 뜻하신 가장 지혜롭고 거룩한 계획에 따른 것으로 자유롭고 변동이 없다. 그러나 그분은 죄를 조성하지 않으셨으며, 피조물의 의지를 억압하지 않으셨고, 자연 법칙의 자유나 우연성을 빼앗지 않으시고 도리어 성립시키신다"(3장).

따라서 하나님의 작정은 하나님이 그분의 피조물을 다스린다는 근거가 되는 것으로, 그분의 자유로운 지혜에 근거한 가장 효과적인 의지 또는 목적과 동일하다. 이는 단순히 구원이나 형벌을 위한 예정만을 가리키는 것이 아니며, 세상의 창조와 방향 안에 있는 하나님의 모든 행동을 가리킨다. 소요리 문답에 명시된 대로 "하나님의 작정은 그 뜻대로 계획하신 영원한 경륜인데, 이로 말미암아 자기의 영광을 위하여 앞으로 일어날 모든 일을 미리 정하신 것이다"(7문).

주목해야 할 주요 세부 사항

첫째, 작정은 영원하므로 일시적인 상태에 좌우되거나 변하는 상황에 따라 달라지지 않는다. 둘째, 작정은 하나님의 지혜와 일치하므로 무방비적인 주권에 의한 변덕스러운 결정으로 실망시키지 않는다. 셋째, 작정은 이차적인 의지와 원인을 용납하므로 단순한 운명이나 결정론적 인과관계, 또는 이슬람이 말하는 의지와는 다르다. 넷째, 작정은 하나님의 선하신 즐거움을 만족시키므로 의미 없는 것이 아니며, 하나님에게 영광을 돌리고 하나님을 하나님 되게 하는 공의로운 사랑과 불일치하지도 않는다.

이 작정이 언급되는 곳은 구체적으로 창조와 섭리, 선택이다. "하나님은 창조와 섭리로 자신의 작정을 행하신다"(소요리 문답 8문). "하나님의 작정으로 …… 사람들과 천사들 가운데서 얼마는 영원한 생명을 얻도록 예정되고 또 달리 얼마는 영원한 사망에 이르도록 예정되었다"(웨스트민스터 신앙고백 3장 3항). 이러한 관점에서 볼 때 웨스트민스터 신앙고백은 칼뱅의 「기독교 강요」에서 하나님의 일반 작정(I. 17-18)과 선택이라는 특별 작정(III. 22-24)을 모두 언급한 것을 따른다. 같은 맥락에서 17세기에 큰 논쟁이 된 '타락 후 선택설'(infralapsarian)과 '타락 전 선택설'(supralapsarian)을 볼 수 있다. 한 진영에서는 선택의 작정을 (하나님의 섭리적 질서 가운데) 창조와 타락 후로 이해하고, 다른 진영에서는 예정의 작정이 앞선다고 여긴다. 이 문제를 다루는 순서를 보면, 칼뱅이나 웨스트민스터 신앙고백은 모두 하나의 작정이 다른 작정을 보조한다고 보기보다는 오히려 작정의 논리적 순서를 암시하는 타락 후 선택설의 견해에 서 있는 것처럼 보인다. 이는 소요리 문답에서 더 분명하게 볼 수 있다.

동시에 웨스트민스터 신앙고백은 심지어 이 작정을 복수(plural)로 보는 것도 주저한다. 엄격하게 말하면 이 신앙고백은 오직 하나의 작정만 말하는 것 같아서 6장(인간의 타락과 죄와 형벌을 다룸_ 편집자)의 실제 주제가 예정인 것처럼 보인다. 이 점에 있어서는 벨직 신앙고백(1561, 16항)이나 영국 성공회의 39개 신조(1563, 17항), 심지어 도르트 신조(1619)와 같은 종교 개혁의 유산들이 같은 소리를 내는 것처럼 보이는데, 하나님의 선한 기뻐하심에 근거하는 선택과 유기의 한 가지 작정만 언급한다. 물론 이는 창조와 섭리에서 하나님의 주권을 부인한다는 의미가 아니다. 하나님의 작정은 여러 개여서는 안 되고, 그것을 실행하는 데 다양할 수 없음을 암시하는 것도 아니다. 다만 시간적인 개념에 인위적으로 매이지 않는 한, 타락 전 선택설에 더 무게를 두어야 할 것을 주장하는 것이다. 하나님의 목적과 작정은 궁극적으로 하나이며, 즉 은혜의 언약을 세우고 그리스도께서 구원의 역사를 완성하심으로 선택된 백성과 교제하시는 것이다. 이 기본적인 작정은 일반적이고 세부적인 다른 작정들을 필연적으로 수반하게 된다. 하나님의 연합성에는 완전하심이 풍성하기 때문이다. 따라서 창조와 섭리, 그리고 이어지는 것들을 작정이라는 넓은 군(genus)에 속한 것으로 열거하기보다는 웨스트민스터 신앙고백과 초기의 고백들처럼 단수형을 유지하면서 "모든 구원이 시작되고 의존하는 영원하며 변함이 없는 작정"(스코틀랜드 신앙고백, 1560, 7항)과의 관계에서 그것들을 해석하는 것이 바람직해 보인다.

하지만 이러한 맥락에서 '작정'이라는 용어를 사용하는 것은 합당한가? 이 글을 시작하면서 정의한 것처럼 오해를 사지 않도록 신중하게 변호해야 할 것이다. 성경에서는 이 단어가 대체로 하나님의 결정보다는 포악한 군주가 만든 추상적이고 융통성 없으며 때로는 성가시기까지 한 명령에 더 많이 사용되었다. 이것이 아마도 초기 고백서에서 종종 동사 형태로 절제하여 사용한 이유일 것이다. 예를 들면 헬베틱 신앙고백(Helvetic Confession)이나 갈리아 신앙고백(Gallican Confession), 그리고 하이델베르크 요리 문답이 신적 작정이나 작정들에 특별한 조항을 할애했으리라고는 상상이 되지 않는다. 그럼에도 이 용어의 사용은 불가피했던 것으로 보인다. 그래서 거의 모든 문서에 나타난다. 심지어는 항론파(Remonstrants, 네덜란드에서 개혁주의를 반대하던 사람들_ 옮긴이)들도 첫째 조항에서(1610) 하나님의 "영원하며 불변하는 작정"을 언급했고, 좀 더 노골적으로 아르미니우스주의의 선언(arminian statements)들에서 하나님의 작정을 제한하기도 한다. 예를 들면 "하나님이 발생할 것을 미리 알고 있던 모든 사건을 작정하신 것은 아니다"라고도 말한다 (자유의지 침례파 신앙고백[Free Will Baptist Confession, 1834]). 마찬가지로 루터교의 일치 신조(Formula of Concord)도 예지와 예정을 구분했는데(11조 1항), 예정 혹은 선택에 관해서는 하나님이 "영원한 결정 안에서 작정하셨다"(11조 12항)고 했다. 이는 이 단어를 열광적으로 좋아하지는 않은 칼 바르트조차도 "부인할 수 없는 것을 묘사하는 단어로서 무시하거나 버려서는 안 되는" 것이라고 판단하게끔 한 원인이 되지 않았을까 싶다 (Church Dogmatics II/2, 182쪽, 「교회 교의학」, 대한기독교서회 역간).

이 용어의 위험성은 쉽게 볼 수 있다. 성경에서조차 이 단어는 의롭고 의미 있다기보다는 추상적인 주권으로 사용되었다. 그 용어 자체는 거룩하고 지혜롭고 사랑 넘치는 능력이 아닌 단순한 능력을 강조한다. 혜택을 제공하는 다스림보다는 매정한 영향력 행사를 주장하기도 하며, 이미 결정되고 고정된 것이어서 인간은 자동적 기계이며, 이렇게 작정하신 하나님은 별로 상관도, 관심도 없으셔서 정해진 길을 따라 움직이도록 방치해 두신다고 말하는 이신론(理神論)의 하나님을 암시하기도 한다. 작정을 강조하는 교회가 유니테리언 이신론에 가장 큰 피해를 입은 것처럼 보인 것은 가볍게 다룰 일이 아니다. 개혁주의 가르침 안에 터키적 혹은 이슬람적 충동이 있음을 루터교에서 발견하게 되는 것도 사소한 일이 아니다. 일부 개혁주의 지지자들이 과학 또는 무함마드적 결정론에 지지받을 만큼 무분별한 데는 이유가 있다. 이 용어와 용어 사용에는 틀림없이 위험이 있다.

그럼에도 진정한 주권, 일관성, 하나님의 계획과 목적, 결정의 진정성을 표현하는 데 이처럼 적합한 단어도 없다. 따라서 성경적 복음주의 주석가들에게는 이 단어를 사용하는 것 말고 다른 선택이 없어 보인다. 물론 의심할 여지 없이 안전장치는 필요하다. 웨스트민스터 신앙고백에 있는 제목이 딱 들어맞는 좋은 제목은 아닐 수 있다. 적당한 제한이 있는 본문에서 가장 잘 다루어질 수 있다고 볼 수도 있다. 하지만 하나님이 계획하고 목적하신 것은 진정으로 하나님이 작정하신 것임이 분명하다. 그분의 지혜롭고 전능한 결단은 그분의 자유롭고 주권적이며 어떤 도전도 불허하는 작정을 가능하게 한다.

이러한 어려움들은 아마 대체로 작정이 진정으로 영원하며, 따라서 생명 없는 이신론적 명령이 될 수 없다는 사실을 망각한 데서 비롯되지 않을까 싶다. 영원성에 대한 의심은 대부분 영원이 시간 전에 존재한다는 것에서 기인했음이 틀림없다. 이러한 관점에서 볼 때 영원한 작정은 그것의 완성 이전으로 보아야 하며, 모든 것의 시작이 있기 이전의 과거에 속한다고 보아야 한다. 그러나 영원은 단순히 시간 전을 의미하지 않는다. 이것은 시간과 함께함, 그리고 시간 후를 의미하기도 한다. 따라서 하나님은 과거적이신 만큼 현재적이시고 미래적이시다. 영원은 완성 이전뿐 아니라 완성 자체와 완성 후도 포함한다. 이신론적 개념들은 균형을 잃어버리고 영원의 한 면에 대해서만 비정상적으로 지나치게 집중한 데서 비롯되었기 때문에, 유명한 타락 후 선택설과 타락 전 선택설 논의에 비현실성을 제공할 뿐이다. 진정으로 영원한 작정은 과거에 그랬듯이 오늘날에도, 그리고 미래에도 여전히 생명력 있고 타당하다. 영원에서 만들어진 것은 이미 만들어졌고, 만들어지고 있으며, 만들어질 것들이다. 작정은 그 완성을 선행할 뿐만 아니라 동행하며 따라간다. 따라서 그것은 생명 없는 숙명으로 간주될 수 없다. 그것은 참으로 하나님의 작정이며, 그래서 온전하고 적절한 의미에서 영원한 작정인 것이다.

그러나 이신론적 공격은 피할 수 있다 하더라도 추상성으로 보이는 어려움은 여전히 남아 있다. 작정의 불가해성을 언급하는 일부 신앙고백들에 의해서 그 추상성은 더욱 강조된다. 웨스트민스터 신앙고백은 선택에서 하나님의 "오묘한 계획"을 언급하고, 유기에서는 그분의 "측량할 수 없는 계획"을 언급한다(3장 5, 7항). 도르트 신조는 "이 오묘하고 측량할 수 없는 것"에 대해 쓸데없이 호기심 많은 탐구를 경고한다(1장 12항). 갈리아 신앙고백(8항)과, 39개 신조(17항) 모두 오묘한 계획에 대해 언급했고, 벨직 신앙고백도 "불가해한"이라는 용어를 사용한다(13항). 성경에 따르면 자연과 역사에서 하나님의 길은 경이로운 과정을 취하기 때문에 하나님의 작정에서 이루어지는 구체적인 것들은 찾을 수 없고 이해할 수 없는 것이라고 부를 수 있다. 또한 죄인들은 하나님의 일을 이해할 수 없으므로 다른 작정들을 드러내 주는 기본적인 작정조차도 신비라고 부르는 것이 합당하다. 그럼에도 이 신비가 그리스도 안에서 드러난 것이 아닌가라는 질문이 생긴다. 적어도 부분으로라도 성령에 의해서 하나님의 길에 대해 믿음의 눈이 떠진 것이 아닌가? 모두에게 그 역사가 기이하기는 하지만 진정 하나님의 기본적인 작정이 우선적이고 궁극적인 의미에서 불가해하고 오묘하고 불가사의한 것이라고 말할 수 있는가?

이 질문은 작정이 진정으로 무엇을 의미하는가를 묻도록 한다는 점에서 적절하다. 초기 신앙고백에서는 좀 더 분명한 것 같은데, 예수 그리스도 안에서 특정한 사람들을 구원으로 택하신 것은 "선하심에서 비롯된 하나님의 영원하고 변하지 않는 계획"이다(벨직 신앙고백, 16항). 그분이 "그리스도 안에서 택하신 자들을 …… 건지시는 것이 …… 영원한 목적이다"(39개 신조, 17항). 이 점은 도르트 신조 1장 7항과 웨스트민스터 소요리 문답 20문에서 보는 것처럼 후기 선언(statement)들에도 남아 있다. 그러나 나중에 새로운 요소가 들어오기 시작한 것 같다. 하나님의 작정은 우리가 미리 알 수 없는, 선택된 자와 유기된 자 사이의 시간 전 차별, 어떤 선행이나 예지된 반응에 근거하지 않은, 그래서 필연적으로 불가해하고 추상적으로 보이는 차별과 구체적으로 동일시되는 것이다. 우리로서는 하나님의 작정을 이해하거나 도전할 수단이 없다. 그렇기 때문에 이 심오하고 자비로운 동시에 공의로운 택함과 버림은 그저 받아들일 수밖에 없는, 처음과 끝만 있는 작정으로 황폐해져 버렸다.

과연 그것이 정당한 이해인가에 대한 질문이 생긴다. 이 작정을 "특별히 지혜롭고 조심스럽게 다루어야"(웨스트민스터 신앙고백, 3장 8항) 이를 행하는 사람에게가 아니라 하나님의 은혜와 진노를 드러내는 예수 그리스도에게 우리를 인도하지 않겠는가? 예수 그리스도가 선택의 거울이라면, 유기에서도 그분을 보는 것이 곧 아버지를 보는 것이라는, 그리스도 안에서의 기본적인 작정을 발견하게 되지 않겠는가? 궁극적인 작정에 대해 물을 때 우리는 다른 곳에서 신비로움을 찾는 것이 아니라 하나님의 충만함이 머무는 그분에게로 집중하게 될 것이다.

다시 말하면 하나님의 작정은 철저하게 예수 그리스도와 연관되어야 한다. 일치 신조는 이렇게 표현한다. "하나님의 예정은 그분의 감추어진 계획에서 찾을 것이 아니라 하나님의 말씀 안에서 찾아야 하며, 이 하나님의 말씀은 우리를 그리스도께 인도한다. …… 따라서 그리스도 안에서 하나님의 영원한 선택을 탐구해야 할 것이다"(11장 5-12항). 항론파 조항(Remonstrant Articles)에서도 초기 정의를 살펴보면 "그분의 아들 예수 그리스도 안에서 영원하며 불변하는 목적에 따라 하나님은 그리스도 안에서, 그리스도를 위하여, 그리고 그리스도를 통하여 성령의 은혜로 아들 예수를 믿을 사람들을 정하셨다"며 공정한 심판을 표현한다.

하지만 이러한 주장들은 믿음에 대한 인간의 결정으로 구원이 좌우된다고 말하는 견해와, 하나님의 작정에서 분리될 수 없는 유기를 무시하는 견해로 인해 치명적인 손상을 입는다. 따라서 우리는 영원한 지혜, 변하지 않는 진리, 그리고 성부의 결정적 계획이신 그리스도 안에서 선택을 탐구해야 한다고 말하는 칼뱅의 「기독교 강요」에 있는 내용을 다시 살펴보게 된다(III. 24. 5). 이제 1576년 취리히에서 노구의 몸을 이끌고 불링거(Bullenger)가 기록한 제2 헬베틱 신앙고백(Second Helvetic Confession)에서 채택하여 널리 알려진 고귀한 문장으로 이 주제에 관한 이야기를 마무리하려 한다. "그러므로 우리는 그리스도 밖에 있는 사람들이 자신이 선택받았는지 그러지 않았는지에 대하여 묻는 것은 잘 못되었다고 생각한다. …… 그러므로 우리는 그리스도를 우리의 안경이 되게 하자. 우리는 이 그리스도를 통하여 우리의 예정을 명상하자. 우리가 그리스도와 사귀며 참 신앙 안에서 그분이 나의 것이요 내가 그분의 것이 된다면 이는 우리의 이름이 생명책에 기록되었다는 분명하고도 확실한 증거일 것이다. …… 예정을 다루는 유혹에 빠져 그것을 위험하다고 생각하기보다는 하나님의 약속들이 모든 신자에게 적용된다는 사실에서 위로를 받자"(10장). 하나님의 작정의 궁극적인 현실은 "하나님의 아들 우리 주 예수 그리스도께서 영원 전에 아버지 하나님에 의하여 이 세상의 구주가 되시도록 미리 작정되고 예정되었다"는 것이다(11장). 요약하자면, 예수 그리스도 자신이 하나님의 목적과 작정이 되신다. 믿음으로 그분과 연합됨으로 우리는 확신하게 된다. 이 작정에서 예외인 사람은 없다. 어떤 이들에게는 은혜와 생명, 교제와 영광이, 어떤 이들에게는 정죄와 심판이 작정된다.

【 참고 문헌 】

K. Barth, *Church Dogmatics II/2; III/3*, 「교회 교의학」, 대한기독교서회 역간.
Calvin, *Institutes*, I. 16-17; III. 21-24, 「기독교 강요」.
H. Heppe, *Reformed Dogmatics*, 137쪽 이하, 「개혁파 정통 교의학」, 크리스챤다이제스트 역간.
C. Hodge, *Systematic Theology*, Part I, Chapter 9, 「조직 신학」, 크리스챤다이제스트 역간.
P. Schaff, *Creeds of Christendom*, Vol. III, 「신조학」, 기독교문서선교회 역간.
W. G. T. Shedd, *Dogmatic Theology*.

8장
예정

윌리엄 로빈슨

> 윌리엄 로빈슨(William Childs Robinson, 1897-1982)_ 하버드 대학에서 박사 학위를 받고 컬럼비아 신학교에서 가르친 장로교 역사학자이자 신학자다. 그가 쓴 책으로는 『우리의 주: 그리스도의 신성에 대한 확언』(*Our Lord: An Affirmation of the Deity of Christ*, 1937)과 『복음의 확실성들』(*The Certainties of the Gospel*, 1935)이 있다.

기독교 신앙에서 예정은 하나님의 은혜의 영광 안에 있는 왕의 비전인 동시에, 그분의 자비의 장엄함에 관한 계시를 인간의 논리로 엮으려는 구상에 대한 경고다. 예정은 하나님의 뜻을 추상적인 운명론으로 만들지 않으면서 그리스도 안에서 하나님의 구원의 은혜가 지닌 자유로움을 선언한다. 예정하시는 이의 길들은 우리가 추적할 수 있는 범위 너머에 있으며, 우리로서는 이해할 수 없는 신비라서 그분을 경배하게 만든다.

역사적으로는 히포의 아우구스티누스가 만물을 다스리시는 하나님의 지혜를 강조하는 일반 예정 혹은 섭리, 그분의 백성을 선택하심에서 볼 수 있는 자유로운 은혜를 말하는 특별 예정 혹은 선택, 그분의 능력과 공의를 나타내기 위해서 범죄한 죄인들을 그 죄책 가운데 두시거나 지나치시는 간과 혹은 유기 등 삼중 예정으로 표현한 바 있다.

영어 성경에서 'predestinate'(예정하다)라는 동사는 로마서 8장과 에베소서 1장에 나온다. 사도는 논리가로서 철학 학교라는 상황에서가 아닌, 목회자로서 회중의 상황에서 이 고등 주제를 우리에게 소개한다. 이러한 상황에서 우리는 추상적인 작정이나 아주 먼 과거에 만들어진 법령이 아닌, 아들의 사랑으로 양자 삼고 말할 수 없는 은혜의 영광을 찬미하도록 그들을 인도하기 위해 예정하시고 자신의 가족을 불러 모으시는 살아 계신 성부 하나님과 우리 주이신 예수 그리스도를 대면하게 된다. 그렇게 생각해 볼 때 예정은 인격적이고 그리스도 중심적이며 은혜롭다. 우리를 인격적으로 예정하시는 살아 계신 하나님에 대한 계시는 예정의 비인격적인 두려움에서 우리를 자유하게 한다. 그리스도 안에서 예정의 핵심은 우리에게 믿음의 확신을 심어 주고, 사변적인 사상가들을 집어삼키는 사망의 심연에서 신자들을 구원한다. 그 온전한 은혜는 펠라기우스주의와 바리새주의에서 우리를 보호하며 우리 마음을 감사로 채워 준다. 하나님은 우리를 위하시며 결과적으로 우리도 하나님을 위한다는 은혜와 감사의 노래가 바로 그리스도인의 삶이다.

예정은 선택하시는 하나님의 인격적인 결정이다

로마서와 에베소서에 나오는 예정에 관한 바울의 주장에서 가장 중요한 것은 택하시는 분이 하나님이라는 것이다. 이 교리는 우선적으로 '예정'에 관한 것이 아니라 예정하시는 '하나님'에 관한 것으로, 작정은 오직 하나님의 작정하심을 따른다. 에베소서 1장 3절에서도 우리에게 복을 부어 주시는 분은 하나님이다. 4절에 쓰인 헬라어 동사는 옛 족장들이 (사위와 며느리, 입양된 자녀, 손주를 포함해서) 자신의 자손을 돌보면서 그들에게 "너희는 엄마와 내가 우리 가족을 이루기 위해 택한 자들이다"라고 말하는 것처럼 자신을 위해 택하시는 하나님을 가리키는 중간 동사다. 하나님의 택함은 창세전, 스스로 존재하실 때 발생했으므로 그것은 하나님의 고유 행동일 수밖에 없다. 5절도 그 기쁘신 뜻대로 된 하나님의 인격적인 선택과 행위였음을 지속적으로 강조한다.

로마서 8장에 따르면 하나님은 모든 것을 그분의 목적에 따라 부름 받은 모든 사람의 선을 위하여 이루어지게 하신다. 창세전부터 영원한 목적 가운데 행해진 하나님의 행위와, 죄인인 우리를 그분의 아들의 형상으로 만드셔서 완성하신 이 고리를 연결하는 것은 다름 아닌 하나님 자신이다. 그분은 우리를 사랑하시고 미리 아시고 예정하시고 부르시고 의롭게 하시며 영화롭게 하셨다. 우리를 위하시는 분이 하나님이며, 우리를 의롭게 하시는 분도 하나님이다. 아우구스티누스, 루터, 칼뱅, 에드워즈와 마찬가지로 바울의 이 가르침은 하나님을 우리 중심에 두게 한다. 우리를 위해, 심지어 우리의 구원을 위해 뜻하시고 결정하시는 인격자이신 그 하나님을 말이다.

영원한 작정을 사색적으로 성찰하는 것은 이 작정을 하나님과 동떨어진 추상으로 다루어서 비인격화하려는 사고방식을 불러올 수 있다. 작정이든 은혜든 하나님 없이 해석될 때 인간적인 요소가 드러나게 되고, 하나님이 자유로운 은혜로 시작하신 일이 인간의 결정적 의지로 끝나게 되며, 창세전에 작정된 영원한 예정은 '정통' 이신론으로 변할 수 있다. 반면에 루터나 칼뱅에게 하나님의 주권은 지금 여기에 나타나는 하나님의 행위로, 가장 강력한 폭풍 가운데 그분 손에 잡힌 키를 의미했다. 하나님은 낚시터나 골프장, 혹은 에티오피아 만찬에 가 계시지 않는다. 그분은 졸지도 않으시고, 게으르지도 않으시다. 그분은 여전히 **활동적**이시다. 하나님을 여기에 계시지 않은 신으로 본다면, 우리는 종교 개혁자들의 뒤를 따르지 않는 것이다. 그들의 하나님은 엘리야의 하나님이었다.

사실 인격적으로 뜻하시고 결정하시고 행하시는 하나님에 대한 생각은 복음서의 핵심이다. 이는 신앙고백서들에서 유한 동사에 반영되어 있다. 존 웨슬리가 그의 마음에 깃든 이상한 따스함이라고 묘사한 수동성에서도 빛을 발한다. 또한 이는 오늘날 교회에 복이 되는 케리그마(선포적 설교) 재연구에서 중요한 부분이기도 하다.

다시 말하지만 인격적으로 예정하시는 하나님은 사랑으로 행하신다. 자비 가운데 그분은 우리처럼 불순종하는 죄인도 자기 가족의 자녀로 양자 삼으신다. 로마서와 에베소서를 기록한 사도는 자신을 죄인 중에 괴수라고 묘사했다. 에베소서 1장 5절에서 하나님의 자녀가 되게 하신 선택은 그분의 뜻에 의한 것이라고 했는데, 이는 "사랑 안에서"라는 어구와 아주 잘 어울린다. 또는 그 어구가 4절에 속한다면, 그럼에도 에베소서 2장 4절에서 우리를 구원하시는 긍휼의 풍성함은 "우리를 사랑하신 큰 사랑"에 있다. 로마서에서 '예정하다'라는 동사는 모든 것을 합력하여 선을 이루시는 하나님, 하늘에 오르신 예수 그리스도, 성도를 위해 중보하시는 성령, 그리고 그들을 그리스도와 교통하며 닮아가게 하시는 하나님의 목적이라는 문맥에서 사용되었다. 에베소서에 따르면 세상이 만들어지기 전에 자신의 백성을 택하셔서 그 백성에게 모든 신령한 복을 주시는 하나님은 다름 아닌 **우리 주 예수 그리스도의 아버지**시다. 예정하시는 하나님은 예수께서 함께 살고 신뢰하며 "아바"라 부르는 분이며, 그리스도께서는 영광을 받아 하늘에 오르셔서 그 하나님 오른편에 계신다. 성부 하나님은 세계 역사 안에서 영원한 선택이라는 사랑의 프로그램을 능동적으로 완성하시고, 그분의 구속받은 백성의 주인을 새 예루살렘 문으로 들어가게 하신다.

예정은 예수 그리스도 안에 있다

로마서 8장에 따르면 우리는 그분 아들의 형상을 본받도록 예정되었는데, 그분은 많은 형제의 맏아들이 되셨다. 우리는 하나님이 자신의 아들도 아끼지 않으심을 통해 그분이 우리를 위함을 알게 된다. 에베소서 1장 3절에 따르면 그리스도는 신령한 복의 근거이자 이유다. 1장 4절에서 그분은 우리가 선택되게 하는 공적이 되시고, 5절에서는 그분의 중보를 통해 우리의 양자 됨이 실현되며, 6절에서는 하나님의 은혜가 계시되고 주어진다. 구원은 모든 것을 희생해서 자신의 의를 만족시키는 거룩한 하나님의 행위다. 그리스도 안에서 우리는 그분의 피를 통한 구속, 곧 우리를 위해 자신을 주심으로 인한 죄 사함을 얻는다.

아우구스티누스는 신플라톤주의의 고안(scheme), 즉 하나님의 '저등 부분'과 인간의 '고등 부분'의 만남이라는 견해에서 돌이켜 인간으로서 길이며 하나님으로서 인간의 순례 목표가 되시는 예수 그리스도께로 향했다. 슈타우피츠(Staupitz)는 루터에게 그리스도의 상처에서 자신을 발견하라고 하면서, 그러면 예정은 말할 수 없이 달콤한 것이 될 것이라고 했다. 어려움 중에 있던 한 여인에게 루터는 "성육신하신 성자에게 들으라, 그는 당신에게 그리스도 자신을 예정으로 주실 것이다"라고 답했다.

마찬가지로 칼뱅도 "하나님 안에 감추어져 있던 구원을 우리를 위해 열어 주신 그리스도께로 즉시 피하라"고 권한다. 우리가 담대하게 하나님을 아버지라고 부르는 일에 대한 담론의 "시작은 창세전에 우리를 향한 하나님의 결정에서부터가 아니라 그리스도 안에서 우리를 향한 아버지 사랑의 계시와 복음에 의해 그리스도께서 날마다 우리에게 하신 설교에서부터다"(제네바 합의 신조[Concensus Genevensis]). 칼뱅은 우리가 "선택의 근원이 되시는 그리스도께 인도되기를" 기도하는데, 그리스도는 참 하나님으로서 선택의 주체가 되시고, 참 인간으로서 "선택의 가장 확실한 예"가 되신다. "그리스도를 떠나서는 아무도 하나님의 사랑을 받을 수 없음에는 논란의 여지가 없다. 이 그리스도는 하나님에게 사랑받는 아들로, 아버지의 사랑이 그분 안에 영원히 머물며, 또한 그분은 그 사랑을 우리에게 주셔서 우리로 하여금 사랑받은 자로 영접되게 하신다"(Institutes, Ⅲ. xxii. 7, Ⅲ. xii. 1, Ⅲ. ii. 32, 「기독교 강요」).

그리스도는 선택자라는 의미에서 선택은 그리스도 안에(in Christo) 있고, 삼위 안에서 소통하시는 머리 되신 하나님을 믿는 자들에게 구원을 허락하시는 선택된 자라는 의미에서 선택은 그리스도를 통해(per Christum) 임하며, 그리스도께서 우리의 정죄를 스스로 어깨에 짊어지시고 우리가 받아야 할 형벌을 받으셨다는 의미에서 선택은 그리스도 때문에(propter Christum) 이루어진다. 칼뱅의 이 말을 〈스코틀랜드 신학 저널〉(Scottish Journal of Theology, I, 179-181쪽)에 실린 신정통주의 주장들과 비교해 볼 수 있다.

신정통주의자들은 마지막 요지를 전통적인 아우구스티누스의 견해보다 더 확장시켰다. 모든 인간의 영벌을 짊어지신 그리스도에 관한 그들의 견해는 하나님이 차별적 선택의 여지를 두지 않는 것으로 보인다. 그러나 결국 하나님에 관해 남게 되는 성경의 그림은 그분의 날개

아래 피난처를 얻을 사람의 수를 그 누구도 전혀 측정할 수 없도록 그리스도 안에서 택하시고 예정하시는 하나님, 그럼에도 악한 행위로 인하여 빛보다는 어둠을 좋아하는 자들과, 복음 선포가 결국 죽음으로 죽음에 이르도록 만드는 자들, 그분의 선하심과 오래 참으심의 풍성함을 무시하고 하나님의 선하심이 회개에 이르도록 하지 못하는 자들을 구원하지 않으시는 하나님이다. 예수 당시의 마을들이 그분을 거절했을 때, 그분은 하나님의 주권적인 차별을 즐거워하며 오히려 은혜의 초청을 멈추지 않으셨다. "내게로 와서 네 영혼이 쉼을 얻게 하라."

예정은 자유로운 은혜의 선택이다

그리스도 예수 안에서 자신의 자녀가 되도록 예정하신 만군의 주는 은혜의 하나님이다. 에베소서에서 예정은 하나님의 은혜에 뿌리를 두고 있으며 그 순전한 은혜를 드러낸다.

에베소서는 은혜로 시작해서 은혜로 끝난다. 하나님은 그리스도 안에서 모든 신령한 복을 내리시는데, 이 모든 복은 은혜의 선택에서 흘러나온다. 그분은 사랑하는 자 안에서(그 안에 그분의 피를 통한 구속이 있고, 우리에게 부어 주신 은혜의 풍성함에 따른 죄 사함이 있다) **한량없이** 부어 주신 **그분 은혜의 영광**에 이르도록 하기 위한 사랑의 목적으로 우리를 예정하신다.

여기에는 인간의 자만이 차지할 자리가 없다. 하나님은 '인간의 영혼이 지닌 무한한 가치의 영광스러움' 때문에 만세 전에 그분의 선택이라는 사랑을 우리에게 부어 주신 것이 아니다. 우리에게는 아무런 가치도 없었다. 아니, 존재 자체가 없었다. 창세전에 홀로 계시던 하나님은 사랑과 순전한 은혜의 하나님이다. 그분의 자비의 풍성함은 그분이 우리를 사랑하신 그 위대한 사랑 때문에 우리에게 부어진 것이다. 우리 안에는 선택받을 수 있는 어떤 가치나 선함도 없었다. 오히려 인간을 향한 하나님의 사랑과 선하심이 그리스도 안에서 나타났을 때 우리는 미움받을 만했고, 서로 미워하고 있었다. 그런데 하나님은 베들레헴의 아기들을 잔인하게 학살하고 예수를 십자가에 못 박은 세상을 이처럼 사랑하셔서 자신의 독생자를 주셨다. 이러한 우리의 모습을 미리 보셨을 때, 하나님은 이토록 불순종한 죄인들을 선택하셔서 사랑 안에서 거룩하고 흠이 없게 하시기 위해 오직 그리스도 안에서 우리를 보셨음이 틀림없다.

은혜는 하나님이 우리를 위하신다는 의미다. 그렇다. 우리가 그분을 대적할 때에도 우리를 위하신다는 뜻이다. 이 순전한 은혜로 그분은 그들 자신을 향한 사랑을 부인할 수 있었던 인간을 창조하셨다. 측량할 수 없는 이 사랑의 깊이는 불순종한 자들을 위해 자신의 품 안에 있던 아들을 주심으로 계시되었다. 죄인을 구원하기 위해 세상에 오시고, 자신을 우리와 동일시하시며, 우리의 책임을 대신 지시고, 우리의 구원을 위한 대속이 되기 위해 자신을 십자가에 다신(하나님의 진노에서 우리를 화목하게 하신) 분! 그분이 그리스도다.

그리스도께 나아오는 자들은 하나님에게 원수였지만 하나님의 마음에는 이미 그분의 자녀였다. 이 은혜는 점점 선명하게 드러난다. 부활하신 그리스도께서는 자신의 대적자와 맞서셔서 그를 가장 신뢰할 수 있는 친구로 만드셨다. 예수의 형제들을 괴롭혀 예수를 핍박할 때에도 은혜는 다소의 사울을 위한 그리스도의 사랑이었다. 따라서 은혜는 선행적(prevenient)이다. 죄인의 어떤 반응보다 은혜가 선행한다. 우리는 범죄함과 죄로 죽었지만 하나님이 우리를 살리시고 그리스도와 함께 우리를 일으키셨다. 따라서 우리는 '사람의 뜻이 아니라 하나님으로부터 난 자'들이고 우리 안에 믿음을 주시고 유효적 소명을 통하여 우리로 하여금 그리스도와 연합하게 하는 성령으로 난 자들이다.

은혜는 복음의 핵심이자 중심이다. 이 은혜는 하나님의 선택적 사랑과 믿음의 모체를 보여 준다. 이 은혜는 성령의 내적 사역을 통해 우리의 심령을 조명하셔서 불경건한 자들을 위해 죽으신 그리스도 안에 계시된 하나님의 사랑을 받아들일 수 있게 한다. 죄 있는 자들을 용서하기 위해 찾아오는 것이 바로 이 사랑이다. 우리가 그분을 사랑한 것이 아니라 그분이 우리를 사랑하셔서 우리 죄를 대신한 화목제물이 되도록 아들을 주셨다. 그것이 예수 그리스도 안에 있는 구속을 통하여 불경건한 자를 의롭다 칭하시는 용서다. 이는 그분을 영접하고 중생하게 함으로 아버지의 집에서 있을 곳을 마련해 주는, 탕자를 향한 아버지의 환영이다.

'오직 은혜'(sola gratia)이기 때문에 '오직 믿음'(sola fide)일 수 있다. 은혜는 예수 그리스도 안에서 아버지요, 구원주로서 우리에게 자신을 주신 분을 흔들림 없이 마음으로 신뢰할 수 있도록 하는 믿음으로 인도한다. 성령의 은혜의 역사에 의한 믿음은 자신을 의지하지 않게 하고, 모든 교만을 부인하게 하며, 심지어 우리의 믿음을 공적으로 여기는 생각까지도 거부하게 하고, 소망 없고 자격도 없으며 지옥에 가야 마땅한 죄인으로 하여금 예수 그리스도 안에서 계시된 하나님의 선하심과 자비, 사랑, 친절, 그리고 은혜를 온전히 의지하게 만든다.

【 참고 문헌 】

Augustine, *Predestination*.

J. Calvin, *Institutes*, 「기독교 강요」.

K. Barth, *Church Dogmatics II/2*, 「교회 교의학」, 대한기독교서회 역간.

9장
창조

해럴드 쿤

> 해럴드 쿤(Harold B. Kuhn, 1911-1994)_ 하버드 대학에서 박사 학위를 받고 애즈베리 신학교에서 가르친 퀘이커 교단의 신학자다. 그는 『자유주의 신학에 대한 검토』(An Examination of Liberal Theology, 1943)와 『하나님: 그의 이름과 본성』(God: His Names and Nature, 1960)이라는 책을 썼다.

기독교 신앙의 기본적인 주장 가운데 하나가 "전능하신 하나님"이 "하늘과 땅을 창조하신 분"이라는 것이다. 이 주장은 인간의 마음 한편에 남아 있는 깊은 질문 혹은 요구에 대한 답을 제공한다. 기독교 사상 구조 전반에서 이 교리는 대단히 중요한데, 특히 영원한 존재로서의 자유, 자기 충족성, 독특성을 이해하는 데 매우 중요하다. F. R. 테넌트(Tennant)가 지적한 대로 "자연에 있는 일반 질서"의 존재는 인간의 마음에 우주는 지적 설계의 결과라는 확신을 가져다준다. 여전히 남아 있는 18세기 합리주의를 무시하자는 말이 아니다. 이러한 일반화는 과학 안에서도 일반화되어 널리 인정되고 있음을 말하고 싶을 뿐이다. (Philosophical Theology, Vol. II, 79, 80쪽).

비기독교적 체제들의 주장

비기독교 체제들은 '창조'를 다음 중 하나로 보려는 경향이 있다. 어떤 이들은 우주를 스스로 존재한 결과라고 생각한다. 또 어떤 이들은 우주를 신적 존재의 계시나 방출로 본다. 또 어떤 이들은 우주가 영원히 존재하는 무질서였는데 중간에 '창조주'가 질서의 우주로 만들었다고 본다. 보이는 우주를 하나의 환상으로 보는 이들도 있다. 이러한 주장들은 모두 물질의 영원성 혹은 '물질 전'의 영원성에 대한 믿음을 일종의 공통분모로 가지고 있다. 고대 이교주의도 이에서 더 나아가지 않는다. 특히 우주는 두 개의 영원, 두 개의 절대, 두 개의 무한이 있다는 신념을 방어하려 했다는 점에서 그 체제의 불안정함을 증명한다. 인간의 마음은 서서히 그와 같은 견해의 형이상학적 불가능성을 자각하게 되었다.

초월적 하나님에 의한 절대적 창조라는 기독교의 주장은 역사적으로 앞서 언급한 것과 같은 이교도(예를 들면, 그리스-로마 사람들)의 생각에 스캔들이었을 뿐만 아니라, 고대 문명의 사고 체계 전반에 위협이 되기도 했다. 주후 2세기 갈레노스(Galen)가 말한 대로 "모세의 의견은 우리의 의견과 다르고 플라톤의 의견과도 다르며, 자연을 제대로 탐구해 온 헬라인들의 생각과도 다르다. 모세에게는 하나님이 우주를 창조하기로 하셨기 때문에 창조되었다고 말하는 것으로 충분한 듯하다. 그는 하나님에게는 모든 것이 가능하다고 믿기 때문이다. …… 그러나 우리는 그와 같은 견해를 지지하지 않는다. 반대로 우리는 어떤 것들은 자연적으로 불가능하며, 따라서 신이라도 그것을 시도할 수 없다고 믿는다"(*De Usu Partium Corporis Humani*, XII, 14쪽).

이 말을 인용하는 것은 우주의 절대적 근원으로 하나님의 창조를 말하는 성경적 견해에 반대하는 추세는 단지 최근의 일이 아님을 지적하기 위해서다. 최근 견해들이 지닌 근거가 약간씩 다른 것은 사실이지만 기독교 가르침에 위협을 느낀 것으로 보이는 동일한 세계관을 그저 다른 이름과 형태로 말하고 있을 뿐이다.

기독교의 주장

우주의 기원에 관한 기독교의 기본 주장은 하나님이 온 우주의 창조자라는 것이다. 이는 구약 성경에서 찾아볼 수 있고, 구약 시대에 비롯된 유대교에서도 찾아볼 수 있다. 이는 기독교 체제에서도 계속된다. 창조에 관한 기독교적 가르침의 기본 요소들은 다음과 같다. 우주는 하나님의 자발적인 의지 안에서 그 시작과 끝이 있다. 우주는 어떤 경우에도 그분에게서 독립적이지 않다. 우주가 유지되는 것은 그분의 창조적 힘과 능력이 지속적으로 행사된다는 것을 의미한다. 하나님은 이미 존재하던 '물질'(stuff)을 통해서가 아니라 무에서 우주를 창조하셨다. 이는 창조의 순간 이전에 하나님은 스스로 만족하시며 영광스럽게 홀로 계셨음을 전제한다. 바로 여기서 하나님에 대한 기독교 이해와 전통적인 이교주의는 현저한 차이를 보인다. 이교주의는 하나님과 물질적 우주(혹은 원형적 요소들)가 공존했다고 믿거나, 아니면 악(혹은 악을 만드는 요소들)이 하나님과 함께 영원하다는 도덕적 이원주의를 전제한다.

하나님에 대한 기독교적 이해는 하나님은 한 분이지만, 그것이 한 물질이라는 근거는 아니라는 확신을 내포한다. 근본적인 연합 안에서 삼위의 하나님이 존재하시며, 그래서 그분 안에는 인격적인 활동의 세 중심점이 있고, 각 존재는 인격대명사로 부를 수 있다. 이는 하나님의 내적 생명에는 불가해한 풍성함이 있으며, 창조는 그분 스스로의 결정에 의한 내적 풍성함의 표현 중 하나일 뿐임을 의미한다. 칼 바르트는 창조 교리가 하나님 존재의 삼위적 연합성을 전제로 한다고 요약하여 주장한다(Christian Dogmatics III/1, 46쪽 이하, 「교회 교의학」, 대한기독교서회 역간). 아무튼 하나님의 영원한 자존과 자기 충족성은 움직임이 없는 창조 이전의 삶을 암시하지 않는다. 이는 하나님은 어떤 의미에서도 세상에 의존하지 않으시며, 그분의 사랑에 대한 자발적인 표현이 아닌 다른 어떤 의미에서도 창조의 부담을 느끼지 않으셨음을 강조한다.

다시 반복하자면 창조에 대한 기독교적 이해는 창조의 '시점' 이전에도 하나님은 주권적인 자기 충족성 안에서 존재하셨음을 함축하고, 또한 하나님이 자기 자신은 아니면서도 지속적으로 존재하기 위해 자신에게 의존해야 하는 존재를 만들기로 결정하신 한 순간이 있었다고 주장한다. 이 계획은 절대적 근원이 있음을 의미하고, 시작이 있었음을 의미하며, 이전에 존재하던 물질이나 물질 전의 것으로 만든 것이 아니라 무에서의(ex nihilo) 창조를 암시한다. 여기서 강조점은 그분의 자유, 그리고 주권적 지성에 있다. 그로 인해 발생한 우주는 실재이며, 환상이 아니다. 그 실재는 언제나 그것을 가능케 한 말씀에 의존하도록 부여된 실재다. 우주는 하나님과 구분된다. 정확히 말하자면 우주는 그분과 연결되어 존재하지 않는다. 즉 그분은 창조 안에 자신이 아닌 존재의 영역을 두셨다.

여기서 창조에 관한 성경의 이야기는 두 가지 면을 지니고 있음을 주목해야 한다. 우선 "태초에 하나님이 천지를 창조하시니라"(창 1:1)라는 말씀이 보여 주는 대로 처음 창조에 절대적 근원이 있었다는 면이다. 이는 날짜를 알 수 없는 과거에 현재 우리가 우주라고 부르는 기본적 유한이 존재하도록 부르셨음을 의미한다. 그리고 좀 더 구체적인 두 번째 면은 엿새 동안의 창조(1장)와, 특히 인간의 시작에 관한 이야기(2장)를 묘사하는 창세기의 처음 두 장에서 볼 수 있다.

반대 견해들

기독교의 주장은 여러 가지 근거에서 도전받아 왔음을 주목해야 한다. 어떤 사람들은 기독교 창조론이 지나치게 편협한 단일신론(monotheism)을 대변한다고 느꼈다. 이러한 반대에 대해서는 앞에서 잠시 다루었다. 또 어떤 사람들은 "있으라"라는 말에 의한 창조는 복잡한 실재를 몇 마디로 너무 간단하게 묘사한다고 말한다. 이와 관련해서는 창세기의 이야기가 단지 간단하게 기록된 것일 뿐임을 기억해야 한다. 하지만 신약 성경은 창조에 관한 가르침이 암시하고 내포하는 인간 사고의 다양한 문제를 인식하고 언급한다. 또 어떤 사람들은 창조 혹은 창조 행위를 연속되는 6일로 나누는 구약의 이야기가 지나치게 '유치하다'고 반대한다. 이러한 반대는 다음 두 가지를 생각해 볼 때 별 효력이 없다. 첫째, 창조 순서는 세계가 형성되는 과정을 보여 주는데, 자세히 연구해 보면 이 과정이 비논리적일 이유는 없다. 둘째, 거의 모든 복음주의 진영에서 인정하는 바, '날'이라는 히브리 단어는 특정한 시간의 양을 의미하지 않는다. 어떤 문맥에서는 '날'이 시대를 의미하기도 한다. "이것이 천지가 창조될 때에 하늘과 땅의 내력이니"라고 한 창세기 2장 4절에서 잘 볼 수 있다. 이를 연구한 학자들은 창세기 1장의 '날들'이 포괄적 시기를 의미할 수 있다고 말한다.

좀 더 직접적으로는 철학적인 근거에서 기독교의 창조 교리를 반대하기도 했다. 헬라 이교주의의 관점을 조금 더 '현대적'으로 주장하는 어떤 이들은 우주가 존재하기 전에 최초의 물질이라든지, 모든 실재가 형태를 갖추기 전의 상태를 의미하는 '그릇'이라든지 등으로 다양하게 이해된 원초적인 물질이 있었다고 말한다. 독일 언어권에서 독일어로 책을 쓴 최초의 철학자로 간주되는 야콥 뵈메(Jakob Böhme, 1575-1624)는 이 부분에서 고대 헬라 사상의 일반적 견해(다시 말하면 플라톤적 사상)를 독일어로 설명한다. 그가 주장하기를, "우리는 자연 없이는(자연 밖에는) 영원한 고요와 쉼, 다시 말해 무(Nothing)가 있다고 이해하고, 무를 유에 도입하기 위해서 영원한 뜻이 무에서 비롯된다고 이해한다. 그렇게 함으로 이 뜻은 스스로를 발견하고 느끼고 볼 수 있다"고 했다(*Signatura Rerum*, 14쪽).

앞의 인용은 창조에 대한 기독교의 역사적 견해에 이의를 제기하는 최근 견해들의 원형이라는 점에서 중요하다. 일반적으로 좀 더 최근 견해들은 이 세상에 존재하는 악에 대한 책임을 하나님에게서 면제하려는 목적으로 향하고 있다. 우주에 있는 악의 존재를 대수롭지 않게 여기려는 사람은 이제 아무도 없다. 이 질문에 대한 ('자연적'인 악 혹은 '도덕적'인 악이라는) 어떤 구분도 이 문제를 제거하지 못한다. 그러나 그리스도인은 대체로 뵈메의 어조로 말하는 니콜라이 베르댜예프(Nicholas Berdyaev)의 설명에 만족할 수 없다. 니콜라이는 "하나님 이전에 혹은 하나님 밖에 비합리적인 자유에 대한 책임이 있는 원초적 혼돈(*Ungrund*)이 존재하는데, 이것에 악에 대한 책임이 있고 그것은 하나님의 본성 안에 '비극적 갈등'으로 존재한다"고 주장한다(*The Destiny of Man*, 177쪽, 「현대 세계의 인간 운명」, 지식을만드는지식 역간). 어떤 그리스도인도 이 견해로 만족할 수 없는데, 서구에서는 이 견해가 하나님의 존재 안에 비합리적이고 무질서하며 그분의 목적을 실현함에 내적 장애물로 항상 존재하는 '주어진 것'(Given)이 있다고 말한 에드가 브라이트만(Edgar S.

Brightman)에 의해 발전되었다.

하나님에 대한 기독교적 이해에서는 하나님에게서 자유를 분리할 수 없고, 마찬가지로 하나님의 존재 안에 악을 둘 수 없다. 창조 교리는 하나님 스스로의 주권적인 결정을 전제한다. '악의 문제'에 대한 모든 적합한 해결은 하나님의 주권을 제한하는 것이 아닌 다른 방식으로 찾아야 한다. 마지막 분석으로, 이 비극적인 문제에 비친 빛은 십자가를 통해 아들을 주심을 통해 발견되어야 한다.

하나님의 자유의지

현실적으로 기독교 세계관의 중심은 창조에 대한 기독교적 이해를 통해 드러난다. 성경은 하나님의 유일하고 궁극적인 의지로 창조가 이루어졌다는 것을 매우 분명하게 기록하고 있다. 창조는 행동에 있어서 그분의 자유를 반영하며 증거한다.

창조에 대한 기독교적 이해에 제기된 최근의 반대 견해들은 시간과 창조의 관계에서 비롯되었음을 주목해야 한다. 우리가 물질의 영원성에 대한 이교도의 전통적 견해를 거부한다면, 창조는 영원한 것인가 하는 질문을 다루어야 한다. 성경적 교리가 우주의 시작, 즉 근원을 암시한다면, 이 질문에 대한 우리의 답은 부정적이다. 그렇다면 "창조는 시간 안에서 발생했는가?"라는 질문이 생긴다. 일반적으로 기독교 사상은 그동안 이 문제에 관해서 최종적인 답을 제공하기에는 하나님이 하시는 일의 연속성에 관해 아는 게 너무 없다고 대답해 왔다. (오리게네스와 같은) 어떤 사상가들은 창조를 위한 하나님의 자기 결정은 영원한 것이라고 느꼈고, 또 어떤 사상가들은 창조는 우리가 이해하는 대로 시간과 공간의 영역에 속하지 않은 행위라고 생각했다. 아우구스티누스는 우주가 시간 안에서 창조된 것이 아니라 시간이 우주와 함께 창조되었다고 주장했다. 이는 (우리가 알고 있는) 시간은 우주가 구상되었을 때 드러난 어떤 것이라는 의미다. 아마도 이것이 우리가 알고 있는 가장 적절한 답이 아닐까 생각한다.

결론

우리는 창조에 관한 기독교의 주장들에 대해 대안과 기독교에서 가르치는 내용, 그리고 이에 대한 반대 견해, 이 교리가 내포하는 더 큰 의미를 순차적으로 살펴보았다. 마지막으로 창조 교리는 새로운 신비를 만드는 것이 아님을 주목해야 한다. 신비는 이미 존재하며, 사고하는 사람들의 지속적인 도전을 대면한다. 이 기독교 교리는 절대적 창조의 개념이 결코 쉽다고 제안하지 않는다. 다만 궁극적으로 하나님의 계시를 받아들임에 근거한 믿음의 신조다. 하지만 경건한 마음으로 다른 대안들을 생각해 볼 때, 기독교 신앙이 제공하는 답보다 더 만족스러운 답은 없다.

기독교의 성경은 '어떻게' 창조가 이루어졌는지를 설명하려 하지 않는다. 성경은 삼위 하나님이 우주를 창조함에 적극적으로 개입하셨음을 확인시킬 뿐이다. 넓은 의미에서 하늘과 땅을 창조하신 분은 성부 하나님이지만, 이는 말씀이시며 영원하시고 만물을 만드신 성자를 통해 이루어졌다. 창조 과정에서 '물 위에' 운행하시며, 공허하고 형태가 없는 곳에 질서를 가져오신 분은 성령 하나님이었다.

창조 교리의 핵심에는 무한히 자유하시며 온전히 거룩하시고 그 존재에 있어 스스로 만족하시며 사랑의 마음이 끌리는 대로 행할 능력이 무한하신 하나님의 창조적 에너지의 발산 결과로 우주가 생겨났다는 장엄한 선언이 있다. 창조와 구속의 활동들은 영원한 아들이신 성자 안에서 서로 만나 결합된다.

【 참고 문헌 】

J. Lindsay, "Creation," "Creator," in James Orr, ed., *International Standard Bible Encyclopedia*, Vol. II.

O. Zöckler, "Creation and Preservation of the World," in S. M. Jackson, ed., *The New Schaff-Herzog Encyclopedia of Religious Knowledge*, Vol. III.

R. S. Foster, *Creation*.

K. Heim, *Christian Theology and Natural Science*.

C. Hodge, *Systematic Theology*, Vol. II,「조직 신학」, 크리스챤다이제스트 역간.

L. H. Keyser, *The Problem of Origins*.

A. H. Strong, *Outlines of Systematic Theology*.

F. R. Tennant, *Philosophical Theology*, Vol. II.

10장
천사

버나드 램

버나드 램(Bernard Ramm, 1916-1992)_ 서던캘리포니아 대학교에서 박사 학위를 받고 베일러 대학교와 캘리포니아 침례 신학교에서 강의한 침례교 신학자다. 그는 수많은 책을 저술했는데 「과학과 성경의 대화」(The Christian View of Science and Scripture, 1954, IVP 역간)와 「성경 해석학」(Protestant Biblical Interpretation, 1970, 생명의말씀사 역간), 「근본주의 이후: 복음주의 신학의 미래」(After Fundamentalism: The Future of Evangelical Theology, 1983) 등이 있다.

종교 철학에 관한 거의 모든 책에서 천사들에 관한 논쟁을 생략하는 것은 현대인의 사고방식과 성경적 계시 사이에 격차가 있음을 보여 준다. 종교 철학자들은 하나님, 영혼, 본성에 관해서는 토론하지만 천사에 관해서는 심각한 토론을 하지 않는다. 회의론자들은 하나님의 존재에 대한 증명들에 반론을 제기하는 데 많은 시간을 보내고, 영혼의 불멸성에 관해서도 많은 시간을 보낼 것이다. 그러나 천사의 무리가 존재하는가에 관해서는 펜도 들지 않을 것이다. (종교적이든 회의적이든) 천사들에 대한 철학자들의 이런 대우와 대조적으로 성경에는 천사들에 관한 이야기가 차고 넘친다.

그러나 천사들에 관한 토론에 문제와 모호함이 있음은 인정해야 한다. 칼뱅도 이 주제에 관해 상당히 신중하고 조심스러워했다(예를 들면 "알아서 도움이 되지 않는 것에 관해서는 기꺼이 무지한 채 남아 있는 것이 우리의 의무다"(*Institutes*, I. xiv. 3, 「기독교 강요」). 바르트가 천사들에 관한 논의를 시작하는 데 많이 망설인 것도 현대인의 사고방식과 성경의 이야기 사이의 불일치 때문이다(*Kirchliche Dogmatik* III/3, Sec. 51,「교회 교의학」, 대한기독교서회 역간).

이성적 반대라는 것은 없다

인간에게는 "가능한 모든 피조 세계를 위한 안내서"라는 제목의 책이 없다. 피조 세계에 의해 제공된 자료들을 떠나서는 피조 세계에 관련된 어떤 정보도 없는 것이다. 피조 세계와 관련하여 '어떻게', '왜', '무엇'이라는 질문의 답은 피조 세계의 확실한 특징과 창조된 상태를 통해서만 얻을 수 있다. 인류에게는 피조 세계의 특징과 구성을 판단할 수 있는 **선험적** 원칙이 없다. 천사들은 하나님의 피조물이라는 사실에 근거하기 때문에 일반적으로 피조 세계에 적용되는 것이 천사들에게도 적용된다.

천사의 존재 여부는 필요성의 개념이나 적절성에 의해서 결정될 수 없다. 인간의 정신에는 이 문제를 판단할 수 있는 요소가 전혀 없다. 천사의 존재가 필요하거나 적절하다면 그것은 신적 권위에 의해 결정되고 드러날 뿐이다.

한마디로 현대인은 필요성과 적절성의 원칙에 근거해서 천사의 존재에 대해 **선험적인** 반대를 할 수 없다. 천사의 존재 여부는 피조 세계의 확실한 특징 그 자체에서 비롯되는 후험적 판단에 근거할 뿐이다.

기독교 신학의 뿌리는 특별 계시를 통해 인간에게 전달된 하나님의 지식이다. 이것이 기독교 신학의 중추이며, 그것이 끊어진다면 신학은 (배움이 있는 잡담이기는 하지만) 종교적 잡담이 되어 버린다. 이 하나님의 지식은 정경이나 성경, 신약의 전문적인 용어를 빌리자면 '그라페'(기록된 것)라는 확실한 형태를 취한다. 신약에서는 하나님의 계시를 담고 있는 잉크와 종이를 가리키는 용어로 '그라페'를 사용했다. 피조 세계의 구조에 관해 교회에 정보를 제공하고, 이 구조들이 하나님과 우리 자신, 피조된 영적 삶의 특징 등을 합당하게 이해하도록 하는 것이 바로 이 '그라페'다.

교회가 천사의 실재에 관해 알게 되는 것은 바로 이 '그라페'를 통해서다. 현대인과 그리스도인이 천사에 관해 겪는 실제적인 갈등은 천사에 대한 개념이 합리적인가 아닌가 하는 데 있는 것이 아니라, '그라페'가 천사에 관해 스스로 표현하는 하나님의 진정한 지식을 보여 주는가에 있다. 현대인 자신 안에는 성경을 떠나 이 문제에 관해 판단할 수 있는 기준이 없기 때문이다.

신적으로 주어진 감성이 없다

더 나아가서 인간은 천사가 적합한지 아닌지를 판단할 수 있는, 신적으로 주어진 감성(sentiment)이 없다. 이성보다 깊은 곳에 천사에 대한 반감이 없다면, 종교 철학자들은 천사에 관해 논하기를 왜 그렇게 거부하는 것일까? 이는 천사들에 관한 교리에 멈칫 놀라게 만드는, 일종의 적절성이나 적합성을 받아들이지 못하는 무언의 호소가 아닐까?

전자와 양전자, 원자 에너지, 로켓의 힘, 아인슈타인의 천체학, 핵물리 등에 관해 말하는 우주에서 천사들에 관한 논의는 적합하지 않아 보인다. 도시에 살고 있는 부자에게 갑작스레 방문한 불청객 시골 친척처럼 이 현장을 침해하는 것으로 보인다. 현대인의 생각에는 천사보다 원자가 적합한 것 같다. 행성 사이를 운행하면서 과학적인 정보를 수집하는 '비글호'(Beagle)에 대한 전망은 오늘날 교육받은 사람들에게 그리 놀라운 것이 아니다. 하지만 누군가에게 천사에 관해 말해 보라고 하면 아마도 그는 굉장히 민감하게 반응하거나 천사의 존재를 지나치게 부인할 것이다. 그는 우주 시대의 다윈을 통해서 행성 사이를 다니는 과학적 항해를 합리적으로 상상할 수 있는 원리들을 안다. 하지만 천사들에 관해 논할 수 있는 원리들은 알지 못한다. 그래서 그는 천사에 관한 개념을 신화적인 것으로 치부하기를 선호한다.

천사들을 거북해하는 현대인의 태도를 대하면서 기독교 신학자들이 직면하는 심각한 질문은 이런 태도에 논리적인 신학적 당위성이 있느냐이다. 자연법칙에서 천사와 원자가 상충된다면 기독교 신학은 심각한 논리적 문제를 직면하게 될 것이다. 하나님이 천사를 바람이나 불꽃처럼 만들지 않은 것은 사실이지만(히 1:7), 성경은 자연 세계의 질서나 질서 **확립**을 위한 설명으로 천사를 언급하지 않는다. 천사와 원자는 상충하지 않는다! 그렇다면 천사의 존재에 대해 합당한 논리적 반대는 가능하지 않다.

또한 어떤 사람이 천사의 개념은 하나님에 관한 생각에 적합하지 않음을 보일 수 있다면, 기독교 신학은 심각한 문제에 봉착하게 될 것이다. 하지만 이는 하나님에 관하여 무엇이 적합한지를 판단할 수 있는 내적 기준이 인간에게 있을 때에만 가능하다. 이미 언급한 대로 인간에게는 이런 감성이 주어지지 않았기 때문에 이 질문을 판단할 수 있는 유일한 방법은 성경에서 하나님의 지식을 보여 주는 계시뿐이다.

현대인들이 천사의 실재를 반대하는 근거는 논리적이거나 신학적인 것이 아니라 심리적인 것이다. 현대인의 사고방식에 있는 반초월주의(antisupernaturalism)에서 비롯된 심리적 불쾌감이 바로 그 뿌리라는 말이다. 중세 시대의 신학자요 철학자인 오캄(Occam)은 무언가를 설명할 때는 절대적으로 필요한 것 외에 그 어떤 원리도 사용되어서는 안 된다고 주장했다. 이 원리를 "오캄의 면도날"이라고 부른다. 현대인은 (사람은 논리로부터 정당함을 입증할 수 없기 때문에) 오캄의 면도날이 우주의 모든 현상을 설명하는 데 초월적이고 초인간적인 모든 것을 잘라내게 할 것이라고 느끼고 있다.

다르게 표현하자면 현대인의 사고방식은 실내 장식과 같다고 볼 수 있다. 특정 색깔과 스타일만 그 집에 어울린다. 어울리지 않는 가구는 밖으로 나가야 한다. 천사는 현대인의 장식에 어울리지 않기 때문에 무시당한다!

칼 바르트는 천사에 대한 현대인의 망설임과 관련하여 한 가지 근거에 주목했다. 천사는 섬기는 자로, 그들 자신 안에는 실재나 목적이 없다. 우리는 종이 없는 사람들은 상상할 수 있지만 사람들이 없는 종은 상상하지 못한다. 종의 근거는 사람이다. 종들 자체에는 근거가 없다. 우리는 천사 없이 존재하는 하나님은 상상할 수 있지만, 천사는 있고 하나님이 없는 우주를 상상하는 것은 의미가 없다. 천사의 근거는 그들이 하나님이 예비하신 구원에 관심을 가지고 하나님과 사람을 섬기는 종이라는 것이다.

신적 중재의 구조

피조 세계는 질서, 즉 하나님에 의해 창조된 시간과 공간의 실재로서 하나님과는 구별된다. 그분의 전능한 말씀이 존재하라고 명했다(히

11:3). 그러므로 하나님과 피조물 사이에는 바뀔 수 없는 차이가 있다. 범주의 언어(language of categories)로 표현하자면 시간과 영원, 유한과 무한, 피조됨과 피조되지 않음 등으로 대조된다. 위대한 하나님과 유한하며 제한된 인간 사이는 언제나 중재를 통해 소통되어야 한다.

이는 하나님이 세상과 직접 소통하시면 오염될 수 있기 때문에 간접적으로 소통하게 만든 세상의 '불순함'을 평가하는 말이 아니다. 이는 피조물 위에 있는 창조주의 초월을 말하는 것이다. 따라서 인간에게 계시하실 때 하나님은 중재자들을 통하신다. 선지자들의 말은 중재된 말이다. 하나님의 현현도 하나님에 대한 중재된 나타남이다. 성육신은 그리스도의 인성을 통하여 중재된 하나님의 영광이다(요 1:14). 천사들은 신적 중재라는 복잡한 구조에 속한다.

이러한 신적 중재에 대해 인간에게는 선험적인 이해가 없다. 인간은 중재자가 한 명이어야 하는지, 백만 명이어야 하는지 알지 못한다. 그는 중재의 한 구상을 다른 것과 비교할 수 있는 심미적 능력이 없다. 원한다면 천사에 대한 개념을 거부할 수 있다. 바르트는 괴테의 말을 인용해서 말하기를, "당신이 천사라 부르는 것을 부속물(appendage)이라고 부르겠습니다"(앞의 책, 436쪽). 하지만 중재의 필요는 여전히 남아 있고, 위대하신 하나님이 자신의 피조물에게 무언가를 말하려 하신다면 그것은 언제나 중재된 말이어야 한다.

이 문제에서는 오직 한 가지 판단만 있다. 확실하게 계시된 것들이 있다면 천사의 중재적 역할이 가능한가, 가능하지 않은가? 이 점에 대해서는 성경 기록의 증언들(행 7:53, 갈 3:19, 히 2:7 참조)을 받아들이든지, 아니면 거부할 수 있다. 확실하고 역사적이며 구체적인 계시의 특징을 떠나 천사에 관해 생각하는 것은 마치 진공 상태에서 날아 보려고 시도

하는 것과 같다. 우리에게는 이 문제를 판단할 수 있는 **선험적 원리**가 없다. 우리에게는 그 적합성을 평가할 심미적 감각도 없다. 계시의 내용에 의존하든가, 아니면 이 문제를 피해 가야 한다.

하나님의 천상의 종들

천사들이 하나님의 중재 계획 가운데 기능한다면 그들의 역할은 본질적으로 종이다(히 1:14). 특별 계시와 하나님의 구속에서 천사들의 섬김은 천사에 관한 두 번째 성경적 근거다. 인간은 하나님의 지상의 종이다. 예수 그리스도는 신인 양성을 갖춘 하나님의 종이시다(빌 2:5, 6). 그리고 천사는 하나님의 천상의 종이라서 언제나 하늘에서 와서 하늘로 돌아가는 것으로 묘사된다.

천사들은 하나님 나라와 그분의 구원을 위한 업무를 담당한다(단 8:16, 눅 1:19, 26 등). 그들이 섬기는 범위는 참으로 놀랍다. 보통 사람처럼 나타나는 구약 성경의 여러 사건부터(삿 13장) 천사들의 우주적 능력이 나타나는 요한계시록의 엄청나게 극적인 장면에 이르기까지 성경의 기록 곳곳에서 그들의 행동을 볼 수 있다. 그리스도와 천사의 관계도 획기적이다. 그분의 출생에 관한 이야기, 그분이 당한 시험들, 겟세마네에서의 경험, 부활, 그리고 천사들과 함께 임할 그분의 재림을 비교해 보라.

이와 관련하여 주의 천사들에 관한 구약의 계시도 놀랍다. 주의 천사들은 대표자이자 또한 예표(type)이기 때문에 정직한 주해가들은 간과할 수 없는 모호함이 이 주제와 연관되어 있다. 그러나 전능자가 하나님을 섬기기 위해 천사의 모습으로 오신 것은 존귀하신 하나님의 아들이 자신을 비워 종의 형태를 취한 빌립보서 2장 5절 이하에 아름답게 예고되어 있다.

천사들의 종 역할과 관련하여 또 한 가지 적절한 언급이 있다. 성경 어디에서나 천사를 예배하거나 숭배하는 것은 엄격하게 책망했다는 것이다(골 2:18, 계 19:10 참조).

하나님의 영광

천사들을 위한 세 번째 이론적 근거는 그들이 하나님의 보좌를 둘러싸고 있는 모습에서 볼 수 있다(히 12:22). 하나님에게 주어진 이름들 중 하나는 만군의 주다. 성경은 그분을 수많은 천사에 둘러싸여 있는 모습으로 그린다("그 수가 만만이요 천천이라"[계 5:11]). 하나님의 영광스러움을 우리에게 보여 주기 위해서 성경이 중요하게 사용하는 표현 방식은 그분이 늘 수없이 많은 장엄한 천사, 특히 밤낮으로 "거룩, 거룩, 거룩"을 부르짖는 그룹(Seraphim)에 둘러싸여 있다는 것이다(사 6:3). 하나님을 대변하는 것에서 이 천사의 무리를 제외한다면, 하나님의 영광과 능력, 존귀, 거룩을 대변하는 가장 강력한 수단을 잃어버리게 되는 셈이다. 왕의 궁전, 아름다운 가구들, 궁전 뜰이 모두 지상에 있는 왕의 존귀와 품위를 표현하는 수단이듯이 하늘의 비전과 영광스러운 천사들의 장엄한 궁궐은 인간이 하나님의 영광을 마음으로 느끼고 감동할 수 있게 만드는 성경적인 표현 방법에 속한다. 하나님의 속성에 대한 추상적인 열거는 신학적으로 정교할 수 있다. 하지만 그러한 열거는 영광스럽고 강한 수많은 천사에게 둘러싸인 하나님에 대한 성경의 증거가 인간의 상상력에 제공하는 것을 주지는 못한다.

사람들이 부지중에 천사를 대접했다면(히 13:2), 신학자들은 누구보다도 먼저 그들의 방문을 환영하고 환대해야 할 것이다.

【 참고 문헌 】

K. Barth, *Church Dogmatics III/3*, Sec. 51 (주목할 만한 깊이를 발견할 수 있는 역사적, 신학적 자료들이다), 「교회 교의학」, 대한기독교서회 역간.

W. Grundmann, G. von Rad, G. Kittel, "aggelos, archaggelos, isaggelos," in *Theologisches Wörterbuch zum Neuen Testament*, G. Kittel, ed., Vol. I.

"Angels," in W. F. Arndt and F. W. Gingrich, *A Greek-English Lexicon of the New Testament*.

G. W. Bromiley, "Angel," in E. Harrison, ed., *Dictionary of Theology*.

"Angel," in F. L. Cross, ed., The Oxford Dictionary of the Christian Church.

Dionysius, *The Celestial Hierarchy* (역사적으로 놀랍도록 중요한 역할을 감당하였다), 「천상의 위계」, KIATS 역간.

T. Aquinas, *Summa Theologica*, Vol. I, 50-64, 106-114.

_____, *Summa Contra Gentiles*, Vol. II, 91-101, 「대이교도대전」, 분도출판사 역간.

J. Calvin, *Institutes*, I. xiv (디오니시우스가 천사에 대해 논한 말이 "서튼 말의 나열에 지나지 않는다"고 칼뱅이 지적한 부분), 「기독교 강요」.

F. Schleiermacher, *The Christian Faith* (천사에 대해 종교적으로 불필요하지만 추상적 가능성에 대해 언급한다), 「기독교 신앙」, 한길사 역간.

R. Bultmann, "New Testament and Mythology," in H. W. Bartsch, ed., R. H. Fuller, trans. *Kerygma and Myth* (영혼들이나 선, 악에 대해 부인한다).

11장
사탄과 마귀들

헤리트 베르까우어

> 헤리트 베르까우어(Gerrit C. Berkouwer, 1903-1996)_ 암스테르담의 자유대학에서 박사 학위를 받고 그곳에서 가르친 개혁주의 신학자다. 그는 로마의 제2차 바티칸 공의회 참관인이었다. 열네 권으로 된 「교리 연구」 (Studies in Dogmatics, 1954-1976년에 영어로 번역됨), 「칼 바르트 신학에서의 은혜의 승리」(The Triumph of Grace in the Theology of Karl Barth, 1954)를 저술했다.

기본적인 기독교 교리들 안에 **마귀학**을 넣는 것이 적절한지 의아할 수 있다. 악의 어두운 세력인 사탄, 때로는 빛의 천사로 나타나고(고후 11:14), 때로는 그 계책을 알 수 없는(고후 2:11) 사탄은 기독교의 교리 체계에서 어디에 속할까? 교리는 하나님의 말씀을 상호 연결하려는 시도다. 하지만 마귀에게는 하나님의 말씀에서 보이는 연합을 깨뜨리는 능력이 있지 않은가? 교리 신학에서는 말씀의 메시지를 조직적으로 성찰하는 것이 우리의 임무라고 말한다. 그렇다면 마귀의 역사들을 어떻게 조직적으로 살펴볼 수 있을까? '디아볼로스'(마귀)는 제도와 질서, 특히 하나님의 선한 창조 질서와 정반대되는 파괴와 혼동의 의인화가 아닌가?

사탄과 그의 역사에 대해 조직적이고 체계적으로 연구하려 할 때, 사탄의 합당한 위치를 창조 교리 안에서 찾을 수 있다고 생각하는 경향이 있다. 또한 우리는 사탄을 설명이 가능한 악의 원리, 즉 조심하지 않으면 핑계 삼기 쉬운 원리라는 말로 그를 이용하려는 유혹에 빠질 수도 있다. 예를 들면, 페르시아 종교의 이원주의적 책략은 선과 악을 영원히 대치되는 힘으로 보아서 좋은 것은 선을 가능하게 하고 나쁜 것은 세상의 악을 가능하게 한다고 여긴다. 매우 단순한 책략이지만 실제에서의 최종 결론은 악을 이성적으로 설명한 결과와 다르지 않다. 인간의 개인적인 죄책은 악의 설명이라는 그림자 안에 숨게 되는 것이다. 이렇게 개인적인 죄책이 모호해지면 그 죄책에서 인간을 자유하게 하는 은혜 역시 모호해진다.

악은 때로 매우 이성적으로 체계화되어서 악한 무질서의 세계가 질서 있게 보이기도 한다. 악이 존재를 설명하는 이성적인 체제로 들어오면 악함 자체는 항상 희석된다. '하나님은 결코 악의 원인이 되실 수 없다'(Deus non causa peccati)는 교회의 강력한 확신에도 불구하고 사상가들은 때로 감히 하나님 안에서 악의 근원을 찾으려 하기도 했다. 성경은 이 확신을 분명하게 주장한다. "우리가 그에게서 듣고 너희에게 전하는 소식은 이것이니 곧 하나님은 빛이시라 그에게는 어둠이 조금도 없으시다는 것이니라"(요일 1:5). 누군가 하나님에게 시험받는다는 근거로 핑계를 삼으려 한다면 말씀은 이에 대해 경고한다. "사람이 시험을 받을 때에 내가 하나님께 시험을 받는다 하지 말지니"(약 1:13). 성경이 여러 곳에서 확실하게 증거하는 대로 하나님에게서는 죄의 근원을 찾을 수 없다.

우리는 이것을 죄에 대한 하나님의 진노와 그분의 심판, 특히 십자가에서 죄를 벌하심으로 은혜를 베푸신 구속 행위에서도 볼 수 있다. 십자가는 하나님이 악의 근원이 아니라는 교회의 확신을 정당하게 대변한다. 아우구스티누스가 9년 동안 최면에 걸려 있었던 이원주의는 마땅하지 않다는 것을 우리는 십자가에서 본다. 십자가는 하나님이 악의 독립적인 세력을 영원토록 보고만 있지 않으시고 그 악을 정복해서 그분을 섬기게 할 것임을 보여 주기 때문이다. 유다와 이스라엘, 그리고 이방인들이 십자가 주변에서 행한 끔찍스러운 악은 하나님의 구속 계획이 영광스럽게 성취되도록 만들었다.

어둠의 세력들

성경의 언어는 곳곳에서 어둠의 세력을 언급한다. 여기서 우리의 관심은 악에 관한 학문적 호기심을 추구하는 것이 아니다. 사실 이러한 종류의 관심은 때로 극성스러울 만큼 열렬하기도 하다. 삶의 모든 부분에서 사탄의 능력을 설명하려는 엄청난 시도로 666쪽을 할애한 로마 가톨릭의 사탄에 관한 책을 생각해 보라. 그러한 책에서 사람들은 악이 역사를 통해 거침없이 행군하는 강력한 승리의 힘이라는 인상을 받을 것이다. 하지만 사탄과 관련된 성경의 언급은 우리의 호기심에 대한 답변과는 매우 거리가 멀다. 성경은 경고한다. 성경은 악의 힘이 우리를 절망적으로, 그리고 운명적으로 사로잡을 수 있을 만큼 천하무적이라고 말한 적이 없다. 물론 유혹과 저항의 현실, 거부와 불순종, 혼란과 파괴의 현실에 관해 듣지만, 현실은 하나님의 승리다.

이 하나님의 승리는 특히 그리스도께서 사탄을 정복하시고 무력화하셨다고(골 2:15) 사도들이 말하는 신약 성경에서 현저하게 나타난다. 다시 말하지만 적그리스도가 나타날 때는 위협적인 저항이 있을 것이다. 그러나 그의 이름이 말하는 것처럼 사탄은 주인공이 아니다. 그의 존재는 이미 그를 정복한 분의 대적자로서만 의미를 지닐 뿐이다. 사탄이 번개처럼 떨어질 때(눅 10:18), 그는 그리스도의 십자가와 부활로 그가 당한 패배에 반항하는 것이다.

예수 그리스도 주변에서 사탄과 마귀들을 만나게 되는 이유가 여기에 있다. 사탄은 특히 우리 주님의 지상 사역 중에 자신을 드러내고, 그가 눈을 멀게 한 이방인들의 세계와 이스라엘 백성 가운데 활동한다(고후 4장). 요한계시록에서 용이 어둠의 모습으로 나타나는 장면은 그를 정복하는 어린양의 전경을 멀찍이서 보여 준다. 잠겨 있는 역사의 책을 열 수 있는 권세를 가진 분은 인류 역사의 영적 과정의 주인공인 어린양이시다.

하지만 우리는 여전히 사탄의 능력을 조심해야 한다. "너희 대적 마귀가 우는 사자같이 두루 다니며 삼킬 자를 찾나니"(벧전 5:8). 이는 아직 미래가 불확실한 가운데 우리를 하나님과 사탄 사이의 싸움 앞에 놓인 먹잇감으로 보는 이원주의를 말하는 것이 아니다. 그리스도 안에는 사탄을 저항할 수 있는 능력이 있기 때문이다. "마귀를 대적하라 그리하면 너희를 피하리라"(약 4:7). 우리는 사탄의 능력을 과소평가하는 피상적인 판단의 먹이가 되어서는 안 된다. 만주의 주시며 만왕의 왕이신 그분과의 친밀한 교제 안에서만 그를 대적할 수 있다. 그분이 없다면 우리는 사탄이 우리를 집어삼킬 능력을 소유한 더러운 영이라는 끔찍한 사실을 발견할 것이다. "하나님이 나사렛 예수에게 성령과 능력을 기름 붓듯 하셨으매 그가 두루 다니시며 선한 일을 행하시고 마귀에게 눌린 모든 사람을 고치셨으니 이는 하나님이 함께하셨음이라"(행 10:38).

사탄의 좌절

하지만 동시에 그리스도와의 교제가 있다면 사탄의 능력을 과대평가 해야 할 이유도 없다. 그는 자기 운명을 스스로 결정할 만큼 자유하지 않다. 그는 하나님을 좌절케 할 수 없으며, 좌절케 하지도 않았다. 도리어 하나님이 그를 갈보리에서 단번에 좌절시키셨다. 우리의 유일한 위험은 우리의 능력으로 사탄을 좌절시키려 하는 것이다.

오늘날에는 주로 세상에서 일어나는 많은 악의 재앙 때문에 신학이 마귀학에 다시 관심을 가지게 되었다. 마귀에 대한 이런 관심이 언제나 성경에 근거하는 것은 아니다. 하지만 (사탄이 여전히 교회 찬송가에 나오는데도 불트만이나 슐라이어마허가 마귀의 존재를 진지하게 받아들이는 것은 부적절하다고 주장하기 훨씬 이전에) 악을 정복할 것이라는 과거의 낙관주의가 사라졌음은 틀림없다. 또한 신약에 나오는 적그리스도의 모습도 관심을 끌기 시작했다. 사람들은 예수 그리스도가 사탄을 이겼음에도 여전히 이 세상에서 사탄이 힘을 행사하고 있는 것을 어떻게 이해해야 하는지 묻는다. 악이 여전히 기승을 부리며 그 힘을 행사하는 것처럼 보이지 않는가? 우리와 세상 모두가 그 힘에 굴복하고 있지 않은가? 이와 같은 질문들을 생각해 볼 때, 우리는 쉽게 비관주의에 빠지고, 복음서에 나오는 승리의 주제를 제대로 보지 못할 수 있다. 그러나 주님이 사탄이 하늘에서 떨어지는 것을 보았다고 하셨을 때 사탄에 대한 승리는 이미 이루어졌다는 사실을 잊지 말아야 한다. 우리 시대의 설교는 이 점에 확실해야 한다. 인간의 낙관주의에 대해서는 인간에게 악의 능력을 이길 힘이 없다는 것을 지적해야 하지만 동시에 이를 완성한 복음의 온전한 능력을 선포해야 한다.

그리스도인의 전략

마귀들과 관련해서 성경은 우리에게 책임과 기도를 요청한다. 예를 들어 주님이 가르쳐 주신 기도를 보라. 마지막 기도가 악에서 구해 달라는 것이지 않은가. 하지만 기도는 악에서 시작하지 않는다. 먼저 죄를 사하여 주실 것을 구한 후에 악에 관해 언급한다. 사탄은 우리의 죄책 문제를 전가시킬 수 있는 설명적 원리가 되지 않는다. 즉 사탄의 권세의 실재는 악에 대한 우리 각자의 책임의 실재를 무효화시키지 않는다는 말이다. 그러나 우리가 죄 사함을 위해 기도할 때, 우리는 이제 자신의 때가 얼마 남지 않은 줄 알고(계 12:12) 인간을 넘어지게 하며, 이 땅에 실제로 임한 구원을 보지 못하도록 강력하게 역사하는 악의 권세에 대적하기 위해서도 기도한다.

바로 이런 이유에서 이 시대에 우리는 세상의 발전 계획이나 인간의 도덕성이라는 무기를 가지고 세상에 있는 악과 대적하여 싸우지 못한다. 그래서 바울은 사탄의 길을 우리가 알지 못한다고 회중에게 경고한다(고후 2:11). 사탄의 계책은 한 단어로 요약할 수 있다. 바로 '대적'(anti)이다. 사탄은 창조에 대적하고, 구속에 대적한다. 적그리스도는 다양한 모습으로 나타날 것이다. 문화, 종교, 지상, 삶의 발전에도 나타날 것인데, 그는 언제나 적-예수(anti-Jesus)일 것이다. 이런 의미에서 사탄의 권세는 부정적인 권세다. 예수 그리스도의 **재림**(파루시아)이 적그리스도를 대면할 때 사탄의 권세는 아무것도 아님을 알게 될 것이다(살후 2:9). 십자가 이후 사탄의 치명적인 약함은 그때 드러날 것이다.

우리는 이것을 보지 못하고 있다. 사탄의 권세는 전혀 축소될 것 같지 않고, 때로는 결코 정복될 수 없을 것처럼 보인다. 바울이 경고하는 거짓 선지자들은 바울의 마음에도 이런 생각이 들게 만들었다. 사탄은 메마른 사막의 입구에 서서 그 길이 낙원으로 향하는 길이라고 외친다. 그는 표적과 이적으로 그 빛을 증언하지만, 사실은 사람들로 하여금 그를 따라 어둠속으로 가도록 유혹하는 것이다. 오직 세상의 빛이 되시는 그분의 빛 안에서만 예수 그리스도가 참으로 사탄을 정복한 권세자이심이 분명하게 드러난다.

성경과 교회의 신실한 설교는 이를 잘 설명하여 악에 빠지지 않도록 경고해야 한다. 하나님이 사탄을 만들었다는 말로 악에 대해 설명하려는 것을 경계해야 한다. 또한 사소한 신을 악의 원인으로 만들려는 이원주의도 경계해야 하며, 사탄에게 지나친 힘을 부여하여 우리 죄에 대한 책임을 그에게 전가시키는 것도 경계해야 한다. 성경은 악에 대한 합리적인 설명을 제공하지 않는다. 하지만 사람이 걸어야 할 인생의 여정은 영광스럽도록 선명하게 보여 준다. 그 길은 복음의 능력 안에서 믿음과 기도의 길이며, 악을 대적하는 길이다. 이 관점은 완전한 기도(주님이 가르쳐 주신 기도를 말한다_ 옮긴이)에 멋지게 소개되어 있다. 우리는 먼저 우리 죄의 용서를 구하는 기도를 하고, 그리고 나서 송영으로 간다. "나라와 권세와 영광이 아버지께 영원히 있사옵나이다. 아멘." 누구든지 마음을 다해 이 기도를 하는 사람은 악의 교리에 대한 내적인 의미를 깨달은 것이다.

【 참고 문헌 】

많은 신학 참고서와 함께 다음 책을 참조하라.

B. Noack, *Satanas und Soteria: Untersuchingen, zur N.T. Dämonogie.*

R. Leiverstad, *Christ the Conqueror: Ideas of Conflict and Victory in the New Testament.*

K. Barth, *Church Dogmatics III/3*, 「교회 교의학」, 대한기독교서회 역간.
G. C. Berkouwer, *De Zonde I*.

12장
섭리

앤드류 룰

앤드류 룰(Andrew K. Rule, 1893-1975)_ 에든버러 대학에서 박사 학위를 받고 루이빌 장로교 신학교에서 가르친 장로교의 교회 역사가다.

'섭리'라 부르는 교리는 신구약 전체에 만연하게 나타난다. 그것은 우발적이거나 즉흥적이지 않고 진리의 성경적 구조에 필수적이며, 삶의 방식에서도 필수적인 부분이다. 'providence'라는 단어는 '앞서 보다', '미리 보다', 따라서 '미리 계획하다'라는 의미를 가진 라틴어 'pro'와 'videre'의 합성어다. 하지만 여기서 사용된 대로 그 단어에는 '계획을 실행하다'라는 의미도 있다. 이 섭리를 총괄하는 분이 전지하며 전능하신 하나님이기 때문에 결국 모든 것이 포함된다. (하나님의 목적이 역사적으로 드러나는 순서에 따라) 분석의 목적을 위해서 우리는 창조와 섭리, 구속과 성취를 적절하게 나누지만, 이것들 모두는 결국 불변하며 영원한 한 목적의 여러 단계일 뿐이며, 서로 조화를 이루고 상호 의존하는 여러 개의 역사적 단계일 뿐이다. 이와 같은 간략한 글에서 앞의 주장을 지지하는 내용을 다 다룰 수는 없겠지만 혹시 이 주장을 의심하는 사람이 있다면 이 주장을 염두에 두고 성경을 읽어 보길 권한다. 또한 그럴 때에 성경 자체가 마음에 주는 감동을 받아들이길 권한다. 아마 시편 139편과 같은 구절들이 이 교리를 아주 예리하고 확고하게 표현하고 있음을 발견하겠지만 성경 전체가 이 교리를 언급하거나 암시하고 있다는 사실에 대한 잔잔한 확신이 더 크고 확실하게 도와줄 것이다. 같은 결과에 도달하기 위한 좀 더 간략한 방법이 있다면 G. C. 베르까우어 박사의 "하나님의 섭리"(The Providence of God)라는 명쾌한 소논문을 읽어 보는 것이다. 지성적으로 매우 강력한 의심이 든다면 이 교리가 진리인지 의심스러울 수 있지만 성경이 일관되게 이 교리를 가르치고 있다는 것과, 수백만의 지적인 신자들이 이 진리에 대한 확신으로 기쁨과 승리에 찬 삶을 살고 있다는 사실을 의심해서는 안 될 것이다.

창조에 필수적인 섭리

이미 언급한 대로 이 교리는 창조 교리와 조화를 이루며, 창조 교리를 완성하는 데 필수적이다. 섭리 교리 없는 창조 교리는, 칼뱅이 말한 대로 뭔가 빠진 것처럼 매우 "단조롭다." 또한 그가 말한 대로 "섭리 교리로 나아가지 않는다면 '하나님은 창조주'라는 고백의 의미를 바르게 이해할 수 없고, 하나님이 그분이 만든 세상과 관계한다고 믿지 않는 사람은 누구도 세상이 하나님에 의해 창조되었다는 사실을 진지하게 믿을 수 없다." 구체적인 생각이나 의도가 전혀 없고 나중에 그 목적에 부합하기 위한 구상도 없이 세상을 만드신 창조주는 상상할 수 없다. 계시와 발견을 통해 그분의 웅장한 계획에서 우리가 분명하게 볼 수 있는 것은 적어도 이 세상이 관여되는 한, 그 계획의 중심이 인격적인 관계라는 것이다. 따라서 처음부터 하나님은 인격적인 교제의 반응적 단계이자, 이 교제에 기여하는 수단으로서 다양한 가능성을 가지고 하나님과 교제하도록 세상을 창조하셨다. 시인 존 키츠(John Keats)가 표현한 대로 그것은 "영혼 창조의 계곡"이다. 이 개념을 자주 사용하는 절대적 이상주의자들조차 진정한 의미를 이해하지 못한다 할지라도 이 섭리는 분명한 사실이다.

하지만 이는 상반된 것으로 보이는 두 가지 조건이 절묘한 균형을 유지해야 할 것을 요구한다. 하나는 이신론(deism)이나 치우친 자연주의가 주장하는바, 하나님은 법칙에 따라 안정적으로 운행될 수 있도록 내적 체제를 허락하셔서 세상이 지속적으로 존재하게 하셨다는 것이다. 즉 세상과 세상을 이루는 부분들이 나름의 특징을 가지고 자체의 유동성 안에서 스스로 존재하게 하셨다는 것이다. 따라서 피조된 세상은 각각의 부분과 그것의 법칙들을 발견함으로 이해될 수 있고, 이는 그 특징과 활동이 무책임하거나 예측하기 어렵게 변할 수 있다는 두려움 없이 계획을 세울 수 있음을 의미한다. 하지만 이신론이나 자연주의가 주장하는 대로 자연 세계가 위에서 아래로, 혹은 창조주에게 영향을 받을 가능성이 전혀 없는 폐쇄된 체계라면, 그 안에서 이루어지는 인격적인 교제의 가능성은 아주 좁은 영역에서 불안정하게 주어진 것이 되고 창조주는 그 안에 갇히게 될 것이다. 또한 범신론이 주장하는 대로 하나님은 온 천지에 세상을 만드시고 그 안에 있는 모든 부분이 언제나 하나님의 임재에 열려 있고 의존한다고 말한다든지, 프랑스의 우인론자들(occasionatist)들이 주장하는 대로 모든 것이 일방적이라고 말한다면, 세상은 그분의 의지에 따라 반응적으로만 존재하게 될 것이다. 하나님의 에너지가 어느 한 순간이라도 멈춘다면 피조 세계는 순식간에 무로 돌아갈 것이다. 파괴하려는 목적과 악의 세력이 존재하기는 하지만 이는 바르트가 가르치는 대로 단순히 적극적이거나 공격적인 '무질서'에 압도되어 그렇게 되는 것은 아니다. 하나님의 섭리가 사라진다면 그와 같은 악의 나라가 존재하지 않는다 할지라도 세상은 무로 돌아갈 것이다. 세상은 그것을 지탱하게 하는 하나님의 능력에 지속적으로 의존하도록 만들어졌고, 인격적인 관계라는 그분의 목적을 위해 만들어졌기 때문이다. 같은 개념을 좀 더 긍정적으로 서술할 수도 있다. 하나님과 피조된 세상이 동일한 것은 아니지만 그 관계는 매우 친밀해서 하나님은 자신이 존재하는 곳 어디서나 활동적이시며, 따라서 피조된 것들의 활동도 동시에 하나님의 행위가 된다.

구속과 성취의 기초

더 나아가 지금까지 말한 내용에 포함되어 있는 것은 섭리의 교리가 구속과 그 성취 교리의 기초가 되며 그 교리들과 온전하게 조화를 이루고 있다는 사실이다. 악의 실재에 대한 관점에서 볼 때에 이것들은 인격적인 교제라는, 변하지 않는 원래 목적을 지속적으로 이루어 감을 보여 준다. 하나님은 세상을 창조하시고 섭리 가운데 그것을 지키며 운행하실 때 이미 그것을 마음에 두고 계셨다. 어린양은 세상의 기초가 놓이기 전에 죽임을 당하셨고, 세상이 그렇게 시간 안에서 창조되었을 때 그분은 성육신의 방법으로 세상에 들어와 살다가 죽임을 당하고 다시 살아나도록 섭리 중에 진행되었다. 이 일은 미리 준비되지 않았다가 나중에 벌어진 일이 아니었다. 우주의 역사를 포함한 모든 역사는 이 세상에 언제나 내재하시면서 동시에 초월하시는 하나님의 능력과 지혜와 은혜에 의해서 그리스도를 통해 완성되도록 처음부터 계획된 것이었다.

하나님의 섭리는 전체를 아우를 뿐 아니라 그 안에 있는 부분(그분이 만드신 모든 피조물과 피조물의 모든 행동)까지 아우른다. 여기에는 '자유로운' 피조물들, 그들의 '자유로운' 행동들(심지어 악한 것들까지), 그리고 그들의 죄악 된 상태도 포함된다. 바로 이 점이 지금까지 내가 말한 것에 동의하지 않는 많은 사람이 망설이거나 부인하기 시작하는 시점이다. 이 점에 대해 부정적인 반응을 보이는 다양한 이유 가운데 두 가지가 근본적으로 중요하다. 일반적으로 제대로 인식되지 않지만 더 큰 영향을 끼치는 또 다른 한 이유가 있다. 곧 하나님에게 맡기고 기쁨 가운데 그분의 주권을 누리지 못하는 죄악 된 인간의 마음에서 오는 거부다. 이를 인정하는 사람들의 경우에는 여기서 더 논의할 필요가 없고, 이를 인정하지 않는 사람들의 경우에는 여기서 어떤 말을 해도 큰 도움이 되지 못할 것이다. 따라서 여기서는 앞서 말한 두 가지 이유만 살펴보고자 한다. 그중 하나는 하나님이 모든 행동을 다스린다면 그것은 **자유로운 인간의 행위가 아니라** 하나님의 행위가 되고, 인간이 자유롭게 행동한다면 그것은 **하나님의 행위가 아니라** 인간의 행위가 된다고 가정하고 주장하는 일종의 이원주의다. 이러한 비성경적인 이원주의는 좀 더 신중하게 다루어야 한다. 이는 많은 신학적 논쟁에 피해를 주기 때문이다(특히 현 시대의 계시와 영감에 관한 토론을 주목하라). 하지만 여기에서 다루는 것은 분명히 논쟁의 한계를 넘어선다. 따라서 여기에서는 성경이 어디에서도 그와 같은 이원주의를 용납하지 않고 있음을 지적하는 것으로 만족해야 할 것이다. 성경은 인간의 행동이 선하든 악하든 행한 대로 판단을 받는다고 말하면서도 동시에 그것이 하나님에게서 기인한다고 자유롭게 말하기도 한다. 하나의 같은 행위가 바로의 편에서는 스스로 마음을 완악하게 한 것이고, 동시에 하나님이 그 마음을 완악하게 한 것이기도 하다. 하나의 같은 행위가 요셉의 형제들에게는 악한 목적의 결과가 되지만 하나님의 편에서는 선한 목적의 결과가 된다. 하지만 동시에 이러한 인간의 자유로운 행동에서 보이는 하나님과 인간의 관계는 단순히 독립된 두 배우의 자발적인 상호 협력이 아님을 주목해야 한다. 그보다는 훨씬 긴밀하다. 바울은 그리스도 안에, 그리스도는 바울 안에 있다. 우리는 우리의 구원을 이루어야 하는데, 이는 우리 안에서 원함과 행함을 이루시는 분이 하나님이기 때문이다. 소유(possession)로서의 성령의 역사에 대한 성경 연구가 이 부분에 통찰을 제공해 줄 것이다. 간교한 이원주의가 아닌 하나님의 섭리적이고 은혜로운 다스림을 당연시하기 때문에 성경은 이 부분에 대해 아무런 문제의식도 보이지 않는다.

악의 문제

또 다른 난제의 원인은 훨씬 심오하다고 말할 수 있는 악의 문제다. 두 가지 악의 문제가 있다. 하나는 실제적인 악의 문제로 "악이 존재한다면 이에 대해 무엇을 할 수 있는가?"를 묻는 것인데, 복음이 이에 대한 충분한 대답이 될 것이다. 또 다른 하나는 **이론적인 악의 문제**다. "지혜와 선함, 능력이 무한하신 하나님에 의해 창조되고, 섭리로 운행되며, 보존되고 통치되는 세상에서 어떻게 악이 실재일 수 있는가? 어떻게 그런 하나님이 지속적으로 존재하며 활동하는 악한 피조물을 보존하시고 지키실 수 있는가?" 욥기의 기자, 시편 기자들, 그리고 다른 성경 기자들도 이 이론적 문제를 인식하고 있었다. 그러나 비록 여기저기에 약간씩 암시된 부분들이 있기는 하지만 성경은 악의 문제에 이론적인 답을 제시하려 한 적이 없다. 이 문제의 일부가 제시될 때마다 그것은 언제나 믿음에 대한 도전이었고, 흔들리던 믿음이 힘을 얻고 깊어져서 그 자체로 영광을 돌리게 하는 결과를 가져왔을 뿐이다. 현대 신자들도 같은 상황에 놓인 자신을 발견한다. 그들은 이 이론적인 문제에 대한 답을 아무도 모른다는 사실을 자유롭게 인정하는데, 이 인정은 이 문제를 해결해 보려던 바르트의 야심찬 시도를 공부할수록 더욱 확실해질 뿐이다. 그들의 믿음은 도전을 받았지만 오히려 "이것이 나의 아버지의 세계"라는 찬송을 가능하게 하고, 루이스 스팀스(Lewis F. Steams)와 함께 "우리에게 숙고할 믿음만 있다면, 보이는 일시적인 것들이든 보이지 않는 영원한 것들이든 아니면 흐르는 시냇물에서도, 매일 맞이하는 새벽에서도, 역사의 모든 순간과 삶의 모든 경험에서도 우리는 인간의 구원을 위해 일하시는 우리의 구주를 발견하게 될 것"이라고 고백할 것이다. 또는 워필드가 종종 표현하는 대로 "마귀는 자기가 자유로운 줄 알지만 그의 입에는 재갈이 물려 있고 하나님이 악의 고삐를 잡고 계신다."

자연스러운 일이지만, 다른 신이 우리 주 예수 그리스도의 아버지 하나님을 대신한다면 섭리는 말할 수 없이 끔찍스러운 교리가 될 것이다. 그리스도 안에서 하나님을 알지만 거절한 사람은 이 교리 또한 강력하게 거절할 것이다. 우리의 유한한 상태와 죄악 된 상태에 기인한 겸손을 망각한다면, 우리는 모든 답을 가지고 있다고 주장하게 될 것이고 이 교리는 믿을 수 없는 것이 될 것이다. 그러나 우리가 믿는 분이 누구인지 알고 이미 계시된 빛을 따를 준비가 되었다면 우리는 이 교리와 조화를 이루고 있는 다른 모든 기독교 교리와 함께 (어둠 가운데 참으로 빛이 되는) 이 교리가 감사와 기쁨의 삶에 불가피하다는 것을 발견하게 될 것이다.

【 참고 문헌 】

교회 신조에서 이 교리를 찾아 보려면, P. Schaff, *The Creeds of Christendom*, 3 volumes(「신조학」, 기독교문서선교회 역간)를 보라.

더 자세한 논의를 위해서는 다음을 참조하라.

J. Calvin, *Institutes*, I. xvi-xviii (이 부분은 H. T. Kerr, Jr., *Compend of the Institutes*에 네 쪽으로 요약되어 있다),「기독교 강요」.

C. Hodge, *Systematic Theology*, Vol. I, Chap. 11,「조직 신학」, 크리스챤다이제스트 역간.

더 최근의 논문으로는 다음을 참조하라.

G. C. Berkouwer, *The Providence of God*.

H. H. Farmer, *The World and God*.

G. Harkness, *The Providence of God*.

W. G. Pollard, *Chance and Providence*.

13장
기적

헨리 스톱

> 헨리 스톱(Henry Stob, 1908-1996)_ 괴팅겐 대학에서 박사 학위를 받고 칼빈 신학교에서 변증학과 윤리학을 가르친 개혁주의 신학자다. 그는 『자유에 대한 기독교적 개념』(The Christian Concept of freedom, 1957)과 『윤리적 숙고: 도덕적 주제들에 관한 논문들』(Ethical Reflections: Essays on Moral Themes, 1981)을 썼다.

그리스도인들이 믿는 하나님은 만물의 주시다. 그분은 세상의 창조자이자 주관자로서 자신이 만든 것을 지금도 통제하시고 지속적으로 새롭게 하신다.

이 하나님을 믿는 사람들은 기적이 크게 불편하지 않다. 이는 그들 주변의 모든 일에서 초자연적인 능력의 영향을 보기 때문이다. 그들은 하나님이 한 번 만드신 후에 주어진 법칙에 따라 스스로 알아서 움직이도록 만든, 이른바 '자연'이라는 거대한 것의 일부로 상황과 사건을 보지 않는다. 그들은 모든 일이 하나님을 방해하지 않는 매개체로서 하나님의 현재 사역을 반영한다고 믿는다(욥 26:7-14 참조). 그들에게 모든 것은 하나님의 '표적'이며 그분의 '전능하신 행위'의 일부다. 그들 눈에는 모든 것이 경이와 찬양을 불러일으키는 놀라운 '이적'들이다.

우리가 기적이라고 부르는 것들을 신약 성경은 "표적"('세메이아'), "능력"('뒤나메이스'), "이적"('테라타')이라고 부른다. 하지만 우리가 비기적적 혹은 자연적 사건이라고 부르는 것들도 성경에서는 표적과 능력, 이적으로 본다. 성경적인 견해에 따르면 하나님은 일상적인 것과 비일상적인 것, 일반적인 것과 기이한 모든 것 뒤에 동일하게 계신다. 시편 기자와 선지자들에 따르면 비도 하나님의 일이고, 가뭄도 하나님의 일이다. 또한 행성들의 움직임과 밀물과 썰물도 하나님의 일이다. 하나님은 이 모든 것, 아니 그 이상의 것을 행하신다. 하나님의 영역에서 벗어난 것은 아무것도 없으며, 그분의 명령 없이 움직이는 것 역시 아무것도 없다. 존재하는 모든 것은 하나님과, 그분의 능력을 증거한다. 모든 것은 하나님이 그분의 존재와 관심을 나타내시는 표적으로, 그분이 "헤아릴 수 없이 큰일"(욥 5:9)을 행하심을 보여 준다.

하나님의 주권

이 사실에 근거하여 기독교 관점에서는 모든 것이 기적이라고 결론 내린다고 말하는 것은 그리 성숙해 보이지 않는다. 오히려 기독교 관점에서 자연은 하나님이 다루시기에 기이한 것이 아니라고 말하는 것이 맞을 것이다. 자연은 지속적으로 하나님의 충동을 느끼며, 항상 그분의 '간섭'을 받고 그 과정은 그분 뜻의 방향을 따라간다. 자연은 그분의 손 안에서 아주 순응적이다.

물론 그 이유는 하나님의 주권 때문이다. 하나님은 자연에 대해서도 주(主)시며 자유하시다. 하나님은 자신이 만드신 모든 것을 통하여 그분의 길로 행하시는데, 사실 그분의 행하심은 우리가 자연 법칙이라고 부르는 것을 형성하기도 한다. 우리가 공식화하여 '자연 법칙'이라고 부르는 것은 하나님의 '일상적인 방법들'의 기록일 뿐이다. 그것들은 하나님의 행동 습관을 기록한 것으로, 하나님 앞에 가는 것이 아니라 하나님을 따라간다. 그들이 법칙으로 '남아 있는' 것은 하나님이 같은 길로 행하시는 습관이 있기 때문일 뿐이다. 하지만 그것들이 하나님을 구속하지는 않는다. 하나님은 자신이 원하시는 대로 발걸음을 옮겨 놓을 수 있는데 때로는 습관대로 발걸음을 옮겨 놓지 않으실 수도 있다. 아마도 그때는 그분의 어떤 거룩한 목적을 이루시기 위해서일 것이다. 혹은 단순히 그분이 자유함을 보여 주셔서 '그분의 영광을 나타내기' 위한 목적에서 가끔 그러실 수도 있다.

어쨌든 그분은 언제나 그분의 길로 행하신다. 때로 이 길은 마치 쇠도끼를 물에 떠오르게 하고, 동정녀가 아이를 낳고, 떡이 점점 많아지는 것처럼 우리에게 기이하게 보일 수도 있다. 우리가 아는 모든 과학적 지식으로는 그분이 이런 일을 행하시리라고는 예상조차 할 수 없다. 그리고 그분이 행하시고 난 후에는 그렇게 행하신 충분한 이유를 그 일에 선행하는 연결 고리에서 발견할 수 없을 때도 있다. 이처럼 기이한 일들은 우리의 과학 너머에 있다. 그것이 기적이다. 동시에 다른 관점에서 보면 이것들은 사실 전혀 기이하지 않다. 그 안에서 하나님은 단지 자유를 누리실 뿐이다. '일상의' 사건들에 대한 반응으로 우리가 개발한 설명 가능한 기술에의 순응력과 과학적 이해력에 의해 가려지기는 하지만, 이 자유는 늘 '일상적인' 일들 안에 존재한다.

과학은 관찰된 항시성(constancies) 위에 세워진다. 우리의 논증에서 보자면 과학은 신적 행위의 패턴을 관찰하고 기록하며 하나님의 '습관'(custom)을 살펴보는 것으로 발전한다. 이 습관이 과학에 안정성과 가치를 부여하고, 예상할 수 있는 유용성을 제공한다. 하지만 과학이 갑자기 돌변해서 사물이 어떻게 행동해야 하는지를 요구하고 하나님은 과학자들이 예상하는 하나님의 익숙한 길로만 행해야 한다고 말한다면, 이는 합당하지 않다. 과학은 처방할 권한이 없다. 다만 기자처럼 하나님을 따라가며 관찰과 묘사에 최선을 다할 때 그 임무를 완수하는 것이다. 따라서 하나님이 우리의 교만한 '선험'의 한계를 벗어나고 우리의 작은 체계를 초월하여 자유롭게 행동하실 수 있음을 인정한다면, 과학의 경험주의는 탁월하게 기독교적일 것이다.

일원론의 거부

기독교는 기적을 용납하고 공언하기 때문에 하나님을 부인하면서 자연이 '모든 것'이고 기적은 가능하지 않다는 이성적 자연주의를 거부한다. 하지만 동시에 좀 더 종교적인 형태의 일원론(monism), 즉 기적적인 것이 지배적인 원시주의와 범신론도 거부한다.

원시 종교나 정령 신앙(animism)에서는 많은 신과 영이 있어서 인간이 예상치 못하는 방법으로 능력('마나')을 행사한다. 따라서 정령 세계는 신비와 기적처럼 보이는 일로 가득 차 있으며 거의 아무 때나 무슨 일이든 일어날 수 있다. 물론 이 관점과 기독교의 관점은 유사성이 전혀 없다. 정령 신앙은 기본적으로 일원론적 자연주의로, 신은 모두 자연의 영이다. 자연은 외부로부터 어떤 영향도 받지 않으며, '그 자체로 존재한다.' 따라서 거기에는 초자연도 없고 기적도 없는 혼돈만 있을 뿐이다. 거기에는 비자연적인 질서의 원리도 없고 과학도 없으며, 오직 마술만 있을 뿐이다. 이러한 상호 관계는 관찰해 볼 가치가 있다. 기적은 이미 결정된 우주, 즉 과학을 가능하게 하는 우주 안에서만 가능하다. 정반대로 과학은 지적인 창조주의 통치 아래 있는 우주, 즉 기적이 가능한 우주 안에서만 가능하다.

양 극단은 서로 만난다. 그래서 범신론처럼 '모든 것이 신'이 될 때, 우리는 결국 모든 것이 자연이 되는 우주를 생각하게 된다. 이 두 경우 모두 실제적인 초자연은 없다. 따라서 정교한 범신론은 기적에 관해서 원시적인 정령 신앙의 경우와 같은 애매함을 드러낸다. 한편으로는 모든 것이 신이므로 기적이 일어날 수 있는 자연이 존재하지 않기 때문에 기적이란 없다. 자연 없이 기적은 거할 곳이 없기 때문이다. 또 다른 한편으로는 모든 것이 신이므로 모든 매체는 궁극적으로, 그리고 즉각적으로 신적이 되기 때문에 기적 말고는 아무것도 없다. 모든 것이 기적이다. 여기서 기적이란 모든 것을 포함하므로 아예 존재하지 않거나 아니면 '사건을 부르는 종교적 명칭'에 지나지 않게 된다. 하지만 기적이 어디에나 있다면, 기적은 이미 그 의미를 상실하게 된다. 따라서 범신론의 두 가지 주장은 결국 기적은 없다는 같은 결론에 도달한다. 이와 같은 범신론과, 다른 모든 종류의 일신론의 회색지대에서는 참된 구분이 전부 사라지고, 기독교의 핵심이라고 할 수 있는 창조주와 피조물의 구별도 사라지고 만다. 결과적으로 기적에 관한 모든 이야기가 무의미해진다.

극단적 이원주의에 대한 거부

앞에서 말한 모든 것은 하나님(신)을 강조했다. 즉 성경에 계시된 하나님과, 원시 종교와 범신론의 거짓된 신들을 강조한 것이다. 하지만 우주는 하나님만 포함하지 않는다. 하나님 외에 자연이라고 부르는 것이 있어서 이 자연에 합당하지 않은 기적은 받아들여지지 않는다.

자연의 존재에 관하여 과학자들은 충분한 근거로 강력하게 주장한다. 지혜로운 과학자는 하나님을 인정할 것이고 만일 그가 그리스도인이라면 기적 또한 인정할 것이지만, 그렇다고 자연을 무시하지는 않을 것이다. 그에게 자연은 자료이며 그의 직업을 위한 선제 조건이다. 더욱이 그는 자신의 성공적인 연구 결과가 입증해 준 과학적 방법들과 일치하는 것들을 보존하기 원할 것이며, 안정적인 특징을 띠고 관찰과 분석이 가능하며 수학적인 공식에 맞도록 운영되는 비인격적이면서 객관적으로 존재하는 자연을 원할 것이다.

이신론은 초월적인 하나님을 부인하지 않으면서 동시에 그와 같은 자연을 인정한다. 그렇기 때문에 일부 그리스도인들은 이와 같은 형이상학을 용납하려는 유혹을 받아 왔다. 가장 고상한 형태의 이신론은 종교적인 것과 인간의 과학적인 필요를 모두 채워 주는 것처럼 보인다. 한편에는 영원하며 지혜가 가득해서 지속적인 질서와 설계를 통해 창조주를 가리키도록 세상을 만드시고 보전하시는 하나님이 있다. 다른 한편에는 내재되어 변할 수 없는 법칙에 따라 움직이게 하는 고정된 원칙을 가지고 있어서 발견과 활용이 가능한 자연이 있다. 이러한 구조에서는 예배자와 조사자(investigator) 모두 자기 영역을 찾을 수 있다. 하지만 그것은 사실이 아니다. 일신론과 마찬가지로 여기에서 빠진 것은 바로 기적이다. 이원주의의 과함은 기적이 설 자리를 빼앗아간다. 그들에 따르면 처음 창조될 때를 제외하고 자연은 하나님에게서 분리되었다. 신적인 보전(sustenance)이 인정될 때에도 그것은 단지 일반적이고 외적인 것으로 인식될 뿐, 섭리가 세상 안으로 뚫고 들어올 길은 없다. 자연은 원칙적으로 안전하며 어떤 침투도 용납하지 않는다. 그 안에서 발생하는 모든 일은 철저하게 그 자체의 고정된 특성들에 의해 해석된다.

기적을 용납하지 않기 때문에 이신론은 성경적인 그리스도인들의 지지를 받을 수 없었다. 일부 그리스도인들은 기적을 용납하면서 그것을 단순히 이신론적으로 이해된 자연의 수정 정도로 받아들였다. 그들은 자연을 그 안에 만들어진 법칙에 따라 움직이는 사물과 사건들이 맞물린 거대한 체계로 보았다. 그들에 따르면 그 자연 안에 때로 하나님이 들어오셔서 기적을 행하시는데, 이는 그가 한때 세운 질서와 법칙을 '깨뜨리고' 행하시는 것이다. 이와 같은 반(半)이신론적 관점(semi-Deistic view)은 기독교적이라고 보기 어렵다.

이를 주장하는 사람들조차도 이를 제대로 인식하지 못한 듯하다. 하이젠베르크(Heisenberg)가 불확정성의 원리(the principle of indeterminacy)를 발표했을 때 많은 사람이 구원의 한숨을 쉬었기 때문이다. 그 이전에 그들은 하나님이 자신이 만든 우주의 질서를 후회하신 것과 같은 암시를 말하는 것이 불편했다. 그들은 한때 하나님이 정교하게 만든 자연 질서를 파괴하는 기적을 행한다고 생각하고 싶지 않았다. 하지만 지금은 그런 부담에서 자유해질 수 있는 길을 찾은 듯하다. 하이젠베르크가 주장하는 대로, 이 새로운 '느슨함'(looseness) 혹은 일종의 '무법'(lawlessness) 상태가 소자연(micro-nature)에서는 발견되었지만, 이는 단순히 하나님이 대자연(macro-nature)에 자유롭게 접근할 수 있도록 허용한 듯이 보인다. '틈새의 신'(god of gaps), 즉 원자의 미세한 간극을 통해 세상으로 들어오는 기적적인 능력을 행할 수 있는 신이 인정된 것이다. 아원자 입자들 사이의 무법 영역을 통해서 하나님의 능력은 '그 능력'을 발휘할 수 있게 되었고, 그렇게 될 때 모든 법칙이 깨지지 않은 채 원래의 질서는 그대로 유지된다.

하이젠베르크의 원리가 원자 안에 진정으로 '객관적인 무법 상태'를 입증할 수 있는가 하는 질문을 떠나서 설령 그것이 과학적으로 중요한 발견이라 할지라도 기독교 변증이 그와 같은 발견에 근거하는 것은 매우 위험하다. 여기서 요구되는 것은 성경에 긍정적으로 의존하여 만들어지고 기독교 유일신론의 관점과 과학적 세계의 유기적 관계에서 설명된 하나님과 자연에 대한 관점이다.

역동적 과정으로서의 자연

기독교 신조에서도 자연이 책에 비유된 적이 있다. 이 비유는 무의미하지 않지만 호도할 수 있다. 자연은 과학자들이 변경될 수 없는 문장을 분석하는 원본, 즉 각 단어가 상호 긴밀하게 연관되어 정체된, 완성된 원본이라고 보기 어렵다. 오히려 자연은 지금 발화되는 말에 따라 움직이고, 살아 있는 연사의 의도와 의미를 늘 드러내는 역동적 과정이다. 연사는 외부의 필요에 의해 주어진 것을 받아 읽지 않는다. 그는 자유롭게 말한다. 그의 말은 그 자체로 일관된다. 이처럼 자연은 전체적으로 조화를 이루는 이야기로 숙고되어야 할 것이다. 하지만 전체에 대한 개념은 기적과 같은 일관되어 보이지 않는 것들을 제외시키도록 인간이 조정할 수 있는 지렛대가 아니다. 그리스도인의 관점에서 기적은 자연이라 부르는 전체 안에 있으며, 자연이 형성되는 것을 도와준다. 그것은 전체 이야기의 한 부분이다. 자연을 파괴하는 것이 아니라 완성하며 온전케 한다.

이는 자연이 훨씬 큰 전체의 일부, 즉 우주 전체를 향한 하나님의 웅장한 계획의 일부라는 사실을 관찰할 때 더욱 분명해진다. 그분의 계획에서 결정적인 역할을 한 어떤 행위들이 자연에 영향을 끼치는 것을 하나님은 기뻐하셨다. 다른 모든 기적이 예고하고 반영하는 성육신과 부활의 기적들이 바로 그것이다. 이 기적들이 자연을 파괴한다고 주장하는 것은 기적을 잘못 이해한 것이다. 그것들은 자연을 구한다. 그 기적들은 자연이 한 부분을 이루는 전체를 구속하는 것이기 때문이다. 그것들은 환상적인 사건도 아니고, 우발적인 사건도 아니다. 다른 모든 것에 마찬가지로 자연에도 해결의 사건이며, 그렇지 않았다면 이해하기 어려웠을, 자연이 한 부분이 되는 거대한 이야기의 주제를 말하고 있다.

자연적인 일들의 발생에 관해 말하자면, 그것들의 존재와 자질, 그리고 가능한 예상들을 정리하고 활용하려는 경향을 기독교는 부인하지 않는다. 기독교는 단지 이것들이 하나님에 의해 만들어진 것으로 여전히 하나님이 사용하실 수 있으며, 그 모든 것은 하나님의 주권적인 목적을 행하며 반영하고 있음을 주장할 뿐이다. 칼뱅이 말한 대로 "생명이 없는 것들에 관하여 …… 자연적으로 그들에게 부여된 고유의 특색을 가지고 있지만 그것들은 자체의 능력을 행사하는 것이 아니라 현존하는 하나님의 손에 지시를 받고 있다. 따라서 그것들은 하나님의 뜻에 따라 구부러지고 돌아가는, 단지 그분이 원하시는 만큼의 효율성을 부여한 도구일 뿐이다"(*Institutes*, I. xvi. 2,「기독교 강요」).

결론

기적을 인정하기 위해서, 그리고 과학을 존중하기 위해서 요구되는 것은 성경의 하나님을 고백하고 그분이 자연을 만드시고 끊임없이 다스리신다는 것을 인정하는 것뿐이다.

【 참고 문헌 】

J. Calvin, *Institutes*, I. xvi, 「기독교 강요」.
R. Hooykaas, *Natural Law and Divine Miracle*.
J. Kallas, *The Significance of the Synoptic Miracles*.
C. S. Lewis, *Miracles*, 「기적」, 홍성사 역간.
A. Richardson, *The Miracle Stories of the Gospels*.

14장
인간의 기원과 본성

존 거스트너

> 존 거스트너(John H. Gerstner, 1914-1996)_ 하버드 대학에서 박사 학위를 받고 피츠버그 신학교와 낙스 신학교에서 가르친 장로교 역사학자이자 신학자다. 그는 「구원으로 가는 길: 조나단 에드워즈의 복음 전도 메시지」(*Steps to Salvation: The Evangelistic Message of Jonathan Edwards*, 1959), 「믿음을 위한 이성」(*Reasons for Faith*, 1960), 「진리의 말씀에 대한 잘못된 구분: 세대주의 비판」(*Wrongly Dividing the Word of Truth: A Critique of Dispensationalism*, 1991)을 썼다.

인간이란 무엇인가? 인간은 세상에 있는 어떤 피조물보다 뛰어나서 자신의 창조주를 알고 사랑하는 능력에 힘입어 세상을 다스리도록 만들어진 피조물이다. 이처럼 알고(마음), 사랑하는(의지) 능력이 '이마고 데이'(*imago Dei*, 하나님의 형상)다. 하나님을 알고 사랑함을 통해서 인간은 그분이 무한함으로 알고 행하시는 것을 유한함으로 알고 행한다. 이 하나님을 아는 지식에 암시되어 있는 것은 직접적으로나 간접적으로, 의식적으로나 무의식적으로, 이성적으로나 비이성적으로 (그중 인간은 가장 우월한 피조물이기 때문에 우월하게) 하나님을 나타내는 다른 모든 피조물에 대한 지식과 사랑이다. 현재 존재하는 인간은 재창조와 거듭남을 통하지 않고는 더는 이런 의미에서 하나님의 형상을 소유하지 못한다.

하지만 여기서는 인간의 이러한 현재 상태를 다루지 않는다.

강해

1. 창조_ 창세기 1장 27절은 "하나님이 자기 형상 곧 하나님의 형상대로 사람을 창조하[셨다]"고 한다. 따라서 성경에 따르면 하나님은 아무것도 없는 상태에서 단지 그분 말씀의 능력으로 인간을 창조하셨다. 성경이 가르치는 무에서의(ex nihilo) 창조에 관해서는 이미 널리 인정되고 있기 때문에 따로 말하지 않아도 될 것이다(바르트는 이를 '추측성 구성' [spekulative Konstruktion]이라고 부인하면서 독특하게 새롭고 고상한 의미를 부여하지만 말이다[Kirchliche Dogmatik III/2, 187쪽, 「교회 교의학」, 대한기독교서회 역간]).

2. 이상적인 인간_ 하나님이 인간을 창조하시고 이를 기뻐하셨다면, 오랜 세월 동안 순결한 탁월함에서 떨어져 죄의 구덩이에서 뒹구는 현재와 달리 원래 인간은 "영광의 구름을 따라" 존재하는 훨씬 고상한 피조물이었을 것이다. 아담의 "시력은 스라소니보다 좋았고" 그의 힘은 사자와 곰을 다스릴 수 있었다는 루터의 추측은 일리가 있다(H. T. Kerr, Compendium of Luther's Theology, 79쪽). "하나님의 형상으로 지음받은 인간"이라는 유명한 설교에서 로버트 사우스(Robert South)가 아담에 비하면 아리스토텔레스는 쓰레기에 지나지 않는다고 한 말은 맞는 것 같지만(새롭게 창조된 인간의 자연적 능력은 타락한 인간의 능력보다 훨씬 위대했을 것이므로), 아테네가 낙원의 "초기 단계"였다는 말은 맞지 않는 것 같다(첫 번째 인간이 취득한 문화는 인종이 경험한 문화보다 더 위대하지 않았을 것이므로).

3. 남자와 여자_ 창세기 1장 27절은 인간이 남자와 여자로 창조되었다고 가르친다. "남자와 여자를 창조하시고." 성경은 여자가 남자의 허리에서 만들어졌다고 하면서 구별되었다고 말하지만 분리된 피조물은

아니었다. 남자와 마찬가지로 여자도 하나님의 형상으로 만들어졌다는 것은 널리 동의되고 있는 바여서 프란츠 피퍼(Franz Pieper) 박사가 이를 증명하기 위해 엄청난 논증을 네댓 가지나 제시하는 것이 신기할 뿐이다(Christliche Dogmatik, 261쪽).

4. 몸과 영혼_ 창세기 1장은 인간이 몸과 영혼으로 만들어진 피조물이라고 가르친다. 인간은 다른 모든 피조물보다 나중에 훨씬 복잡하게 창조되었는데, 하나님이 생기를 코에 불어 넣어 생령이 되게 하신 것도 다른 피조물들과 구별되는 점이다(창 2:7). 몸도 하나님이 만드신 선한 것이라서 무시하거나 소홀히 해서는 안 되지만, 악한 것이라고 말하지는 않더라도 하나님이 독특하게 생기를 불어 넣은 영혼보다는 열등하다.

물론 인간이 몸과 영혼으로 창조되었다면, 아담은 역사적인 존재였다는 것이 분명하다. 그는 단순한 '인간'이 아니었다. 아담은 특별한 인간이었다. 그는 모든 인간이 아니라 한 개인이었다. 오늘날에는 창세기 1-3장을 원 역사(Urgeschichte, prehistory) 또는 원시 역사(primal history)로 보고, 아담을 원 인간(Urmensch) 또는 원시 인간(primal man)으로 본다. 이 난제에 대한 해설의 수고는 나중에 하도록 하고 한 가지만 관찰하자면, 무엇을 의미하든 그러한 관점은 우리가 인간이듯이 아담은 인간이었고 그의 역사는 우리의 역사와 마찬가지였다는 사실을 부인하는 것이다. 그러나 성경은 아담이 우리와 마찬가지로 한 인간이었으며 그의 역사는 우리의 역사와 다르지 않다고 가르친다. 겉핥기식으로만 보더라도 우선 처음 세 장은 창세기의 다른 부분들과 마찬가지로 참된 역사(초역사(Geschichte)가 아닌 역사(Historie))를 말하고 있고, 둘째, 교회는 변증법적 신학자들과 그 추종자들을 제외하고는 보편적으로 지금까지 이 세 장을 그렇게 이해해 왔다는 것이다. 셋째, 이러한 변이는 성경 주해에 의한 것이 아닌 외부 요소(지질학적이고 인류학적인 이론들)에 의한 것이라는 점이다. 넷째, 창세기 1-3장은 전형적인 역사(적어도 창세기 12-50장은 모든 사람이 그렇게 읽고 있다)를 다루는 창세기의 나머지 부분과 밀접하게 연관되어 있다. 다섯째, 논란의 여지 없이 역대상 1장 1절이 역사적인 의미에서 말하는 것처럼 창세기 5장 1-5절도 아담에 대해 그렇게 구체적으로 언급하고 있다. 여섯째, 신약도 유다서 14절과 누가복음 3장 38절과 같은 역사적 족보에서 아담을 언급하고 있다. 일곱째, 바울은 아담과 예수 그리스도를 첫 아담과 둘째 아담으로 비교하고 있다. 여기에는 비신화화를 주장하는 사람들이 내세우는 대로 이원주의가 있는데, 이는 우주적 이원주의가 아니라 역할을 대변하는 두 역사적 인물 사이의 이원주의다. 여덟째, 아담을 비신화화한다면 성경 전체를 비신화화하려는 의도를 가진 것으로 보이는 불트만을 막을 이유가 없다. 아홉째, 우리가 비신화화한다면 불트만만이 성경 전체를 비신화화할 수 있는 것이 아니라 누구든지 원하는 대로 성경을 비신화화하여 읽을 수 있게 될 것이다.

5. 하나님의 형상_ 인간의 본성에서 가장 중요한 것은 의문의 여지 없이 하나님의 형상(이마고 데이)이다. 창세기 1장 26절("우리의 형상을 따라 우리의 모양대로 우리가 사람을 만들고")은 인간의 본성을 계시한다. 창조되었든 만들어졌든 인간은 의존적인 존재다. 하나님의 형상대로 창조된 인간은 하나님이 자신의 피조물을 의도하고 계획한 것처럼 이성적이며, "우리의 형상대로"라고 말한 것처럼 사회적이다. 다른 어떤 피조물도 이런 우수한 형상을 부여받지 못했기 때문에 인간이 다른 피조물을 다스린다. 그러나 이 본문이 (모르몬교에서 말하는 것처럼) 하나님 안에 있는 물질성(materiality)이나 (범신론자가 말하는 것처럼) 인간 안에 있는 영원성

을 함축하고 있지는 않은가? 이 '형상'은 제한적이라기보다는 포괄적으로 이해되어야 하지 않는가? 그렇지 않다. 창조의 문맥에서 볼 때 본문의 가르침은 그저 일부에 지나지 않은 엄청난 것을 함축하고 있기 때문이다. 창조되지 않고 독립적인 창조주로 존재하시는 하나님은 무한히 그리고 영원히 피조물보다 우월하시다. 따라서 '형상'(이마고)의 영적인 특징들은 지식, 의, 거룩처럼 창조주와 피조물의 관계와 일치한다. 영원하고 독립적인 영은 일시적이고 의존적인 육체를 존재의 본질적이고 필연적인 부분으로 소유할 수 없기 때문에 인간의 육체적인 특징들은 가시적으로 '형상'의 부분이 될 수 없다.

창세기 1장 26절이 교훈적으로 가르치는 것은 (피조물과 창조주 사이의 교제를 의인화한) "바람이 불 때 동산에 거니시는 여호와 하나님의 소리를 듣고"(창 3:8)라는 묘사에서 잘 나타난다. 이는 인간의 이성적 특성인 이해력을 보여 주는데, 그 한계는 이성적 존재로서 하나님이 자신을 계시하기로 하신 정도까지다. 마찬가지로 '동물들의 이름을 지어 주는' 임무(창 2:20), 즉 종속적인 피조물들을 구분하는 일도 합리성, 과학적 지식, 가능성을 전제로 한다. 그와 같은 임무에 도덕적인 의무도 내포되어 있지만 인간의 도덕적 본성은 선악과를 먹지 말라는 명령에서 좀 더 분명하게 드러난다(창 2:16, 17). 인간의 지적인 본성도 일반적으로 넓은 의미에서 하나님의 형상에 포함된다. 도덕적이고 거룩한 본성은 좁은 의미에서 하나님의 형상에 부합된다. 전자는 지옥에서도 분리될 수 없고, 후자는 낙원에서도 완벽하지 않다.

성경에서 창조 이야기를 빼면 인간 본연에 대한 묘사는 거의 없고 죄인으로서의 인간에 대한 묘사가 많다. 시편 8편은 이상적인 인간을 반영하는 아주 드문 구절이다. 창세기 이후 인류학적 언급은 대부분 죄인으로서의 인간이 원래 인간의 상태로 회복되는 쪽으로 기울어져 있다. 시편 8편은 다른 피조물보다는 우월하지만 창조주와 비교하면 하찮은, 인간 본성에 대한 기본적인 지식에서 벗어나지 않는다. 인간은 천사보다는 조금 못하지만(본성으로는 못하지만 결국에는 더 우월한), 그것은 하나님이 그를 찾아 내려오는 극단적인 낮아짐을 말하기 위해서다. 고린도전서 15장 47, 48절은 원래는 땅에서 만들어진 인간과, 재창조되고 부활하여 과거의 특징이 아닌 방식으로 성령을 소유한 인간으로 대조해서 인간을 보여 준다. 에베소서 4장 24절에서 바울은 거듭난 인간은 원칙적으로 원래의 지식과 거룩의 상태로 회복되었음을 보여 준다. 데살로니가 교인들에게 그리스도인은 몸과 혼과 영이 거룩해져야 한다고 했을 때(살전 5:23), 바울은 생기를 주는 원리('프쉬케')와 이마고('프뉴마')의 이중적인 측면으로 인간의 영을 본 것이라고 믿는다.

적용

1. **인과적 진화론**(causal evolutionism)_ 인과적 진화론자는 인간의 기원을 어떻게 이해할까? 궁극적으로 인간은 단순히 근접한 원인인 자연 선택에서 기원한 것은 아니다. 즉 궁극적으로 기회(혹은 우연[chance])에 의한 것이다. G. G. 심슨(Simpson)은 「진화의 의미」(The Meaning of Evolution, 1951)라는 책에서 "인간은 의도되지 않은 우발적 사고였다"고 말하는 것 같다. 버트런드 러셀(Bertrand Russell)은 이렇게 말한다. "우연의 법칙이 …… 원자의 인과적 선택을 통해 지적 능력을 가진 유기체를 만들어 낼 확률이 지극히 낮다 해도 우주에는 우리가 발견한 지극히 적은 수의 그와 같은 유기체가 있을 가능성이 있다"(Why I Am Not a Christian, 1957, 24쪽, 「왜 나는 기독교인이 아닌가」). 좀 더 최근에 「현대 과학과 생명의 본성」

(*Modern Science and the Nature of Life*, 1961, 252쪽)이라는 책에서 윌리엄 베크(William S. Beck)가 한 주장도 같은 맥락이다. "아주 긴 시간에서 본다면 가능성이 낮아 보이는 것이 불가피한 것이 된다." 하지만 러셀이 언급한 이 가능성에 관한 생각이나 주사위 비유는 지금 우리 앞에 놓인 문제에 적합하지 않다. 두 개의 주사위에서는 2부터 12까지 어느 숫자든 나올 가능성이 있고, 평균의 법칙은 모든 가능성이 특정 비율로 나올 것이라고 말한다. 그러나 평균의 법칙이 순무에서 피가 흘러나오는 것에 관해서, 혹은 암퇘지의 귀에서 실크 지갑이 나오는 것에 관해서는 어떤 말을 할 수 있을까? 혹은 원래 비유로 돌아가서 두 개의 주사위에서 1이나 13이라는 숫자가 나올 확률에 관해서는 뭐라고 말할까? **창발적 진화론**(emergent evolution)이나 **부수적 현상설**(epiphenominalism), 혹은 **창조적 진화론**(creative evolution)은 단지 복잡한 현대적 변이에 다름 아닌 유사 과학, 혹은 질문을 유발하는 것들로서, "즉흥적 생산"과 마찬가지로 받아들이기 어렵다.

2. **심리주의**(psychologism)_ 많은 심리학이 우리 시대에 매우 결정론적인 것이 되었고, 적어도 실존주의적 다양성 안에서 철학도 지나치게 의지주의적(voluntaristic)인 것이 되었다. M. B. 아놀드(Arnold, "심리학과 인간의 형상," *Religious Education*, 1959)는 융과 아들러가 프로이트와 마찬가지로 숙명론을 주장한다고 보았고, 라인홀드 니부어는 사르트르가 인간의 본성을 부인할 만큼 의지주의적이라고 했다(*A Handbook of Christian Theology*에 나오는 "자아"에 관한 논문, 1960). 우리가 보게 될 것처럼 이들 사이에는 진리가 있다. 인간은 먹고 숨기고 자극을 받는 그대로의 인간이라는 견해와 달리, 인간의 선택은 이것들에 영향을 받는 것이지, 이런 요소들에 강압되고 억눌린다는 의미에서 '결정된' 것은 아니라는 것

이 성경적인 견해다. 하나님은 이상적인 인간인 '첫째' 아담과 '둘째' 아담에게 명령하셨다. 성경은 인간의 선택이 그 자신이 아닌 그의 분비선(glands)에 속했다는 말을 인정하지 않는다. 또한 성경의 하나님은 인간이 죄를 지었을 때 인간의 신경에 진노하지 않으시며 (인간과 구별하여) 인간의 장기에 심판을 내리지 않으신다.

3. **실존주의_** 실존주의는 자발적 행동이 없는 원인에서, 원인이 없는 자발적 행동이라는 막대기의 다른 끝으로 옮겨 간다. 이유, 동기, 원인이 인간의 행동을 결정하는 것이 아니라 인간의 행동들이 이유, 동기, 원인을 결정하는 것이다. 실존적으로 말하자면 인간은 철저하게 자유롭고, 그의 행동은 우연적이며, 그의 결정은 위기의 순간에 있다. 인간은 이런저런 이유 때문에 행동하는 것이 아니다. '이유들'은 결정에 의해 주어진 실체다. 자유로운 행동은 지성을 처형할 것을 요구한다. 실존주의 신학자들은 때때로 생명의 근원이 마음에서 나온다고 말하거나(잠 4:23) 모든 사람이 자기 소견에 옳은 대로 행했다고(삿 21:25) 말할 때에만 성경에 권위를 부여할 수 있다고 생각한다. 이와 같은 생각은 로마 가톨릭 신학자들로 하여금 그들 자신은 물론 토마스 아퀴나스조차도 실존주의적이었다고 생각하도록 만들었다. 「인류의 기원」(Humani Generis, 1950)을 쓴 비오 12세는 이러한 주장을 언급하지 않더라도 "실존주의, 종교와 신학"(Hibbert Journal, 1960, 7월)에서 F. H. 하이네만(Heinemann)이 이러한 개념을 효과적으로 방지하였다. 개신교 학자들은 이 문제에 조금 더 민감했다.

실존주의가 굉장히 중요한 진리를 가르치는 것은 사실이지만(개인적으로는 실존주의 글들의 90퍼센트는 "진지함의 중요성에 관하여"라는 제목 아래 둘 수 있다고 생각한다) 치명적으로 핵심을 빗겨 갔다. 창세기는 피조물로서의 인간을 덕을 따라 죄를 피할 수 있는 이유를 지닌 존재로 소개한다. 인간은 어떤 열매를 먹으면 죽고, 먹지 않으면 산다. (결정론자와 다르게 성경에서는) 그의 결정이 요구되었지만 이 결정은 (역설적 실존주의에 반하여 성경이 둔) 이유들에 의해 동기를 부여받는다.

 4. 신정통주의_ 인간에 관한 성경적 교리에서 기본적으로 벗어난 세 가지 왜곡을 신정통주의에서 발견할 수 있다. 첫째, 아담은 역사적인 한 개인이 아닌 모든 역사적 개인의 영원한 비역사적 상징으로 소개된다는 것이다. "아담은 모든 사람이다"(*Theological Word Book*, Alan Richardson 편저, 1950). 둘째, 원래의 의나 피조된 선이 아닌 잠재력만 있었다고 말하는 것이다. 셋째, 자연적이고 도덕적인 형상이 타락에 의해 뒤섞이고 완전히 상실되었다고 말하는 것이다. "하나님의 형상(이마고 데이)은 단순히 훼손된 것이 아니라 지워져서 인간의 본성은 영적인 선을 행할 수 없을 뿐만 아니라 하나님의 선물을 유지할 수도, 후손에게 넘겨줄 수도 없게 되었다고 주장함으로" "바르트는 (성경적 관점을 제시하는) 칼뱅보다 훨씬 나아간다."(A. M. Fairweather, *The Word of truth*, 1944, 1쪽).

【 참고 문헌 】

J. Edwards, *Freedom of the Will* (P. Ramsey, ed.).
H. Heppe, *Reformed Dogmatics*, 「개혁파 정통 교의학」, 크리스챤다이제스트 역간.
J. G. Machen, *The Christian View of Man*.
R. Mixter, ed., *Evolution and Christian Thought Today*.
J. Orr, *God's Image in Man* (2nd ed.).

15장
행위 언약

오스왈드 앨리스

> 오스왈드 앨리스(Oawald T. Allis, 1880-1973)_ 베를린 대학에서 박사 학위를 받고 프린스턴 신학교와 웨스트민스터 신학교에서 가르친 장로교 구약학자다. 「모세 오경」(The Five Books of Moses, 1943), 「예언과 교회」(Prophecy and Church, 1945), 「이사야서의 통일성: 예언에 대한 연구」(The Unity of Isaiah: A Study in Prophecy, 1950)를 저술했다.

오늘날 정치가나 경제학자가 어떤 말을 하든, "우리가 세상을 다녀 보니 세상은 고요하고 평안하더라"고는 말할 수 없을 것이다. 세상은 고요하지도, 평안하지도 않다. 최근에는 특히 소란과 혼란으로 인한 지속적인 변화를 경험해 왔고, 과연 의인은 무엇을 해야 하는지, 미래는 어떻게 될지에 관한 질문을 하지 않을 수 없다.

이 세상을 보면서 우리 앞에 놓인, 간과할 수 없는 중대한 문제는 권위와 순종에 관한 것이다. 개인, 가정, 사회, 종교 등 모든 영역에서 우리는 이 문제에 직면한다. 인간은 과연 자율적이고 질서 없는 존재인가? 아니면 책임이 있는 존재인가? 그렇다면 누구를 향한 책임이 있는 존재인가?

성경은 이 문제에 대해서 단순하지만 포괄적인 답을 가지고 있다. 간단하게 말하자면 인간은 하나님에 의해 하나님의 형상으로 창조되었고, 하나님이 인간에게 요구하신 의무는 "그분이 계시하신 뜻에 순종하는 것"이다. 그분의 창조주 되심에 함축되어 있는 하나님의 권위는 인간의 순종과 밀접한 관계를 가지고 있으며, 하나님의 뜻은 성경에 계시되어 있다.

이것은 성경이 지속적으로 주장하는 바로서 인간의 창조에 관한 이야기에 명료하게 나타난다. 인간은 즉각 다섯 가지 명령을 받았고(창 1:28), 하나님은 아담과 하와를 대하실 때, "명령하셨다"는 말을 세 번 언급하셨다. 이야기는 간단하고 명료하다. 하나님은 명령하셨고 아담과 하와는 불순종했다. 그래서 그 명령에 따른 심판과 형벌이 가해졌고, 사형을 선고받은 범죄한 부부는 하나님의 임재에서 쫓겨났다.

에덴에서 만들어진 관계를 행위 언약이라고 부른다. 순종의 보상으로 생명을 약속했다는 말이 직접 언급되지는 않았지만 성경 여러 곳, 특히 신명기에서 얼마든지 찾아볼 수 있다(6:5, 10:12, 13, 30:15-20). 시편 1편은 이 언약을 시적으로 묘사했고, 로마서 2장 7-9절에는 대적자들에 대한 언급이 있다. "그가 죽었더라"라는 창세기 5장의 슬픈 끝맺음을 통해서, 그리고 불의한 옛 세상을 멸망시킨 홍수의 끔찍한 심판을 통해서 우리는 불순종의 대가를 볼 수 있다. 성경은 지속적으로 "죄의 삯은 사망"이라고 가르친다.

아담은 무죄 상태에서 언약을 맺었다. 그리고 거의 맨 처음에 기록된 그의 행위는 그 언약을 깨뜨리는 것이었다. 그날부터 인간의 역사는 언약을 지키지 못하는 인간의 실패에 관한 비극의 기록이 되었다. 결과적으로 하나님의 계획과 목적에 따라 행위 언약 뒤에 곧바로 은혜 언약이 따라온다. 이 언약은 우선 하와의 후손들에게 궁극적인 승리가 주어질 것임을 하와에게 약속한 원 복음(protevangel)의 말들을 암시하며 세워졌다(창 3:15). 이 언약에서 중요한 것은 믿음인데, 이는 아브람에게 하신 아름다운 말을 통해 분명하게 드러난다. "아브람이 여호와를 믿으니 여호와께서 이를 그의 의로 여기시고"(창 15:6). 바울은 이 말에 근거해서 아브라함이 율법의 행위가 아닌 믿음으로 의롭다 함을 받았다고 호소한다. 그는 또한 "의인은 그의 믿음으로 말미암아 살리라"(합 2:4)고 한 선지자의 말도 강조한다. 신약 성경에는 '오직 믿음에 의한 칭의'로 로마 교회에 도전한 루터의 주장을 지지하는 구절이 넘쳐 나는데, 일부만 언급하자면 요한복음 3장 16절, 사도행전 16장 31절, 로마서 2장 8절을 들 수 있다.

이 두 언약은 행위 대 믿음으로 첨예하게 대립되고 있지만 두 언약 모두에서 기본적으로 요구되는 것은 같다는 사실을 기억하는 것이 중요하다. 두 언약 모두 하나님이 계시하신 뜻에 순종할 것을 요구한다. 이는 특히 아브라함의 삶에서 분명하게 나타나는데, 바울에게 아브라함은 믿음으로 구원받은 좋은 예다. 어느 누구도 순종의 학교에서 아브라함만큼 가혹한 시련과 시험을 겪지 않았다(창 22:18, 26:5). 히브리서의 믿음 장에서도 아브라함은 갈 바를 알지 못하고 부름을 받았지만 순종했다고 말한다. 그는 '어디로 가야 할지를 몰랐지만 떠났다.' 사실 이 장은 '믿음 장'이라고 부르기보다는 '믿음에 의한 순종'의 장이라고 불러야 할 것이다(롬 16:26 참조). 믿음에 관한 모든 예는 '그들이 위험과 고생, 고통을 통해 천국을 향한 가파른 길을 올라갔음'을 말해 주기 때문이다.

그리스도인들은 은혜 언약에 의해 의의 행위를 쉽게 대신할 수 있는 수단으로 믿음을 제공받은 것이 아니다. 은혜 언약은 자기의 공적으로는 얻지 못하는 의, 즉 믿음으로 그리스도의 의를 얻게 한다. 이 의는 사람으로 하여금 거룩한 부름에 합당한 삶을 살도록 도전하고 요구하기 때문에 바울처럼 "그리스도의 사랑이 우리를 강권[한다고]"(고후 5:14) 말하는 법을 배우게 된다. 행위-구원의 근거인 율법 아래 있지 않다는 사실은 적어도 네 가지 이유에서 그리스도인에게 모세의 율법보다 낮은 기준이 아닌 훨씬 높은 기준을 제공한다. (1) 행위 언약인 율법의 멍에와 저주에서 자유해지면서 우리는 이제 종이 아니라 하나님 가족의 일원인 아들이 된다. (2) 우리에게는 그리스도의 인격과 행위를 통해서 순종의 완전한 모습이 주어진다. (3) 우리는 사랑과 순종적 섬김, 그리고 죽으심으로 우리가 살 수 있게 하신 분에게 감사드릴 더 강력한 동기를 갖는다. (4) 우리는 하나님에게 의지적으로 순종할 수 있도록 조명하시고 거룩하게 하시고 힘을 주시는 성령의 내주하심을 받았다. 예수께서 "내가 너희를 사랑한 것같이 너희도 서로 사랑하라"(요 13:34)는 새 계명을 주셨을 때 그분은 "네 이웃을 네 자신같이 사랑하라"(마 22:39)고 하신 율법의 계명을 뛰어넘는 순종의 기준을 제공하신 것이다. 그래서 "우리가 믿음을 통해 율법을 폐하는 것이냐"는 질문에 "하나님은 이를 금하시니 우리는 율법을 세운다"고 말한 바울의 대답은 전혀 이상하지 않다. 개신교의 위대한 교리 문답들(루터, 하이델베르크, 웨스트민스터)은 틴데일이 "그리스도인의 순종"이라고 부른 것을 제시하면서 십계명의 의미를 설명하는 데 많은 지면을 할애한다.

복음이 삶과 행위의 기준으로 도덕법을 폐지하지 않고 오히려 본보기와 교훈을 통해 그 기준을 높여 주고 있음은 분명하다. 그렇기 때문에 신약 시대부터 지금까지 인간적인 생각을 하고 있는 (죄에 대하여 전적으로 죽지 않은) 그리스도인들이 의무로서의 행위 언약을 무시하거나 그 요구를 변질시키려는 다양한 시도를 해왔음은 놀랍지 않다. 여기서는 그중 가장 중요한 몇 가지만 다루고자 한다.

반율법주의

바울 당시에도 이미 이단이 있었다. "은혜를 더하게 하려고 죄를 지을 수 있는가?"라는 질문이 가능할 정도로 믿음과 행위를 극단적으로 대치시키기도 했는데, 바울은 "그럴 수 없느니라 죄에 대하여 죽은 우리가 어찌 그 가운데 더 살리요"(롬 6:2)라는 말로 결론적인 답을 제시한다. 신약 성경은 전체적으로 칭의에 객관적 성화가 동반되어 모든 죄에서 구속을 가능하게 한다고 가르친다. 의의 열매를 맺지 않는 믿음은 살아 있는 믿음이 아니다. 단지 양심의 가책에서 벗어나기 위해 사제에게 몰래 와서 고해성사를 하고 면죄받은 후 다시 강도와 폭행을 행하는 노상강도는 성전을 "강도의 굴혈"로 만들고 악한 행위의 결과를 면하기 위한 도피성으로 만든 유대인들과 흡사하다.

완전주의

이는 정반대의 극단으로, 단순히 하나님의 뜻을 행하기 위한 인간의 의무를 인식하는 것이 아니라 그것을 완전히 행할 수 있다고 주장한다. 자신이 다른 사람과 같지 않음을 하나님에게 감사하며 자신의 선행을 자랑하려 한 바리새인이 친숙한 예일 것이다. 이 비유의 교훈은 모든 자기 의는 하나님이 보시기에 공격적이라는 것이다. 결국 순종의 기준을 낮추거나, 인간의 타락과 그에 따라 하나님에게 완전히 순종할 수 없는 무능함을 최소화해야 하기 때문이다. 이는 로마 가톨릭의 교회론에서 가장 확실하게 나타난다. 가톨릭은 세례가 인간의 본성에 있는 죄책과 오염을 제거하며, 인간에게 주어진 선행적 은혜(prevenient grace)가 그로 하여금 하나님의 뜻을 행할 수 있도록 만들어 준다고 가르친다. 이러한 가르침의 극단적 형태가 바로 여공(supererogation)의 교리로, 사람은 하나님이 요구하는 모든 것을 할 수 있을 뿐만 아니라 그보다 더 할 수 있어서 특별한 순종(독신 생활, 가난, 철저한 금욕)을 통해 잉여의 공적을 쌓으며, 교회는 그리스도의 몸의 죄악 된 지체들을 위해 그 공적들을 사용할 수 있다는 교리다. 이는 (몇 안 되는) 성인들(saints)의 잉여 공적이 연옥에서 고통당하는 (다수의) 죄인을 구원하는 수단이 된다고 가르친다. 그러나 성경에는 그에 대한 아무 근거가 없다.

완전주의는 오늘날 개신교에서도 다양한 형태로 나타난다. 성경이 하나님의 뜻에 완전히 순종할 것을 요구하고 있음을 인식하고 강조하는 것은 성경적이고 합당하다. 그러나 타락한 후부터 이 땅에 사는 동안에는 누구도 하나님의 계명에 온전히 순종할 수 없으며 생각과 말과 행동으로 날마다 계명을 어기고 있음을 인식하지 못하는 것은 위험한 실수다. 사도 바울은 "이미 얻었다 함이 아니[라]"(빌 3:12)고 고백한다. 하지만 동시에 그는 "푯대를 향하여 그리스도 예수 안에서 하나님이 위에서 부르신 부름의 상을 위하여 달려가노라"(빌 3:14)고 말한다. 얻었다고 생각하는 것은 자신을 속이는 것이다. 푯대를 향해 달려가지 않는 자는 위에서 부르신 부름의 의무를 깨닫지 못하고 있는 것이다.

세대주의

이 유명한 관점의 특징은 성경의 역사를 독특하고 구별된 세대의 연속으로 나누는 것이다. 그중 가장 중요한 것이 **약속, 율법, 은혜**다. 약속의 세대는 아브라함의 언약에서 시작되며 이때는 믿음만이 요구되었다고 가르친다. 시내산에서 이스라엘이 "성급하게 율법을 받아들이기"(스코필드) 전까지는 순종이 요구되지 않았다고 한다. 다음 몇 가지를 통해 이 가르침의 오류를 지적할 수 있다. (1) 아브라함의 믿음은 이삭을 바치라는 부름을 받았을 때 순종함으로 증명되었고(창 22:1-18), 그와 그의 자손에게 약속된 복들은 그가 "내 말을 순종했기 때문에"(창 26:5 참조) 주어졌다. (2) 세대주의자는 아브라함이 그 땅에 있는 것이 복의 조건이었다고 말할 때 이미 아브라함에게 주어진 약속이 조건적이었음을 인정한 것이다. (3) 시내산에서 복의 약속과 함께 율법 받기를 거부하는 것은 불순종의 행위로, 그 땅을 차지하기 위해 올라가야 함을 거부하는 것과 마찬가지로 엄하게 다루어졌을 것이다(민 14:26-38).

바르트주의

칼 바르트가 가장 확실한 대변인이라고 할 수 있는 위기 신학은 무엇보다도 하나님의 초월성에 강조점을 둔다. 이는 옛 자유주의가 강조한 내재성에 대한 자연스러운 반응이라고 볼 수 있는데, 하나님과 인간의 분리는 단호하고 절대적임을 주장한다. 인간이 하나님을 구속사적으로 알려 한다면 하나님이 인간의 세계로 침투해 들어오셔야 한다. 이 침투 혹은 '위기'는 계시의 행위이며, 성경을 통해 가능해진다. 그러나 바르트에 따르면 성경은 무오류의 신적인 책이 아니라 오류가 가능한 인간의 책이다. 성경은 하나님의 말씀이 아니라 하나님의 말씀을 포함할 뿐이다. 하나님이 그것을 통해 인간의 영혼에 말씀하실 때에만 기록된 말씀은 개인에게 하나님의 말씀이 된다. 즉 말씀이 그를 '발견할' 때에만 그에게 하나님의 말씀이 되는 것이다. 십계명에서 예를 들어 보자. 부모를 공경하라는 계명이 오늘날 청소년들을 '발견하지' 못한다면 바르트주의는 그 청소년에게 어떤 근거로 순종을 요구할 수 있을까? 바르트주의의 큰 위험은 주관주의(subjectivism)다. 하나님과 그분의 뜻에 대한 지식이 오직 성경을 통해서만 온다면, 온전히 의지할 수 있는 성경만이 인간에게 필요한 분명하고 확실한 지식을 제공할 수 있다. 그러나 바르트주의자들은 그것을 받아들일 의무를 인정하기 전에 자신을 향한 하나님의 뜻이 무엇인지를 결정해야 하다. 따라서 모든 사람은 자신만의 '행위 언약'을 만들어야 하고, 결국 자기 눈에 옳은 대로 행하는 셈이 된다.

실존주의

바르트주의와 마찬가지로 실존주의는 엄청나게 대중적임에도 상대적으로 새로운 가르침이다. 그 시작은 덴마크 국가 교회의 영적 냉랭함과 무기력함에 반기를 든 키르케고르까지 거슬러 올라간다. 키르케고르는 삶을 향한 '관중의 태도'라 불리는 것과 대조하여 개인의 결단을 강조했다.

이 가르침은 모든 외적 기준과 규례의 권위를 거부하는 경향을 발전시켜 왔다. 실존주의에는 소피스트들이 말하는 "인간은 만물의 척도"라는 익숙한 사상이 내포되어 있어서 무신론적일 수도 있고 유신론적일 수도 있다.

실존주의의 극단적인 유형은 성경을 비신화화하려고 한 불트만에게서 찾아볼 수 있다. 초자연적인 것은 현대의 '과학적인' 사람들에게 주목받지 못하고 과학적인 사람을 발견하지 않기 때문에 신화로 간주되거나 제거되어야 한다. 이는 물론 성경을 포함한 다른 어느 곳에서든 모든 종류의 신적 권위나 제재(sanction)에 대해 부인하고 거부하는 것을 의미한다.

오래전 이스라엘이 환난을 겪고 있을 때 주님의 선지자는 그 백성이 시삭에게서 구원받을 것이라고 약속했다. 그러나 그는 주님의 이름으로 다음과 같은 인상적인 말을 덧붙였다. "그러나 그들이 시삭의 종이 되어 나를 섬기는 것과 세상 나라들을 섬기는 것이 어떠한지 알게 되리라"(대하 12:8). 오늘날 자유는 마술을 거는 것처럼 위대한 단어다. 성경은 섬김을 통해 자유를 말한다. 하나님을 섬기는 것과 사람을 섬기는 것이다. 성경은 한 섬김의 영광과 다른 섬김의 불행을 말한다. 요즘 사람들이 자유와 자기표현을 위한 갈등을 겪으면서 만나는 시험들을 통해 하나님을 섬기는 것만이 완전한 자유라고 말할 수 있는 사랑의 순종으로 인도될 수 있기를 소망하고 기도하자.

【참고 문헌】

The Westminster Confession and Catechisms, 웨스트민스터 신앙고백과 교리 문답.
H. Witsius, The Economy of the Covenants.
C. 하지, A. A. 하지, A. H. 스트롱 등이 쓴 조직 신학 저서들.

다른 저서로는 다음과 같은 것들이 있다.
C. F. H. Henry, Christian Personal Ethics.
_____, ed., Contemporary Evangelical Thought Scofield Reference Bible.
O. T. Allis, Prophecy and the Church.
A. Reese, The Approaching Advent of Christ.

근대 사상에 관한 논문 시리즈

A. D. R. Polman, *Barth*; S. U. Zuidema, *Kierkegaard*; *Sartre*; H. Ridderbos, *Bultmann*.

16장
죄의 본질과 기원

J. 올리버 버스웰, Jr.

> J. 올리버 버스웰, Jr.(J. Oliver Buswell, Jr, 1895-1977)_ 뉴욕 대학에서 박사 학위를 받고 휘튼 대학에서 총장을, 커버넌트 신학교에서 대학원장을 역임한 장로교단의 교육자다. 그는 「존재와 앎에 대한 기독교적 관점」(A Christian View of Being and Knowing, 1960)과 「조직 신학」(A Systematic Theology of the Christian Religion, 1962, 웨스트민스터 출판부 역간)을 저술하였다.

"그가 와서 죄에 대하여, …… 세상을 책망하시리라"(요 16:8). 이는 예수께서 성령의 사역에 관하여 말씀하면서 하신 약속이다. 오늘날 세상은 이상하리만큼 책망도 없고, 설득도 없고, 관심도 없지만, 성령이 충만한 사람들이 성령에 감동된 말씀을 신실하게 전할 때 죄를 깨닫게 된다. 오늘날 세상에 절실히 필요한 것은 성령께서 책망하시는 일을 하도록 돕는 구별된 통로다. 그렇게 할 때에만 주님을 향한 참된 회심과 복음의 영접이 일어날 수 있다.

죄의 본질

무엇을 하고 무엇을 하지 말아야 하는지에 관한 기준은 철학자마다 견해가 아주 다양하다. 따라서 무엇이 선이고 무엇이 악인가에 관한 질문에 이르면 우리는 몇 가지 중요한 사상적 유파를 떠올리게 된다.

기독교적인 답은 하나님이 우리에게 '의무감'(sense of oughtness)을 주셨고, 무엇이 선이고 무엇이 악인지에 대한 기준과 내용을 계시하셨다는 것이다. 우리가 무엇을 해야 하고 하지 말아야 하는지에 대한 감각(이것은 쾌락이나 욕망과는 다른 감각이다)을 가지고 있다는 단순한 사실은 자연주의적인 발상으로는 설명되지 않는다. 그렇다면 기독교적인 관점에 대해 생각해 보자.

"죄는 하나님의 법을 순종하는 데 부족하거나 혹은 그 법을 어기는 것이다." 이는 "표적을 맞추지 못하는 것(즉 부족한 것)이 법을 어기는 것"(옮긴이 번역)이라는 요한일서 3장 4절에 근거한 웨스트민스터 소요리 문답에 나오는 말이다. 하지만 성경 기자들은 법의 근거로 하나님의 거룩한 성품에 호소하기 때문에 죄에 대한 성경적인 관점이 철저하게 법의 개념에만 의존하지는 않는다. "나 주가 거룩하니 너희도 거룩해야 한다"(레 19:2, 새번역)라는 전제는 성경에서 지속적으로 볼 수 있다. 이사야 선지자로 하여금 자신의 죄의 부패를 깨닫게 한 것은 하나님의 거룩한 성품이 계시되어서였다(사 6:1-6). 따라서 죄는 단순히 (하나님의 뜻을 표현하는) 하나님의 법을 어기는 것이 아니라 좀 더 심오하게는 하나님의 거룩한 성품을 어기는 것이다. 그것은 그분이 피조물에 심어 놓으신 선함의 부패, 특히 하나님이 사람을 자신의 형상대로 만들면서 주신 경건함의 부패다.

신적 성품은 신적 율법을 통해 신적 의지에 의해 표현된다. 그리스도인은 일반적으로 십계명과 사랑의 법(출 20:1-17, 눅 10:27 참조)을 하나님이 인간에게 주신 도덕적 법의 간략한 요약으로 이해한다.

그렇다면 죄란 궁극적으로 창조주의 거룩한 성품에 반하거나, 그 성품을 드러내지 않는 모든 것이라고 정의할 수 있다.

죄의 기원

성경에 따르면 죄의 기원은 '유혹에 의해 피조물 스스로 의지적으로 타락함'이라고 아주 명료하게 설명할 수 있다. 이는 우선 창세기 3장에 기록되어 있고, 인간의 원죄에 관해 설명하는 로마서 5장 12-21절이나 그 외 다른 곳에서도 찾아볼 수 있다.

창세기 3장 기록에 따르면 인간은 거룩한 본성으로 창조되어 하나님과 교제하며 모든 것이 좋은 환경에서 살고 있었다. 그러나 인간은 그보다 먼저 하나님에게 범죄한 또 다른 종류의 인격체나 질서에 의해 죄를 짓도록 유혹받았다. 이 사실은 인간의 원죄에 관한 기록이 우주에 발생한 죄의 절대적인 기원을 설명하려는 의도로 기록된 것이 아님을 보여 준다.

원죄에 대한 이 기록은 죄가 유혹자에 의해 초래되었다고 말하기 때문에 더욱 가치가 있다. 아담이 우리를 대표하는 인류의 연방적(federal) 머리로 대표성을 지니기 때문에 그 안에서 우리가 죄를 지은 것이라는 교리를 떠나 우리의 일반적인 경험을 보더라도 죄가 이전 죄에 의해 초래된다는 사실은 자명하다. 우리는 아담 안에 있고 각자 죄책이 있는 타락한 죄인이다. 그러나 어떤 인간도 절대적인 원죄를 우주에 들여오지는 않았다. 따라서 우리는 죄의 기원을 유혹자에게서 찾아보아야 한다.

창세기에 나오는 유혹자는 악한 인격적 지성이다. 나는 여기서 '뱀'(the Serpent)이라는 단어를 고유명사로 읽을 것을 제안한다('뱀'이 사람으로 기록된 이사야 65장 25절과 요한계시록 20장 2절을 비교하라). 창세기의 기록은 생물학적인 파충류로서의 뱀에 대해서는 아무것도 언급하지 않는다. 따라서 여기서 말하는 '뱀'은 "들짐승" 중 하나가 아니라 그것들보다 훨씬 간교하고(창 3:1) '다른 모든 것보다 더욱 저주를 받은' 존재다(창 3:14). 뱀들(snakes)은 문자적으로 흙을 먹고 살지 않는다(창 3:14, 사 65:25). 기어다니며 흙을 먹는다는 것은 적군이 당할 능욕을 표현하는 고대의 상징이다. 인간과 뱀(snakes) 사이라고 해서 인간과 곤충 사이와 달리 본능적인 적대감(창 3:15)이 있는 것도 아니다. 아이들에게는 독이 있는 모든 파충류를 피하라고 '가르쳐야' 한다. 창세기 3장 15절에 나오는 '원수됨'은 '뱀'(the Serpent)과 약속된 구원자 사이의 원수 됨이다. '뱀'은 사탄이며, 성경 전체를 통해 하나님의 최대 적이자 온갖 악의 선동자로 나타난다.

그렇다면 성경은 인간의 타락 이전, 죄의 태곳적 기원에 관해 어떻게 말하는가? 성경은 오직 인간만이 죄가 실재가 된 인격적 피조물은 아니라는 것을 분명하게 가르친다. 유다서 6절에는 "자기들의 통치 영역('아르케')에 머물지 않고 그 거처를 떠난 천사들"(새번역)에 대한 언급이 있고, 베드로후서 2장 4절에도 '천사들이 죄를 지었다'는 기록이 있다. 성경 기자들은 사탄이 타락한 천사들의 수장이라고 전제한다. 요한일서 3장 8절은 "마귀는 처음부터 범죄함이라"고 하고, 디모데전서 3장 6절도 사탄의 뿌리인 근본적인 죄는 교만이라고 말한다. 예수의 말씀은 더욱 명확하다. "그는 처음부터 살인한 자요 진리가 그 속에 없으므로 진리에 서지 못하고 거짓을 말할 때마다 제 것으로 말하나니 이는 그가 거짓말쟁이요 거짓의 아비가 되었음이라"(요 8:44).

마귀는 처음부터 살인자요 거짓말쟁이라는 예수의 말씀은 사람으로 하여금 (1) 육체적 죽음을 당하게 만들고, (2) '둘째 사망'인 영원한 심판을 당하게 만들며, (3) 하나님과의 교제에서 격리되어 영적 죽음을 당하게 만든 인간의 타락을 초래한 사탄의 거짓에 근거한 것으로 짐작된다.

사탄의 타락에 관해 앞서 언급한 분명해 보이는 것들 말고도 바벨론(사 13-14장, 특히 14:12-14)이나 두로왕(겔 28:1-19, 특히 12-19절)에 대한 예언적 규탄이 사탄의 원래 지위와 그의 타락에 관한 암시를 포함한다고 보는 해석자들도 있다. 이러한 예언에 있는 일부 구절이 사탄의 원래 지위와 그의 타락에 대한 유비를 포함한다고 보는 것이 전혀 비합리적인 것은 아니다.

온전하지는 않지만 죄의 태곳적 기원에 관한 성경의 기록은 충분히 확실하다. 죄는 먼저 인류가 아닌 다른 인격체의 질서 속에서 실제가 되었다(마 22:30, 막 12:25, 눅 20:35, 36). 그들은 인종적으로 결속되거나 인종적으로 대표적 책임을 지닌 존재가 아니었다. 하나님의 거룩한 성품과, 자신의 피조물에 이 거룩한 성품을 심어 놓으셨음을 적절하게 이해하고 있던 이 존재들은 윤리적이고 영적인 선택을 할 능력을 부여받았다. 이들 가운데 수장인 사탄을 포함한 일부 존재가 의도적으로 하나님이 주신 거룩한 성품을 파괴하기로 하고, 하나님의 피조 세계에 그들의 부패함을 힘껏 널리 퍼뜨리기로 했다. 그들의 죄는 개인으로서의 집단적 행위로, '연합적' 혹은 대표적 원리를 포함하지 않는다. 그들의 죄는 온전하고 적절한 이해 가운데 의도적으로 취한 행동이기 때문에 예수께서 그 죄인은 '영원한 죄가 된다'고 말씀하신(막 3:29), 온전히 의도적이고 의식적인 성령 훼방 죄를 은유한다고 볼 수 있다. 다시 말하면 그들은 회복할 수 없는 죄를 지은 것이다. (죄의 결정적인 행위와 영구적인 태도의 심리를 심도 있게 연구하려면 밀턴의 「실낙원」 앞부분에 나오는 사탄의 독백을 보라. 사탄은 회개라는 생각 자체를 거부하고 "악이 곧 나의 선이라"는 태도에 안주하는 것을 대변한다.)

그렇다면 성경이 말하는 죄는 하나님이 자신의 피조물에 부여하신 경건의 거룩한 성품을 파괴하기로 택하는 것임을 충분히 알고 있으면서도 의도적으로, 그리고 스스로 책임을 지기로 한 자유의지의 행위에서 비롯된 것이다.

여전히 남아 있는 질문들

두 가지 철학적 질문이 남아 있다. (1) 우주적 관점에서 볼 때 어떻게 자유롭고 책임 있는 행동이 가능한가? (2) 거룩한 하나님이 어떻게 죄를 허락하실 수 있는가?

많은 기독교 결정론자가 불가해한 역설에 도달한다. 태곳적 죄에 관해 성경이 말하는 모든 것을 사실로 받아들인다 하더라도 성경의 기록이 모든 철학적 설명을 제공하는 것은 아니기 때문이다. 사탄은 필연적으로 죄를 지었고 하나님은 그 모든 죄에 정당하게 분노하셨다. 그러면 된 것이다.

필자의 견해로는 자유의지를 인정하지 않는 것은 성경적 관점에 반하는 추상적인 철학적 교리주의로 보인다. 하나님이 죄에 대해 정당하게 진노하신다면 결과적으로 죄인은 우주적으로, 궁극적으로, 절대적으로 마땅한 책임이 있다.

이제 어떻게 선하신 하나님이 악을 허락하실 수 있었느냐는 질문이 남는다.

(몇몇 타락 전 선택설을 주장하는 사람들을 제외하고) 일반적으로 칼뱅이나

칼뱅주의자들은 어떤 의미에서도 하나님이 죄의 창시자라는 것을 부인한다(웨스트민스터 신앙고백 1장 1항을 보라). 그럼에도 우리는 "모든 일을 그의 뜻의 결정대로 일하시는 이의 계획을 따라"(엡 1:11) 행하시는 하나님을 본다. '발생하는 모든 일'은 하나님의 영원한 작정 안에 있음을 부인할 수 없다. 죄도 하나님이 그 죄의 창시자는 아니라는 의미 안에서 하나님의 영원한 작정 안에 있어야 한다.

로마서 9장에서 바울은 이 문제에 대해 두 가지 답을 제시한다.

"혹 네가 내게 말하기를 그러면 하나님이 어찌하여 허물하시느냐 누가 그 뜻을 대적하느냐"(19절).

"이 사람아 네가 누구이기에 감히 하나님께 반문하느냐 지음을 받은 물건이 지은 자에게 어찌 나를 이같이 만들었느냐 말하겠느냐 토기장이가 진흙 한 덩이로 하나는 귀히 쓸 그릇을, 하나는 천히 쓸 그릇을 만들 권한이 없느냐"(20, 21절).

많은 사람이 바울의 우선적인 첫 번째 답을 넘어가지 못한다. 하나님은 자신의 피조물로 무엇이든 하실 수 있는 권리가 있다. 일부 독실한 사람들도 역설적 상태에 있어서, 한편으로는 되어서는 안 되는 것들은 허락되면 안 된다고 생각하면서도 다른 한편으로는 하나님이 그분의 계획을 따라 "모든 일을 그의 뜻의 결정대로" 일하신다고 생각한다(엡 1:11).

어떤 이들은 교황의 이행시에서 위안을 얻기도 한다.

바르게 이해한다면 틀림도 틀림이 아니니,
악은 부분적이나 선은 우주적이다.

그러나 그리스도인의 답은 "죄악의 넘치는 죄성"에 의문을 품을 수 없다. 그런 의문은 죄인을 구원하는 데 그리스도의 속죄가 필요한지에 관해 의문을 품는 것이다.

바울의 대답은 이러한 딜레마의 한쪽 뿔을 확실하게 꺾어 역설의 여지를 남기지 않는다. 그러나 바울은 죄가 절대 있어서는 안 된다는 사실에 의문을 던짐으로써 이를 주장하지 않는다. 어떤 이들의 마음에 모순을 남기는 오류는 바로 되어서는 안 되는 것은 허락되면 안 된다는 잘못된 전제에서 비롯된다. 현대 교육적 방법을 연구한 사람이라면 하나님이 죄를 용납하신 것을 비난하지 말아야 한다. 부모로서 우리는 (우리의 제한적인 이해의 한계 안에서) 자녀가 걷는 법을 배우기 원할 때 불가피하게 멍이 들고 상할 수 있음에도 발걸음을 떼도록 허락한다.

바울은 토기장이와 진흙에 관해 언급하면서 단순히 의문을 남기는 것이 아니다. 앞선 구절(롬 9:17, 18)에서 그는 이미 바로가 태어나고 애굽의 왕좌에 오른 것, 이스라엘의 구원을 거절한 것을 허락하시고 바로에게 빠른 결정을 강요하심으로 하나님이 자신의 **능력**을 보이시고 자신의 이름이 온 땅에 전파되도록 하셨음을 지적했다. "이를 위하여 내가 너를 완악하게 했다"(*exegeira se*, 알포드[Alford]의 제안).

하나님의 권리를 소개한 후, 바울은 이어서 하나님이 **진노**를 보이시고 자신의 백성을 구원하시는 **능력**과 **영광**의 풍성함을 알게 하려고 "[바로에게] 오래 참으심으로 관용하셨다면 어떠했을지" 반문한다.

'관용'이라는 단어는 분명히 하나님의 '허락'을 제시한다. 그렇다면 우리는 하나님의 작정 안에서는 하나님 자신이 창시자가 되지 않으시면서도 허락하시는 일이 가능하다고 결론 내릴 수 있다.

이는 칼뱅이 강력하게 주장한 대로 **단순히 어쩔 수 없어서 허락하**

신 것이 아니다. 이는 계시의 목적을 위하여 허용된 작정이다. 하나님의 '권세', '이름', '진노', '능력', '영광'이 바로의 죄를 허락하시는 작정 안에 포함된 사건들을 통해 나타나지 않고서 어떻게 하나님의 구속적 계획의 역사가 있을 수 있겠는가?

로마서 9장에 비추어 볼 때, 바로의 죄를 허락하신 당위성에 대한 바울의 비유를 통해 우리는 태곳적 죄를 허락하신 하나님의 작정의 당위성도 전제할 수 있다. 요셉이 자신의 형제들에게 한 말(창 50:20)을 통해서 이 세상에 있는 모든 죄인에게 말할 수 있다. "당신은 나를 해하려 하였으나 하나님은 그것을 [허락하셔서] 선으로 바꾸사……."

죄의 본질과 기원에 대한 연구의 목적은 하나님의 구속 계획에 '나 같은' '죄인의 괴수'도 포함되었다는 사실을 통해 하나님의 '놀라운 은혜'를 극대화시킴에 있다.

【참고 문헌】

J. O. Buswell, Jr., *Sin and Atonement*.
F. R. Tennant, *Origin and Propagation of Sin*.
_____, *The Concept of Sin*.
K. Barth, *Church Dogmatics III/1, 3*, Secs. 50, 51 of Part 3, 「교회 교의학」, 대한기독교서회 역간.
E. M. Adams, *Ethical Naturalism and the Modern World View* (자연주의적 관점).

17장
원죄, 전가, 무능

코넬리우스 반틸

> 코넬리우스 반틸(Cornelius Van Til, 1895-1987)_ 프린스턴 신학교에서 박사 학위를 받고 웨스트민스터 신학교에서 변증학을 가르친 개혁주의 신학자다. 그는 「기독교 인식론 개론」(A Survey of Christian Epistemology, 1969), 「변증학」(The Defense of Faith, 1955, 개혁주의신학사 역간), 「일반 은총과 복음」(Common Grace and Gospel, 1977)을 포함한 다수의 책을 저술했다.

소크라테스는 항상 정의(definition)하기를 원했다. 특히 그는 선, 진실, 아름다움을 정의하길 원했다. 그에게 정의를 찾는 일은 실존적인 질문이어서 그의 삶은 물론 심지어 죽음 이후의 상태도 이 정의에 달려 있었다. 그는 아테네의 젊은이들을 타락시킨다는 죄목으로 재판을 받고 사형을 선고받았다.

소크라테스가 에우튀프론을 만났을 때 그의 탐구는 끝난 줄 알았다. 에우튀프론은 인간과 신들이 내린 모든 정의를 알고 있었다. 하지만 소크라테스는 인간이나 신이 무엇이라고 말하는지와 상관없이 거룩에 대한 정의를 원했다. 결국 그는 원하던 정의를 얻지 못한 채 죽었다. 소크라테스에게 선(good)은 그 자체로 선이고, 신 혹은 신들은 그렇게 선을 선으로 보아야 했다. 그에게 인간은 모든 추론의 최종적 준거점이었다.

사도 바울 역시 정의(definition)를 탐구했다. 그도 참된 것, 선한 것, 아름다운 것을 정의 내리길 원했다. 바울에게도 정의를 찾는 것은 삶과 죽음의 문제였다. 그리스도를 만났을 때 바울의 탐구는 끝이 났다. 그리스도는 하나님이었다. 그의 주님인 그리스도의 말씀, 곧 성경에서 바울은 하나님에 의해 정의된 자신을 발견했다. 따라서 그의 마음은 그리스도의 마음에 사로잡혔고, 그는 하나님을 발견했다. 엄밀히 말하자면, 하나님을 발견하게 되었다. 그에게 참되고 선하고 아름다운 것은 그의 창조주이자 구원자의 법령에 의해 정의되는 것이었다. 거룩이 거룩인 것은 하나님이 거룩하다고 하기 때문이다.

이 시점에서 바울은 새로운 종류의 정의에 대한 새로운 탐구를 시작하였다. 그의 주요 관심은 이제 그리스도의 은혜가 그에게 얼마나 큰지, 단지 바울만이 아니라 그와 함께 수많은 사람이 그리스도의 지체가 되도록 구원하기 위해 자신의 아들을 세상에 보내신 하나님의 사랑이 얼마나 위대한지를 배우는 것이었다. 여기에 연대적 구원(corporate salvation)이 있다.

여기에 '한 사람 예수 그리스도의 은혜로 말미암아 많은 사람이 넘치게 받는 선물'이 있고, 여기에 '한 분 예수 그리스도를 통하여 생명 안에서 왕 노릇 하는 자들이 넘치게 받는 은혜와 의의 선물'(롬 5:15, 17)이 있다. "하나님이 죄를 알지도 못하신 이를 우리를 대신하여 죄로 삼으신 것은 우리로 하여금 그 안에서 하나님의 의가 되게 하려 하심이라"(고후 5:21).

죄인들은 한 분 예수 그리스도의 의로 인하여 **의롭게 여겨진다**. 여기에 전가된 의가 있다. 바로 그 근거에 의해 바울은 자신의 구원자를 섬기는 참된 능력이 있음을 알았다.

유비

그리스도 안에서 연대적 구원에 관한 비전을 본 후에 바울은 연대적 죄의 비전을 보았다. 모든 사람이 아담 안에서 죄를 범했다. '한 사람의 죄 범함으로 많은 사람이 죽게 되었다.' 심판은 '한 사람에 대한 처벌'이었고, '한 사람의 죄 범함으로 죽음이 왕 노릇 하게 되었다.' "한 사람이 순종하지 아니함으로 많은 사람이 죄인 된 것같이 한 사람이 순종하심으로 많은 사람이 의인이 되리라"(롬 5:19).

   1. 원죄_ 바울은 우리 죄의 본질이 매우 깊어서 아담의 죄로 인해 죽음이 임했을 때 그 죽음은 "모든 사람이 죄를 지었으므로" 모든 사람에게 임하게 되었다고 한다. 따라서 바울은 "한 사람의 죄와 모든 사람의 죄를 말한다." "우리는 단일성도 보편성도 가볍게 다루어서는 안 된다"(J. Murray, *Epistle to the Romans*, Vol. I, 186쪽,「로마서 주석」, 아바서원 역간).

   우리는 "그렇다면 언제 한 개인이 죄인이 되는가?"라고 물을 수 없다. "사실 그는 죄인이 아닌 때가 없기 때문이다. 그는 아담과 연합되었다는 이유로 하나님에 의해 영원히 죄인으로 간주되고, 실제로도 죄인이다"(J. Murray, *The Imputation of Adam's Sin*, 90쪽).

   바로 이 원죄에 대한 관점 때문에 죄책에 대한 바울의 이해는 축소된 것이 아니라 더욱 깊어졌다.

   2. 전가된 죄_ 바울은 모든 사람이 아담 안에서 '죄인으로 여겨진' 것처럼 신자들은 그리스도 안에서 '의롭게 여겨진다'고 말한다(앞의 책,

88쪽). "아담의 불순종이 전가된 것처럼 그리스도의 순종이 전가된다"(앞의 책). 하나님은 아담의 죄 안에서 모든 사람을 아담과 하나로 생각하신다. "진정으로 아담의 불순종이 전가된 것처럼 그리스도의 순종이 전가된다. 후자의 전가가 그 전가를 따라 축적된 혜택을 의미하는 것이 아니듯이, 전자의 전가도 그 전가에 따른 책임이 아닌, 전가에서 비롯된 책임을 의미한다"(앞의 책). 따라서 아담이 인간과 맺은 관계의 종류는 결국 그리스도께서 인간과 맺으신 관계의 패턴을 따른다(앞의 책, 39쪽. 고전 15:22, 45-49 참조).

3. 무능_ 바울이 말한 대로 교회가 죄를 연대적이고 전가된 것으로 고백할 때, 영적 무능을 이해할 수 있다. 아담 안에서의 타락으로 말미암아 "우리는 전적으로 모든 선을 불쾌해하고 행할 수 없으며 거부하게 되었고, 전적으로 모든 악을 향하게 되었다"(웨스트민스터 신앙고백). 자연인은 도덕법에 의해 "제정된 것들을 도덕적으로 선하게 행하든 악하게 행하든" 결정할 수 있다(C. Hodge, *Systematic Theology*, Vol. II, 261쪽, 「조직신학」, 크리스챤다이제스트 역간). 그러나 그는 잘못된 동기와 목표로 인해 "하나님에게 인정받을 수 있을 만한 공적이 되는 행위는 전혀 할 수 없다"(앞의 책, 264쪽). 인간은 스스로 거듭날 수 없으며, 거듭나지 않은 인간은 하나님의 진노 아래 놓여 있다.

모순

이 모든 것, 즉 유일한 권위에 의해 인간에게 주어진 은혜와 죄에 대한 정의(원죄, 전가된 죄, 영적 무능)에 관해 소크라테스는 뭐라고 말했을까? 하나를 말할 수 없으면 아무것도 말할 수 없다.

현대에 이마누엘 칸트만큼 소크라테스의 태도를 적절하게 표현하는 사람도 없을 것이다. 칸트에게 인간성은 전적으로 그 자체를 따른다. 자율이 곧 자유다.

칸트에게 도덕적 의식은 선과 악을 구분하는 궁극적인 근원이다. 소크라테스와 마찬가지로 칸트는 하나님이 그것에 관해 뭐라고 말씀하시는지와 상관없이 죄의 본질을 발견하려고 했다.

혼합주의의 문제

1. 펠라기우스_ 죄 고백에 대한 노골적인 반대 외에도 교회는 항상 혼합주의자의 문제에 직면해야 했다. 본질적으로 소크라테스의 견해를 지지하면서 펠라기우스는 죄가 "단순히 악에 대한 의도적인 선택을 의미하며, 무엇인지를 아는 지식뿐 아니라 그것을 선택하거나 거부할 수 있는 온전한 능력도 전제한다"(앞의 책, 153쪽)고 주장했다. 이는 연대적 죄, 전가된 죄, 영적 무능을 모두 부인하는 것이다.

펠라기우스의 관점은 교회에서 용납되기에는 매우 명백하게도 반기독교적이었다. 하지만 그와 같은 혼합 과정이 다시 시작되었고, 반펠라기우스주의자(semi-Pelagius)들은 소크라테스와 바울의 관점 사이에서 타협점을 찾았다.

2. 로마 가톨릭_ 한 부분은 아리스토텔레스에, 그리고 다른 한 부분은 성경에 근거를 둔 신학적 체계에서 로마 가톨릭교회는 죄를 다루는 데 좀 더 정교한 혼합주의 형태를 발전시켰다. 인간은 처음에 창조될 때 물질로 구성되어 있었는데, 이 사실은 인간에게 유산으로 이어져 내려온 결함이 있었음을 암시한다. 따라서 하나님은 처음부터 인간에게 추가 선물을 베푸셨다. 상상컨대 인간은 이 선물 없이도 존재할 수 있었다. 비록 결함이 있기는 했지만 이 선물 없이도 인간은 죄인이 되지

않을 수 있었다.

따라서 로마 가톨릭의 신학은 원죄와 전가, 무능을 가르치면서도 아리스토텔레스의 부정의 개념으로 이 교리들의 의미를 약화시켰다(H. Bavinck, *Gereformeerde Dogmatiek*, Vol. III, 84-85쪽, 「개혁교의학」, 부흥과개혁사 역간).

3. 종교 개혁_ 로마 가톨릭의 관점에 반대하여 개신교의 종교 개혁은 은혜와 죄에 대한 성경적인 관점을 재발견하고 발전시켰다. 종교 개혁자들은 부분적으로라도 죄를 존재의 한계로 보기보다는, 결함이나 죄 없이 창조된 아담이 하나님의 명시된 뜻을 의지적으로 거스른 것으로 이해했다. 개신교의 신앙고백들에 표현된 깊은 죄책감은 하나님과 인간의 관계에서의 진정한 윤리적인 개념에 근거한다.

4. 현대 신학자들_ 그러나 개신교 안에서도 갈등이 생겼다. 이번에는 논쟁이 '하나님과 인간 사이에 진정한 윤리적 관계를 구성하는 것은 무엇인가'로 옮겨 갔다. 자율적으로 도덕적인 자아라는 칸트의 견해 위에 세워진 현대 신학은 죄와 은혜에 관한 역사적 개신교의 견해가 지나치게 단순히 윤리적일 뿐이라고 주장한다.

이 현대 신학자들은 인간이 진정으로 윤리적이려면 진정으로 자유로워야 한다고 말한다. 그러면 자율적이지 않고 어떻게 진정으로 자유로울 수 있는가?

인간과 하나님에 대한 '윤리적' 관점을 통해 현대 신학자들은 원죄, 전가, 무능에 대한 성경적 관점을 재해석한다. 분명한 것은 현대 신학자들은 죄에 대한 자신들의 견해가 성경적이고 기독론적이길 추구하고 있다는 것이다. 하지만 이들은 은혜와 죄라는 관점에서 해석된 그리스도를 독립된 도덕적 의식의 요구에 따라 재해석한다.

5. 프리드리히 슐라이어마허_ 현대 신학의 선구자인 슐라이어마허가 하나님이 "그와 같은 중요성에 대해 꿈꿔 본 적도 없는 매우 미숙한 두 인물의 운명과 한 사건에 온 인류가 의존하도록 만드셨다는 것"을 비윤리적인 생각으로 강력하게 부인했음은 이미 잘 알려져 있다(The Christian Faith, 301쪽, 「기독교 신앙」, 한길사 역간). 슐라이어마허에게 "지금의 본유적 죄성은 최초의 부부에게도 있던 것이다"(앞의 책, 301쪽). 따라서 그와 같은 유한한 인간은 본유적으로 결함이 있음을 전제해야 한다. 슐라이어마허가 인간에 대한 윤리적 관점이라고 부르는 것은 로마 가톨릭의 견해보다 더 비성경적인 형이상학에 의해 철저하게 조정되고 있는 것으로 보인다.

6. 알브레히트 리츨_ 알브레히트 리츨은 그의 신학에 있어서 슐라이어마허보다는 훨씬 기독론적이기를 원했다. 하지만 현실은 리츨의 신학이 슐라이어마허의 그것보다 더욱 칸트의 자율적인 도덕적 의식이 요구하는 패턴을 따라가고 있다. 성경적 관점에서 연대적으로 전가된 죄와 무능에 대한 생각은 죄가 이 세상에 들어오게 한 첫 인간인 아담과 함께 배제되었다.

7. 칼 바르트_ 원죄와 전가와 무능의 개념에 대한 칼 바르트의 견해는 훨씬 복잡하다. 바르트의 목표는 "말씀의 신학"(Theology of the Word)을 제공하는 것이다. 그는 종교 개혁의 '원리' 위에 자신의 신학을 세우길 원하지만, 바르트의 신학에서도 자유로운 인격의 규칙들에 관한 칸트의 개념이 우월하게 드러난다.

바르트는 신학적인 모든 질문에 대한 접근에서 슐라이어마허나 리츨보다 훨씬 기독론적이기를 추구한다. 그러나 그는 역사에서 죄인들을 위하여 단번에 죽으신 그리스도께 자신의 생각을 드리지 않을 것이며, 또한 성경에 나오는 "단번에"를 말하면서도 이 그리스도께 자신의 생각을 드리지 않을 것이다.

바르트에게는 갈보리에서 완성하신 일에 근거하여 그리스도께서 죄인에게 의를 전가하는 여지가 없다. 대속적 속죄에 대한 바르트의 관점은 모든 인간은 그리스도를 통해 영원부터 하나님의 존재에 참여한 자라는 사상에 근거할 뿐이다. 따라서 이 경우에도 이것은 은혜에 대한 성경적 관점을 숨 막히게 하는 비기독교적 형이상학일 뿐이다.

죄에 대한 바르트의 관점은 은혜에 대한 관점과 맥을 같이한다. 우리가 로마서 5장에서 볼 수 있는 것과 같은 구절을 다룰 때 바르트는 아담과 그리스도라고 말하지 말고 그리스도와 아담이라고 말해야 한다고 단언한다. 바울은 우선적으로 하나님의 의를 말한다.

모든 인간의 원래 관계는 그리스도를 향한 것이었다. "예수 그리스도는 인간의 본질적 본성에 관한 감추어진 진리로, 심지어 죄인도 본질적으로는 그리스도와 관련된다"(K. Barth, *Christ and Adam*, 초판, 86쪽). "그리스도 안에서 한 사람과 많은 사람의 관계는 원래적이며, 아담 안에서는 바로 이 원래적 관계가 복제된 것일 뿐이다. 아담과 우리의 관계는 실제로 그리스도와 우리의 관계에 의존한다"(앞의 책, 58, 59쪽).

바르트에 따르면 아담보다 그리스도가 우선된다는 것에는 "죄는 은혜에 종속적이며, 인간의 참된 본성에 관한 마지막 말은 결국 은혜"라는 의미가 포함되어 있다(앞의 책, 43쪽). 인간의 본성이 아담과 그리스도 모두 안에서 나타나지만 "아담의 인간성은 그것이 그리스도의 인성과 일치하고 그 인간성을 반영할 때에만 실제적이고 참되다"(앞의 책, 34쪽). "우리가 아담과의 관계에서 실제 인간인 것은 아담이 우리의 머리이고 우리가 그의 지체이기 때문이 아니다. 아담 위에, 그리고 아담 전에 그리스도가 계시기 때문이다. 그리스도와 우리의 관계는 아담과의 관계보다 본질적으로 우선하며 우월하다"(앞의 책, 34쪽). 바로 이 그리스도의 기본적 우선됨 때문에 "불행한 과거에 아담과의 관계에 의해 약하고 죄인 되며 경건치 못하고 원수 된 자로 만들어진 인간의 존재는 독립된 실재와 신분을 가지지 못하고, 그 자체에 중요성을 부여받지도 못한다"(앞의 책, 30쪽).

따라서 바르트에게 슐라이어마허나 리츨보다 원죄, 전가, 영적 무능에 대한 성경적 가르침을 위한 여지가 더 많았다고 볼 수는 없다. 인간성에 관해 이렇게 전제된 윤리적 관점은 앞서 언급된 전형적인 현대 신학자 세 사람의 경우처럼 진정으로 성경적인, 따라서 죄와 그 효과에 대해 진정으로 윤리적인 관점을 받아들이지 않는다. 비성경적인 관점에 근거한 인간성은 진공 상태에서 작용해야 한다.

현대 신학자들은 죄에 대한 성경적 관점을 재해석하거나 공공연히 거부한다. 폴 틸리히는 전통적인 개신교의 관점을 "문자주의적 어리석음"이라고 했다(Systematic Theology, Vol. II, 40쪽). 하지만 틸리히가 이렇게 공격하는 근거는 무엇인가? 그는 새로운 존재(New Being)로서의 그리스도에 대한 사상에 근거하여 이렇게 공격하는 것이다. 그러나 그는 "진리의 탐구는 진리의 실재를 전제로 하는 것처럼 새로운 존재에 대한 탐구는 새로운 존재의 실재를 전제로 하고 있음"을 잘 알고 있었다(앞의 책, 80쪽). 틸리히는 자신의 새로운 존재를 인간에게 실제로 소개된 그리스도와 동일시할 수 없었다. 따라서 성경에서 직접 말하고 있는 대로 그리스도로부터 죄를 정의하지 않고는 우리의 기본적 적대감(basic hostilities)에 대한 이성적 기초(intelligent foundation)조차도 가능하지 않아 보인다.

【참고문헌】

K. Barth, *Church Dogmatics*,「교회 교의학」, 대한기독교서회 역간.

_____, *Christ and Adam*.

H. Bavinck, *Gereformeerde Dogmatiek*,「개혁교의학」, 부흥과개혁사 역간.

G. C. Berkouwer, *De Zonde*, Vols. I, II.

C. Hodge, *Systematic Theology*,「조직 신학」, 크리스챤다이제스트 역간.

J. Murray, *The Imputation of Adam's Sin*.

A. Ritschl, *Justification and Reconciliation*.

F. Schleiermacher, *The Christian Faith*,「기독교 신앙」, 한길사 역간.

18장
은혜 언약

허버트 카슨

> 허버트 카슨(Herbert M. Carson, 1929-2004)_ 더블린에 있는 트리니티 대학에서 신학 학사 학위를 받고 처음에는 성공회였으나 나중에 침례교 목사가 되었다. 그는 「기독교와 국가」(The Christian and the State, 1957), 「바울의 골로새서와 빌레몬서」(The Epistles of Paul to the Colossians and Philemon, 1960), 「성공회에 작별을 고하며」(Farewell to Anglicanism, 1969)를 저술하였다.

언약의 개념은 성경적 계시에 대한 규범적 사상이라고 설명할 수 있는데, 계시에 나오는 두 요소, 즉 통일성과 점진성의 특징을 잘 보여 준다. 성경에는 하나님의 영원한 계획에 대한 신적 계시가 있는데, 이러한 계시를 보여 주는 다양한 방법에는 내적 일관성이 있어서 완성된 계시가 지극히 높은 분의 완전하고 온전하며 일관된 하나님의 말씀임을 보여 준다. 하지만 심지어 성경적이라고 하는 복음주의 사상 가운데에도 이 규범적인 개념을 주변적인 사상으로 보려는 경향이 있다는 것이 일반적 상황이라 말해도 틀리지 않을 것이다.

언약이란 기본적으로 약속되고 규정된 관계다. 그 안에는 언약을 맺는 대상, 관련 약속, 부과된 조건이라는 세 가지 주요 요소가 있다.

동등한 관계에서 언약을 맺을 수도 있고, 더 높은 자의 요구로 언약을 맺을 수도 있다. 하지만 하나님과 인간 사이의 언약은 어떤 것도 동등한 처지에서 맺어질 수 없으며, 위로부터 요구되는 것임이 분명하다. 칠십인역 번역자들은 이 점을 분명하게 인식하여서 '베리트'라는 히브리어를 '쉰데케'로 번역하지 않고 원래 주권적인 성격을 함축하고 있는 '디아데케'로 번역하였다.

타락 후의 은혜

하나님이 인간을 다루시는 데 있어 타락은 분명한 경계선을 제공한다. 그 시점 이전에는 하나님이 죄가 없는 상태의 인간과 상관하셨고, 그 후에는 받기에 합당하지 않은, 거저 주시는 은총을 통해서 죄를 지은 반역자인 인간과 상관하신다. 그에 따라 행위 언약과 은혜 언약이 구분되었다. 행위 언약은 여전히 하나님이 자신을 낮추신 은혜로운 행위라는 점에서 "무죄의 언약"이라고 한 매튜 헨리의 표현은 적합하다고 볼 수 있다. 물론 '언약'이라는 용어가 노골적으로 언급된 적은 없지만 언약적 관계의 요소(언약을 맺는 대상, 약속, 조건)는 모두 존재한다.

　타락과 함께 전혀 새로운 국면이 시작된다. 이제 인간은 하나님의 진노와 정죄 아래 있는 죄인이다. 피조물과 창조주의 교제는 끊어졌고, 인간은 창조주와 매우 멀어졌다. 그러나 인간의 변화된 상태는 단지 하나님과 단절된 것뿐 아니라 그의 본성의 부패를 통해서도 나타났다. 따라서 그는 단지 하나님에게서 멀어진 것이 아니라 철저하게 하나님을 기쁘게 하지 못하는 존재가 되었고, 그 관계는 회복할 수 없게 되었다. 관계를 새롭게 하려면, 철저하게 하나님의 은혜에서 기인해야 한다. 하나님이 시작하셔야 하는 것이다. 반역한 상태에 있는 인간은 스스로 하나님을 향할 수 없기 때문이다. 그러나 하나님은 인간으로 하여금 돌이킬 수 있도록 해주셔야 한다. 죄로 인하여 그는 돌이킬 수 없는 속박의 상태에 놓였기 때문이다. 그러므로 이제 다시 언약을 세운다면 그 언약은 은혜의 언약이어야 한다. 그 언약은 하나님과 관계를 맺는 데 어떤 공적도 없는 인간을 하나님이 그 어떤 제약도 없이 거저 받아 주시는 것이어야 한다. 인간은 복이 아닌 정죄를 받아 마땅하기 때문에 그 약속들은 은혜이며, 하나님이 가능케 하시는 은혜로만 인간이 감당할 수 있기 때문에 부과된 조건들 역시 은혜다. 하나님의 고유 속성에서 발견될 수 있는 언약의 복들에 대한 보증은 그분의 은혜로운 행위의 증표다. 주권적 재판관이신 하나님은 죄를 지은 인간이 하나님이 베푸신 은혜의 최고 실증을 요구할 수 있도록 자기 자신과 맹세하셨다.

하나와 다수

이제 또 다른 질문이 생긴다. 성경에는 여러 종류의 언약이 나오는데, 마치 하나의 언약이 있는 것처럼 은혜 언약을 말하는 것이 어떤 의미에서 유효한가? 그러나 바로 이 점에서 언약에 관한 개념이 어떻게 성경적 계시의 구조를 이해하는 데 중요한지를 발견할 수 있다. 은혜 언약의 하나 됨에서 우리는 성경의 기본 특징이라 할 수 있는 통일성을 추적할 수 있기 때문이다. 연이은 언약들에서 볼 수 있는 대로 한 언약이 다양하게 집행되기 때문에 우리는 하나님이 자신의 말씀 안에서 자신을 계시하시는 점진적 특성을 바르게 이해할 수 있다.

아브라함과의 언약

언약들의 다양성을 먼저 살펴볼 때, 우리는 이 언약들의 연속이 그리스도의 피에 의해 인 침을 받은 한 언약에서 절정에 이르게 됨을 발견한다. 아브라함 이전에는 언약적 관계의 요소들이 있기는 했지만 그 요소들이 구체적으로 형성되지 않았다. 노아와의 언약은 예외라고 볼 수 있지만 그 언약도 주류에 속한 것으로 보이지는 않는다. 이 언약이 정확하게 이루어지기 위해 우리는 아브라함이 부름을 받기까지 기다려야 한다. 여기서 언약은 아브라함을 부르심으로 주도권을 취한 하나님의 택하심의 은혜에 뿌리를 두고 있다. 창세기 17장에 하나님이 세우신 관계에서 하나님은 아브라함에게 그의 하나님이 되겠다고 맹세하신다. 그분은 아브라함을 축복하시고 그의 씨를 통해서 열국에 복을 약속하신다. 언약의 인 침으로 하나님은 아브라함에게 할례 예식을 주시고, 아브라함이 이 예식과 하나님의 약속을 받아들인 것, 다시 말해 언약의 하나님에 대한 아브라함의 믿음이 이 언약의 요구에 대한 성취가 된다.

시내산 언약

시내산에서 이스라엘과 맺은 언약도 여전히 은혜 언약이었음이 여러 모양으로 나타난다. 그들이 해야 할 것이 아니라 하나님이 하신 것에 근거해서 하나님은 이스라엘 백성과 언약을 맺으시기 때문이다. 즉 출애굽기 19장 4절을 보면 애굽에서 구원하심이 언약의 근거가 된다. 하지만 애굽에서의 구원은 그 자체가 이미 아브라함과 맺은 언약의 결과였다. 하나님은 그들의 하나님이 되기로 스스로에게 맹세하셨기 때문에 그들을 건져 내셨다(출2:24, 3:16, 17). 따라서 시내산의 율법은 은혜 언약에서 따로 떼어 해석되어서는 안 된다. 그 율법은 언약에 기인한 것이기 때문이다. 사도 바울과 논쟁을 벌인 대부분의 유대인이 범한 오류처럼 율법을 구원 수단으로 만든 것은 바로 이렇게 율법을 분리하여 생각했기 때문이다. 분리된 율법은 속박의 제도가 된다. 언약 안에서 이해되는 율법은 그 자체로 은혜의 표현이 된다. 이는 죄를 강하게 인식시키고 하나님의 백성을 절망에 이르게 하여 약속된 구원자에 대한 열망을 더욱 강렬하게 하며, 그 백성으로 하여금 하나님의 자비에 온전히 의존하도록 만들기 때문이다. 따라서 율법에 대한 순종은 언약을 세우는 수단이 아니라 언약의 복들을 즐기고 유지하는 수단이다.

이어지는 언약들

언약의 시내산 세대는 모세부터 그리스도까지 포함한다. 이 기간에 여러 언약이 이어졌지만 그것들은 모세와 맺은 언약의 범주에 속하기 때문에 메시아적 요소를 더 많이 내포한다. 다시 말하면 다윗 언약(삼하 7:12-17, 시 89:3, 4, 26)에서는 대체로 오실 다윗의 왕과 관련하여 약속이 주어졌고(사 55:3, 4을 보라), 따라서 그것은 출애굽 이후 이스라엘과 맺은 언약의 연속으로 볼 수 있다. 하나님의 지난 자비를 돌아보고 이 은혜 언약의 열매를 누리기 위한 조건으로 순종을 강조하면서 동시에 오실 메시아 안에서 하나님이 베푸실 자비의 절정을 고대한다(학 1:13, 2:4-9, 슥 12-14장, 말 3:1-4, 4:4-6을 보라).

신약의 절정

메시아에 의해 시작되고 그분의 피로 인 친 바 된 새 언약은 따라서 이미 이스라엘과 맺은 언약에 나타난 하나님의 은혜 행위의 절정이다.

그 안에서 이미 믿음으로 받은 약속된 복들이 온전히 실현된다. 예레미야 31장 31절 예언이 성취된다. 그래서 누가복음 1장 72절에서 구주의 오심은 하나님이 조상들에게 하신 약속의 결과로 간주되었다. 돌에 새겨진 법이 이제 마음에 기록되었고, 죄 사함을 가능하게 하던 제물의 피는 이제 동물 제사의 수단으로 예시되던 효력이 없다. 구주께서 피를 흘리셔서 언약의 중보자가 되셨기 때문이다(마 26:28, 막 14:24, 고전 11:25). 구약에서 종종 선포되던 언약의 핵심적 선언이 다시 선포되었다. 하지만 이제는 그리스도 안에서 온전하고 최종적인 계시에 근거하고 하나님의 성령에 의해 신자들에게 적용된 좀 더 깊은 확신을 수반하면서 신자들은 이제 이 은혜의 말씀을 더 큰 경이로움 가운데 듣게 되었다. "나는 …… 너희의 하나님이 되고 너희는 내 백성이 될 것이니라"(레 26:12, 창 17:7, 출 19:5, 21장, 렘 31:33, 히 8:10 참조).

언약을 맺은 공동체의 특징에도 발전이 있다. 전에 이것은 아브라함의 자손인 특정 가족과의, 그리고 나중에는 이스라엘이라는 국가와의 언약이었다. 따라서 언약의 복에 참여하기 위해서는 그 국가에 속해야 했다. 물론 그저 외형적으로 언약 백성의 일원이 된 사람들이 모두 이 언약의 내적이고 영적인 복의 수여자가 된 것은 아니었다. 그러나 새 언약은 유대인의 한계를 벗어난다. 이제 복음의 약속들은 모든 나라로 확장된다. 가시적인 면에서 언약 백성은 이제 온 세상에 흩어져 있는 그리스도의 교회다. 물론 내적인 면에서는 이전과 마찬가지로 지금도 하나님의 택하신 자들이 언약 백성이다.

언약들의 통일성

성경 전체에 흐르는 공통된 요소, 즉 하나님의 은혜의 행위를 강조하기 위해 성경에 있는 다양한 언약을 간단히 살펴보았다. 하지만 언약들의 통일성은 다른 방법으로도 제시될 수 있다. 신약에서는 구약의 사람들이 언제나 참된 신자로 간주되었고, 하나님의 교회는 어느 세대에나 지속되었다(롬 4장, 11:17, 히 11장. 또한 요 10:16, 행 7:38, 갈 3:29, 6:16을 보라). 이는 구약 종교의 낭만적인 추정에 근거한 가상적인 재구성이 아니다. 원래 구약 성경 안에 확실하게 나타난 것이기 때문이다. 구약의 신자들은 물질적인 복뿐만 아니라 영적인 복도 약속받았다. 예를 들면 가나안은 분명 그들의 최종 목표가 아니었다(히 11:13 참조). 사실 하나님을 향한 열정적인 열망과 생동감 있는 즐거움으로 가득 찬 시편들을 읽으면서 그들이 행위 언약의 속박 아래에서 수고하고 있었다고 생각할 사람은 거의 없을 것이다. 그들은 틀림없이 은혜 언약의 풍성한 복을 누리는 자들이었다. 메시아 이전 시대의 언약들과, 메시아의 오심으로 시작된 새 언약을 구분하는 것은 본질적 특징의 차이가 아니라 운영(administration)의 다양성일 뿐이다. 전자는 약속, 예언, 예표로 운영되었고, 후자는 성취로 운영되었다. 신약 신자들의 특권적 지위는 행위로 살던 시대의 사람들과 달리 믿음으로 살게 되었다는 것이 아니다. 그보다는 그들이 밝아오는 날의 표적들을 즐거워했다면 신약 시대의 신자는 더욱 풍성한 지식과 깊은 확신, 성경의 풍성한 경험 등으로 계시의 정오의 뜨거운 햇살 아래 서 있다는 것이다. 하지만 그들은 언약의 중보자이신 그리스도 안에 있는 믿음을 공유하고 있다.

언약의 중보자

앞서 말한 것처럼 은혜 언약이 성경의 통일된 주제라고 말할 때, 이는 그리스도께서 성경에 통일성을 제공하는 분이라는 주장과 다르지 않음을 볼 수 있다. 그리스도는 자신이 중보자가 되는 언약의 중심에 계시기 때문이다. 서로 다른 두 관점에서 이를 살펴볼 수 있다. 우선 삼위하나님과 택함받은 자가 맺은 은혜 언약의 근거가 되는 성부와 성자 사이의 구속의 언약을 볼 수 있고, 또한 그분 백성의 머리요, 대표로서 성자와 맺은 은혜 언약 전반을 볼 수 있다. 이 두 경우 모두 그리스도는 중보자시다. 그분의 사역이 언약의 기초가 되고, 그분과의 연합이 언약에 동참하게 만드는 효율적 수단이 되기 때문이다. 따라서 구약의 신자는 소망 중에 오실 그리스도를 기다렸고, 우리는 이미 오신 그리스도를 돌아본다. 모두 그분의 피로 언약의 복에 이르게 하신 한 분 구주 안에서 믿음으로 의롭다 함을 받는다.

요소들의 요약

은혜 언약의 본질적인 요소들을 요약하는 데는 피에르 마르셀(Pierre Marcel)이 큰 도움이 된다. 이 언약은 하나님이 친히 거저 주신 것인데, 이 은혜의 행위에 성 삼위 하나님이 함께 역사하신다. 성부께서는 언약 관계로 부를 자들을 택하신다. 언약을 맺는 분은 성자시고 그분의 보혈이 은혜 언약의 근거를 세운다. 그리고 성령이 신자의 삶에서 은혜 언약을 실현하신다. 따라서 이 언약은 영원하여 깨질 수 없다. 이것은 특별한 사람들과 맺어지는 언약으로, 처음에는 이스라엘과, 그리고 지금은 모든 나라에 있는 하나님의 택하신 자들과 맺어진다. 다르게 운영되기는 했지만 하나님이 다루시는 이 언약은 본질적으로 같다.

특권과 책임

이 진리를 확실히 아는 것은 성경적 계시의 통일성을 분명히 이해하는

데 필수적일 뿐만 아니라 건전한 영적 경험에도 필수적인 요소다. 그래서 우리는 단지 잘 정돈된 신학 체계를 위해서가 아니라 언약의 하나님 안에서 믿음을 강화하기 위한 훌륭한 수단으로서 이 언약을 공부한다. 하나님 자신이 우리의 하나님이 되기로 맹세하셨는가? 그렇다면 우리 삶이 어떤 과정을 지나든 우리는 차분한 확신으로 그 삶을 대면할 수 있다. 참으로 죽음 자체도 결코 두렵지 않다. 이것은 영원히 변치 않는 언약이기 때문이다. 하지만 은혜 언약은 위로의 근원이 되는 동시에 도전과 심지어 책망도 가능하게 해준다. 다시 말하면 특권과 함께 책임도 부여한다. 복을 약속하지만 동시에 은혜 언약은 순종을 요구한다. "내가 너의 하나님이 될 것이라"는 은혜로운 약속이 필연적으로 낳는 결과는 "너는 나의 백성이 될 것이라"는 말씀 안에 내포된 거룩한 삶을 향한 부르심이다.

【 참고 문헌 】

J. Calvin, *Institutes*, II. x-xii, 「기독교 강요」.
C. Hodge, *Systematic Theology*, 「조직 신학」, 크리스챤다이제스트 역간.
P. Marcel, *The Biblical Doctrine of Infant Baptism*.
J. Murray, *The Covenant of Grace*.
G. Vos, *Biblical Theology*, 「성경 신학」, 기독교문서선교회 역간.

19장
그리스도의 위격_ 성육신과 동정녀 탄생

F. F. 브루스

> F. F. 브루스(F. F. Bruce, 1910-1990)_ 애버딘 대학과 케임브리지 대학에서 석사 학위를 받은 신약학자다. 수년 동안 맨체스터 대학교에서 성경 비평과 주해를 가르친 리랜드(Rylands) 석좌 교수로,「신약 성경은 신뢰할 만한가?」(The New Testament Documents: Are they Reliable?, 1943, 좋은씨앗 역간),「성경의 정경성」(The Canon of Scripture, 1988) 외에 다수의 주석을 저술했다.

기독교 신앙의 독특한 조항들 가운데 가장 관심받는 것이 있다면 우리 주 예수 그리스도, 하나님의 영원한 아들이 우리를 구원하기 위해 인간이 되셨다는 것이다. 이는 성육신 교리에 관해 말할 때 우리가 마음에 확신하는 바다.

('육체를 입다'라는 뜻의 라틴어에서 유래한) '성육신'(incarnation)은 성경에 나오는 단어는 아니지만 성경적 진리를 담고 있는 표현으로, "말씀이 육신이 되어"라는 요한복음 1장 14절에서 그 전형적인 표현을 찾아볼 수 있다.

그리스도의 성육신은 그분의 신성과 인성을 모두 포함한다. 우리 중 누가 육신이 되었다든지 육체로 왔다는 주장은 뻔한 소리일 뿐이다. 그러나 요한이 "예수 그리스도께서 육체로 오[셨다]"고 주장하고 이 고백이 진리를 위한 중요한 시험이 된다고 한 것(요일 4:2)은 뻔한 소리가 아니다. 하나님의 연합 안에서 영원한 존재인 분이 하나님과의 하나 됨을 포기하지 않은 채 어느 한 시점에 인간이 되셨다는 의미다. '육체'라는 말은 단순히 육체적인 몸을 의미하는 것이 아니라 완전한 인간성(human personality)을 의미한다.

신약 성경 기자 가운데 요한만이 그렇게 말한 것은 아니다. 바울도 하나님이 "자기 아들을 죄 있는 육신의 모양으로 보내[셨다]"(롬 8:3)고 했는데, 여기서 "모양"(likeness)은 그분의 인간 됨이 덜 실제적이었음을 의미하는 것이 아니라 그분의 본성이 죄에 오염되지 않은 것 말고는 우리의 본성과 같았다는 의미다. 디모데전서 3장 16절에 재현된 고대 기독교 고백에서도 "경건의 비밀"(즉 골로새서 2장 2절에서 언급한 대로 "하나님의 비밀"인 그리스도 자신)이 "육신으로 나타난 바" 되었다고 했고, 히브리서 기자도 세상을 만드신 하나님의 아들에 관해 증언하는데(히 1:2) 그분은 오직 죽음을 통해서만 가능한 구원의 목적을 이루기 위해서 "자녀들은 혈과 육에 속하였으매 그도 또한 같은 모양으로 혈과 육을 함께 지니심"(히 2:14 이하)으로 그들을 구원하셨다고 했다.

그렇다면 우리 주님의 성육신에 관한 교리는 신약 성경 전체에 걸쳐 폭넓게 나타난다고 말할 수 있다. 요한과 바울, 그리고 히브리서 기자가 그렇게 논증한다면, 그리스도의 삶과 가르침에서 핵심 원리를 찾기 위해 그들이 동의하는 바를 추적해 가는 것이 안전할 것이다.

성육신의 사실

나사렛 예수가 실제 인간이었음은 그분과 함께한 사람들 중 누구도 의심하지 않은 사실이었다. 하지만 그들은 그분에게 뭔가 특별한 것이 있음을 느꼈다. 그들은 예수께서 바람을 잠잠케 하셨을 때 "그가 누구인가?" 하고 물었다(막 4:41). 심지어 그분을 메시아로 인정했을 때에도 그들은 예수께서 받아들이고 성취하신 메시아 됨이 어떤 것인지를 즉각적으로 모두 이해하지는 못했다. 하지만 그분의 죽음과 승천 후에는 이해가 깊어졌는데, 이는 신약 기자들이 이스라엘의 하나님을 가리키는 구약의 구절들을 자신들이 실제 인간으로 알고 있던 예수께 남을 전혀 의식하지 않고 즉각적으로 적용시켰다는 점에서 선명하게 드러난다. 그들은 주장하기를 예수 안에서 하나님이 구원을 위해 인간을 찾아오셨고, 그분 안에서 하나님은 인간이 되셨다고 했다. "말씀이 육신이 되신" 인간 예수 그리스도 안에서 그들은 하나님의 영광스러운 계시를 깨달은 것이다.

하지만 이 단순한 주장들은 좀 더 신중하게 정의되어야 한다. 성자이신 그리스도와 성부 하나님의 관계는 상충되어 보이는 답을 유도하는 질문들을 불러 일으켰다. 그것은 그리스도의 신적 아들 되심과 그분의 인간 되심의 관계에서도 마찬가지였다. 이러한 질문들에 대한 어떤 답은 첫눈에는 그럴듯하게 보일 수 있지만 기독교 신앙의 기반을 약화시키거나, 그러지 않는다면 문제를 해결하기보다는 더 복잡한 난제들을 야기하기도 한다. 단어의 문제도 있었다. 헬라어와 라틴어 용어들은 새로운 정보들에 맞추어 이전에 한 번도 다루어진 적이 없는 새롭고 세분화된 용법으로 사용되었다. 어떤 사람은 한 용어를 아주 적절하게 사용했지만, 또 어떤 사람은 성경적 계시와 기독교 경험에 매우 생소한 방식으로 그 용어를 사용하기도 했다.

성경적인 정보들을 공정하게 다루는 방식에서 처음 3, 4세기에 가장 큰 장애물은 당시 이방인들이 지닌 이원론적 전제였다. 이원론에 따르면 영과 물질은 완전히 이율배반적인 것으로, 영은 본질적으로 선하고 물질은 본질적으로 악하다. 이는 영의 세계와 육의 세계가 직접 만나는 것이 불가능함을 의미한다. 결과적으로 이러한 이원론에 근거한 사상을 가진 사람들은 성자의 성육신에 관한 성경적 교리를 온전히 이해할 수 없었고, 그분의 죽음과 부활에 관한 성경의 기록도 이해할 수 없었다. 그들은 이 이론이 가능한 다른 해석들을 내놓아야만 했다. 그중 하나는 (신약 기자들도 안타깝게 비판하고 있는 것으로 보아) 사도 시대부터 있던 것으로 보이는 가현설(Docetism)인데, 이 해석은 우리 주님의 인성은 단지 그렇게 보일 뿐 실제는 아니라고 주장한다. 이후에 등장한 아리우스주의(Arianism)의 해석은 예수는 완전한 하나님도, 완전한 인간도 아닌 중간 상태의 존재였다고 주장한다. 기독교에 대해서 무함마드가 지닌 것과 유사한 이런 지식은 단지 역사적 관심 이상의 문제로, 해석적 결함에서 기인한다. 그분이 하나님의 아들이었음과 실제로 십자가에서 죽임당했음을 부인하는 꾸란의 기록들은 바로 이러한 해석들에 근거한 것이다.

초대 교회는 주님의 성육신에 관해 모든 정보를 만족시키는 선언에 아주 천천히 그러나 고통스럽게 도달했다. 이 선언이 있기 전에 우리는 처음 3세기 동안 기독교가 택한 세례를 위한 삼위의 고백들을 눈여겨보아야 한다(그들이 성부와 성자와 성령 안에 있는 믿음을 확언했기 때문에 삼위다). 성자에 대한 신앙을 확언하는 이 고백들이 그리스도에 관한 교리를 더 완전하게 발전시키는 중심이었음을 확인할 수 있다. 우리에게 익숙한 사도신경이나 니케아 신경이 이를 보여 주는 충분한 예들을 제공한다. 그러나 역사적 교회가 확실히 고백해 온 이 주장은 나중에 주후 451년 칼케돈 공의회에서야 최종적으로 채택되었다. "우리는 한 분이며 동일하신 성자 곧 우리 주 예수 그리스도를 고백할 것을 가르친다. 그분은 신성에 있어 완전하시며 인성에 있어서도 똑같이 완전하시다. 그분은 참 하나님이시요, 이성적 육체와 영혼을 지니신 참 인간이시다. 그분은 인성에 있어 우리와 동일한 본질을 지니신다. 모든 일에 우리와 같으나 죄는 없으시다. 그분은 신성을 따라서는 만세 전에 성부에게서 나셨으나 인성을 따라서는 후에 우리와 우리의 구원을 위하여 동정녀 마리아에게서 나셨다. ……"

칼케돈의 정의에 나오는 이와 같은 표현들이 오늘날 우리에게는 낯설고 생소해 보일지 모르지만 탁월한 신학자인 B. B. 워필드에 따르면 "성경의 기록, 성육신의 의미들, 구속의 필요성, 종교적 감성의 요구, 우리 주님의 존재에 대한 합당한 교리의 논리에 공정하기 때문에"(*The Person and Work of Christ*, 189쪽) (그 표현이 가져다주는 개념상의 어려움을 완화시키지는 못하지만) 교회의 기독론에 대한 권위 있는 주장으로 보전될 수 있었다.

오늘날 우리에게는 인간성과 관련된 다양한 개념과 문제를 표현할 수 있는, 5세기에는 존재하지 않던 다양한 용어가 있다. 오류가 있는 당시의 관점들을 칼케돈에서 잘 교정해 주었듯이 오늘날 오류가 있는 관점들을 잘 교정해 줄 수 있도록 우리의 용어들을 사용하여 성육신에 관한 교리를 재정리하는 것도 보람 있고 즐거운 일이 될 것이다. 하지만 그렇게 재정리된 주장은 워필드가 칼케돈 선언에 적용한 것과 같은 엄격한 시험을 통과해야 할 것이다.

성육신의 수단

초대 시대까지 거슬러 올라가 보면 교회의 고백은 우리 주님의 성육신과 함께 그분이 성령의 능력으로 동정녀 마리아의 몸에 잉태되어 성육신하셨음을 강조했다.

어떤 사람들(예를 들면 무슬림들)은 동정녀 탄생은 믿으면서도 성육신은 믿지 않고, 또 어떤 사람들은 우리 주님의 성육신은 믿으면서도 동정녀 탄생은 믿지 않는다. 그러나 그분의 성육신과 동정녀 탄생은 교회의 역사적 신앙에 아주 밀접하게 연관되어 있음을 부인하기 어려우며, 이렇게 밀접하게 연관되어 있음은 그리 놀라운 일이 아니다. 성육신은 이전에 한 번도 없었을 뿐 아니라 반복되지 않는 하나님의 행위로, 초자연적인 사건이다. 성육신의 독특함을 인정할수록 그처럼 독특할 수밖에 없는 수단을 사용한 것이 얼마나 적절하며 얼마나 불가피했는지를 깨닫게 된다. 우리 주님의 동정녀 잉태는 순전한 기적으로 이해되어야 한다. 낮은 형태의 생명이 처녀 생식(parthenogenesis)을 한다는 것에 비유하여 동정녀 잉태를 설명하고자 하는 시도는 유해무익하다.

신약의 기자인 마태와 누가만 그리스도의 동정녀 탄생을 기록하였다. 사실 이들은 그분의 탄생을 기록한 유일한 기자다. 그들의 탄생 기사는 각각 독립적이기 때문에 그들이 함께 동의하는 부분은 더욱 인상적이다. 그리스도께서 베들레헴에서 다윗의 자손인 요셉과 약혼한 마리아의 아들로 태어났을 뿐만 아니라, 더 구체적으로 마리아가 처녀일 때 하나님의 영에 의해 임신했다는 사실이 바로 그 부분이다. 더욱이 이 두 기록 중 누가의 기록은 신약에서 가장 오래된 것으로 간주된다.

이 두 이야기는 정경으로서의 지위로 인해 특별한 존중을 요구하기는 하지만 동정녀 탄생을 증명하기 위해 애를 쓰지는 않는다. 이그나

티우스(Ignatius, 주후 115년경)도 아마 안디옥 교회에서 보존되었을 동정녀 탄생에 관한 독특한 전통을 증언했다.

신약의 다른 기자들이 동정녀 탄생에 관해 알았든 몰랐든, 아무도 그와 반대되는 말은 하지 않는다. 한두 군데에서 동정녀 탄생에 관해 전혀 모르는 것처럼 언급하기는 하지만, 그 역시 증거적 가치가 있다고 할 만큼 확실하지는 않다.

이 탄생 기사의 중요한 특징이 동정녀 탄생이라는 것을 알았다면 그들이 나중에 그런 식으로 행동하거나 말하지 않았을 것이라는 주장은 변화하는 인간 존재의 감정(moods)을 충분히 고려하지 않은 것이다. 게다가 유일한 사건에 대한 심리적 영향을 어떻게 그리 확실하게 일반화할 수 있는가? 우리 주님이 완전한 인간이라면 동정녀를 통해 탄생하지 말아야 했다는 주장은 가설적이고 논증되지 않은 것이다. 어떤 경우에도 그분은 완전한 인간이셨다.

그분이 공적으로 "요셉의 아들 나사렛 예수"(요 1:45)로 알려졌다는 사실도 그분의 동정녀 탄생에 적합하지 않은 질문이다. 복음서에는 그와 일치하지 않는 듯한 표현들도 있지만 이 두 복음서에는 표면적으로 동정녀 탄생의 기록에 대한 오해를 불식시키는 공통점이 있다. 그래서 누가는 유아기 이야기 말미에 예수의 "아버지와 어머니" 혹은 "부모"를 언급하면서(눅 2:33, 41. 개역개정에는 모두 "그의 부모"라고 번역되었다_ 편집자) 그분의 어머니가 "네 아버지와 내가 근심하여 너를 찾았노라"(48절)고 말한다. 하지만 그의 이야기 앞부분은 이 표현이 어떻게 이해되어야 하는지를 보여 준다. 나중에 그는 나사렛 사람들이 "이는 그 목수의 아들이 아니냐 그 어머니는 마리아……라 하지 않느냐"(마 13:55)고 했다고 기록한다. 나사렛 사람들이 그분의 출생을 둘러싼 상황에 어떤 의심을 품고 있었든 간에 마태복음과 누가복음의 독자들은 이미 실제적인 상황을 알고 있었고 그들의 질문에 호도되지 않았다. 반면에 마가복음은 출생에 관한 이야기를 기록하지 않았지만 "이 사람이 마리아의 아들 목수가 아니냐"(막 6:3)고 말했다고 기록한다.

그리스도의 잉태와 탄생은 증인들이 있던 그분의 부활과 마찬가지로 증거의 법칙에 좌우되지 않으며 좌우될 수도 없다. 그러나 하나님은 자신의 아들이 성육신하도록 이 땅에 새로운 일을 행하셨는데, 동정녀 잉태가 바로 이 새로운 일의 일부였다. 이런 방법에 의해 인류의 계보 안에 있는 죄의 대물림이 그때만큼은 멈추었다. W. R. 매튜 박사가 반계몽주의자인 것은 아무도 의심하지 않겠지만 "동정녀 탄생 없이도 성육신을 믿을 수 있지만 그것은 같은 종류의 성육신은 아닐 것이며, 그리스도 안에서 하나님의 구속적 행위에 대한 개념은 미묘하게 그러나 확실하게 변할 것이다"라는 그의 주장은 일리가 있다(*Essays in Construction*, 128, 129쪽).

가난을 위한 부요함

신약 성경의 계시에 비추어 볼 때 구약의 주장은 그 의미가 더욱 깊어진다. 하나님은 자신의 형상을 따라 인간을 만드셨기 때문에 인간의 삶에 그분 자신을 정확하게 계시하실 수 있었다. 따라서 때가 이르러 "하나님이 그 아들을 보내사 여자에게서 나게"(갈 4:4) 하셨을 때, 그것은 하나님이 처음부터 인간에게 의도하신 형태로 보내신 것이다. 하나님의 아들이 우리 본성에 참여하는 자가 되심으로 우리도 그분의 신성에 참여할 수 있게 된다(벧후 1:4).

그가 육체를 통해 드러나게 하셨으니

끝과 끝이 만나고,

악함이 드러나게 하심으로

우리 모두를 신적으로 만드시고,

하나님의 생명을 알게 하셨으니

하나님이 낮은 데로 임하심이라(C. 웨슬리).

【 참고 문헌 】

C. Gore, *The Incarnation of the Son of God*.

E. H. Gifford, *The Incarnation*.

W. Sanday, *Christologies Ancient and Modern*.

J. G. Machen, *The Virgin Birth of Christ*, 「그리스도의 동정녀 탄생」, 기독교 문서선교회 역간.

D. M. Baillie, *God Was in Christ*.

H. E. W. Turner, *Jesus, Master and Lord*.

O. Cullmann, *The Christology of the New Testament*.

20장
그리스도의 위격_ 자기 비움론

웨인 워드

> 웨인 워드(Wayne E. Ward, 1921-2012)_ 남침례 신학교에서 박사 학위를 받고 40년을 가르친 침례교 신학자다. 그는 「구속의 드라마」(The Drama of redemption, 1966)의 저자이며, 「성경은 인간의 책인가」(Is the Bible a Human Book, 1970)의 공동 저자다.

19세기에 진화론이라는 생물학적 이론과 함께 그리스도의 존재에 관한 새로운 견해를 가능하게 한 성경 비평의 발전과 관련하여 새로운 과학적 이론들이 생겨났다. 대체로 이런 해석들은 성육신의 기적을 이 시대의 과학적 사고에 맞춰 좀 더 합리적이고 받아들일 만한 것으로 이해시키려는 시도다. 19세기 말에 널리 받아들여지고 강조된 이론으로 오늘날에도 영향력이 있는 이론이 바로 그리스도의 존재에 관한 '자기 비움론'(kenotic theory)이다. 케노틱(kenotic)은 그리스도께서 이 땅에 성육신하실 때 종의 형태를 취해 자기를 비우신 그리스도의 행위를 묘사하기 위해서 바울이 빌립보서 2장 7절("자기를 비워")에서 사용한 헬라어 '케노오'에서 유래했다. 이 이론의 엄청난 중요성과, 오늘날까지도 끼치는 영향을 이해하기 위해 역사적 배경을 간단히 살펴보고 난 후, 자기 비움(케노시스)에 대해 토론하기 위한 결정적인 구절들의 성경 주해에 집중하고자 한다.

역사적 배경과 발전

분명한 것은 데오도션(Theodotion, 2세기)이 이사야 34장 11절을 번역하면서 '자기 비움'을 신학적인 용어로 처음 사용했다. 하지만 나지안주스의 그레고리우스(4세기)와 알렉산드리아의 시릴(5세기)도 그리스도께서 자신을 비웠다(헬라어로 '에아우톤 에케노센')고 한 빌립보서 2장 7절을 전문적인 신학적 의미로 사용했다. 불가타(Vulgate) 라틴어 성경은 이 구절을 "자신의 존재를 비우다"(semetipsum exinanivit), 즉 "황폐하게 하다"라고 번역했는데, 테르툴리아누스는 그의 「마르시온 논박」(Adversus Marcionem)에서 "(자신을) 완전히 비움"(exhausit semetipsum)으로 사용했다. 이 사상가들의 실제 관심은 오늘날 우리처럼 "그리스도께서 무엇을 비웠는가"에 있었다.

초대 기독교 사상가들의 두 번째 질문, 그리고 종교 개혁 때 두드러진 질문은 "'비우다'라는 동사의 주체가 정확히 누구인가?"였다. 성육신하기 위해서 주권적 선택으로 일부 신성의 특권을 포기하신, 선재하신 하나님의 아들이신가, 아니면 육체로 계시면서 하나님의 종으로서 사명을 완수하고 십자가 죽음까지 순종하기 위해 지속적이고 반복적으로 자신을 비우신 성육신하신 아들이신가?

안디옥 공의회(주후 341년)에서는 이 두 질문에 대해 이런 답을 제안했다. "'하나님과 동일한 존재'로서 자신을 비우다"(케노사스 에아우톤 아포 투 에이나이 이사 데오). 그리스도께서는 온전한 하나님으로, 신성의 일부를 일시적으로 포기하신 것이 아니라 고난받는 종이 되기 위해서 자신의 권리인 하나님 우편의 자리와 신분을 포기하신 것임을 굳건히 견지한 것이다.

중세 신학은 좀 더 구체적으로 성육신에서 신성의 어떤 속성들을 비운 것인지, 혹은 성육신하신 동안 그리스도께서 실제로 어떤 제한들을 경험하셨는지를 규정하려는 시도에 관심을 가졌다. 종교 개혁 시대에는 이 토론이 전능하심, 전지하심, 무소부재하심의 신적 속성에 집중되었다. 그러나 신성의 본질을 심각하게 훼손하지 않으면서도 내려놓아야 하는 신성의 특징들을 상상하도록 했기 때문에 이러한 토론들은 그리 결실이 없었다.

17세기에 이르러 이 토론은 '성경에 따르면 그리스도는 덜 신적이었다'는 강력한 주장으로 옮겨 갔다. 어떤 사람들은 예수가 실제로는 언제나 신적 능력을 소유하고 있었지만 의식적으로 자제했다고 주장하여 이단성을 완화시키려 했다. 또 어떤 사람들은 예수가 실제로 모든 신적 속성을 온전히 소유하고 있었지만 그 능력의 범주를 몰랐기 때문에 피조물에 주어진 한계 안에서 성육신한 삶을 살았다고 주장하기도 했다.

기독교 역사에서 이와 같은 불행한 과정을 거치면서 자기 비움 사상 전체는 19세기에 발생한 한 사건을 제외하고는 기독교 신앙에서 위험하고 혼란스러운 개념으로만 전락해 버리고 말았다. 과학적 발견, 역사적 탐구, 성경 비평이 주를 이룬 이 위대한 세기는 예수의 참 인성을 재발견하였다. 다윈의 진화론이라는 배경에 반대하여, 구약 역사의 그라프 벨하우젠 학파(Graf-Wellhausen)와 신약 비평의 튀빙겐 학파, 그리고 일부 영국 신학자들은 예수 그리스도의 독특한 신적 인성의 핵심 교리를 지키기 위해 전력투구했다. 다른 많은 학자와 함께 고어 주교(Bishop Gore)도 성육신 신학에 대한 학술 토론집인 「세상의 빛」(Lux Mundi)을 출판했다. 1889년과 1891년 사이에 열두 판이 인쇄된 이 토론집은 신적 케노시스라는 개념을 대중화한 책으로, 기독교 사상사 전체에서 이 교리의 정점을 찍었다고 볼 수 있는데 그들이 주해하려 한 성경적 증거들을 살펴봄으로 이 견해를 가장 잘 이해할 수 있다.

성경적 자료들

물론 성경은 '케노시스' 교리를 상세하게 설명하지 않는다. 그러나 진지한 성경 신학자들이 신적 '자기 비움'이라는 교리를 발전시키도록 할 만한 자료들은 제시하였다. 성경적 증거의 기본 요소들은 다음과 같이 정리해 볼 수 있다.

(1) 성부와 성자 사이의 신적인 관계 혹은 연합(요 1:1-18, 10:30, 히 1:1-4)

(2) 하나님과의 연합에 관한 구체적인 주장과 긴밀하게 연결된 이 관계에 의한 한계들(요 5:19, 30, 마 27:46)

(3) 자신의 지식과 성육신 전 영광에 있어서의 한계에 관한 예수의 구체적인 언급들(막 13:22, 요 17:5)

(4) 그분의 시험받음(마 4:1-11), 지혜와 키의 성장과 발전(눅 2:52), 그리고 그분이 견디신 고난에 의한 배움(히 4:15, 5:7, 8)의 이야기를 통해 신약 기자들이 예수의 인성을 강조한 것

(5) 마지막으로 가장 중요한 구절은 자기 비움 교리의 핵심 사상을 담은 단어를 언급한 빌립보서 2장 5-11절이다. 이는 알브레히트 외프케(Albrecht Oepke)가 빌립보서에 대한 '최고의 주석'이라고 한 고린도후서 8장 9절의 바울의 말을 통해 더 자세히 설명된다.

핵심 구절_ 빌립보서 2장 7절

빌립보서 문맥에서 바울은 그리스도인들에게 이기심을 버리고 겸손을 실천할 것을 권한다. 이를 설명하기 위해 그는 최고의 예를 소개한다. "너희 안에 이 마음을 품으라 곧 그리스도 예수의 마음이니 그는 근본 하나님의 본체시나 하나님과 동등됨을 취할 것으로 여기지 아니하시고 오히려 자기를 비워 종의 형체를 가지사 사람들과 같이 되셨고"(빌 2:5-7).

주석가들은 대부분 동사 '비우다'의 주체가 자신을 비운 성육신 전 그리스도라는 데 동의하지만, 무엇을 비웠는가 혹은 무엇을 잃었는가 하는 부분에서는 견해를 달리했다. 1880년 H. 크로스비(Crosby)는 「그리스도의 참된 인성」(The True Humanity of Christ)에서 성육신하신 동안에도 내내 본질적인 신성은 필연적으로 끊임없이 존재했지만 그분의 의식적이고 능동적인 신성은 철저하게 침묵했다는 견해를 내놓았다. 단지 부활 때에 신성의 온전한 능력이 다시 시작되었다는 것이다.

찰스 고어 주교는 1891년 「성육신」(The Incarnation)에서 하나님의 아들은 자발적으로 하나님의 외적 속성에 속하는 일부 자연적 특권을 양도하거나 포기하셨지만 진리, 거룩함, 사랑이라는 본질적인 도덕적 속성은 그대로 유지했다는 견해를 견지했다. 1893년, 「현대인의 사고에서 그리스도의 위치」(The Place of Christ in Modern Thought)에서 A. M. 페어베언(Fairbairn)을 비롯하여 19세기 마지막 10년 동안 다른 많은 사람이 비슷한 생각을 발전시켰다.

좀 더 극단적인 상상을 한 자기 비움 신학자들도 있었다. 「기독교 신학 개요」(An Outline of Christian Theology, 1898)에서 W. N. 클라크(Clarke)는 하나님과 인간 사이의 원 친족(original kinship) 관계에 근거하여 하나님은 자신을 제한하셔서 성육신을 통해 인간이 되었다고 주장했다. 헨리 반다이크(Henry Van Dyke)는 「의심의 시대를 위한 복음: 신의 인간적 삶」(The Gospel for an Age of Doubt: The Human Life of God, 1897)에서 하나님과 인간의 원 친족 관계의 전제 아래 성육신을 인간의 이성으로 이해할 수 있도록 만들려고 애를 썼다. 그래서 그는 성육신이 인간의 이성에 전혀 상처를 입히지 않는, 이 세상에서 가장 완벽하게 자연스러운 것임을 주장했다. R. H. 허튼(Hutton)은 자신의 견해를 지지하기 위해 「신학적이고 문학적인 논문들」(Essays Theological and Literary)에 현대 심리학을 동원하기도 했다. 그는 무의식적인 마음에 그 내용의 일부를 저장할 수 있는 의식적 마음의 용량을 통해서 의식적인 신성이 무의식적인 신성이 될 수 있었다고 주장했다.

자기 비움 가설들의 시대에 가장 건설적인 제안은 아마도 「성육신을 통한 화해」(Reconciliation through Incarnation, 1898)를 쓴 D. W. 시몬(Simon)에게서 나오지 않았을까 싶다. 피조 세계에서 하나님은 분명히 자유로운 도덕적 존재로서 미래의 선택과 행동과 관련하여 자신을 제한시켰다는 것이다. 인간이 진정한 자유를 가지고 있다면 이는 그분이 피조물의 모든 행동을 결정하지 않고 진정한 선택의 책임을 지게 한 신적 자기-제한 때문이다. 그렇다면 성육신은 하나님이 피조물과의 관계에서 자신을 제한하신 최고의 예가 된다. 그분은 실제로 피조물 됨의 한계를 받아들여 피조 세계 안으로 들어오셨다.

평가

때로는 바울의 본문에서 지나치게 멀리 나간 것으로 보이는 이 모든 신학적인 가설에서 주석가들은 오직 한 가지 방식("그리스도께서 무엇을 포기하셨는가")으로 본문을 해석해야 한다는 숨은 압박을 받은 것으로 보인다. 그분은 성육신하셨을 때 무엇을 잃어버리셨는가? 헬라어 학자인 윌리엄 데이비스(William Hersey Davis)는 자신의 강의에서 바울은 성부께서 무엇을 잃어버렸는가를 말하는 것이 아니라 무엇을 얻었는가를 말한다고 주장했다. 그는 성부께서 왕적인 지위를 잃어버린 것이 아니라 자신이 선택한 종의 역할을 말하는 것이라고 주장하여 이 난해한 매듭을 끊어버렸다. 이것이 바울이 빌립보 교인들에게 강조한 핵심이다. 그들은 하나님의 종의 마음을 품어야 한다. 그들은 다른 사람에게 주장하는 자세를 취하지 말고 겸손함으로 채워져야 한다. 데이비스는 '케노오'란 그릇에 있는 것을 다른 그릇에 옮겨 담는 것을 의미하며, 즉 같은 내용을 다른 형태로 붓는 것을 뜻한다고 했다. 그리스도께서는 종의 형태로 자신을 비우신 것(즉 자신을 부은 것)이다. 헬라어 문법이 이러한 해석을 요구하거나 허용하든 아니든 간에 분명한 것은 그 문맥이 신적 존재의 **내용**이 아닌 **형태**의 변화를 말하고 있다는 것이다. 그분은 신성을 포기하신 것이 아니라 인성을 얻으신 것이다. 그분의 성육신으로는 신성이 훼손되지 않았다. 하나님을 육체 안에 온전히 담고 있던 그분의 성육신한 삶은 인간의 구속을 위해 주어진 것이다.

자기 비움 이론의 주요 맥락이 열매 없는 가설들로 이어졌지만 이 이론이 성육신 교리에 기여한 긍정적인 공헌들도 주목해야 한다.

(1) 자기 비움은 신적 시작을 강조한다. 몇몇 예외를 제외하고 자기 비움 신학자들은 아래가 아닌 위에서 오는, 즉 사람이 아닌 하나님에게서 오는 구원을 주장했다.

(2) 자기 비움은 수치를 성육신 전 성자께서 택하신 자유롭고 자발적인 행위로 강조한다. 필연이 아니라 사랑의 주권적 선택으로 그분은

십자가의 길을 위해 하늘 영광을 포기하셨다.

(3) 이와 밀접하게 관련하여 이는 그분이 육신으로 있는 날 동안 신적 능력의 사용을 의식적으로 자제했음을 강조한다. 복음서들이 증거하는 대로 예수는 분명 자신을 구할 능력이 있으셨지만 사용하기를 거부하셨다. 우리는 이 지속적이고 자발적인 요소가 그리스도의 존재를 이해하는 데 무엇보다 중요함을 인정해야 한다. 그러지 않는다면 그리스도는 원래의 결정이 내려졌을 때 성육신의 무능한 피해자가 되시며, 고난과 죽음을 향한 그리스도의 중요하고 반복적이며 자발적인 순종은 무너져버린다.

(4) 자기 비움은 그리스도의 인성을 무시하는 모든 가현설적 시도들에 대항해서 그리스도의 참된 인성의 교리를 보전할 것을 강조했다. 대부분의 자기 비움 해석들 뒤에 있는 기본 동기는 실제적인 그리스도의 낮아지심, 내려오심, 능욕을 진지하게 다루어야 한다는 사고 패턴을 제공하려는 것이었다.

아리우스, 에우티케스, 네스토리우스, 그리고 기독교 공동체의 주류를 거부한, 제법 길게 나열할 수 있는 일련의 신학자들이 자기 비움 이론을 가장 심각하게 비평하였다. 이들은 모두 성육신이라는 놀라운 기적을 합리화하여, 신이 참 인간으로 세상에 오신, 그 어떤 전례도 찾을 수 없는 이 사건을 예와 유비로 이해하려는 치명적인 오류를 범했다.

이러한 비판과 관련된 또 다른 것은 자기 비움 사상가들이 종종 신성을 인성 안으로 생각 없이 쥐어짜 넣어 점점 비본질적인 것으로 정의하려고 하는 바람에 절망적으로 부정적인 관점에 빠졌다는 것이다.

그리스도의 인성에 대한 자기 비움의 방어에 감사하면서도, 우리는 그와 같이 잘못된 길로 인도할 수 있는 근거가 되는 이 교리를 방어하려 하지 않아도 됨에 감사할 수 있다. 우리는 그리스도께서 포기하셨을 신성의 일부를 규정하려고 시도하지 않으면서 그분이 취한 인성을 선언할 수 있다. 우리는 십자가의 길을 통해 높아지신 그 보좌 앞에 확신 있게 머리를 숙일 수 있다.

【 참고 문헌 】

Athanasius, *De Incarnatione*, 「말씀의 성육신에 관하여」, 죠이북스 역간.
H. Crosby, *The True Humanity of Christ*.
H. Van Dyke, *The Gospel for an Age of Doubt*.
A. M. Fairbairn, *The Place of Christ in Modern Thought*.
C. Gore, *The Incarnation*.
_____, *Belief in Christ*.
_____, ed., *Lux Mundi*.
A. Oepke, "Kenosis," in G. Kittel, ed., *Theologisches Wörterbuch zum Neuen Testament*.
J. Orr, *The Christian View of God and the World*.

21장
그리스도의 위격_ 죽음, 부활, 승천

랄프 얼

> 랄프 얼(Ralph Earle, 1908-1995)_ 고든 신학교에서 박사 학위를 받고 나사렛 신학교에서 가르친 나사렛 교단의 신약학자다. 그는 「마가복음: 행동의 복음서」(Mark: The Gospel of Action)를 썼으며, NIV 성경 번역 위원을 지냈다.

세상에서 가장 어두운 시간이었고, 또한 세상에서 가장 밝은 시간이었다. 이것이 십자가의 역설이다.

인간적인 미움이 극에 달했기 때문에 가장 어두운 시간이었고, 하나님의 사랑의 꽃이 만개했기 때문에 가장 밝은 시간이었다. 그곳에서 미움은 가장 유해한 공포로 드러났지만 동시에 사랑은 하나님의 마음을 보여 주었다.

갈보리는 인간 역사의 십자로에 세워진다. 과거의 모든 하나님의 길이 그리로 향하고, 현재와 미래의 모든 길이 거기서부터 나온다.

십자가에 달리신 성자께서 모든 인류의 대표가 되심으로 역사의 모든 죄가 죄 없으신 성자의 가슴에 얹혀졌다. 십자가로부터 구원이 모든 믿는 자의 영혼으로 흘러가게 되어 세상은 최고의 좋은 소식을 듣게 된 것이다.

벗어남

변화산에서 모세와 엘리야는 기도하시는 그리스도께 나타나서 "예수께서 예루살렘에서 이루실 일, 곧 그의 떠나가심에 대하여" 말했다(눅 9:31, 새번역). 우리에게 '떠남'(decease)은 죽음을 의미한다. 하지만 헬라어로는 '벗어남', '출발'을 뜻하는 '엑소도스'다. 여기서는 예수 그리스도의 죽음, 부활, 승천을 의미하는데, 이 세 사건은 예수께서 세상에서 벗어나 천국의 영광으로 돌아가실 수 있게 만들었다.

죽음

예수의 죽음은 다른 모든 사람의 죽음과 달랐다. 그분의 '영혼이 떠났는데'(마 27:50) 그 죽음은 철저하게 자발적인 떠남이었다. "이를 내게서 빼앗는 자가 있는 것이 아니라 내가 스스로 버리노라"(요 10:18). 죽음은 그분에게 강요된 것이 아니었다. 그분은 인간을 구원하기 위한 하나님의 뜻으로 그 죽음을 받아들이셨다.

예수의 죽음이 그분에게 무슨 의미가 있을까? 겟세마네에서의 기도에 그 답이 가장 잘 나타나 있다. 그분은 영혼의 고통 중에 절규하신다. "내 아버지여 만일 할 만하시거든 이 잔을 내게서 지나가게 하옵소서." 그리고 나서 얼굴을 땅에 대시고 엎드려 겸손히 복종하며 말씀하신다. "그러나 나의 원대로 마시옵고 아버지의 원대로 하옵소서"(마 26:39).

예수께서 지나가게 해달라고 구하신 잔은 어떤 잔이었는가? 트집 잡기를 좋아하는 비판가들은 예수께서 죽음에 대한 생각 때문에 겁을 먹고 두려워서 움츠러든 것이라고 했다. 그러나 그런 트집쟁이들은 그 시간의 참된 중요성에 매우 무지한 것이다. 예수는 죽음을 두려워하지 않으셨다!

그렇다면 영혼의 고뇌 중에 그분을 움츠러들게 만든 것은 무엇이었는가? 그것은 하나님이 "죄를 알지도 못하신 이를 우리를 대신하여 죄로 삼으신 것은 우리로 하여금 그 안에서 하나님의 의가 되게 하려"(고후 5:21) 하셨을 때, 그 끔찍한 시간에 아버지께서 그분에게서 얼굴을 돌리셨기 때문이다. 우리를 위한 대속은 잃어버린 바 된 영혼의 고통스러운 행로, 곧 어둠의 깊은 미로 속으로 걸어 들어가는 길이었다. 그분은 모든 사람을 위하여 죽음을 맛보셨다(히 2:9). 이는 단순한 육체적 죽음 이상을 의미한다. 그리스도께서 십자가 위에서 "나의 하나님, 나의 하나님 어찌하여 나를 버리셨나이까"(막 15:34)라고 부르짖으실 때, 그분은 훨씬 극심한 일을 겪으셨다. 그분은 죄의 대가를 지불하고 계셨다. 그의 것이 아닌 우리의 죗값을! 죄의 대가는 하나님과 분리되는 것이었다. 이는 우리의 구원을 위해 예수께서 지불하셔야 하는 값이었다. 다른 방법은 없었다. 동산에서 그리스도께서 하신 마지막 말씀은 이것이었다. "아버지께서 주신 잔을 내가 마시지 아니하겠느냐"(요 18:11). 인간의 구원을 보장하기 위해서 하나님의 아들은 자신이 신적 공의의 타격을 입고자 하신 것이다. "나는 항상 그가 기뻐하는 일을 행[한다]"(요 8:29)고 하신 그분은 자신이 섬기기를 기뻐하신 분의 불쾌함을 견디셔야 했다.

운명적인 몇 시간 동안 예수는 십자가 위에서 말로 다할 수 없는 영원한 죽음의 공포를 맛보셨다. 영적인 어둠이 그분의 영혼에 깊이 드리웠다. 버림받으신 그분의 절규는 그분이 치르신 희생의 정도를 보여 준다. 올린 커티스(Olin A. Curtis)는 그의 책에서 이를 잘 표현했다. "거기서 홀로 우리 주님은 물밀 듯 밀려오는 죄의 공포를 향해 자신의 생각과 마음과 의식을 열어 주셨다. 인간의 이기적인 선택에서 처음 시작되어 지옥의 영원까지 이어진 끝없는 역사, 광활한 절망의 바다가 파도에 휩쓸리듯 자신의 영혼을 삼키게 하셨다"(The Christian Faith, 1905, 325쪽). 이 엄청난 대가는 죄에 대한 하나님의 도덕적 관심을 드러낸다. 그분의 거룩함은 죄를 가볍게 다루는 것을 용납하지 않았다. 결국 그분의 아들을 버리셨음은 구속적 행위가 지닌 윤리적 치열함을 보여 준다.

지금까지 예수의 죽음이 그분에게 무엇을 의미하는지 살펴보았다. 그렇다면 우리에게는 무엇을 의미할까?

우선 이는 죄인이 거룩한 하나님에게 나아갈 수 있게 되었음을 의미한다. 그래서 히브리서 기자는 이렇게 말한다. "그러므로 형제들아 우리가 예수의 피를 힘입어 성소에 들어갈 담력을 얻었나니 그 길은 우리를 위하여 휘장 가운데로 열어 놓으신 새로운 살 길이요 휘장은 곧 그의 육체라"(히 10:19, 20). 이는 예수께서 죽으실 때 지성소를 막아 둔 휘장이 둘로 갈라짐을 통해 상징적으로 표현하고 있다.

둘째, 이는 죄 용서를 의미한다. 최후의 만찬에서 주님은 이런 상징적인 말씀을 하셨다. "이것은 죄 사함을 얻게 하려고 많은 사람을 위하여 흘리는바 나의 피 곧 언약의 피니라"(마 26:28). 같은 맥락에서 바울도 "그의 피로 말미암아 속량 곧 죄 사함을 받았느니라"라고 말한다(엡 1:7). '사함'과 '용서'는 모두 '아페시스'라는 헬라어에 대한 번역인데, 이 단어는 빚을 탕감해 주고 형벌을 면하도록 용서해 주는 데 사용되는 '아피에미'에서 비롯되었다. 이 모든 생각은 신적인 용서로 귀결된다. 용서에서 본질적인 것은 죄인을 죄에서 분리시키는 것으로, 이를 위해 갈보리가 요구되었다. 십자가만이 도덕적 위기를 해결할 수 있었다.

셋째, 이는 자신을 십자가에 못 박는 것을 포함한다. 바울은 이렇게 선언했다. "내가 그리스도와 함께 십자가에 못 박혔나니 그런즉 이제는 내가 사는 것이 아니요 오직 내 안에 그리스도께서 사시는 것이라 이제 내가 육체 가운데 사는 것은 나를 사랑하사 나를 위하여 자기 자신을 버리신 하나님의 아들을 믿는 믿음 안에서 사는 것이라"(갈 2:20). 그분의 십자가 죽음은 우리의 십자가 죽음이 되어야 한다. 갈보리에 잠재되어 있는 것이 우리의 삶 속에서 구체화되고 실험되어야 한다.

그리스도의 죽음은 침울한 비극처럼 보였다. 하지만 그 죽음으로 그분은 죄에 승리하셨다. 수치의 상징인 십자가가 승리의 표시가 되었다. 그래서 에델베르트 슈타우퍼(Ethelbert Stauffer)는 "십자가에서 발생한 수치는 실제로 영광으로의 장엄한 승귀였다"(New Testament Theology, 1955, 130쪽)고 선언했다.

부활

"성경 신학은 예수 그리스도의 부활에서 가장 분명한 시작점과 해석적 실마리를 발견한다." 플로이드 필슨(Floyd Filson)은 이 사건의 중요성을 그렇게 말했다(Jesus Christ the Rosen Lord, 1956, 25쪽). 앨런 리처드슨도 비슷한 언급을 했다. "기독교는 기적의 종교인데 그리스도의 부활의 기적은 기독교 신앙의 생생한 핵심이자 목적이다"(An Introduction to the Theology of the New Testament, 1958, 197쪽). 부활의 교리는 주변적인 것이 아니라 핵심적인 것이다. 그것은 부차적인 것이 아니라 우선적인 것이다. 브루너는 주장하기를 "이 부활에 다른 모든 것이 달려 있다"(Letter to the Romans, 1959, 131쪽)고 했다.

부활이 없다면 십자가 죽음은 헛된 것이 되었을 것이다. 부활은 예수의 속죄의 죽음을 인증하고 가치를 부여했다. 바울은 이를 다음과 같이 강력하게 묘사한다. "예수는 우리가 범죄한 것 때문에 내줌이 되고 또한 우리를 의롭다 하시기 위하여 살아나셨느니라"(롬 4:25). 예수의 부활은 죄에 대한 그분의 희생이 받아들여졌음을 증명했다. 부활 없이는 모든 구속적 계획이 무너져 버렸을 것이다. 부활에 의해서 예수 그리스도는 새로운 인종, 새로운 인류의 첫 열매가 되셨기 때문이다.

그렇다면 부활 사실이 강력하게 도전받는 것 또한 그리 놀라운 일이 아니다. 이전 세대의 자유주의 신학은 예수의 문자적, 육체적 부활에 대한 생각을 비웃었다. 그러나 최근에는 이러한 신학적 분위기가 바뀌었다. 부활에 대한 증언은 강력하고 반박의 여지가 없음을 주목해야 한다.

바울은 조금 덧붙여 고린도전서 15장 4-8절에서 간단한 개요를 제공하는데, 같은 장에서 그는 예수의 부활의 중요성을 이렇게 강조했다. "그리스도께서 만일 다시 살아나지 못하셨으면 우리가 전파하는 것도 헛것이요 또 너희 믿음도 헛것이며"(14절). "그리스도께서 다시 살아나신 일이 없으면 너희의 믿음도 헛되고 너희가 여전히 죄 가운데 있을 것이요"(17절). 이처럼 그는 우리의 구원에 부활이 본질적임을 확실하게 강조했다.

부활은 오늘날보다는 초기 사도 시대 때 훨씬 중대하게 다루어졌기 때문에, 당시 교회의 말씀 선포('케리그마')에서 늘 핵심적인 강조점이었다. 이는 사도행전에서 잘 볼 수 있다. 사도행전 첫 장에서 우리는 먼저 그 중요성을 발견한다. 가룟 유다의 자리를 대신하기 위해 베드로는 "예수께서 부활하심을 증언할 사람"(행 1:22) 중에서 한 사람을 택할 것을 제안했다. 이는 예수의 부활을 증언하는 것이 유일하게 본질적인 것은 아니지만, 사도의 본질적인 기능이었음을 보여 준다.

사도행전에 최초로 기록된 설교인 베드로의 오순절 설교에서도 상당 부분이 부활에 할애되었다(2:24-32). 베드로는 자신의 두 번째 설교(3:15)에서도 이를 주장했다. 신자들의 첫 번째 핍박은 부활을 전했기 때문이었는데(4:2), 다시 기소되었을 때 사도들은 또다시 이 교리에 대한 그들의 믿음을 선포했다(5:30). 그렇게 계속 이어진다.

부활은 현대의 설교 속에서보다는 (심지어 복음주의의 경우에도) 신약 성경 안에서 하나의 전체로서 더 중요한 위치를 차지하고 있다고 말할 수 있는데, 이 분명한 사실이 메릴 테니(Merrill Tenney)로 하여금 「부활의 실제들」(Resurrection Realities)이라는 작은 책자를 저술하도록 자극했다. 앨런 리처드슨은 "신약 성경의 모든 책은 죽음에서 부활하신 그리스도를 증거하거나 전제한다"(A Theological Word Book of the Bible, 1950, 193쪽)고 주장했다. 플로이드 필슨도 "신약 전체는 부활의 사실에 근거하여 기록되었다"고 했다(앞서 언급한 책, 31쪽).

초기 사도들의 설교에서 놀랄 만한 특징 중 하나는 죽음에서 부활하신 그리스도만 강조한 것이 아니라 그분을 살리신 분이 하나님이라는 사실도 강조했다는 것이다. 부활은 신적인 행위로서 사도행전은 이를 거듭 강조한다. "하나님께서 그를 …… 살리셨으니"(2:24), "이 예수를 하나님이 살리신지라 우리가 다 이 일에 증인이로다"(2:32. 3:15, 4:10 참조), "예수를 우리 조상의 하나님이 살리시고"(5:30). 바울도 같은 것을 주장하여 말하기를 우리는 "예수 우리 주를 죽은 자 가운데서 살리신 이를 믿는 자"라고 했다(롬 4:24. 8:11 참조). 바로 이러한 강조 때문에 아서 램지(Arthur Ramsey)는 "기독교 유신론은 부활 유신론이다"라고 했다(The

Resurrection of Christ, 1946, 8쪽).

부활은 기독교 신앙의 핵심이다. 부활 없이는 우리에게 죄에서의 구원도 없고 우리의 부활에 대한 소망도 없다(고전 15:17, 18). 이는 또한 예수의 신성에 대한 중요한 증거 중 하나가 되기도 한다. 바울은 그분이 "죽은 자 가운데 부활하사 …… 하나님의 아들로 선포되셨으니"(롬 1:4)라고 했다. 윌리엄 심슨(William J. S. Simpson)도 정당하게 주장하기를 "예수 안에 있는 모든 독특한 기독교 신앙은 그분의 부활에 대한 지식에 근거를 두었다"(*A Dictionary of Christ and the Gospels*, edited by James Hastings, Vol. II, 514쪽)고 했다.

승천

승천에 대한 실제 묘사들은 그 양이나 범위에 있어서 매우 제한되어 있다. 누가가 기록한 두 구절이 전부다(눅 24:50, 51, 행 1:9-11). 하지만 필슨이 지적한 대로 "적어도 일곱 명의 저자가 신약의 열한 권에서 이 영광스러움에 관해 분명하게 언급하고 있다. 이는 틀림없이 초대 기독교의 설교와 가르침의 계속된 특징이었다"(앞서 언급한 책, 50쪽).

이 연관성에서 주목해 보아야 하는 것은 사도들의 말씀 선포(케리그마)에서는 부활과 승천이 아주 밀접하게 연합되었다는 점이다(예를 들면, 행 2:32-35, 엡 1:20, 벧전 3:21, 22). 부활과 승천은 십자가에 죽으신 그리스도의 존귀케 되심을 함께 형성한다.

승천에 대한 묘사가 부족하기 때문에 어떤 이들은 승천의 역사성에 의문을 가졌다. 앨런 리처드슨과 같은 온건적 학자들도 "승천은 역사적 사건으로 간주될 필요가 없다"고 했다(앞서 언급한 책, 199쪽).

물론 불트만은 부활을 포함한 복음서의 이야기들 중 많은 부분을 비신화화할 것을 요구한다. 그에게 이는 단순히 주관적 경험에서 비롯된 교리일 뿐, 역사적인 사건은 아니었다. 그러나 바르트는 "우리는 부활을 하나의 영적인 사건으로 변질시켜서는 안 된다"고 경고한다 (Dogmatics in Outline, 1949, 123쪽,「교의학 개요」, 복있는사람 역간).

우리가 보기에 예수의 육체적 부활의 역사적 현실은 인정하면서도 단지 오래전에 믿은 우주의 삼층 구조 개념을 더는 받아들이지 않기 때문에 승천의 역사성을 부인하는 사람들은 일관성이 없다. 그리스도의 죽음과 부활, 승천을 우주적으로 받아들이는 것이 다른 우주 철학의 영향을 받아야 할 이유는 없다.

승천의 중요성은 분명하다. 이는 그리스도께서 성부의 우편에 높이 올리셔서 주권적 주님으로서 적합한 자리를 받으셨음을 의미하기 때문이다(행 2:33-36, 5:31, 엡 1:19-23).

이는 또한 그분이 천국까지 인성을 지니고 가셨음을 의미하기도 한다. 이 사상은 특히 그분이 우리의 인간적인 경험들을 공유했기 때문에 그분은 자비로우시고 신실하신 대제사장이 될 수 있었다고 말한 히브리서에서 강조되었다(히 2:14-18, 4:14-16). 천국에 맏형이 계시다는 것을 아는 것은 진정 큰 위로다.

그리스도와 동일시됨

죽음, 부활, 승천, 이는 모두 인간 역사 안에서 일어난 획기적인 사건들이다. 하지만 그것들이 우리 개인의 삶에서도 획기적인 경험들이 되는가? 죄 사함을 통해, 십자가에서 죽으신 그리스도와 동일시됨을 통해, 우리 자신을 십자가에 못 박음을 통해 그리스도를 알고 있는가? 우리는 그분의 부활 능력을 통해 그리스도를 알고 있는가? 우리 삶에서 그분을 주권적인 주님으로 영접했는가?

【참고 문헌】

J. Denney, *The Death of Christ* (이 분야의 고전이다).
F. W. Dillistone, *The Significance of the Cross*.
W. Milligan, *The Resurrection of Our Lord*.
Richard R. Niebuhr, *Resurrection and Historical Reason*.
J. S. Simpson, *The Resurrection and Modern Thought*.
B. F. Westcott, *The Gospel of the Resurrection*.

22장
예수 그리스도_ 선지자, 제사장, 왕

새뮤얼 미콜라스키

> 새뮤얼 미콜라스키(Samuel J. Mikolaski, 1923-)_ 옥스퍼드 대학에서 박사 학위를 받고, 뉴올리언즈 침례 신학대학원과 노스아메리칸 침례 신학대학원(지금의 수폴스 신학교), 케리 대학교에서 가르친 침례교 신학자다. 그가 쓴 책으로는 「하나님의 은혜」(The Grace of God, 1966)와 「포사이스의 창조적 신학」(The Creative Theology of P. T. Forsyth, 1969)이 있다.

그리스도는 선지자시다. 그리스도는 제사장이시다. 그리스도는 왕이시다. 예수 그리스도의 중보 사역에 대한 이 세 구분은 개신교 신학에서 전통적인 가르침이다. 이 직분들은 그리스도 안에서 하나님의 의, 우리의 구원을 위한 하나님의 중보, 그리고 세상에 대한 하나님의 주권을 선언한다.

(각 역할에서 그리스도의 사역은 사도 시대부터 교회에서 분명했지만) 교부들의 저서 가운데 이 직분들을 다룬 확실한 최초 기록은 에우세비우스에게서 볼 수 있다. "우리는 또한 일부 선지자는 이미 기름 부음을 통해 모형적인 그리스도들이 되어, 모두 신적이며 하늘에 속한 로고스로서 이 세상의 유일한 대제사장이고 모든 피조물에 대한 유일한 왕이며 선지

자들 중에 성부의 유일한 원 선지자(archprophet)가 되시는 참된 그리스도를 가리킨다는 것을 볼 수 있었다. 이를 증명하는 것은 제사장이든 왕이든 선지자든 상징적으로 기름 부음을 받은 과거의 누구도 유일하게 참되신 그리스도요, 구원주요, 주님이신 예수와 같은 신적 능력과 덕을 소유하지 못했다는 것이다. 지금까지 그분은 그분을 경배하는 모든 자에게 왕으로서 영광을 받으셨고, 그 어느 선지자보다 놀라우시며, 참되시고 유일하신 하나님의 대제사장으로서 영광을 받으셨다"(Historia Ecclesiatica, I. 3).

장 칼뱅은 「기독교 강요」에서 이 직분들을 간략하면서도 특징적으로 명료하게 다루어 특별한 관심을 끈다(II. 15). 그는 이 개념이 당시 교황들에게 알려지지 않은 것은 아니지만 이 직분들의 목적에 대한 지식이나 복음서의 주해 없이 차갑게 다루었음을 지적했다. 그 뒤를 잇는 신학자들, 특히 개혁주의 전통은 이 직분들에 대한 강조점을 다양하게 발전시켰다. 예를 들면 찰스 하지, A. H. 스트롱, 그리고 루이스 벌코프는 선지자적인 직분과 왕적인 직분에 그리 많은 부분을 할애하지 않지만(왕적 직분은 종종 종말론적 설명 때까지 보류되기도 한다), 속죄 교리를 종합적으로 설명하기 위해 각 부분은 제사장적 역할을 확장한다.

직분에 관한 생각은 동방 신학에도 나타난다. 예를 들면 "왜 성자이신 예수를 기름 부음 받은 자라고 불렀는가?"라는 질문에 「정교회, 가톨릭, 동방 교회의 대요리 문답」(Larger Catechism of the Orthodox, Catholic, Eastern Church, 1839)은 "성령의 모든 은사가 측량할 수 없을 만큼 그분의 인간 됨에 부어졌으므로 그분은 선지자의 최고 지식, 제사장의 최고 거룩함, 왕의 최고 권능을 소유하게 되었다"라고 대답했다. 이 직분들은 중보자의 신적-인간적 본성을 보여 주며, 단순히 그분의 독특함뿐 아니라 특권도 선언한다(딤전 2:5).

기름 부음 받은 자, 그리스도

성경 역사 초기에는 가족의 가장 역할에 이 세 직분이 연합되어 있던 것으로 보인다. 가장은 자기 가정에서 실제로 하나님의 다스림 가운데에 있던 선지자이자 제사장, 왕이었다. 나중에는 이 세 직분이 확실하게 나뉘어졌지만, 초기든 후기든 기본적인 생각은 하나님이 각 직분에 기름을 부으셨다는 것이었다. 이는 제사장뿐만 아니라 선지자와 왕의 경우에도 마찬가지였다(삼상 16:3, 왕상 19:16, 시 105:15). 더 나아가 이스라엘의 소망은 하나님의 왕적이고 구속적인 다스림을 시작으로 이 세 직분이 메시아 안에서 완전하게 성취되고 조화롭게 연합되는 것이었다. 그와 같은 예언적 기대에 대한 우리 주님의 주장(claim)은 권위적이고 계시적이다(사 61:1, 2, 눅 4:18, 19). 구약의 유력한 인물들은 그들이 기름 부음을 받은 선지자든 제사장이든 아니면 왕이든, 모두 그리스도를 가리킨다. 오실 이는 여호와의 기름 부음을 받은 자이면서 직접적인 구원자였다. 역사의 각 시점에서 계시는 개별적이고 확실하고 실제적이고 성취적이었지만, 그 사건과 말씀은 모두 그 예표인 예수 그리스도를 선포했다.

바로 이런 이유 때문에 각 직분은 서로 통한다는 사실을 간과해서는 안 된다. 그리스도께서는 모든 것을 한 번에 완성하시지만 동시에 세상을 위한 그분의 사명을 역사에서 점차적으로 완성하기도 하신다. 하나님의 의에 대한 그분의 선언(롬 3:21-26, 마 11:27, 요 3:34)은 그분이 우리 죄를 씻으시고(바울이 말한 대로 죄인을 의롭게 하시고), 왕적 영광 중에 하늘에 있는 보좌에 앉으심으로(히 1:3) 성취되었다. 그리스도인들은 이 삼 요소(trilogy)를 이사야 53장과 마찬가지로 성경 어디에서나 볼 수 있었다. 그리스도께서는 하나님의 직접적인 말씀으로, 세상의 직접적인 구속자로, 그리고 하나님의 왕국의 직접적인 중심으로 오신다.

신학적 발판

중보(mediation)의 근거가 어디에 있는지 물을 수 있는데, 이는 의와 은혜, 진노와 사랑, 심판과 자비의 관계에서 연합적으로 살펴보아야 한다. 예수 그리스도 안에서 계시되는 신적 사랑은 현대 신학에서 중요하게 강조하는 것이지만 종종 심판과 진노는 사랑에 대한 정의에 함몰되어 일반적인 의미를 상실하기도 한다. 그리스도의 사랑은 하나님이 자신을 주심인데(요 3:16), 이 사랑의 재창조와 화해의 능력이 간과되어서는 안 된다. 타락한 인간과 악의 영향을 받은 세상을 향해 하나님이 예수 그리스도 안에서 보이신 사랑은 기독교 계시의 핵심 주장이다. 하지만 이 주장은 단조로운 톤(monotone)이 아니라 화음으로, 죄는 진노를 받아야 하고, 은혜는 임할 심판 가운데 흐르며, 신적 사랑은 심판을 간과하기보다는 심판하시는 능동적 구속을 통해 계시된다.

하나님과 인간의 관계가 직접적이라는 말은 도덕적이라는 의미다. 이러한 현실들은 양쪽 모두 그리스도의 중보적 직분들을 필요로 한다. 하나님이 용서받지 못하거나 속량받지 못한 죄를 심판하지 않고 사랑한다고 말하는 것은 하나님의 속성에 대한 성경적 계시에 합당하지 않으며 인간적 경험에 대한 일반적 사실에도 합당하지 않은 것으로, 신적 사랑에 대한 달콤한 개념일 뿐이다. 하나님의 심판은 실제적이기 때문에 특권과 의무를 모두 요구한다. 그 특권과 요구의 개인적이고 도덕적인 범주는 우리가 아는 최상의 수준이다. 여기에서 하나님과 인간의 자유가 보전되고, 공의는 악의 심판을 통해 입증된다. 그리스도의 사역은 이 문제의 양면을 다루는데 어느 한 면이라도 무시하는 것은 위험하다. 이 둘을 함께 다루는 그리스도의 세 직분에 관한 교리는 최근에 볼 수 있는 신학적 경향에 유익한 교정과 보완을 제공할 것이다.

선지자이신 그리스도

보편적으로 제사장은 하나님 앞에서 인간을 위해 행하는 사람인 반면에 선지자는 하나님을 위해 인간에게 말하는 사람으로 이해한다. 옛 선지자들처럼 예수 그리스도는 주님의 말씀을 선포하셨다. 하지만 단순히 거기서 그치신 것이 아니다. 그분은 자신이 곧 그 말씀의 살아 있는 실체셨다. 선지자적 이상과 선지자적 메시지를 압축하여 보여 줄 한 선지자가 오리라는 생각은 모세 때부터(신 18:15) 이스라엘의 지배적인 사상이었다. 우리 주님은 확실하게 그분의 설교와 가르침, 계시적인 기능뿐만 아니라 하나님을 섬기던 조상에게 임한 고난과 거부를 감당하셔서(마 23:29, 30, 눅 4:24 이하, 13:33, 34) 자신을 선지자적 직분과 동일시하셨다. 그분은 자신을 선지자라고 부르셨고(눅 13:33), 아버지로부터 받은 메시지를 전한다고 주장하셨으며(요 8:26-28, 14:10-24, 17:8, 26), 사람들은 그분을 선지자로 인식했다(마 21:11, 46, 눅 7:16, 24:19, 요 3:2, 4:19).

우선 그분은 자신이 가르친 하나님의 의가 무엇인지를 몸소 보여 주셨고, 성육신하신 그분의 임재는 우리의 구원을 위한 공의와 은혜를 신비적으로 조화시켰다. 신구약 성경에 나오는 귀를 뚫는 모습은 바로 하나님의 의에 대한 선포와 실재로서 그분의 선지자적 역할을 날카롭게 표현하고 있다(출 21:5, 6, 시 40:6-10, 히 10:5-7). 그분의 인성은 인간을 향한 신적 이상의 완성으로 요약되며, 그분의 의와 순종을 통해 우리의 반응은 실제적인 것이 되었다. 그분은 진정 독보적인 존재(sui generis)다. 자신이 의이기 때문에 의를 사랑하신 분이다. 현대의 긍정주의와 자연주의가 영구적으로 분리하길 바라는 인간 경험의 순수 지성적인 면과 도덕적인 면을 성경은 영구히 결합시킨다. 인간이 알고 행하는 바는 그가 누구인지에 의존하게 되는데, 바로 그리스도께서 이 도덕적 판단이 인류에게 임하도록 하신 것이다. 그분은 "하나님이여 보시옵소서 두루마리 책에 나를 가리켜 기록된 것과 같이 하나님의 뜻을 행하러 왔나이다"(히 10:7), "내가 많은 회중 가운데에서 의의 기쁜 소식을 전하였나이다 …… 내가 …… 주의 성실과 구원을 선포하였으며"(시 40:9, 10)라고 말씀하실 수 있는 분이다. 이는 하나님의 율법이 그분 마음에 있으며, 우리를 부르심도 공의 안에서 같은 자유를 누리도록 하심이기 때문이다.

제사장이신 그리스도

아론의 제사장직을 뛰어넘는 위대한 그리스도의 제사장직이 히브리서의 주제다. 성경에서 죄 용서는 특별히 죄에 대한 제물과 관련된다(요 1:29). 선지자적 말씀이 의에 관한 말씀인 것처럼 그리스도의 제사장적 행위는 심판 아래 있는 세상을 구원하기 위한 의를 성취하는 것이다. 우리의 생명을 위하여 주어진 그분 삶에 대한 개념은 성경적 계시에서 현저하게 볼 수 있다(막 8:31, 9:31, 10:33, 34, 45).

아론의 제사장직과 그리스도의 제사장직의 유비와 대조는 분명하다. 죄가 없으신 그리스도는 우선 다른 제사장들처럼 자신을 위해서는 제물을 드릴 필요가 없으셨다. 소와 염소의 피는 할 수 없었지만 그분의 피는 죄를 없앴으며, 제사장들의 사역은 반복되어야 했지만 그분의 사역은 최종적이었다(히 7장, 9장, 10장). 그리스도는 제사장인 동시에 제물이었고, 심판자인 동시에 죄인이었다. 따라서 여기에 삼위일체, 성육신, 속죄의 교리를 다루는 기독교의 심오한 신비가 있다. 그리스도의 제물 되심은 하나님의 사랑을 사기 위한 것이 아니라 그분이 우리 죄에 대한 심판에 순종하심으로 그 사랑의 선물이 되기 위한 것이다. 죄 때문에 우리가 하나님과 유지하던 관계는 죽음이었지만 그리스도께서 그 관계 속으로 온전히 들어오셨다(고전 15:3, 롬 4:25, 갈 1:4, 3:13). 이 속죄 행위는 그분을 우리 자신과 동일시하심으로 죄에 대해 화목을 이루신 대제사장적 행위다(히 2:17, 3:1). 그분은 천국에 들어가시어 아직도 우리를 위한 중재적(intercessory) 사역을 하고 계신다(히 4:4, 15, 9:11-15, 24-28, 10:19-22). 그분은 하나님 보좌의 온전한 아름다움과 완성된 구속 사역의 독특한 영광으로 영광을 받으시는 왕적 제사장이시다(히 10:10-14, 계 1:13, 5:6, 9, 12). 그분은 우리가 받아야 할 심판을 받으시고, 우리의 죽음을 죽으셨다. 그분은 우리의 슬픔을 지셨고 이제 우리를 구원하기 위해 사신다.

하지만 또 다른 유비가 있으니 아론의 제사장직과 대조를 이루는 멜기세덱의 제사장직과 그리스도의 제사장직에 대한 유비다. 멜기세덱은 그리스도의 사역의 영원하며 왕적인 특징을 예표한다(히 7장). 그리스도께서 행하신 사역은 제사장이 거룩한 곳을 가리는 수놓은 휘장을 넘어가기 위해 땅에 있는 성막에 짐승의 피를 뿌리는 것과 달리 지상에 있는 것이 예표하던(히 8:2) 하늘 '성전'에 그분 자신을 희생 제물로 드리는 것이었다. 이 제사장적 명령, 제사장적 제사, 희생 제물은 천상의, 영구적인, 그리고 초국가적이며 최종적인 것이었다. 하나님이 요구하시는 것을 그분이 만족시키기 위해 임한 이 은혜는 심판을 지나친 것이 아니라 심판을 통한 것이었다.

왕이신 그리스도

자신의 백성을 다스리는 하나님의 통치는 이스라엘 왕국의 지속적인 실패를 통해서도 증거된 신정 왕국의 이상이었다. 메시아적 왕권에 대한 약속은 다윗 언약에서도(삼하 7:12-29), 선지자들의 기대에서도(사 9:6, 7, 11:1-10, 42:1-4), 나다나엘의 외침에서도(요 1:49), 충동적인 무리에게서 자신을 지키신 주님의 관심에서도(요 6:15), 그리고 역설적인 십자가의 팻말에서도(요 18:37, 19:19) 현저하게 나타난다. 그분은 왕으로 여겨졌고(마 2:2, 행 17:7), 왕으로 선포되었고(히 1:8, 계 1:5), 왕적 권능과 찬란함으로 다시 오실 것이 기대되었다(딤전 6:14-16, 계 11:15, 19:16).

우리 주님이 빌라도에게 하신 말씀을 통해 이 왕권은 사람들 마음에 영적으로 임한 것으로 이해되었고, 많은 신학자는 산상수훈이 이 왕국의 원리와 제도에 대한 선언이라고 주장했다. 어떤 사역도, 어떤 성찬이나 예식 집례도, 어떤 성경의 은사와 역사도 예수 그리스도의 주 되심을 떠나 행해지는 것은 상상할 수 없다(마 28:19, 20, 요 16:13, 14). 지상 명령은 단순히 교회의 현재 질서뿐 아니라 이를 말씀하신 이의 주권을 선언한다. 진실로 성령의 인도를 받은 바울은 "예수가 모든 그리스도인의 주님"이라는 진리에서 온 우주를 향한 그리스도의 주권에 대한 선언으로 발전해 간다(골 1:16, 17, 히 1-3장).

따라서 기독교적 소망은 두 차원의 이해를 따라 움직인다. 그리스도의 왕국은 자신의 피로 산 진리와 의의 왕국이라는 것과, 십자가와 부활을 통해 그분이 소유하시고 입증하여 지금 교회와 세상에서 누리는 특권들은 마침내 최종적으로 그 능력을 발휘할 때가 있다는 것이다. 그분의 원수들은 그의 발등상이 될 것이며(히 10:13), 그분은 세상을 심판하실 것이다(마 25:31).

시험받으실 때와 마찬가지로 십자가에서도 그분은 악에 무너지지 않으셨다. 고난의 마지막 밤에 "이 세상의 임금이 오겠음이라"고 하시며 "그는 내게 관계할 것이 없으니"라고 하셨다(요 14:30_ 옮긴이). 악은 정복되었고 그리스도의 선지자적, 제사장적, 왕적 사역의 최종은 그리스도인을 위한 삶에서 실제적인 승리로 옮겨졌다. 죄는 이제 우리를 다스릴 수 없다. 더는 그럴 능력이 없기 때문이다. 하나님이 택하신 자를 누가 송사할 수 있겠는가? 의롭다 하신 이는 하나님이다.

이것이 우리의 제사장직이고, 우리의 선지자적 사역이며, 우리의 승리다. 그가 세상에 계셨던 것처럼 아직 우리는 세상에 있다. 그리스도인들에게는 그리스도를 위한 고난이 있고, 그리스도와 함께하는 고난이 있다. 그리스도인의 확신은 그분이 역사에서 이미 이루신 승리를 가지고 전쟁터에 들어온 유일한 군인이라는 데 있다.

【참고 문헌】

L. D. Bevan, "Offices of Christ," in J. Orr, ed., *International Standard Bible Encyclopedia*, Vol. I.

R. L. Ottley, "The Incarnation," in *Dictionary of the Bible*, Vol. II.

E. Brunner, *Dogmatics*, Vol. II.

T. Watson, *A Body of Divinity*.

The Larger Catechism of the Westminster Confession.

23장
속죄

레온 모리스

레온 모리스(Leon Morris, 1914-2006)_ 케임브리지 대학에서 박사 학위를 받은 영국 성공회 신약학자다. 그는 틴데일 하우스 책임자, 리들리 대학 학장, 그리고 트리니티 신학교 방문 교수를 지냈다. 「십자가의 사도적 설교」(*The Apostolic Preaching of the Cross*, 1955), 「신약 신학」(*New Testament Theology*, 1985, 기독교문서선교회 역간) 외 다수의 주석을 저술했다.

R. C. 모벌리(Moberley)가 성육신을 기독교의 '핵심적인(crucial) 교리'라고 말했을 때, 그가 사용한 형용사는 이미 그가 말하려는 바를 잘 보여 준다. '핵심적'(crucial)은 십자가를 뜻하는 라틴어 '크룩스'(*crux*)에서 유래한다. 따라서 우리가 "이것이 핵심이다"라든지, "문제의 핵심(*crux*)은 이것이다"라고 말할 때, 우리의 언어는 이미 "십자가가 기독교의 핵심인 것처럼, 내가 지금 말하려는 것이 이 토론의 핵심이다"라는 의미를 담고 있다. 이처럼 기독교 신앙에서 십자가의 중요성은 우리가 사용하는 언어를 형성했을 정도다.

    기독교 중심에 십자가가 있고, 그 십자가 위에서 성자께서 인간의 구원을 이루셨다. 간단히 말하면 속죄는 예수 그리스도께서 죽음을 통해 인간의 죄로 인한 문제를 완전히 해결하셨음을 의미한다. 해야 했던 것이 무엇이든 그분이 행하셨고, 이제 믿음으로 나아오는 자들은 온전한 구원에 들어가게 되었다. 이 일이 어떻게 이루어졌는지에 관해서 현재 교회에 존재하는 많은 이론은 수 세기에 걸쳐 생겨났는데, 그 어떤 것도 모두에게 보편적으로 받아들여지지는 않았다. 이 사실은 우리로 하여금 속죄에 관해 본질적인 신비가 있어서 인간이 온전히 이해하기는 어렵다는 결론에 이르게 한다. 하지만 성경이 분명하게 말하는 점들이 있고, 이를 통해 속죄에 대해 어느 정도 만족스럽게 이해할 수는 있다.

하나님의 사랑

가장 먼저 주목해야 할 것은 속죄는 하나님의 사랑의 마음에서 비롯된다는 점이다. 성경 전체에서 가장 잘 알려진 말씀이 바로 "하나님이 세상을 이처럼 사랑하사 독생자를 주셨으니 이는 그를 믿는 자마다 멸망하지 않고 영생을 얻게 하려 하심이라"(요 3:16)일 것이다. 이 말씀은 바울의 말과도 통한다. "우리가 아직 죄인 되었을 때에 그리스도께서 우리를 위하여 죽으심으로 하나님께서 우리에 대한 자기의 사랑을 확증하셨느니라"(롬 5:8). 이 가르침은 성경 전체를 통해 찾아볼 수 있다. 속죄는 오직 하나님의 사랑이 이끌 때에만 가능하다는 것이 기본이기 때문이다.

우리가 인용한 구절들이 어찌 생각하면 가장 자연스러워 보이는 그리스도의 사랑을 말하는 것은 아님을 주목하라. 그것은 십자가에서 보이신 아버지의 사랑이다(물론 성자의 사랑도 보이지만 우리가 인용한 구절들의 요지는 아니다). 이는 우리의 구원이 그 뒤에 있는 성부 하나님의 모든 위엄과 함께 우리에게 임하고 있음을 보여 준다는 점에서 중요하다. 이 것은 온전한 의미에서 신적인 역사다. 이는 또한 이 구원의 역사에서 성부와 성자는 완전히 하나임을 보여 준다는 점에서도 중요하다. 때로 최고의 동기를 부여하려는 의도에서 신학자들은 성부 하나님이 그저 엄격하기만 한 심판자라는 인상을 준다. 그분은 요구 사항을 나열하고 인간이 그것을 충족하지 못할 때 벌을 내리시는 분이다. 그러한 상황에서 그들의 심판자에게서 구원하기 위한 방법으로 사랑의 성자께서 개입하시는 것이다. 하지만 이것은 전혀 성경의 가르침이 아니며, 풍자적인 이야기 정도로 망설임 없이 무시하는 것이 마땅하다. 성부 하나님이 우리를 사랑하셔서 우리의 구원을 위해 자신의 아들을 주심으로 속죄가 이루어진다.

인간의 죄

바울은 교회의 기초적인 가르침 중 하나로 "그리스도께서 우리 죄를 위하여 죽의[셨음]"(고전 15:3)을 보여 준다. 초대 교회가 그리스도의 죽음과 인간의 죄가 밀접하게 관련되어 있음을 확신했기 때문에 이 가르침은 널리 문서화될 수 있었다. 따라서 이 둘은 속죄에 대한 신약 성경의 가르침으로 긴밀하게 연결되어 있음을 어렵지 않게 발견할 수 있다. 그러나 이 시대의 교회가 이 둘을 함께 주목하지 않는다면 그 연결을 쉽게 지나쳐 버릴 수 있다. 많은 사람이 그리스도를 순교자로 생각하며, 단순히 그분이 이해받지 못했기 때문에, 그리고 정치적이거나 기타 이유로 그분의 가르침을 거부했기 때문에 그분이 죽으셨다고 생각한다. 이러한 설명들은 오늘날 많은 사람에게 상당히 매력적이기는 하지만 분명 신약의 가르침은 아니다. 인간적으로 말하자면 예수는 자신이 택한 십자가를 피할 수 있었음에도 피하지 않기를 택하셨다. 그것이 죄를 다루는 하나님의 방법이기 때문이다.

종종 신약 성경은 그리스도의 피가 "죄 사함을 얻게 하려고"(마 26:28) 뿌려졌다고 주장한다. 바로 이 피가 "우리를 모든 죄에서 깨끗하게" 하고(요일 1:7) 우리의 "죄를 정결하게" 하며(히 1:3), 그분은 "친히 나무에 달려 그 몸으로 우리 죄를 담당하셨[다]"(벧전 2:24). 다른 표현들도 찾아볼 수 있겠지만 그분은 죄를 위해 되어야 할 모든 일을 행하셨다. "이것들을 사하셨은즉 다시 죄를 위하여 제사드릴 것이 없[도록]"(히 10:18) 그분은 완전하고 최종적으로 이 일을 감당하셨다.

신약의 증거는 분명하다. 그리스도의 죽음은 인간의 죄와 관련이 있다. 예수의 죽음은 인간의 죄에 대한 완전한 속죄가 된 것이다.

형벌적 대속

전통적이고 복음적인 이 견해는 죄인들이 받아야 할 형벌을 그리스도께서 대신 받으시고 그들의 자리를 그리스도께서 취하셨다고 주장한다. 성경이 형벌적 대속(penal substitution)이라는 용어를 사용한 적은 없지만, 로마서 3장 21-26절과 같은 구절을 다른 방법으로 설명하기는 어려울 것이다. 바울은 그 구절에서 십자가는 하나님의 의를 보여 준다고 말한다. 그의 요점은 하나님이 의롭다는 사실이 혼잡해지는 위험에 처하게 되었는데, 이는 과거에 하나님이 죄에 대한 형벌을 정확하게 내리지 않으셨기 때문이라는 것이다. 25절에 나오는 "탕감"(remission, KJV)은 '간과하심'(passing over)으로 번역하는 게 낫겠다 싶은데(한글 개역개정에는 "간과하심"으로 번역되어 있다_ 편집자), 이 번역은 하나님이 그 죄를 벌하지 않고 그냥 넘어가기로 하셨다는 의미를 지닌다. 따라서 그분은 정의롭지 않아 보인다. 하지만 십자가에서 그와 같은 비난은 더 이상 소리를 높일 수 없게 되었다. 그 상황에서 그것이 죄의 형벌을 대신 짊어짐을 의미하지 않는다면 무엇을 의미할 수 있겠는가?

'대속'이라는 말은 여러 곳에서 찾아볼 수 있다. 이는 "인자가 온 것은 …… 자기 목숨을 많은 사람의 대속물로 주려 함이니라"고 한 마가복음 10장 45절에서도 볼 수 있는데, 헬라어 '루트론 안티 폴론'은 대속적인 사상을 표현하는 것으로 전체적으로 "그리스도가 죽었기 때문에 많은 사람이 죽지 않는다"라는 의미다. 겟세마네에서의 버려짐으로 인한 고통스러운 절규(막 15:34)도 같은 의미다. 예수는 왜 죽음을 생각하면서 고통스러워하셨을까? 그분은 자신에게 감동받은 제법 많은 사람이 차분하게 죽음을 맞이하도록 한 것과 달리 겁쟁이셨던 것이 아니다. 그분이 두려워한 것은 죽음이 아니었다. 그분은 죄인들의 죽음, 즉 악을 차마 보지 못하시는(합 1:13) 정결한 분에게 버림받는 공포를 경험해야 하는 죽음을 두려워하신 것이다. 바울이 하나님은 "죄를 알지도 못하신 이를 우리를 대신하여 죄를 삼으[셨다]"(고후 5:21)고 했을 때도 같은 의미로, 이는 죽음을 통해 죄인들과 가장 근접하게 동일시되신 그리스도를 가리킨다. 그분은 죄인들의 죽음을 죽으셨다. 그래서 바울은 말하기를 "한 사람이 모든 사람을 대신하여 죽었은즉 모든 사람이 죽은 것이라"(고후 5:14)고 했다. "그리스도께서 우리를 위하여 저주받은바 되사 율법의 저주에서 우리를 속량하셨[다]"(갈 3:13)는 말에도 같은 진리가 들어 있다. 이는 틀림없이 우리가 짊어져야 할 저주를 그리스도께서 대신 지셨음을 의미한다.

그리스도께서 우리 죄를 짊어지셨다고 언급한 두 구절이 있다(히 9:28, 벧전 2:24). 요즘에는 죄인 된 사람들의 삶 가운데 있는 낙심과 어려움을 예수께서 감내하기로 하셨다는 의미로 이해하기도 하지만, 그것은 성경적으로 바른 의미가 아니다. 구약에도 에스겔이 "범죄하는 그 영혼은 죽을지라 아들은 아버지의 죄악을 담당하지 아니할 것이요……"(겔 18:20. 또한 민 14:33, 34 등 참조)라고 말할 때처럼 죄를 대신 담당하는 것을 염두에 둔 구절이 있다. 그렇다면 그 표현은 그리스도께서 우리의 형벌을 대신 감당하셨다는 의미다. 그분은 우리가 서야 할 곳에 서셨다.

가야바의 조롱 섞인 예언을 기록할 때에도 요한은 대속을 염두에 두고 있었다. "한 사람이 백성을 위하여 죽어서 온 민족이 망하지 않게 되는 것이 너희에게 유익한 줄을 생각하지 아니하는도다"(요 11:50). 가야바는 세상적인 정치적 조롱으로 한 말이지만, 요한은 그것이 주님의 죽음의 중요성에 대한 무의식적인 예언이었다고 기록한다(51절). 그분의 죽음은 백성을 위한 대속이었다. 마찬가지로 "우리 죄를 위한 화목제물"(요일 2:2, 4:10)이라는 말도 그리스도를 가리키는 것으로 이해해야 한다.

따라서 신약 성경이 그리스도의 구원 사역을 대속적인 것으로 보고 있다는 증거는 충분히 숙고할 만큼 풍성하다. 그분은 우리의 자리를 취하셨다. 하지만 그것이 이야기의 전부는 아니다. 그분의 죽음은 우리를 위한 본이 되고(벧전 2:21), 하나님의 사랑을 보여 준다(요일 4:10 등). 또 다른 측면도 있다. 완전한 그림을 이해한다면 마음 깊이 새겨야 할 또 다른 교훈이 있는데, 어느 누구도 하찮은 존재로 여겨져서는 안 된다는 것이다. 그러나 신약 성경 전체에서 무엇보다 기본이라 할 수 있는 대속에 관한 주제가 현대의 신학적인 글에서는 대체로 소홀히 다루어지고 있음은 틀림이 없다. 그리스도께서 우리를 위해 하신 것이 무엇이든 그분은 우리를 대신하여 그 일을 하셨다. 그분은 우리가 감당해야 할 것을 감당하셔서 우리를 자유하게 하셨다.

이를 부인하는 자들은 대체로 그렇게 부인할 때 얻는 결과를 제대로 이해하지 못한다. 사실 그리스도가 우리 죄의 짐을 감당하시든 아니면 우리가 감당하든 두 가지 가능성만 존재한다. 중간은 없다. 따라서 그리스도가 우리 짐을 감당하신다는 것을 어떤 모양으로든지 부인하는 것은 **구속**(redemptive)의 종교로서 기독교 사상 전반을 포기하는 것이다. 우리는 대속을 신중하게 다루어야 한다. 그것은 대충 생각할 수 있는 형식적인 것이 아니다. 대속이란 대속자가 한편으로는 하나님과 함께하고, 다른 한편으로는 죄인들과 함께한다는 생각을 내포한다. 따라서 신자들은 동떨어진 상태에서 구원받는 것이 아니라 '그리스도 안에서' 구원을 받는다. 그러나 대속을 신중하게 생각해야 한다고 해서 우리에게 이 개념을 포기할 수 있는 자유가 있다는 의미는 아니다. 이는 성경에 깊이 뿌리를 두고 있고, 이를 위한 상황의 논리에 의해 아주 강력하게 요구되기 때문이다.

십자가에 달리신 분의 승리

부활의 절정을 다루면서 바울은 외친다. "사망아 너의 승리가 어디 있느냐 사망아 네가 쏘는 것이 어디 있느냐." 그리고 대답한다. "사망이 쏘는 것은 죄요 죄의 권능은 율법이라." 그리고 바로 이어서 말한다. "우리 주 예수 그리스도로 말미암아 우리에게 승리를 주시는 하나님께 감사하노라"(고전 15:55-57). 그리스도의 사역을 다루는 신약 성경 전체를 통해 이 승리에 대한 주장이 흐른다. 복음서는 십자가로 끝나지 않고 곧이어 부활에 관한 말로 이어진다. 사도행전은 초대 교회가 어떻게 부활의 여운으로 생명을 유지했는지를 그리고 있으며, 누가가 기록한 설교들에는 부활이 그들의 생각을 어느 정도 주도하고 있었는지가 잘 나타나 있다. 서신들에도 같은 승리가 묘사되어 있으며, 승리의 선언이 분명하게 울려 퍼지는 성경의 마지막 책에서도 이 승리가 나타난다. 신약 성경 기자들은 그리스도가 그들을 위하여 죄와 사망과 지옥의 권세를 완전히 정복하셨다고 믿었음이 확실하다. "이 모든 일에 우리를 사랑하시는 이로 말미암아 우리가 넉넉히 이기느니라"(롬 8:37).

신약 성경은 전체적으로 인간의 구원은 철저하게 그리고 유일하게 하나님이 그리스도 안에서 행하신 일에 의존하고 있음을 전제하는데, 대속이 바로 그 핵심 교리다. 그리스도의 구원 역사가 없다면 인간은 잃어버린 바 된 자들일 뿐이다. 그리스도 안에서 그들은 영광스럽게 구원받는다.

【참고 문헌】

J. Denney, *The Death of Christ* (아마 지금까지 가장 보수적인 책일 것이다. R. V. G. 태스커가 개정판을 썼다).

_____, *The Christian Doctrine of Reconciliation*.

R. W. Dale, *The Atonement* (기본서. 이 주제와 관련해서는 P. T. 포사이스가 쓴 다른 다양한 책이 더 유용하다).

H. E. Guillebaud, *Why the Cross?* (얇지만 중요한 책이다).

24장
그리스도의 중재 사역

로버트 로스

> 로버트 로스(Robert Paul Roth, 1919-2011)_ 시카고 대학에서 박사 학위를 받고 노스웨스턴 루터교 신학대학원에서 가르친 루터교 신학자다. 그는 『이야기와 현실』(Story and Reality, 1973)과 『하나님의 연극장』(The Theater of God, 1985)을 저술했다.

그리스도의 중재 사역은 인간의 곤경이 존재적으로 당연한 것이 아니라 창조주에게서 피조물이 갈라선 원수 됨에서 비롯되었음을 전제한다. "곧 우리가 원수 되었을 때에 그의 아들의 죽으심으로 말미암아 하나님과 화목하게 되었은즉 화목하게 된 자로서는 더욱 그의 살아나심으로 말미암아 구원을 받을 것이니라"(롬 5:10). 더 나아가 인간의 존재에 대한 단순한 심리적, 철학적 분석만으로는 인간학을 제대로 말할 수 없는 것처럼 속성과 본성에 있어서 그리스도에 대한 정의 없이는 그분의 중재적 행동을 합당하게 묘사할 수 없다. 그러나 많은 현대 개신교 신학은 단순히 하늘에 계신 주님의 상태의 물리적 개념에 대한 반발로 그리스도 사역의 실제를 가스뿐인 공허의 상태로 증발시켜 버리고 있다. 성경적으로 바른 이해는 하나님의 말씀이신 그리스도의 인격적인 간구의 능력이 실제적인 것임을, 그리고 하나님이 적당한 때에 예수 안에서 경건치 못한 자들을 위한 생명을 주심을 인정하는 것이다.

구약의 제사장적 제물

중재의 개념은 구약의 제사장적 제물에 그 근원을 두고 있다. 하나님은 이스라엘 백성에게 단번에 드려진 예수라는 제물이 있기 전에는 속죄를 위해 하나님이 받으실 만한 제물을 드리게 했다. 아론은 일 년에 한 번, 소와 염소와 양을 가지고 거룩한 곳으로 가서 안수한 후에 그것들을 죽여 그 피를 은혜의 보좌 앞에 뿌리고 양을 번제물로 드리라는 명령을 받았다(레 16:5-19). 두 번째 염소는 안수하고 백성의 죄를 고백한 후에 광야로 끌고 갔다(레 16:20-22). 이러한 제사 제도는 하나님이 이삭을 대신하여 제물을 준비하신 아브라함의 경험에 귀를 기울이게 하는데, 이는 모두의 허물을 짊어진 고난받는 종에 대한 이사야의 예언에서 그리스도를 가리키는 것이었다(창 22:8, 사 53:6).

따라서 제사의 역사를 통해 나타난 중요한 흐름은 나뭇가지에 걸린 아브라함의 양에서 하나님의 어린양 예수까지 제물을 제공하시는 하나님의 중재다. 바로 여기에 제물에 대한 성경적인 이해와, 이교도와 유대인의 왜곡된 이해의 차이가 있다. 이교의 제물에서는 신의 사랑을 얻기 위한 소망으로 인간이 선물을 드렸다. 즉 인간은 제물을 통해 신을 변화시키려고 애를 쓰는 것이다. 유대교의 제사에서는 인간의 마음을 바꾸길 소망하며 인간이 자신을 깨끗하게 하여 하나님이 받으실 만하도록 노력했다. 하지만 기독교의 계시는 신구약 모두 하나님이 직접 하나님의 진노를 자비로, 죄인을 의인으로 바꾸기 위한 제물을 준비하신다고 가르친다.

「공포와 전율」(Fear and Trembling)에서 쇠렌 키르케고르가 언급한 이 피게네이아(Iphigenia), 입다의 딸, 아브라함의 아들은 제물의 개념에 대한 좋은 예를 제공한다(옥스퍼드, 1943, 127쪽 이하). 아가멤논(Agamemnon)과 입다는 이유가 있어서 제물을 준비한다. 아가멤논은 자신이 원하는 바람을 얻기 위해서 딸인 이피게네이아를 제물로 바치기로 서원한다. 입다는 자신이 암몬 족속을 물리친 후에 누구든지 문 앞에서 가장 먼저 자신을 영접하는 자를 감사 제물로 바치기로 서원한다. 아브라함에게는 윤리적으로 정당화될 수 있는 이유가 없었다. 그는 단지 주님에 대한 순종으로 이삭을 제물로 준비한다. 아가멤논이 행한 것은 신들을 조정하기 위한 인간의 최고 노력이고, 입다가 한 것은 마음의 진실함을 보전하기 위한 인간의 단호한 시도다. 아브라함만이 가장 사랑하는 독자든, 아니면 나무에 걸린 양이든 하나님이 준비하신 제물을 드림으로 하나님의 중재 사역을 받아들였다.

그리스도의 화목 제물

구원 역사에 따르면 때가 되었을 때('카타 카이론') 소망도 없고 반역적인 죄인들을 성부와 화목시키기 위해 희생 제물의 수단을 통해 하나님의 메시아가 개입하셨다(롬 5:6). 따라서 구약에서 제사장이 인간을 대표하여 하나님에게 제물을 드렸듯이 이제 인간으로서 예수 그리스도는 자신을 "향기로운 제물과 희생 제물로 하나님께 드리셨[다]"(엡 5:2). "하나님이 죄를 알지도 못하신 이를 우리를 대신하여 죄로 삼으신 것은 우리로 하여금 그 안에서 하나님의 의가 되게 하려 하심이라"(고후 5:21).

인간을 향한 은혜로운 은총 가운데 죄와 육체와 악의 속박에서 우리를 자유하게 하기를 원하신 하나님은 "죄 있는 육신의 모양으로" 자신의 아들을 보내셨다(롬 8:3). "그러므로 그가 범사에 형제들과 같이 되심이 마땅하도다 이는 하나님의 일에 자비하고 신실한 대제사장이 되어 백성의 죄를 속량하려 하심이라"(히 2:17). 헬라어 동사 '힐라스케스타이'와 로마서 3장 25절에서 명사 형태로 나오는 '힐라스테리온'은 모두 칠십인역에서 지성소에 있는 은혜의 보좌 앞에 드려진 화목 제물을 가리키는 데 사용되었다(출 25:17, 31:7, 35:12, 37:6, 레 16:2, 13). 그 의미는 하나님인 그리스도께서 자신의 생명을 희생하셔서 죄인들을 위해 자비롭게 행하셨다는 것이다. 모든 의를 만족시키기 위해서 그리스도께서 받으신 이 고난은 하나님에게 기쁨이 되었는데, 이는 그분이 자신의 피조물을 위하여 자신을 드린 하나님의 영광이기 때문이다(마 3:15-17).

중재는 양쪽을 모두 대변하는 중보자에 의해 이루어져야 한다. 제사장은 그러한 중보자다. 거룩한 하나님이 받으실 흠 없는 예물을 드릴 때 그분의 백성을 대표하기 때문이다. 하지만 여기서 모든 인간의 중재는 효력이 없음이 드러난다. 예물은 흠이 없을 수 없기 때문에 하나님에게 기쁨이 될 수 없다. 죄 없는 그리스도께서 자신을 드릴 때에만 그리스도의 중재를 통해 순전한 예물이 드려진다.

그리스도의 지속적 사역

그리스도의 사역은 '다 이루셨다'('테텔레스타이')의 의미에서는 분명히 완성되었지만, '끝났다'('피니스')의 의미에서는 십자가의 죽음으로 끝난 것이 아니다. 그분은 하늘에서 죄인들을 위해 계속 간구하고 계신다. 희생 제물은 그리스도 중재의 기본적인 의미다. 이는 희생 제물을 통하여 하나님이 자신의 원수들 위에 영광을 받으셨고 반역적인 피조물들이 화목케 되었기 때문이다. 그러나 구약에서 희생 제물의 중요한 순간은 제물을 죽일 때가 아니라 그 피로 행해야 할 일을 행할 때다. 피는 제물의 생명을 의미하고, 따라서 피가 뿌려질 때 그것은 제물의 생명을 붓는 것을 의미했다. 속죄일의 예식 제사 때 제사장은 성전 휘장을 지나 지성소로 들어가 제물의 생명인 피를 은혜의 보좌에 뿌렸다. 따라서 그리스도께서 단번에('에파팍스') 드리신 희생의 순간은 골고다에서의 죽음의 순간이 아니라 승천 때 자신의 희생 제물을 성부께 드린 천국의 순간이다. 바울이 "죽으실 뿐 아니라 다시 살아나신 이는 그리스도 예수시니 그는 하나님 우편에 계신 자요 우리를 위하여 간구하시는 자시니라"(롬 8:34)고 했을 때, 이는 하늘에서의 중보를 강조한 것이다. 골고다에서 단번에 드린 희생적 죽음을 신중하게 다룬 히브리서 저자도 하늘에서의 지속적인 중보를 선언하는 데 주저하지 않았다. "그러므로 자기를 힘입어 하나님께 나아가는 자들을 온전히 구원하실 수 있으니 이는 그가 항상 살아 계셔서 그들을 위하여 간구하심이라"(히 7:25).

그리스도는 대제사장이 해마다 제물을 드린 것처럼 자신을 반복적으로 드리지 않으시고, 십자가에서의 사건을 통해(히 9:25) 이 세상에 있는 모든 사람이 볼 수 있도록 단번에 나타나셨다. 그러나 참된 지성소인 하나님의 임재 앞에 영원토록 사는 한, 그분은 우리를 위해 지속적으로 간구하신다. 따라서 반복될 수 없는 역사적 사건인 십자가는 전에는 선지자들의 말에 나타난 예언적 약속을 통해서, 나중에는 사도들의 말에 나타난 완성된 믿음을 통해서 역사의 모든 세대에게 유효한 희생 제사가 된다. 우리의 구원은 "사도들과 선지자들의 터 위에 세우심을 입은 자라 그리스도 예수께서 친히 모퉁이돌이 되셨[다]"(엡 2:20).

승천하신 그리스도의 간구를 통하여 그분의 제사장적 직분은 왕적 직분과 조화를 이룬다. "오직 그리스도는 죄를 위하여 한 영원한 제사를 드리시고 하나님 우편에 앉으사 그 후에 자기 원수들을 자기 발등상이 되게 하실 때까지 기다리시나니"(히 10:12, 13).

이것이 바로 예수께서 요한복음 17장의 제사장적 기도에서 보여 주신 그리스도의 희생적 낮아지심과 승리의 높아지심의 역설이다. 이 기도의 전체적인 주제는 '독사', 하나님의 영광이다. 그분은 "아들을 영화롭게 하사 아들로 아버지를 영화롭게 하게 하옵소서"(1절)라고 기도를 시작하신다. 그분은 이 세상에 오신 이유, 즉 그분의 죽음의 때를 언급하신다. 이 경건한 사건의 격렬함은 자신의 아들을 가당치 않은 미움으로 처형하셔서 영광을 받으시는 것을 통해 나타난다. 예수는 낮은 모습으로 출생하심을 통해, 우리의 죄악 된 육체로 오심을 통해, 그리고 거절과 죽음을 통해 이 땅에서 하나님을 영화롭게 하셨다. 이제 하늘에서 하나님을 영화롭게 할 순간이 왔다. 그분은 죽음에서 부활하시어 존귀케 되셨고, 만물을 그 발아래 두시어 아버지 우편에 앉아 하늘과 땅을 다스리신다(고전 15:25). 하지만 왕적인 능력으로 다스리시는 그분의 사역은 바로 하나님 앞에서의 지속적인 간구다. 하나님의 영광은 다름 아닌 그리스도의 이 중보 사역인 것이다.

그분이 드리신 기도의 나머지는 그 이름이 하늘에 기록된, 택함받은 자들에게 하나님의 영광이 주어짐으로 그리스도와 아버지가 하나인 것처럼 그들도 하나가 되도록 하는 간구다. 실제적으로 이는 진리로 인도하는 성령에 대해 처음 언급하신 부분에 이르게 되고(요 16:13), 이 진리는 추상적이든 실제적이든 이 세상의 지혜로서가 아니라 자신의 피조물을 위해 고난당하시고 그들을 여전히 능동적인 열정으로 이끄시는 하나님의 직접적이고 능동적이며 하나 되게 하는 사랑으로 나타난다. 여기서 그리스도의 간구와 성령의 간구의 관계를 주목해 보는 것도 흥미롭다. 바울은 로마서 8장에서 그 의미를 바꾸지 않고 그리스도의 지속적 사역을 거의 대신할 수 있는 성령의 중재 사역에 관해 언급한다. 하나님은 한 분이고 이를 분리하는 구분은 하나님을 정당하지 않게 나누는 것이라고 볼 때, 이는 그리 놀라운 일이 아니다. 그러나 요한의 가르침에 따르면 승천 이후 성령의 중재 사역은 모든 사람을 그리스도께 인도하기 위해 이 세상에서 행해지는 은혜의 사랑인 반면, 그리스도의 중재 사역은 하늘 성전의 휘장 안에서 보이는 하나님의 사랑임을 분명히 알 수 있다. 이는 그리스도께서 이제 세상에 계시지 않다는 의미가 아니라 오직 성령을 통해서만 사람들이 그분을 주님이라고 고백할 수 있게 된다는 의미다(고전 12:3).

그리스도의 중재를 공유함

그리스도의 중재 사역의 결론적인 적용은 이 간구를 우리가 어떻게 공유할 것인가다. 그리스도의 고난이 하나님의 영광으로 선포되었다. 이 사역이 우리를 위한 것인 만큼 성령께서는 우리를 교회라고 부르는 예배 공동체로 부르고 모으신다. 그래서 히브리서 저자는 "그러므로 형제들아 우리가 예수의 피를 힘입어 성소에 들어갈 담력을 얻었나니 …… 우리가 마음에 뿌림을 받아 악한 양심으로부터 벗어나고 몸은 맑은 물로 씻음을 받았으니 참 마음과 온전한 믿음으로 하나님께 나아가자……"(히 10:19-24)고 말한다. 그리스도의 중재 사역에 대한 우리의 반응은 우리 자신을 산 제물로 드리는 감사의 제사 형태로 나타난다. 바울은 골로새 교회의 교인들에게 말한다. "나는 이제 너희를 위하여 받는 괴로움을 기뻐하고 그리스도의 남은 고난을 그의 몸 된 교회를 위하여 내 육체에 채우노라"(골 1:24).

루터는 속죄의 제사와 감사의 제사를 구분했다(J. Pelikan, *Luther the Expositor*, Concordia, 1595, 238쪽). 그리스도의 제사는 속죄에 충분한, 단번에('에파팍스') 드려진 제사다. 이 간구에서 우리가 공유하는 것은 감사의 반응으로 참여하는 것이고, 성찬 예배를 통하여 그리스도의 속죄 제사를 기념하는 것이다. 그렇게 해서 우리는 성부 앞에서 그분의 사역을 반복적으로 구하게 되고, 교회는 하나님에게 드린 그리스도의 제사에 연합하여 우리가 자신을 드릴 수 있는 상황을 마련하게 된다. 교회가 드리는 제물은 이웃을 위하여 세상에서 진리와 고난과 희생과 섬김의 은혜로운 청지기 역할을 감당하는 것이다. 이것이 또한 루터가 말한 만인제사장 교리의 진정한 의미다. 보편 제사장직은 교회 정치의 논리와 아무 상관이 없다. 다만 그리스도의 중재를 공유함과 관련된 것으로 그리스도 안에 있는 모든 사람은 그분의 이웃에게 제사장이 된다는 의미다. 이는 모든 사람이 종교적 개인주의 차원에서 자기 자신의 제사장이 된다는 의미가 아니라 교회 안에서 성례적 헌신을 통해 모든 사람이 이웃에게 작은 그리스도(즉 그리스도인)가 될 수 있다는 의미이고, 그리되도록 권해야 한다는 의미다.

결론적으로 그리스도의 중재 사역에 대해 성경은 그리스도의 영광스러운 고난이 우리로 하여금 하나님과 화목하게 하고 타락한 피조물에게 새 생명을 주신 교제에 참여하게 해서 그들로 하여금 이 세상에서 기쁨 가운데 고난에 동참함으로 하나님을 영화롭게 한다고 선포한다. 요한은 첫 번째 서신에서 말하기를, "나의 자녀들아 내가 이것을 너희에게 씀은 너희로 죄를 범하지 않게 하려 함이라 만일 누가 죄를 범하여도 아버지 앞에서 우리에게 대언자가 있으니 곧 의로우신 예수 그리스도시라"(요일 2:1)고 했다. 요한은 자신의 복음서에서 성령의 기능을 정의하기 위해 사용한 단어('파라클레토스', 대언자)를 그리스도께 사용한다. 따라서 그 사역이 하늘에 계신 하나님을 향한 것이든 이 땅에 있는 인간을 향한 것이든 하나님의 은혜의 사랑은 언제나 우리의 필요를 채우기에 충분하다. 우리가 사랑을 실천함으로 강하든 아니면 죄의 실패로 약하든, 우리에게는 대언자, 곧 곁에서 우리를 도우시는 분이 계심을 확신한다. 우리와 세상을 위해 고난당한 사랑이신 예수 그리스도는 중보하시며 위로하시는 우리의 친구시다.

【 참고 문헌 】

G. Aulén, *Eucharist and Sacrifice*.

E. Brunner, *The Mediator*.

O. Cullmann, *The Christology of the New Testament*, 「신약의 기독론」, 나단 역간.

W. Manson, *The Epistle to the Hebrews*.

V. Taylor, *Jesus and His Sacrifice*.

_____, *The Atonement in New Testament Teaching*.

25장
성령의 사역

존 월부르드

> 존 월부르드(John F. Walvoord, 1910-2002)_ 복음주의 신학교에서 박사학위를 받고 댈러스 신학대학원의 학장으로 섬긴 세대주의 신학자다. 그는 「아마겟돈, 기름, 그리고 중동의 위기」(*Armageddon, Oil and Middle East Crisis*, 1974), 「성령」(*The Holy Spirit*, 1991), 「성경에 있는 모든 예언」(*Every Prophecy in the Bible*, 1999)을 저술했다.

성령의 사역은 창세기 1장에서 요한계시록 22장까지 성경에 편만하게 나타날 뿐만 아니라 하나님의 피조 세계의 모든 면으로 확장된다. 위대한 네덜란드 신학자 아브라함 카이퍼(Abraham Kuyper)는 성령의 사역을 중요한 두 가지 언급으로 요약했다. "우선 성령의 사역은 택함받은 자에게 국한되지 않고 그들의 중생에서 시작되지도 않는다. 오히려 생물과 무생물을 포함한 모든 피조물에 관여하며, 택함받은 처음 순간부터 택함받은 자들 안에서 활동하신다. 두 번째로 모든 피조물 안에서의 성령의 합당한 역사는 그분의 존재와 재능, 그리고 최고의 경우에 그분의 구원인 영생을 가리키는 생명을 일깨우고 유지하는 것이다" (*The Work of the Holy Spirit*, 46쪽). 하나님의 세 번째 위(Third Person)로서 성령의 중요성과, 성경에 계시된 포괄적인 사역을 고찰해 볼 때, 성령의 사역은 하나님의 모든 중요한 일의 핵심이다. 그렇기 때문에 성령의 사역에 관한 교리는 성경과 조직 신학의 핵심 교리이며, 이에 관한 견해는 성령론을 포함한 모든 신학 체계를 결정한다.

정의

주후 589년에 개정된 니케아 신경은 성령의 존재와 사역에 대한 교회의 믿음을 다음과 같이 정의한다. "나는 생명의 주인이며 증여자가 되시는 성령을 믿는다. 그분은 성부와 성자에게서 나오며, 성부와 성자와 함께 경배와 영광을 받으시는 분이다." 웨스트민스터 신앙고백과 같은 현대 신조는 성령 하나님을 삼위의 한 분으로, 성부와 성자와 함께 "본질과 능력과 영원이 하나이신" 하나님의 삼위라고 정의한다. 심지어 삼위일체와 관련하여 '위격'(person)이라는 단어를 피한 칼 바르트도 성령에 관해 말하면서 "성령은 전적인 주권과 낮아지심, 하나님의 감추심과 드러내심에서 완전한 신성을 가지신 주 하나님이다"(*The Holy Ghost and the Christian Life*, 11쪽)라고 했다. 성령의 인격, 신성, 나오심, 신적 속성은 모두 정통 신학에서 확인되었다. 찰스 하지가 표현한 대로 "4세기 이후로 그분의 인격을 인정하는 사람은 누구도 그분의 참된 신성을 부인하지 않았다"(*Systematic Theology*, Vol. I, 527쪽, 「조직 신학」, 크리스챤다이제스트 역간).

따라서 성령의 사역은 하나님의 사역이다. 하나님의 모든 중요한 일은 어떤 모양으로든 성령의 사역과 관련되어 있다. 성령의 현저한 사역들 중에는 신적 계시, 성경의 영감, 물리적 세상의 창조, 그리스도의 잉태되심, 영적 섬김을 가능케 하심, 신자들에게 영생을 주심, 성도들 안에 거하며 세례를 베푸심, 기적적인 일들, 영적 은사를 베푸심, 예언을 드러내심 등이 있다.

구약 성경에 나타난 성령

창세기 첫 장에서 하나님의 영은 수면을 운행하시는 분으로 소개된다. 자신의 고전적 작품인 「성령론」(A Discourse Concerning the Holy Spirit)에서 존 오웬(John Owen)은 "그분이 없이는 모든 것이 죽은 바다여서 무자비한 혼란, 어둠에 덮인 혼돈으로 가득 찼을 것이다. 그러나 그 위에 하나님의 영이 운행함으로 다시 살려 열매를 맺게 하는 선(virtue)을 가능케 했다"(56쪽)고 말한다. 창조에 나타난 성령의 역사는 창세기 1장 2절에서처럼 질서와, 욥기 26장 13절에서처럼 설계와, 욥기 33장 4절과 창세기 1장 26절에서처럼 생명과, 시편 33편 6절과 19편 1절에서처럼 창조의 영광과 관련이 있는 것으로 보인다.

하지만 구약에 나오는 가장 중요한 성령의 역사는 성경에 나타난 하나님의 계시와 영감의 관계이다. 선지자들에게 주어지고 성경에 기록된 계시는 성령에게서 비롯된다(벧후 1:21, 삼하 23:2, 미 3:8 참조). 종종 성경의 기록 자체가 성령의 영감에서 기인하기도 한다(삼하 23:2, 3, 사 59:21, 마 22:42, 43, 시 110:1 참조, 막 12: 36, 행 1:16, 시 41:9 참조, 행 28:25, 사 6:9, 10 참조, 히 3:7, 10:15, 16). 사도 베드로는 모든 예언의 기원으로 성령을 말하기도 했다. "예언은 언제든지 사람의 뜻으로 낸 것이 아니요 오직 성령의 감동하심을 받은 사람들이 하나님께 받아 말한 것임이라"(벧후 1:21).

구약에서는 사람을 향한 성령의 사역도 중요하다. 수많은 경우에 하나님을 섬기도록 사람들에게 능력을 부여하신 분이 성령이었다(창 41:38, 출 28:3, 31:3, 35:30-35, 민 11:17, 25, 삿 3:10, 6:34, 11:29, 13:25, 14:6, 19, 15:14,

삼상 10:9, 10, 16:13, 단 4:8, 5:11-14). 신약과 대조해 볼 때, 구약에서 성령의 내주하시는 사역은 영적인 자질이나 모든 신자에게 주어진 은사와 반드시 관련되어 보이지는 않는다. 성령의 내주가 일시적인 경우도 있었다(삼상 16:14, 시 51:11). 성령은 구약에서 지혜, 특별한 재주, 특별한 육체적 힘, 기적, 신적 계시의 근원이었다.

그리스도와 성령의 관계

신약에서 성령의 사역은 그리스도의 동정녀 탄생과 관련하여 소개된다. 누가복음 1장 35절에 따르면 그리스도는 성령으로 잉태되었고 잉태되는 순간부터 성령으로 충만하셨다(사 11:2, 3, 42:1-4, 61:1, 2, 요 3:34. 눅 1:15 참조). 세례 요한에게 세례를 받을 때 그리스도를 위한 성령의 사역은 관계의 시작을 의미한 것이 아니라 오히려 그 관계를 선언한 것이었다. 마태복음 12장 28절과 누가복음 4장 14, 15, 18절에 따르면 기적과 같은 그리스도의 공적 사역도 성령에게서 기인한다. 성령에 의해서 그리스도는 설교를 위한 기름 부음을 받으셨다(마 12:18-21. 사 42:1-4 참조. 눅 4:18-21. 사 61:1, 2 참조). 그리스도를 십자가 죽음으로 인도한 그분의 고난과 시험에서도 성령은 그리스도를 섬기셨다는 증거들을 추론해 볼 수 있다.

구원에 있어서 성령의 역사

성령의 주요 사역 가운데 하나는 잃어버린 자의 구원과 관계가 있다. 요한복음 16장 8절에 따르면 성령께서 "와서 죄에 대하여, 의에 대하여, 심판에 대하여 세상을 책망하시리라"고 했다. 성령은 그리스도를 믿는 행위에도 불가해하게 역사한다. 한 영혼이 구원의 영역에 들어올 때, 그는 성령에 의해서 태어나거나 거듭나게 된다(요 1:13, 3:3-7, 롬 6:13, 고후 5:17, 엡 2:5, 10, 딛 3:5, 약 1:18). 성령에 의해 발생하는 중생은 신자들에게 새로운 본성, 새로운 경험, 그리고 그리스도 안에서 새로운 안전을 제공한다.

성령의 내주하심

신약에서 현저하게 볼 수 있는 것이 성령의 내주에 관한 교리다. 그리스도께서는 요한복음 14장 17절에서 진리의 영에 관해 예언하셨다. "너희는 그를 아나니 그는 너희와 함께 거하심이요 또 너희 속에 계시겠음이라." 성령의 내주에 대한 약속은 모든 신자가 성령의 내주하시는 임재를 공통으로 소유한 오순절 때 성취되었다. 그러므로 성령을 소유함은 구원에 본질적인 것이다(롬 8:9, 유 19절). 성령의 임재는 구속의 날까지 하나님의 인 치심이다(엡 4:30, 엡 1:13, 고후 1:22 참조).

성령 세례

복음서에서 예언되고 오순절에 처음 일어난 사건으로(행 1:5, 행 11:15-17 참조) 성령 세례는 새신자를 그리스도의 몸에 들어오게 하는 것으로 정의된다. 따라서 그것은 중생, 성령의 내주하심, 성령 충만과 혼동되지 말아야 한다.

성령 충만

성령 충만이라고 묘사된 성령의 사역도 대단히 중요하고 생동적이다. 조건을 갖춘 사람들에게 중요한 사역이 주어지는데, 이를 성령의 중생, 내주, 세례, 인 치심과 같이 모든 신자에게 주어진 성령의 사역과 혼동하지 말아야 한다. 성령 충만은 반복적으로 주어지고 거두어들일 수 있는 성령의 사역이다. 실제적으로 모든 영적인 경험은 성령의 이 사역과 관련이 있다.

성령 충만을 위한 기본 조건은 갈라디아서 5장 16절에 나와 있다. "성령을 따라 행하라 그리하면 육체의 욕심을 이루지 아니하리라." 따라서 인간 본성의 죄성을 극복하는 능력은 성령에게서 비롯된다. 성령으로 행함은 성령의 구원하시는 능력에 믿음을 가지고 지속적으로 의존함을 포함한다. 성령 충만함에 죄가 없는 완전함이 약속되지는 않았지만 경험으로 나타나는 통제와 은혜는 수혜자의 삶을 변화시켜 육체의 일이 아닌 성령의 열매를 맺게 한다. "사랑과 희락과 화평과 오래 참음과 자비와 양선과 충성과 온유와 절제니"(갈 5:22, 23).

이러한 흡족한 경험과 아울러 명령도 주어졌다. 성령을 거절하지 말라는 의미로 "성령을 소멸하지 말[라]"(살전 5:19), 하나님에게 불순종하고 죄를 고백하지 않는 상태를 가리키는 "하나님의 성령을 근심하게 하지 말라"(엡 4:30) 등이 그 명령이다. 성령 충만은 거룩하게 하고(롬 15:16), 가르치고(요 16:12, 13, 고전 2:9-3:2), 인도하고(롬 8:14), 확신을 주고(롬 8:16), 예배하게 하고(엡 5:18-20), 기도하게 하고(롬 8:26), 섬김을 위한 능력을 공급하는(요 7:38, 39) 성령의 역사를 용납하여 신자들을 위한 성령의 사역이 제약받지 않는 특징이 있다. 각 신자에게 임하는 성령의 다양한 은사는 오직 성령으로 강해질 때에만 온전하게 사용될 수 있다.

적용

하나님의 자녀들을 위한 모든 영적 능력의 비밀은 하나님의 성령과의 합당한 관계에서 비롯된다. 이는 초보자뿐 아니라 성숙한 신자에게도, 그리고 특별한 은사를 가진 자와 일반적인 능력을 가진 자 모두에게 적용되는 말이다. 바울은 말한다. "우리가 세상의 영을 받지 아니하고 오직 하나님으로부터 온 영을 받았으니 이는 우리로 하여금 하나님께서 우리에게 은혜로 주신 것들을 알게 하려 하심이라 우리가 이것을 말하거니와 사람의 지혜가 가르친 말로 아니하고 오직 성령께서 가르치신 것으로 하니 영적인 일은 영적인 것으로 분별하느니라 육에 속한 사람은 성령의 일들을 받지 아니하나니 이는 그것들이 그에게는 어리석게 보임이요 또 그는 그것들을 알 수도 없나니 그러한 일은 영적으로 분별되기 때문이라"(고전 2:12-14). 고린도 교회에서 대응된 것과 마찬가지로 현대의 복잡한 세상에서도 사람의 마음에 역사하시는 성령의 능력은 인간의 지혜와 하나님의 계시, 인간의 약함과 하나님의 능력, 육적인 것과 영적인 것의 차이를 나타낸다. 모든 구원받은 영혼은 성령으로 거듭났다. 모든 부흥은 성령의 역사이며, 모든 영적 진리는 성령께서 가르치신 것이고, 모든 거룩한 성품은 성령에 의해 거룩해진 것이다.

【 참고 문헌 】

K. Barth, *The Holy Ghost and the Christian Life*.

L. S. Chafer, *Systematic Theology*, Vol. VI.

L. Gaussen, *Theopneustia*.

A. Kuyper, *The Work of the Holy Spirit*.

F. E. Marsh, *Emblems of the Holy Spirit*.

J. Owen, *A Discourse Concerning the Holy Spirit* (from *The Works of John Owen*, William H. Goold, ed., 4 vols., Philadelphia, 1862).

R. Pache, *La Personne et l'Oeuvre de Saint-Esprit*.
W. H. G. Thomas, *The Holy Spirit of God*.
J. F. Walvoord, *The Holy Spirit*.

26장
일반 은총

M. 유진 오스터헤이븐

> M. 유진 오스터헤이븐(M. Eugene Osterhaven, 1915-2004)_ 프린스턴 신학 대학원에서 박사 학위를 받고 웨스턴 신학대학원에서 가르친 개혁주의 신학자다. 그가 쓴 책으로는 「개혁주의 전통의 정신」(The Spirit of the Reformed Tradition, 1971)과 「교회의 신앙」(Faith of the Church, 1982)이 있다.

우리 주님이 한번은 제자들에게 "이 세대의 아들들이 자기 시대에 있어서는 빛의 아들들보다 더 지혜로움이니라"(눅 16:8)라는 뜻밖의 말씀을 하신 적이 있다. 빛의 아들들도 할 말이 있다고 하겠지만 주님의 이 말씀은 꽤 많은 경우에 매우 사실이다. 그러나 죄와 구원에 관한 성경적 교리들의 진리를 전제한다면 어떻게 그럴 수 있을까? 성경은 "이 세대의 아들들"은 세상의 신으로 인해 그들의 마음이 혼미해진 반면, 빛의 아들들에게는 "예수 그리스도의 얼굴에 있는 하나님의 영광을 아는 빛"이 비추었다고 가르친다(고후 4:4 이하). 그렇다면 그토록 탁월하고 하나님을 주님이라고 부르는 사람들보다 세상에 속한 사람들이 어떻게 때로는 일반 상식과 품위에 있어서 놀라울 만큼 뛰어날 수 있을까? 이

것이 바로 일반 은총의 교리에서 다루는 문제다. 이 교리는 우리와 함께 사는 이교도에게서 볼 수 있는 이런 '좋은 사람들'의 현상에 대한 이유를 찾는다. 성경이 묘사하는 대로 죄가 타락시키는 영향력이라면 구원의 복음이 아직 알려지지 않은 곳에서 파괴적 영향력이 억제되는 것에 대한 설명이 있어야 한다.

교회 안에서 막강한 영향력을 행사한 지성의 거장 아우구스티누스는 펠라기우스주의 대적들이 이교도의 선함을 상기시켰을 때 이 문제를 보았다. 그는 죄와 구원의 은혜에 관한 복음적 교리들을 연구하면서 성경에서 이것들에 관한 황금 광맥을 발견했지만, 이교도들의 칭찬받을 만한 행위들은 자신이 영광과 찬양을 받기 위한 동기로 행해진 화려한 악일 뿐이라고 말하거나 그 난제를 회피하려 하지 않는 한 그에게 수수께끼 같은 문제였다(The City of God, V, 12-20; On Marriage and Concupiscence, I, 4). 아우구스티누스 이후 중세 신학은 죄와 은혜의 대립을 자연과 은혜의 대립으로 대치시켜 죄의 극심한 죄성을 최소화하려 했다. 인간의 본성은 여전히 크게 훼손되지 않은 것으로 간주한 것이다. 그렇게 본다면 이교도의 선이나 '자연인'의 성취에는 신학적으로 아무런 문제가 없었다. 아우구스티누스가 믿은 대로 그들의 본성은 죄에 의해서 훼손되지 않았거나 그들 안에 제법 건전함이 남아 있기 때문에 그들은 선을 행한다. 죄에 대한 성경적 교리의 재발견은 16세기 종교 개혁자들에게 다시 이 문제를 부각시켰다. 특히 장 칼뱅은 자신의 글에서 이 문제를 자주 다루었고, 그가 제시한 답은 신앙이라는 본체(corpus)의 영구적인 한 부분으로 개혁주의 신학에 접목되었다.

정의

일반 은총은 하나님이 (1) 질서가 유지되고 문화와 시민의 공의가 앙양되도록 죄를 억제하시고, (2) 보기에 좋았더라고 하신 분량대로 비와 결실의 계절, 음식과 즐거움 등의 복을 주심으로 모든 인간에게 거저 주시는 하나님의 호의로 이해되었다. 이 정의에서 분명하게 볼 수 있는 것은 일반 은총의 교리가 신학적으로 여러 중요한 문제와 밀접하게 연관되어 있다는 것이다. 우선 신론과 밀접하게 관련되는데, 이는 구원의 은혜를 입지 못한 사람과 은혜를 입은 사람 모두를 향한 하나님의 태도를 다루기 때문이다. 또한 역사와 문화의 철학 문제와도 관련이 있는데, 이는 역사의 발전과 인류의 개인적, 사회적 발전에 대해서도 언급하기 때문이다. 계시라는 광의적인 문제에 속하기도 한다. 하나님과 인간의 소통을 다루고, 특별 계시와 일반 계시의 관계를 다루기 때문이다. 더 나아가 이 교리는 그리스도인과 세상의 관계, 구원의 은총과 관련하여 인간에게 임한 하나님의 일반적인 은총에 얽힌 문제들에도 관심이 있다. 여기서는 이러한 흥미로운 부분에 관해서는 설명 없이 언급만 하고 지나가겠다.

일반 은총 교리에서 무엇보다 중요하게 다루는 점은 개인의 삶과 사회에서 죄의 억제다. 아우구스티누스는 총체적인 관점을 지녔음에도 이 진리를 깨닫지 못했다. 그는 "죄는 실제로 억제되지 않는다. 한 죄가 다른 죄에 의해 정복될 뿐이다"라고 기록했다(*On Marriage and Concupiscence*, I, 4). 이에 칼뱅은 좀 더 분명한 통찰로, 역사는 본성의 인도(*natura duce*)를 따라 칭찬받을 만한 삶을 산 사람들이 어느 시대에나 있었음을 보여 준다고 보았다. 죄로 인한 인류 타락의 관점에서 이는 해결해야 할 문제라고 그는 주장한다. 그는 덧붙여 말하기를, 답은 인간의 본성이 전적으로 타락(in totum vitiosam)하지 않았다는 사실에서 발견되어야 한다고 했다. "이는 그 본성을 정결케 하기보다는 의도적으로 그 기능을 억제하게 할 수 있는(intus cohibeat) 하나님의 은혜를 위한 공간이 타락 가운데도 남아 있기 때문이다. 모든 인간의 마음이 모든 불법적 열정을 향해 고삐를 늦추도록 주님이 내버려 두셨다면 이 세상에 있는 모든 인간의 행동은 온갖 죄로 가득 찼을 것이고, 바울이 일반적으로 인간의 본성을 정죄한 것들이 그대로 적용되었을 것이다. ……어떤 사람들은 비록 자신의 불순함을 완전히 없애지는 못하지만 수치심에 의해, 그리고 법의 두려움에 의해 많은 죄의 오염에서 자신을 보호한다. 그리고 어떤 사람들은 인생을 선하게 하는 것이 더 유리하다고 생각해서 죄에 크게 끌리지 않으며, 또 어떤 사람들은 자신의 의무가 지닌 저속함을 억제해서 자신의 명예를 지켜 탁월함을 보이기도 한다. 따라서 그분의 섭리로 하나님은 우리 본성의 고집이 밖으로 드러나는 것을 억제시키신다"(Institutes, II. iii. 3,「기독교 강요」). 내적이든 외적이든 다양한 방법으로 하나님은 인간의 죄를 점검하신다(삼상 16:14, 왕하 19:27, 28, 행 7:42, 롬 13:1-4, 살후 2:6, 7). 어떤 경우에는 억제 행위를 멈추시고 그들의 죄가 경건치 않음과 부패함을 노골적으로 드러내도록 인간을 타락한 상태에 넘겨주기도 하신다(롬 1:24, 26, 28). 그러나 이 경우에도 그전에 먼저 그들이 본성을 따라 행하는 데서 죄를 짓지 않도록 하나님이 막으셨음을 보여 준다.

부패 상태에 있는 타락한 인간을 묘사하면서 도르트 신조는 다음과 같이 말한다. "그러나 인간에게는 타락한 후에도 희미한 자연의 빛이 남아 있어서 하나님에 관하여, 사물에 관하여, 그리고 선과 악을 구별하는 문제에 관하여 약간의 지식이 있으므로 덕과 외적 선행을 어느 정도 드러내 보이는 것이다"(셋째, 넷째 교리, 4항). 여기에 하나님이 모든 인간에게 주시는 은혜의 두 번째 특징이 있다. 그들은 "허물과 죄로 죽었던 …… 본질상 진노의 자녀이었더니 …… 약속의 언약들에 대하여는 외인이요 세상에서 소망이 없고 하나님도 없는 자"이지만(엡 2:1, 3, 12), 하나님은 그들을 완전히 버리지는 않으셨다. 하나님은 그들에게 여전히 자신의 사랑과 인자하심의 풍성한 증거들을 베푸신다. 죄를 억제시키셔서 과학과 정부, 인간 문화가 발전하고 흥왕하게 하신다. 더 나아가 그분은 사람들에게 선하고 참되고 아름다운 것들을 존중하게 하시고, 의미 있게 살려는 의지도 주시며, 시민적 의를 위한 일들을 원하며 행할 수 있게도 하신다. 다른 신앙고백과 마찬가지로 하이델베르크 교리 문답도 인간은 본능적으로 선을 행할 수 없고 모든 악으로 향하게 되었다고 선언하지만(8문, 91문), 그 부분에 대한 주석에서 대표 저자는 "여전히 남아 있는 도덕적 선"과 "이 땅에서의 복지를 증진시키는 시민적 선"의 여지를 용납한다(Z. Ursinus, *Commentary on the Heidelberg Catechism*, 6문; *Schat-Boeck*, Lord's Day III. 후반부에서 그는 선을 세 단계로 구분하면서 마지막은 영적이고 초자연적인 선이라고 했는데, 그것이 "거듭나지 않은 사람이 하나님에게 일반적인 선물을 받음으로 거듭난 사람보다 탁월할 수 있다"는 말의 의미라고 했다). 웨스트민스터 신앙고백은 회심은 죄인으로 하여금 영적으로 선한 것을 원하고 행할 수 있게 해준다고 하는데, 이는 회심하지 않은 사람도 열등하기는 해도 선을 행할 수 있음을 암시한다(9장 4항. 도르트 신조 참조. "모든 인간은 …… 본성상 …… 구원받을 만한 선을 행할 수 없다"[셋째, 넷째 교리, 3항]). 시민적 의(*justitia civilis*)는 믿음에서 비롯되지 않고, 하나님의 율법과 의지를 따라 행해지지 않으며, 하나님의 영광을 위해 행해지지도 않는다. 따라서 하나님을 기쁘시게 하라는 성경적 요구에 이르지 못한다.

하지만 그것도 일종의 선이며, 모든 인간을 향한 하나님의 일반 은총과 복 때문에 가능하다. 예수 역시 죄인들도 선을 행할 수 있다고 하셨고(눅 6:33), 죄로 저주받은 세상도 정당한 주님으로 인정하기를 거절하고 있지만 어느 정도 선이 유지된다고 했다.

일반 은총의 세 번째 증거는 하나님이 모든 인간에게 내리는 자연적인 복들이다(시 145:9, 마 5:44, 45, 눅 6:35, 36, 행 14-16장, 롬 2:4, 딤전 4:10). 모든 좋은 것은 위로부터 아버지에게서 오며(약 1:17) 모든 피조물을 향한 그분의 지속적인 신실함과 선하심의 확실한 증표가 된다. 신자들뿐 아니라 모든 사람이 날마다 이 선물들을 받고 그 혜택을 누린다. 하나님은 그들이 그것을 복으로 인정하고 그 선하심 때문에 회개에 이르도록 하는 수단으로 사용하기도 하신다(롬 2:4). 그들이 받지 못함은 선물이 없거나 선물을 주시는 분이 없어서가 아니라, 진노의 날과 하나님의 공의로운 심판에 대한 계시를 무시하고 오히려 진노를 쌓아 놓는, 뉘우침 없는 인간의 완악한 마음 때문이다(롬 2:5 이하).

특별 은총과의 관계

특별 은총과 일반 은총의 관계는 두 은총 모두 본질적으로는 유사하고 단지 정도의 차이가 있을 뿐이라고 주장하는 사람들이 있는 만큼 잘 다루어야 한다. 이 둘은 하나님이 구원하시는 의도에 대한 부분으로, 일반 은총은 사람으로 하여금 원한다면 회개하고 믿도록 하는 반면 특별 은총은 의지와 함께 작용하여 회개할 수 있도록 통제한다고 말하는 사람들이 있다. 하지만 일반 은총과 특별 은총은 본질적으로 유사한 것으로 이해되어서는 안 되는 것으로 보인다. 오히려 둘은 본질적으로 다르다. 하나는 외적인 질서와 의를 증진시키도록 단지 죄를 억제하고, 다른 하나는 마음을 새롭게 하여 살아 계신 하나님을 알고 섬길 수 있도록 죄에서 자유하게 한다. 하나는 악의 파괴적인 능력을 무기력하게 만들어 인간과 사회에 도덕적 책임과 선, 행복의 모습을 제공하고, 다른 하나는 본질상 심오하게 영적인 것으로서 죽음에서 생명으로의 부활을 의미한다. 죄에도 불구하고 인류를 향해 하나님이 혜택으로 베푸신 일반 은총은 사람을 예수 그리스도 안에 있는 믿음에 이르게 하지는 않는다. 하나님이 어둠 가운데 빛이 있으라고 명하신 것처럼 사람들이 예수 그리스도의 얼굴 안에서 하나님의 영광의 지식을 갖게 하려면 인간의 마음에 주권적으로 조명하셔야 하며, 그와 같은 조명이 바로 특별 은총의 한 면이다.

이러한 본질적 차이에도 일반 은총과 특별 은총은 상호 연관이 있다. 모두 하나님의 풍성한 사랑의 자비에서 비롯된 것으로, 이 둘은 하나님과 인간 사이의 유일한 중보자 되시는 인간 그리스도 예수를 통하여 임한다. 더욱이 일반 은총이 그리스도의 구원 역사와 관계될 수밖에 없는 이유는 하나님의 구원 선물은 인간 사회에 깊고 넓게 그 영향을 끼칠 만큼 광대하기 때문이다. 이를 다른 말로 하면 특별 계시의 혜택적인 효과는 택함받은 자들에게만 국한되지 않고 메시지가 전달된 공동체에 속한 모든 사람에게 어느 정도 주어진다는 것이다. 저명한 스코틀랜드 학자가 주장한 말은 합당하다. "그리스도의 죽음을 통하여 온 인류에게 중요한 혜택이 부여되었고, 회개치 않고 믿지 않는 자들도 이 혜택들을 누린다." 그는 또한 강조하기를 이 혜택들은 "사람들이 상호 연관되어 있다는 집단적 관점의 결과에서 볼 때 부차적으로 그리고 우발적으로" 그리스도에게서 심지어 믿지 않는 자들에게도 임하는 것(W. Cunningham, *Historical Theology*, vol. II, 33, 34쪽; L. Berkhof, *Reformed*

Dogmatics, 483쪽; A. A. Hodge, *The Atonement*, 358쪽 참조)이라고 했다. 예수 그리스도의 속죄의 혜택에 관한 성경의 가르침에도 (모든 사람을 향한) 일반적인 언급과, (택함받은 자들만을 위한) 특별한 언급이 있다.

교회와 세상

세상과 문화에 대한 초대 그리스도인들의 태도는 조금 비관적이었다. 그들은 핍박과 조롱 말고는 세상에서 기대할 것이 별로 없었다. 그러나 이러한 태도는 교회의 생각이 성숙해지면서 바뀌게 된다. 이 변화를 원래 초대 교회가 가지고 있던 복음의 단순성과 영광의 변질이라고 보는 사람들도 있다. 그러나 오히려 교회가 "지구도 하나님의 것이며 그 안에 있는 모든 것이 다 하나님의 것"임을, 그리고 그분의 자녀들은 그 선한 것들을 붙들기 위해 최선을 다해야 함을 배운 것이라고 말함이 마땅하다.

헤르만 바빙크가 "현존하는 문화의 가치를 인정하고 그에 동화되는 절충 과정"("Calvin and Common Grace," *Calvin and the Reformation*, 101쪽; C. N. Cochrane, *Christianity and Classical Culture*, 213쪽 이하 참조)이라고 부른 것을 받아들이며 초대 교회가 발견한 것을 오늘날 교회는 합당한 성경적 견해로 받아들이고 있다. 악의 실재와 힘을 온전히 인식하면서도 교회는 그 안에 계신 그리스도의 임재와 어둠의 권세를 이긴 최종 승리를 흔들림 없이 확신한다. "다 너희의 것이요 너희는 그리스도의 것이요 그리스도는 하나님의 것이니라"(고전 3:22, 23). 하나님은 이 세상을 아무런 증거도 없는 잃어버린 상태에 버려두지 않으셨다. 그분은 아직도 세상에, 세상과 함께 계시며, 일반 은총의 다양한 흔적을 사랑의 증거로 제공하신다.

【 참고 문헌 】

H. Bavinck, *De Algemeene Genade*, 「일반 은총론」, 총신대학교 출판부 역간.

_____, "Calvin and Common Grace," in W. P. Armstrong, ed., *Calvin and the Reformation: Four Studies*.

L. Berkhof, *Reformed Dogmatics*.

J. Calvin, *Institutes*, 「기독교 강요」.

C. Hodge, *Systematic Theology*, 「조직 신학」, 크리스챤다이제스트 역간.

H. Kuiper, *Calvin on Common Grace*.

A. Kuyper, *De Gemeene Gratie*, 「일반 은혜」, 부흥과개혁사 역간.

C. Van Til, *Common Grace*.

27장
유효적 소명

J. 노벌 겔덴하이스

> J. 노벌 겔덴하이스(J. Norval Geldenhuys, 1918-1964)_ 프린스턴 신학 대학원에서 신학 석사 학위를 받고 네덜란드 개혁교회에서 출판 사역 책임자를 지낸 개혁주의 목사다. 그는 NICNT 주석 시리즈 「누가복음 주석」(*Commentary on the Gospel of Luke*, 1952)과 「최고의 권위」(*Supreme Authority*, 1953)를 저술하였다.

하나님은 일반적인 모든 사람을 부르신다. 실물 소명(*vocatio realis*)을 통해 부르시는데, 말씀이 아닌 사물(*res*), 즉 자연, (개인과 국가의) 역사, 그리고 양심을 통해 부르시기 때문에 실물 소명이라고 부른다(롬 1:20, 2:14, 15, 욥 37:14, 38:1-42:6, 시 8:2, 4, 19:1-4, 46:11, 104편 참조).

실물 소명의 영향력이 얼마나 크고 중요하든 간에 이 일반적이고 외적인 소명으로는 누구도 삼위 하나님에 대한 구원의 지식에 이르지는 못한다. 실물 소명은 인간이 자연과 역사, 그리고 인생과 양심 안에서 전능하신 사역을 통해 위엄과 영원하신 능력과 신성을 드러내시는 하나님을 예배하고 순종하지 않음을 핑계할 수 없게 하지만(롬 1:20), 예수 그리스도를 하나님의 아들이요 구원자 하나님으로 믿는 자들에게 임하는 위대한 기쁨(눅 2:10)의 복된 소식을 선포하지는 않는다.

　죄인을 구원하기 위해서는 실물 소명이 제공할 수 있는 것보다 훨씬 시급하게 필요한 것이 있다. 기독교 신앙의 영광은 실물 소명을 통해 부르신 전능하신 하나님이 그분의 거룩한 위엄과 전능함을 인정할 수 있도록 지속적으로 모든 사람을 부르고 계시며, 죄인들로 하여금 회개하고 구원에 이르도록 '말씀을 통해 부르고 계심'을 분명하게 선언하고 있다. 권위 있는 하나님의 말씀을 통하여 주님인 예수 그리스도를 믿는 구원의 믿음으로 부르는 이 부름을 '말씀 소명'(vocatio verbalis)이라고 부른다. 복음을 통한 이 외적인 소명은 모든 사람이 회개하여 온전하고 충분하신 구주가 되시는 그분을 믿어야 한다는, 진실하고 긴박한 초청과 요청으로 온 세상에 선포된다(마 28:19, 24:14, 막 16:15).

　하지만 인간의 삶 속에 실제적인 효력이 발생하려면 말씀 소명이 인간 내면의 생각과 의지와 마음을 뚫고 들어가야 하는데, 여기에 '유효적 소명'(vocatio efficax)이 필요하다.

정의

유효적 소명은 실물 소명뿐만 아니라 말씀 소명과도 구별되어야 한다. 자연과 인간, 그리고 역사의 주인이신 하나님은 결정적으로 실물 소명을 사용하실 뿐만 아니라, 사람들의 삶 속에서 아주 특별하게 말씀 소명도 사용하신다. 하나님은 복음 선포를 영광스러운 수단으로 사용하셔서 우리로 하여금 삼위 하나님에 대한 참 신앙과 지식을 갖게 하신다. 그러나 말씀 소명 자체로는 영적으로 죽은 사람을 다시 살려 하나님과 교통하도록 하지 못하기 때문에 구원에 이르게 하기에는 충분하지 않다.

잃어버린 바 된 죄인이 하나님의 자녀로 다시 태어나기 위해서는 유효적 소명이 필요하다. 우리로 하여금 예수 그리스도께서 우리를 위해 얻으신 영생에 참여하게 하는, 살아 계시고 주권적이시며 전능하신 하나님의 소명 말이다.

성령께서는 우리의 주이신 예수 그리스도와 살아 있는 교제를 가능하게 하시기 때문에 이 유효적 소명을 통해 신비로우면서 인간적으로는 설명할 수 없는 하나님의 행위를 이해할 수 있게 된다.

해설

성경이나 개인의 경험으로 볼 때, 복음을 들은 많은 사람 가운데 소수만이 예수 그리스도를 인격적인 구주로 영접하게 된다는 사실에는 의심의 여지가 없다.

우리 주님도 친히 말씀하셨다. "청함을 받은 자는 많되 택함을 입은 자는 적으니라"(마 22:14).

성경은 거룩하시며 의로우신 하나님 앞에 모든 인류가 죄책이 있어서 스스로를 구원하는 것이 결코 불가능하다고 가르친다. 구속받지 못한 사람은 영적으로 눈멀고 죽은 자로서 자신을 거듭나게 하거나 회심하게 할 수 없다.

이런 점에서 성경의 가르침은 세상에서 가장 비관적이고 현실적이라고 할 수 있다. 타락하고 범죄한 사람은 영적으로 잃어버린 바 된 자로서 자신을 구원할 능력이 전혀 없다.

그렇다면 잃어버린 바 된 소망 없는 죄인인 우리는 어떻게 구원의 교통을 통해 그리스도와 연합할 수 있을까?

신약 성경은 이 질문에 대해 의심의 여지가 없는 분명한 답변을 제공한다. 즉, 하나님의 주권적이고 전능한 능력과 은혜를 통하여 우리는 하나님이 예수 그리스도를 통해 이루신 구원의 상속자가 되도록 유효적으로 부름받는다고 분명하고 일관되게 가르치는 것이다. 예를 들면 바울은 다음과 같이 기록하였다. "하나님이 우리를 구원하사 거룩하신 소명으로 부르심은 우리의 행위대로 하심이 아니요 …… 그리스도 예수 안에서 우리에게 주신 은혜대로 하심이라"(딤후 1:9). 이를 베드로전서 1장 3절과 비교해 보라. 고린도전서 1장 26-30절을 보면 바울은 그리스도인이 스스로 하나님의 자녀가 될 자격이 있다고 생각하는 것을 강력하게 부인한다. "형제들아 너희를 부르심을 보라 육체를 따라 지혜로운 자가 많지 아니하며 능한 자가 많지 아니하며 문벌 좋은 자가 많지 아니하도다 …… 이는 아무 육체도 하나님 앞에서 자랑하지 못하게 하려 하심이라."

이 구절들과 신약 성경의 다른 선언들을 통해 볼 수 있는 이 "부르심"은 단순한 초청이 아니다. 이것은 사람으로 하여금 예수 그리스도와 참되고 역동적인 관계를 가질 수 있도록 성령을 통해 행하시는 신비스럽고 영광스러우며 유효적인 하나님의 행위를 의미함을 분명히 알 수 있다. 그러므로 그것을 "하늘의 부르심"(히 3:1)이라고 부르는 것은 정당하다. 하나님이 이 부르심의 온전하고 충분하신 원인이며 근원이자 실행자가 되신다. 하나님이 어떻게 이를 이루시는지는 인간의 이해 너머의 영역이며, 따라서 왜 말씀 소명을 받은 자들 가운데 일부에게만 이 일이 일어나는지도 인간의 이해 영역을 넘어선다. "바람이 임의로 불매 네가 그 소리는 들어도 어디서 와서 어디로 가는지 알지 못하나니 성령으로 난 사람도 다 그러하니라"(요 3:8).

복음서에서 '부르심'은 단순히 '초청'의 의미로도 사용되었다. 하지만 서신서에서 이 단어는 대체로 '소환 혹은 요구'의 의미로 사용되었고, 동시에 '유효케 함, 원인이 됨, 지배함'의 의미로 사용되었다. 서신서에서 부르심('칼레인')은 본질적으로 '누군가를 구원하기로 정하다'라는 의미다.

죄인을 하나님의 능력과 은혜로 부르는 유효적 소명에 대한 하나님 말씀의 가르침을 생각하면, 우리는 하나님의 영원한 사랑, 거룩, 은혜, 그리고 하나님 지혜의 신비롭고 경이로운 영역에 서 있게 된다. 우리는 단순한 물리적 공간에서도 생명의 존재를 가능하게 하는 하나님의 일을 구체적으로 정의하거나 묘사하지 못한다. 그렇다면 능하신 은혜와 사랑으로 우리를 예수 그리스도 안에서 그분의 영원한 구원에 참여하게 하시는 하나님의 유효적 소명의 놀라움을 어떻게 인간의 말로 설명하거나 표현할 수 있겠는가? 이 신적인 행위를 분석하거나 묘사하려는 것은 빈약하기 이를 데 없는 일이며, 심지어는 잘못된 일이기도 하다. 우리는 이 위대하고 신적인 신비를 이해할 능력이 전혀 없음을 고백해야 한다. 그러나 열매를 보아 나무를 알듯 우리는 그분이 잃어버린 바 되어 소망 없는 죄인들을 참된 생명으로 유효적으로 부르심을 통해, 그리고 이 신적 부르심의 열매들을 봄으로 하나님의 이러한 신적 행위에 대해 많은 것을 배울 수 있다.

죄는 죄인과 하나님 사이의 교제의 연합을 파괴했다. 하지만 하나님의 신적 행위를 통해 우리는 우리 주이신 그분의 아들 예수 그리스도와의 교제로 부름받았다(고전 1:9, 고전 1:23, 24 참조). 따라서 유효적 소명이란 구속되지 못한 자들의 영적 눈먼 상태를 거두어 감으로 예수 그리스도를 구원주요, 하나님의 아들로 보고 영접할 수 있게 하는 신적 행위다. 인간의 지성은 인간과 예수 그리스도 사이에 뚫을 수 없는 벽을

쌓은 죄와 영적 무지의 속박에서 자유로워졌고, 새로워진 마음과 의지로 부름받은 그리스도인은 이제 끈끈한 교제 안에서 구주와 연합되었다. 하나님이 부르시기 전에 우리는 마음대로 방황하며 그리스도를 대적했지만, 그분의 유효적 소명을 통해 우리는 지금도 "나를 따르라"고 모든 그리스도인을 부르시는 그분에게 자발적으로 기꺼이 순종할 수 있게 되었다. 단순한 초청이 아닌, 그리스도께 듣고 순종할 수 있도록 우리를 부르시는 하나님의 행위인 이 부르심을 통하여 우리는 하나님의 아들의 진정한 제자가 된다. 따라서 우리와 삼위 하나님 사이의 깨어진 교제는 영광스럽게 회복된다. 그분의 부르심을 통해 우리는 진실과 자유 가운데 믿음으로 그리스도를 우리의 인격적인 구주요, 주님으로 영접하고 사랑하며 섬길 수 있도록 유효하게 인도된다.

유효적으로 부름받은 자들과 하나님 사이의 교제가 그렇게 돈독해지면서 그들은 "하나님 아버지 안에서 사랑을 얻고 예수 그리스도를 위하여 지키심을 받은 자들"(유 1절), "거룩한 형제들"(히 3:1), "주께서 사랑하시는 형제들"(살후 2:13), "거룩한 나라요 그의 소유된 백성"(벧전 2:9)이라 칭함받는다.

이렇게 그분의 아들 안에서 하나님과 친밀하게 연합되는 놀라운 특권은 결코 우리가 이룬 것도 아니고 우리에게 마땅한 권리도 아니다. 하나님이 우리에게 주신 것이다. 아무 공적이 없지만 "너희를 불러 그의 아들 예수 그리스도 우리 주와 더불어 교제하게 하시는 하나님은 미쁘시[기]"(고전 1:9) 때문에 전적으로 그분의 은혜를 통하여 우리에게 주어진 것이다.

유효적 소명을 통하여 하나님은 우리 마음을 조명하셔서 복음의 진리를 보고 받아들일 수 있게 하시고(엡 1:18), 오염된 우리 마음을 변화시키셔서 죄에 대한 깨달음과 참된 회개로 그분에게 나아갈 수 있게 하시며, 우리의 허물 많고 죄악 된 의지로 하여금 하나님을 향할 수 있게 해주신다. 유효적 소명을 통하여 인간은 비인간적이 되는 것이 아니라 인격 전체가 자유로워져서 새롭고 성화된 삶을 살 수 있는 힘을 얻게 된다. 옛날의 무능함은 사라지고 하나님을 사랑하며 섬길 수 있는 새로운 능력을 부여받는다. 우리의 마음을 어둡게 만드는 죄의 효력이 사라지고, 이제 우리의 지성은 헛된 것을 따르지 않고 진리를 이해하며(고전 1:23, 24 참조) 복음을 믿는(살후 2:14), 신뢰할 만한 도구로 새로워진다. 따라서 유효적 소명을 통하여 우리의 생각과 마음, 의지는 참된 거룩으로 거듭나게 되는 것이다. 예수 그리스도가 바로 그 원인이기 때문에 "새 언약의 중보자시니 …… 부르심을 입은 자로 하여금 영원한 기업의 약속을 얻게 하셨다(히 9:15).

그러나 이 유효적 소명을 통한 하나님의 목적은 단순히 신자들을 깨어나게 하고 변하게 하고 풍성하게 해서 영원한 생명을 얻도록 하기 위함이 아니다. 궁극적인 목적은 그리스도 안에서 하나님의 영광을 선포하도록 하기 위함이다. 베드로의 말로 표현하자면, "너희를 어두운 데서 불러내어 그의 기이한 빛에 들어가게 하신 이의 아름다운 덕을 선포하게 하려" 함이다(벧전 2:9).

하나님이 언제 어떻게 우리를 유효적으로 부르시는지는 알 수 없다. 또한 말씀 소명과 유효적 소명(vocatio efficax)의 관계도, 유효적 소명과 중생의 관계도 정확하게 규정할 수 없다. 하지만 유효적 소명에서 하나님이 공적이나 준비됨, 또는 인간이나 인간적 수단의 가치에 따라 행하지는 않으신다는 것은 신약 성경에서 의심의 여지가 없는 사실이다. 하나님은 "자기의 영광과 덕으로써 우리를 부르[셨다]"(벧후 1:3). 삼위 하나님 자신이 이 소명의 유일한 원인이며 수단이시다.

이러한 이유 때문에 유효적 소명은 지금과 영원히 풍성하고 놀라운 의미를 담고 있는 것이고, 신자들에게는 미래에 대한 필요한 확신을 제공하는 것이다. "너희를 부르시는 이는 미쁘시니 그가 또한 이루시리라"(살전 5:24).

하나님의 유효적 소명은 전능자에 대해 나중에 생각해서 덧붙인 것이 아니라 그분의 영원한 목적에 근거한 것이다. 바울의 유명한 말 가운데 이 진리에 대한 고전적인 표현이 있다. "하나님을 사랑하는 자 곧 그의 뜻대로 부르심을 입은 자들에게는 모든 것이 합력하여 선을 이루느니라 …… 또 미리 정하신 그들을 또한 부르시고 부르신 그들을 또한 의롭다 하시고 의롭다 하신 그들을 또한 영화롭게 하셨느니라"(롬 8:28-30. 요 10:27-30 참조).

신자들의 구원은 "행위로 말미암지 않고 오직 부르시는 이로 말미암아 …… 영광받기로 예비하신바 긍휼의 그릇에 대하여 그 영광의 풍성함을 알게 하고자 하셨을지라도 무슨 말을 하리요……"(롬 9:11, 23, 24).

그러나 하나님의 말씀은 그분의 유효적이고 저항할 수 없는 소명이 신자들의 인격적인 책임을 무효화하거나 폐지하지 않는다는 것을 분명하고 지속적으로 가르친다. 그래서 바울은 디모데에게 "믿음의 선한 싸움을 싸우라 영생을 취하라 이를 위하여 네가 부르심을 받았고"(딤전 6:12)라고 말했고, 예수께서도 "좁은 문으로 들어가라"(마 7:13)고 하셨다.

유효적 소명이 하나님의 영원한 목적에 근거한 것이라는 믿음은 이교적인 운명론도 아니고, 도덕적 해이함이나 영적 교만, 종교적 무감각의 원인이 되지도 않는다. 오히려 반대로 바울이 자신에 대해 "내가 이미 얻었다 함도 아니요 온전히 이루었다 함도 아니라 오직 내가 그리스도 예수께 잡힌 바 된 그것을 잡으려고 달려가노라 ······ 푯대를 향하여 그리스도 예수 안에서 하나님이 위에서 부르신 부름의 상을 위하여 달려가노라"(빌 3:12-14)고 말한 것과 같다.

그리스도 안에서 성령을 통한 하나님의 부르심은 택함받은 자들에게 그와 같은 영광스러운 선물을 주기 때문에(계 17:14 참조) 그리스도인들은 "부르심에 합당하게 행하[도록]"(엡 4:1. 벧후 1:10, 11 참조) 신실하게 부름받았다.

결론

따라서 성경은 유효적 소명이 그리스도 안에서 성령을 통한 주권적이고 자유로우며 저항할 수 없는 하나님의 행위임을 가르친다. 또한 죄책을 가진 잃어버린 바 된 죄인들이 그 소명에 의해서 그들의 공로 없이도 우리 주이신 예수 그리스도와 생명력 있는 구원의 교제 속으로 들어가게 된다고 가르친다. 성경은 또한 믿음에 거하면서 유일하게 우리의 구원자가 되시는 그분에게 순종하도록 하는 우리의 엄숙하고 불가피한 인격적 책임도 분명하게 선포한다.

우리는 신적 부르심과 인간적 책임의 신비를 설명할 수 없지만 "모든 은혜의 하나님 곧 그리스도 안에서 너희를 부르[신 이가] ······ 너희를 친히 온전하게"(벧전 5:10, 11) 하신다고 한 베드로와 함께 즐거워한다. 또한 "주께서 사랑하시는 형제들아 우리가 항상 너희에 관하여 마땅히 하나님께 감사할 것은 하나님이 처음부터 너희를 택하사 성령의 거룩하게 하심과 진리를 믿음으로 구원을 받게 하심이니 이를 위하여 우리가 복음으로 너희를 부르사 우리 주 예수 그리스도의 영광을 얻게 하려 하심이니라"(살후 2:13, 14. 요 10:27-29 참조)라고 한 바울과 함께 감사한다.

그리고 유효적 소명을 통하여 만왕의 왕이요 만주의 주이신 이와 연합된 사람들은 "그와 함께 있는 자들 곧 부르심을 받고 택하심을 받은 진실한 자들"(계 17:14)이기 때문에 마침내 승리하게 될 것이다.

【 참고 문헌 】

K. Barth, *Church Dogmatics*, 「교회 교의학」, 대한기독교서회 역간.
J. Calvin, *Institutes*, 「기독교 강요」.
C. Hodge, *Systematic Theology*, 「조직 신학」, 크리스챤다이제스트 역간.

28장
중생

오토 미셸

> 오토 미셸(Otto Michel, 1903-1993)_ 할레 대학과 튀빙겐 대학에서 수학하고 튀빙겐 대학에서 오랫동안 가르친 독일 신약학자다. 그가 쓴 책으로는 「선지자와 순교자」(*Prophet und Märtyrer*, 1932), 「히브리서」(*Der Brief an die Hebräer*, 1936), 「로마서」(*Der Brief an die Römer*, 1955)가 있다.

쿰란의 종파와 요르단 지역의 세례 운동에서 얘기한 하나님의 낳으심(begetting)에 관한 신약의 사상은 유대인들에게 아주 익숙한 용어를 포함한다. 예를 들면 요한복음 3장 3, 7절에서 (유대인들이 경건하게 피하려고 한 하나님의 이름을 다른 말로 표현한) '위로부터' 낳음에 관한 언급이 그것이다(한글 성경과 영어 성경에서는 대체로 '거듭나다'라고 번역하였으나, 이 헬라어에는 '위로부터'[from above]라는 의미도 있다_ 편집자). 요한에 익숙한 그리스도인들은 살아 계신 하나님 자신이 역사로 들어와서 인간 내면의 존재를 만나시고 새롭게 창조하셨다고 믿었다. 정통 유대인이나 영지주의자들은 결코 이해할 수 없는 이 개념은 기독교의 독특한 특징이다.

예수께서는 요한복음 3장 3절에서 이 단어를 사용하심으로 이 단어에 특별한 중요성을 부여하셨다. "네 말이 정말 맞다. 내가 하는 말을 믿어라. 사람이 위로부터 태어나지 않으면, 내가 가리키는 하나님 나라를 볼 수 없다"(메시지). 예수께서는 여기서 니고데모에게 철저한 삶의 변화, 즉 '돌아섬'이 (이스라엘의 선생이던 니고데모가 이해하기에 몹시 어려운) 하나님 나라를 볼 수 있는 선제 조건이라고 요구하신다.

요한복음 3장 5절에 따르면, 두 번째 '아멘'(진실로)으로 하신 말씀은 하나님의 낳으심이 물과 성령으로, 즉 세례와 하나님에 대한 진정한 이해로 가능해진다. 요한은 깨달음과 이해를 가능하게 하는 성령의 선물에 가장 큰 무게를 두었다.

신비주의와 철학, 성례적 전통은 언제나 하나님의 영의 신비를 오해했으므로, 그들의 가르침을 따르는 것은 마땅치 않다. 예수께서 직접 그것이 무엇을 의미하는지 말씀하셨다. 그분은 실제로 성령을 소유하셨고 성령으로 잉태되셨으며 그 능력으로 살고 완전해진 분이기 때문이다. 따라서 하나님의 낳으심에 관한 요한의 선언은 철저하게 예수 그리스도 중심이었다. 요한은 성령의 능력이 이끄는 삶이 어떻게 아버지의 말씀에 대한 단순한 순종의 삶(믿음과 사랑과 의, 그리고 악에서 돌이킨 삶)인지를 보여 준다(요 4:34).

요한이 암시한 것이 무엇인지 온전히 알려면 이전에 쿰란의 종교적 공동체 가운데 주변과 첨예하게 대립하며 존재한 정의의 교사(Teacher of Righteousness)의 주장과 비교해 보는 것이 유익하다. 예수의 제자들은 자신을 스스로 보호할 수 없지만 보이지 않는 실제 하나님과의 교제를 통해 타락한 세상에 남아 있다. 요한에게 하나님의 낳으심은 헬라 전통에서 볼 수 있는 '거듭남'의 사도적 개념과 관련 있다. 새로운 시작에도 같은 것이 강조된다. "하나님을 찬송하리로다 …… 예수 그리스도를 죽은 자 가운데서 부활하게 하심으로 말미암아 우리를 거듭나게 하사 산 소망이 있게 하시며"(벧전 1:3. 1:23 참조).

이것은 기독교 세례의 근거로서, 말씀으로 교회에 보장되어 교회와 개인에게 새로운 존재감을 부여한 구원을 묘사하는 생생한 그림이다. 하지만 교회가 말씀과 구원을 결정하는 것은 아니다. 이제 부활절이 전제되고, 교회는 예수 그리스도의 부활에 대한 견고한 믿음에 의해 보호된다.

하지만 교회가 사도적 전통의 영역을 떠나서 말씀과 구원을 선포해서는 안 된다. 언어가 다를 수 있고, 역사 과정이 다양한 선포 형태를 취할 수 있으나, 성령의 능력은 거짓된 주장과 위험한 재구성으로부터 계시의 역사적 근거를 여전히 보전한다. 새로운 존재가 위기에 처했다. 신약 시대의 교회는 구태의연하지도 않고 세상적이지도 않았다.

칭의로서의 구원에 대한 바울의 개념은 죄인이 용서받았음을 전제한다. 그 약속으로 하나님은 인류를 위한 새로운 우주적 상황을 창조하셨다. 하지만 바울은 "그런즉 누구든지 그리스도 안에 있으면 새로운 피조물이라"(고후 5:17, 송영의 문장)는 원리도 받아들였다.

그러나 요한의 사상에서 하나님의 낳으심에 대한 개념은 그리스도인의 신분에 관한 영적 근원과 능력, 목표를 강조하며, 다른 가능성을 완전히 배제하는 가장 강력한 방법이다. 이는 상반되는 두 개념(하나님의 낳으심과 악의 자손 됨)이 공존할 수 있으며, 실제로 교회 한가운데로 흘러왔기 때문이다. 죄를 향한 개인의 태도가 그의 입장을 결정한다(요일 3:4-12). 따라서 교회는 악한 자에게서 차단된 것이 아니다. 교회는 '빛의 자녀'가 겪는 갈등을 통하여 빛의 자녀인 것을 증명해야 한다. 그러므로 요한의 사상은 하나님의 성령을 대적하는 모든 것에게서 자신을 격리시키는 강력한 힘을 전제해야 한다. 교회를 세상에서 철수시키기 위해서가 아니라(불트만) 이 땅에서 하나님의 성령을 증거하기 위해서다.

칭의는 십자가 아래 있는 인간의 결속을 강조하고 전적인 하나님의 은혜를 찬송하는 경향이 있지만, 하나님의 낳으심(거듭나게 하심)은 영과 육 사이의 대립을 강조한다. 오직 하나님 자신만이 '빛의 자녀들'을 '어둠의 자녀들'에게서 구별하실 수 있다는 것이 신약의 기초다.

교리적 전통의 발전

마르틴 루터에게 신약 성경의 중심은 칭의였다. 칭의 위에 복음 선포가 수렴되고, 칭의에 의해 교회적 삶이 형태를 갖춘다. 거듭남은 바로 이 칭의에 다름이 아니었다. 니고데모와 나눈 대화에서 예수는 인간에게 새로운 법을 제정하신 것이 아니었다. 그분의 관심은 사람이 새로워져야 한다는 것이었다고 루터는 말했다.

근본적으로 다양한 루터교 신조는 이러한 루터의 통찰에 근거한다. 하지만 일치 신조(Formula of Concord)가 믿음으로 의롭게 된 사람들 안에서 성령의 역사로 새롭게 되는 일(renewal)이 일어난다는 것을 포함시켜서 거듭남이 칭의 너머에 있다는 또 다른 견해를 허락했다는 점은 주목할 만하다. 즉 거듭남을 칭의의 결과로 인식한 것이다.

그러나 그것은 거듭남을 인간을 향한 하나님의 행위가 아닌 사람 안에서 발생하는 일에 대한 묘사로 보기 때문에 거듭남의 개념을 주관적으로 만들 위험이 있다. 그렇게 한다면 디도서 3장 5, 6절에 나타난 거듭남과 칭의의 관계를 심각하게 받아들일 수 있을지에 관한 질문이 발생한다. 세례에서 받는 은혜는 칭의의 은혜가 아닌 다른 것이어야 한다고 생각하는 일부 학자들은 그것을 성례적으로 재해석하려고 했다(이는 실제적으로 급한 문제를 해결하려고 하지만 많은 난제로 가득 찬 위험한 시도다). 경건주의처럼 교회를 돕기 원하는 운동들도 그 중심을 칭의에서 회심 혹은 거듭남으로 이동시켰다(이런 이동은 에를랑겐[Erlangen] 신학에서도 두드러진다).

개혁주의 교회의 신조들은 이러한 것들로 인한 문제가 비교적 적었다. 그 신조들에서는 사람 안에서의 믿음의 발전이 처음부터 교리적 사고의 중심에 있었다. 더욱이 하나님의 선택을 강조하는 관점에서 거듭남은 구원을 이해하는 데 도움이 되었다. 나아가 예수 그리스도의 칭의가 개인에게 전가되었다. 따라서 거듭남과 칭의는 필연적으로 상호 의존적이었다. 회심과 거듭남의 믿을 만한 경험을 강조한 감리교는 루터교 전통보다는 개혁주의 전통에 가까웠다.

그러나 19세기 루터주의에서 신앙의 확신은 신학적으로 긴급한 문제였다. "나는 거듭났는가"라는 질문에 대한 대답에 "내가 나를 그리스도인이라고 부를 수 있는가"라는 확신이 달려 있었기 때문이다. 의심이 발생한다면 그는 자신의 중생 경험을 돌아보아야 한다고 프랭크는 말한다. 그의 새로운 '자아'는 자신 안에서 확신을 발견한다.

믿음을 주관적으로 만드는 오해를 표명하는 목소리가 점점 높아졌고, 교회 안에서는 역사 가운데 하나님의 구원 행위에 대한 객관성을 회복해야 한다는 요구가 생겼다. 하지만 객관성에 대한 그들의 개념은 신학적 선언들에 대한 재고, 과학적이고 철학적인 지식, 믿음에 관한 자신의 인생 문제 등에서 발생하는 불편함을 잠재우는 데 지나치게 서두르는 경향을 보였고, 주관적 확신을 위한 경건한 사람들의 갈등만큼 깊은 의구심을 낳았다.

하나님의 낳으심에 관한 사도적 메시지에서 거듭남과 새로운 피조물 됨은 '돌아섬'을 의미했고, 하나님의 성령의 선물을 의미했다. 하지만 교리적 신학과 교회 역사의 발전 과정에서 이 교리는 다루어지지 않았다. 열광적 광신주의에 대한 두려움은 종교 개혁의 배경에서 제한 요소가 되었고, 회심을 강조한 부흥 운동들과 성령의 은사가 실제적인 새로운 의미로 부각되었을 때에야 이 결정적인 성경의 개념에 관심을 가지게 되었다.

튀빙겐의 J. T. 베크(Beck)는 회개, 회심, 중생, 칭의와 같은 성경적 개념들에 대해 새로운 관심을 불러일으켰다. 그는 인간의 새 창조를 강조하고, 성령을 받고 성령으로 거듭남에 관해 언급했다. 거듭날 때 사람은 새로운 영혼을 받는 것이 아니라 그의 영혼이 성령에 의해 새롭게 창조된다고 말했다. 베크의 시대에는 거의 모든 것이 철학적인 동기에 의해 주도되었지만, 그는 성경에 의존해서 각 주제를 전체적인 그림과 연관시키려고 애를 썼다. 그는 성경적 은혜에 대해 일관된 견해가 모든 성경적인 개념에 나타난다는 것을 알았다.

변증적 신학 학파의 에밀 브루너(Emil Brunner)는 새 창조의 그림은 계시와 믿음으로만 이해될 수 있다고 강조한다. 인간은 자신 안에 있는 "병으로부터 죽음까지" 고통을 받는다(키르케고르). 죄악 된 본성은 절망으로 이어지지만, 끝까지 분석해 보면 죄와 절망은 결국 같은 것이다. 우리는 오직 창조주만이 극복하실 수 있는 내적 갈등으로 고통받기 때문이다.

개신교 신학자들의 다양한 견해는 우리 안에서 발견할 수 있는 방법론적 혼동을 보여 준다. 우리는 근본적으로 성경의 주장이 인정될 때에만 거듭남을 진지하게 다룰 수 있다. 종교 개혁 신학은 칭의를 가장 중요한 위치에 놓고 거듭남을 그 위에 부수적으로 다룬 경향이 있다. 그러나 이는 의도적으로 그리고 강력하게 하나님의 낳으심에 관해 말하고 있는 요한 신학의 중요성에 집중하지 못하게 만든다. 영과 육, 하나님의 자녀와 악의 자녀 사이의 마찰에 있어서 혁명적 능력을 심각하게 다루는 경우는 거의 없다.

우리는 원래 의도된 대로 칭의와 하나님의 낳으심을 구별하고, 각각 나름의 중요성을 온전히 이루기 위한 용기를 가져야 한다. 강요된 잘못된 연합은 이 둘 모두 상하게 한다.

오늘날의 새로운 생각

랍비 유대인들의 존재는 교훈과 율법, 할례로 대변되는 반면, 초기 그리스도인과 요한 공동체의 존재는 마지막 때에 '물과 성령'으로 나타나신 말씀의 행동을 특징으로 한다.

칭의는 은혜와 용서를 전방에 배치하는 반면에 물과 성령의 관계는 갈등이 있는 세상으로 파고드는 하나님의 능력을 보여 준다. 이 일은 하나님의 음성으로 하나님이 낳으셨다고 선포된 예수 자신 안에서 우선적으로 발생했다(시 2:7, 막 1:11 참조). 하나님에 의한 예수의 낳으심은 그분의 생명을 지탱해 주고 메시아적 사명을 완수하게 해주었다. 하나님이 낳으신 자는 미래에 오실 감추어진 이스라엘의 메시아를 가리켰다. 예수의 것으로 부름받은 우리에게도 우리가 붙들고 따라야 할 운명이 주어졌다.

그 과정에서 각 개인은 홀로 남겨지거나 다시 이스라엘의 율법으로 돌아가는 것이 아니라, 때가 차서 이루어진 말씀의 영향 아래 놓인다.

물론 하나님의 낳으심은 역사적인 시작으로, 가장 힘든 위기를 지날 수도 있고, 죽음의 위협을 받을 수도 있다. 그러나 이것은 하나님에 의해 보전되고 견고해져서 연약과 패배를 통과할 수 있고, 그 길을 가로막거나 방해하는 모든 것을 통과할 수 있다.

신학 안에 있는 어려움은 거듭남을 생명의 임함에만 집중시키려는 경향이 있다는 사실에서 기인한다. 신약 성경은 그 길을 만드는 하나님의 능력으로 성령을 말하고 있는데 말이다. 그러므로 칭의 교리는 하나님의 낳으심의 전통을 대신할 수 없다. 그러나 그 관계는 모순이 아닌 건전한 긴장의 관계다.

애석하게도 기독교 교회는 추상적이고 심리적으로 일어나는 경험으로 거듭남을 선호하기 때문에 하나님의 낳으심이라는 면을 상실했다. 이는 성경이 중요하게 강조한 개념을 오해한 것이다. 아마도 낳으심과 관련하여 성(sexuality)에 대한 개념이 많은 사람을 불편하게 만들지 모르겠다. 그러나 이는 성경의 아주 본질적인 요소다. 생명의 근본과 과정을 이해하는 데 이보다 확실한 것은 없기 때문이다.

하나님의 낳으심 개념은 하나님에 대한 생각을 평가절하하는 모든 철학적 견해를 강력하게 거부한다. 하나님은 실재를 창조하시고 영향을 끼치시는 분이다. 그분은 실존주의 신학이 주장하는 대로(틸리히, 푹스[Fuchs]) 실재 자체도 아니고, 실재에 종속된 분도 아니다. 우리는 성경의 메시지를 철학적 이론에 종속시키는 그런 신학에 굴복할 것이 아니라 성경의 관점에서 실존적 도전들을 점검해야 한다.

하나님의 낳으심에 관한 요한의 주장들은 자연적이고 세상적인 모든 것과 하나님의 요구에 순종할 수 없는 것들로부터 우리를 그리스도인으로 강하게 만들기 위한 의도를 가지고 있다. 그것들은 더 이상 하나님에 근거하여 살지 않고 그들의 관심을 경건하거나 경건하지 못한 사람들의 존재로 향하게 하는 신학적 흐름에 반대하도록 우리를 일깨

우려는 의도를 가지고 있다. 하나님이 신학의 실제적인 중심이시며, 모든 것은 그분에게 의존한다. 그분은 인간의 한계 너머에 있는 무언가에 대한 용어가 아니며, 인간 초월의 묘사도 아니다(불트만).

여기서 우리는 현재 일어나고 있는 토론의 가장 아픈 부분, 불가피하게 우리가 직면해야 할 질문에 도달하게 된다. 우리는 여전히 창조하시고 낳으시는 하나님을 믿고 있는가?

【 참고 문헌 】

O. Michel, "Von GottGezeugt," in *Festschrift für Joachim Jeremias*.
K. Barth, "Die Lehre von der Versöhnung," in *Church Dogmatics IV*, 「교회교의학」, 대한기독교서회 역간.
J. T. Beck, *Vorlesungen über christliche Ethik*, I.
E. Brunner, "Die christliche Lehre von der Kirche vom Glauben und von der Vollendung," in *Dogmatik*, III.

29장
회개와 회심

줄리우스 맨티

> 줄리우스 맨티(Julius R. Mantey, 1890-1981)_ 서던 침례 신학대학원에서 박사 학위를 받고 노던 침례 신학대학원에서 가르친 침례교 신약학자다. 그는 『신약 헬라어 문법 안내서』(*A Manual Grammar of the Greek New Testament*, 1927)의 공저자다.

최근 〈시카고 데일리 뉴스〉는 미국인에게 가장 필요한 것에 관해 언급하면서 빌리 그레이엄이 한 말을 보도했다. "우리 자신이 안으로부터 변하지 않는다면 사회를 바꾸고 도덕적 흐름을 바꾸는 것은 결코 불가능하다. 인간에게는 변화와 회심이 필요하다. …… 도덕적 개혁을 위한 유일한 길은 죄의 회개와 하나님에게로 돌아가는 것이다."

구약 성경은 이 같은 진리를 반복해서 아주 분명하게 말하고 있는데, 이에 관한 대표적이고 구체적인 언급은 역대하 7장 14절에서 볼 수 있다. "내 이름으로 일컫는 내 백성이 그들의 악한 길에서 떠나 스스로 낮추고 기도하여 내 얼굴을 찾으면 내가 하늘에서 듣고 그들의 죄를 사하고 그들의 땅을 고칠지라."

신약 성경에서의 회개와 회심의 의미

회개(repentance)로 번역되는 두 개의 헬라어가 있다. '메타멜로마이'에는 기본적으로 다른 느낌, 가책의 의미가 함축되어 있다(마 21:29, 32, 27:3). 유다는 죄를 버린 것이 아니라 가책의 의미에서 회개했다. 바울도 이 단어를 그런 의미로 사용한 적이 있다(고후 7:8). '메타노에오'(명사형은 '메타노이아')는 일반적으로 죄 사함에 필요한 필수적인 마음 상태를 표현하는 데 사용된다. 이는 죄와 하나님 등에 대해서 '다르게 생각하다' 혹은 '다른 태도를 갖다'라는 의미가 있다.

회심(conversion)에는 '스트레포'(명사형은 '스트로페')라는 어원의 단어가 두 번 사용되었다. "너희가 돌이켜 어린아이들과 같이 되지 아니하면 결단코 천국에 들어가지 못하리라"(마 18:3). "마음으로 깨닫고 돌이켜 내게 고침을 받지……"(요 12:40). 회심의 의미를 표현한 다른 구절들에는 전치사적 접두사 '에피'가 붙어 있다. 이 단어의 기본적인 의미는 '돌이키다'이고, 회심을 가리키는 대부분의 구절에서 이 단어는 능동태로 사용되었다.

이 단어들에 대한 신약의 사용

신약 두 구절에서 이 단어들이 모두 사용되었는데 두 경우 모두 회개를 가리키는 단어가 선행되었다. "그러므로 너희가 회개하고 돌이켜 너희 죄 없이 함을 받으라 이같이 하면 새롭게 되는 날이 주 앞으로부터 이를 것이요"(행 3:19). "회개하고 하나님께로 돌아와서 회개에 합당한 일을 하라"(행 26:20).

앞선 인용에서 두 단어는 하나님을 기쁘시게 하지 못하는 데서 돌아서서 기쁘시게 하는 것을 가리키는 양면적 경험을 묘사하는 데 사용되었음을 보게 된다. 또한 이 단어들은 성령에 의해 죄를 깨달은 인간이 자신의 삶을 하나님의 뜻에 합당하도록 만들기로 결정한 의지와 행위를 가리키는 데 사용되었다. 중생과 칭의는 개인의 변화에서 하나님이 하신 일을 강조한다. 반면에 믿음과 회개, 회심은 만일 중생을 경험했다면 그리스도와 하나님을 향해 인간이 보여야 할 필수 반응을 강조한다.

하나님을 향해 삶을 돌이키지 않는 회개는 죄 사함을 받지 못하며, 다시 언급하겠지만 회개 없이 하나님에게로 돌이키는 삶도 죄 사함을 받지 못한다. 따라서 이 두 단어는 살아 있는 동안 그분의 뜻을 따라 행하겠다는 분명한 의도를 가지고 하나님에게 자신을 드리는 합당한 헌신을 다룬다. 하지만 이처럼 삶을 변화시키는 역사적 결정을 하기 전에 하나님이 "자기를 찾는 자들에게 상 주시는 이심"(히 11:6)을 믿는 믿음을 갖는 것은 필연적이다. 사도행전 11장 21절이 대표적인 예다. "수많은 사람들이 믿고 주께 돌아오더라."

신약 성경에서 강조하는 회개

마가복음 1장 4, 5절_ 세례 요한이 광야에 이르러 죄 사함을 받게 하는 회개의 세례(즉, 회개를 나타내는 세례. 헬라어로 설명의 소유격이 사용됨)를 전파하니 온 유대 지방과 예루살렘 사람이 다 나아가 자기 죄를 자복하고 요단강에서 그에게 세례를 받더라.

누가복음 3장 7-14절_ "뱀 새끼들아, 누가 너희에게 다가올 진로를 피하라고 경고하더냐? 너희들이 정말 마음을 돌이켰다면('메타노이아스') 삶으로 증명해라! 마음속으로 '우리는 아브라함의 자손이야'라고 생각하지 마라. 너희에게 말한다. 하나님은 이 돌들로도 아브라함의 자손을 만드실 수 있다! 도끼가 이미 나무뿌리에 닿아 있고, 좋은 열매를 맺지 못한 나무는 잘려 불에 던져질 것이다." 그러자 무리가 그에게 물었다. "그러면 우리가 어떻게 할까요?" 그의 대답은 이러했다. "속옷이 두 벌인 사람은 하나도 없는 사람과 나누고, 음식이 있는 사람도 그렇게 해라." 세금 징수원 몇몇도 세례를 받으러 와서 물었다. "선생님, 우리는 무엇을 해야 합니까?" "너희에게 주어진 권한 이상으로 청구하지 마라." 군인들도 그에게 물었다. "그러면 우리는 무엇을 해야 합니까?" "사람들을 괴롭히지 말고, 거짓 고소를 하지 말고, 너희가 받는 보수에 만족해라"(『예수에서 예수까지: 필립스 성경』, 숨숨 역간).

마태복음 3장 5-12절도 마가복음이나 누가복음과 병행 구절이라고 볼 수 있는데, 다만 누가는 군중과 세리와 군인들이 그들에게 주어진 사회 활동 영역에서 그들의 시간과 재능과 물질과 사회적 지위를 다른 사람을 섬기는 데 사용하여 참된 회개를 보여야 할 것을 구체적으로 언급하고 있다는 것만 다르다.

공관 복음 기자들 모두 세례 요한이 참된 회개를 요구함과 일상생활에서의 표현을 강조함에 매우 단호했다고 묘사한 것을 볼 수 있다. 그들은 아브라함의 자손이라는 것으로는 충분하지 않아서 육체적 자손 됨이 하나님의 진노를 누그러뜨리지 못한다고 분명하게 주장한다. 회개하지 않은 이스라엘 백성은 누구라도 하나님의 준엄한 심판의 대상이 되었다. 하지만 요한은 또한 세례 전이나 세례받을 때에 공적으로 죄를 고백할 필요를 설교한 것으로 보이고, 마태와 마가는 세례 후보자들이 그들의 죄를 회개했다고 주장했다. 더 나아가 세례를 위해 요구된 회개는 단지 개인적이고 소극적으로 죄를 그치는 것만이 아니라 사회적이고 적극적이 되는 것을 의미했다.

그러나 한 사람의 회개가 다른 사람을 구체적으로 섬기는 행위로 표현되어야 한다는 점에서는 누가에게 가장 큰 빚을 졌다. 요한과 마찬가지로 예수도 회개와 참된 회심의 필요를 강조하셨다. "이러므로 그들의 열매로 그들을 알리라 나더러 주여 주여 하는 자마다 다 천국에 들어갈 것이 아니요 다만 하늘에 계신 내 아버지의 뜻대로 행하는 자라야 들어가리라"(마 7:20, 21).

신약 성경에서 세례의 선제 조건인 회개

직접적이든 암시적이든, 신약 성경에서 세례에 관해 구체적으로 기록할 때에는 회개(믿음도)를 세례의 필요 선제 조건으로 간주했다. 사도행전 2장 38절에서는 세례 전 우선 순위로 회개가 분명하게 요구되었다. "너희가 회개하여 각각 예수 그리스도의 이름으로 세례를 받고 죄 사함을 받으라." 앞 본문이 암시하는 대로 죄 사함의 필요 선제 조건으로 회개를 강조했음은 매우 자명한 사실이다. 또한 누가복음 13장 5절, 24장 47절, 사도행전 8장 22절, 17장 30절을 보라.

빌립보의 간수는 세례를 받기 전에 바울과 실라의 상처를 씻어 주고 치료해 줌으로 자신의 회개를 보여 주었다(행 16:33). 사도 시대에 세례는 그리스도에 대한 공적인 고백이었기 때문에 회개하지 않고 중생을 경험하지 않은 사람에게 세례를 주었을 가능성은 매우 희박하다. 유대인이나 이방인 모두 그리스도인으로의 개종은 때때로 극심한 핍박을 받을 정도로 미움을 받았을 것이기 때문이다. 그리스도인이 되는 것에 대한 사회적 압박이 매우 심했으므로, 그들의 삶에서 그리스도의 은혜를 체험하지 않았다면 가족이나 공동체의 전통과 관습에서 격리될 용기를 가질 수 없었을 것이다. 그리고 회개는 그 은혜를 경험하기 위한 필요 선제 조건이었다.

신약 성경에 나오는 두 가지 표현에 대한 정확한 해석이 이 주제에 관한 또 다른 점을 조명해 준다. 한 가지 표현은 '밥티스마 메타노이아스'(회개의 세례)로, 성경에 네 번 나온다(막 1:4, 눅 3:3, 행 13:24, 19:4). 이 구절에서 회개로 번역된 단어는 소유격으로, 기능을 설명한다. 그것은 회개의 세례, 즉 회개를 표현하고 회개로 규정된 세례였다. 의심의 여지없이 누가의 문맥은 회개의 증거 없이는 세례가 행해지지 않았음을 아주 분명히 제시한다. 당시에 종교적, 정치적 지도자인 바리새인들과 사두개인들이 세례를 받기 위해 왔을 때 요한은 "독사의 자식"이라 부르며 "회개에 합당한 열매를 맺[을]" 것을 요구했다(눅 3:7, 8). 다른 말로 하면 세례 요한은 그들이 합당한 후보자가 아니었기 때문에 그들에게 세례 베풀기를 거부한 것이다. "요한은 그들에게 세례를 베풀기 전에 새로운 삶을 보여 주는 증명을 요구한다"(A. T. Robinson, *Word Pictures in the New Testament*, vol. I, 8쪽).

또 다른 표현은 마태복음 3장 11절에 나온다. RSV 성경에는 "내가 **회개**를 위하여 물로(헬라어로 '안으로'[in]) 너희에게 세례를 준다"(옮긴이 번역)라고 번역되어 있다. '위하여'라고 번역된 헬라어 전치사는 '에이스'인데 신약이 기록된 1세기 헬라어에서는 종종 원인을 가리키는 데 사용되었다. '위하여'(for)라는 영어 단어도 원인을 표현하는 데 사용될 수 있다. 예를 들면 "He was arrested for stealing"(그는 절도로 체포되었다)이라고 말하는 경우다. 적어도 마태복음 3장 11절에 대한 네 가지 현대어 번역본에서 '에이스'는 원인적 중요성을 가진 단어로 번역되었다. 웨이머스(Weymouth)에서는 "⋯⋯라는 고백으로"(in profession of), 굿스피드(Goodspeed)에서는 "⋯⋯의 표시로"(in token of), 윌리엄스(Williams)에서는

"……을 묘사하기 위해서"(to picture), 필립스(Phillips)에서는 "……의 표지로"(as a sign of)라고 번역했는데 모두 다 원인을 가리킨다.

(마태복음 3장 11절과 헬라어 신약 성경에서 '에이스'의 원인적 사용에 관해 최근의 가장 폭넓은 학문적 토론은 〈성경적 문헌 저널〉[Journal of Biblical Literature]에서 찾아볼 수 있다. 이 주제에 관한 네 개의 논문 중 세 개는 1951년 70권에, 나머지 하나는 1952년 71권에 수록되어 있다. 두 개는 시카고 대학의 랄프 마르쿠스[Ralph Marcus]가, 다른 두 개는 필자가 기고했다. '에이스'가 어떻게 원인적 중요성으로 사용되었는지에 대한 수많은 예가 일반 헬라어와 성경 헬라어에 인용되어 있다.)

일상생활에서의 회개와 회심

일반적으로 알려진 대로 사람들은 자신이 죄인임을 인식하고 구주를 필요로 할 때까지는 회개하거나 회심하지 않는다. 따라서 구원을 위해서는 무엇보다 먼저 그 필요와 복음의 핵심 요소를 알려 주어야 한다. 그들이 셈을 잘못하여 자신의 미래가 위험에 처하고 하나님의 진노가 그들에게 임할 것을 인식하기 전에는 죄를 깨닫고 구주이신 그리스도께 돌아올 가능성은 없다. 결과적으로 죄를 깨닫고 회심하도록 성령께서 온 땅에 퍼진 진리를 사용하실 수 있는 발판을 마련해야 하며, 그러기 위해서는 복음을 전하고 살아 내는 데 가능한 모든 수단이 사용되어야 한다. 예수께서는 회개하지 않는 자들에게 임할 끔찍한 운명을 아주 생생하고 직설적으로 묘사하셨다. "그들은 영벌에, 의인들은 영생에 들어가리라"(마 25:46).

사람들은 자신의 죄가 피할 수 없는 하나님의 심판을 그들에게 임하도록 하리라는 사실뿐만 아니라 그들이 회심하여 하나님의 놀라운 변화의 은혜를 경험하지 않으면 지금 여기에서도 풍성한 삶을 누릴 수 없다는 사실도 알아야 한다. 예수께서는 "내가 온 것은 양으로 생명을 얻게 하고 더 풍성히 얻게 하려는 것이라"(요 10:10)고 선언하심으로 더 나은 삶을 제공하셨다. 그리고 또한 "내 기쁨이 너희 안에 있어 너희 기쁨을 충만하게 하려 함이라 …… 너희 마음이 기쁠 것이요 너희 기쁨을 빼앗을 자가 없으리라"(요 15:11, 16:21, 22)고 약속하셨다. 사도 바울도 이 경험을 다음과 같이 묘사했다. "그런즉 누구든지 그리스도 안에 있으면 새로운 피조물이라 이전 것은 지나갔으니 보라 새 것이 되었도다"(고후 5:17).

회심한 사람만이 평온할 수 있다. 회심할 때에만 인간은 인생의 긴장과 낙심에서 가장 자유할 수 있다. 또한 하나님뿐 아니라 사람들과도 화목할 수 있다. 그리할 때에만 청결한 양심과 죄책과 두려움에서 온전한 자유를 누릴 수 있다. 처음으로 그의 인생에서 하나님의 뜻에 합한 삶을 살게 되고 하나님의 은총이 그와 함께하며 모든 것이 합력하여 선을 이룰 것이라는 깨달음은 그의 심령에 용기를 주고 기쁨에 찬 기대가 그의 삶을 충만하게 할 것이다. 시편 기자처럼 하나님의 "선하심과 인자하심"이 그의 소유로 가시화될 것이며 "여호와의 집에 영원히 살" 것을 기대할 수 있을 것이다.

「회심의 선물」(The Gift of Conversion)에서 에릭 라우틀리(Eric Routley)는 회심의 혜택들을 묘사하면서 말하기를, "회심을 통해 인격이 혼란스러워지거나 부정적이 되는 일은 없다. 반대로 회심한 사람은 전보다 인간다워질 것이다. 현재 그가 누구인가와 그의 이웃에게 어떤 사람이 되기를 원하는가 사이의 긴장은 완화되고, 결과적으로 더욱 단순하고 직접적이며 분명한 인격을 소유하게 될 것이다. 혼란은 진실과 조화로 대치될 것이다"라고 했다. 갈라디아서 5장 22, 23절에서 바울은 진정으로 회심할 때 즉각적으로 또는 잠재적으로 소유하게 될, 매우 소중한 것들을 언급했다. "사랑, 희락, 화평, 오래 참음, 자비, 양선, 충성, 온유, 절제." 우리가, 그리고 우리 주변에 있는 사람들이 늘 이런 은혜로운 성품을 나타낸다면 인생이 얼마나 사랑스러워질까?

> 죄인들아 돌아서라, 왜 죽으려 하는가?
> 당신의 구주 하나님이 물으신다. "왜?"
> 당신의 영혼을 자유하게 하고
> 당신이 살도록 대신 죽으신 이가 물으신다.
> 그의 죽음을 헛되이 하려는가?
> 주님을 다시 십자가에 못 박으려는가?
> 죄 사함을 받은 죄인들아, 왜? 왜?
> 이 은혜를 무시하고 죽으려는가?(존 웨슬리)

【 참고 문헌 】

W. D. Chamberlain, *The Meaning of Repentance*.
R. O. Ferm, *The Psychology of Christian Conversion*.
E. Price, *The Burden Is Light*.
E. Routley, *The Gift of Conversion*.

30장
믿음

캘빈 린튼

캘빈 린튼(Calvin D. Linton, 1914-2002)_ 존스홉킨스 대학에서 박사 학위를 받고 조지워싱턴 대학에서 학과장과 영문학 교수를 지냈다. 린튼은 《기독교와 문학》(*Christianity and Literature*)에 논문들을 썼고, 연방 준비 이사회, 국세청, 그 외에 여러 공공 기관에서 작문을 가르쳤다.

이처럼 좁은 지면에서 믿음처럼 방대한 주제를 다루려면, 우선 그 주제의 진정한 본질을 훼손하거나 호도하지 않으면서 논의의 영역을 제한해야 한다. 우리가 살고 있는 분석적 세대는 무언가를 정복하기 위해 쪼개는 데 매우 익숙하고 부분들의 합을 찾는 데에도 익숙해서, 원래의 실재에 관한 깊은 진리는 찾아내려 하지 않는 경향이 있다. 믿음에 관해 말하면서 우리는 이러한 위험을 피해야 한다. 믿음은 쉽게 발견되고 분석될 수 있는 요소들(지식, 이유, 의지, 사랑, 감정 등)의 총합 그 이상이기 때문이다. "믿음을 설명하기가 쉽다고 생각할지 모른다. 사실이다. 그러나 당신의 설명으로 사람들을 혼란에 빠뜨리기는 더 쉽다"라고 C. H. 스펄전(Spurgeon)은 오래전에 말했다(*What is Faith?*, Chicago, 1897, 13쪽).

믿음의 정의

믿음은 도덕적 의식이 있는 자유로운 존재들 사이의 생명력 있는 신뢰와 교통의 통로다. 교통이 있으려면 도덕적 의식의 차원이 존재해야 하고("사람이 생령이 되니라"[창 2:7]), 믿음으로 만들어진 사회의 연합(이 땅에서는 결함이 있지만 천국에서는 완전한)이 영혼 없는 기계가 아닌 역동적 생명이 되려면 자유가 존재해야 한다. 살아 있는 믿음은 각 영혼으로 하여금 자신의 존재 영역을 다른 사람의 영역으로 넓혀 가도록 하기 때문에, 그리고 하나님의 무한한 영역으로 넓혀 가도록 하기 때문에 믿음에는 철회될 수 없는 헌신과 그에 따른 위험이 있게 마련이다. T. S. 엘리엇(Eliot)의 말에 따르면, 진정한 믿음은 조금이 아닌 모든 것을 지불해야 한다. 그래야 또한 모든 것을 얻는다. 믿음의 대상이 신실하다면 말이다.

믿음의 통로를 통하여 흘러오는 생명과 능력은 우주의 궁극적인 에너지, 즉 하나님의 사랑(하나님이신 사랑)이다. 형언할 수 없는 성삼위의 아름다움에서처럼 사랑이 완전한 곳에 믿음도 완전하다.

영적이든 물질적이든 실재의 모든 차원은 그것을 바르게 이해해 보면 믿음과 밀접한 관계가 있다는 것을 알 수 있다. 다시 말해 믿음은 그 어떤 것에도 의존하지 않으면서 이성, 지식, 그리고 '과학'이나 '심리학'과 (과거와 현재의 모든 진리와도) 조화를 이룬다.

믿음을 통하여 하나님의 사랑이 존재 안으로 들어올 수 있도록 허락된다면, 생명은 신적 창조 안에 본유적으로 존재하는 특성들(조화, 아름다움, 거룩함, 기쁨)을 보여 줄 것이다. 의도적으로 만든 사랑의 결함을 통해 인간이 타락으로 믿음의 통로를 막았을 때 믿음은 밖으로 나가기를 멈추고 안으로만 파고들어 결국 인간 안에서 병들고 죽어 사라졌다. 우리 믿음의 한계는 삶의 한계다. 누군가가 정말 말 그대로 다른 아무것도 믿지 않고 자기 자신만 믿으면서 계속 '산다는 것'은 상상할 수 없는 일이다.

하나님의 진실함을 믿지 않고 그분과 단절된 사람은 자기 자신의 능력에만 관심을 가지고 사는데, 이런 사람은 어둠과 영적 죽음 가운데 영원히 방황하도록 정죄되었다. 이 문제는 인간 편에서의 공적이 아닌 전적으로 하나님에게서 그리고 전적으로 은혜로 해결되어야 한다. 하나님이 구속과 구원을 거저 주시는 것에 대한 인간의 동의조차도 하나님의 선물이고(엡 6:23, 2:8, 9, 빌 1:29), 우리의 구원을 위해 일하시는 (유일하신[요 14:6, 마 11:27]) 구주도 하나님의 선물이다(고후 9:15, 새번역 참조). 이 일에 사람을 강하게 하시는 분은 성령이시다(고후 4:13, 갈 5:5). 모두가 하나님이 하시는 일이다.

기독교 신학에서 믿음의 핵심도 예외는 아니다. 인간은 죄에 의해서 하나님을 기쁘게 하지 못하고 하나님과 원수 되었으며 아무런 소망도 없어서 믿음 없이는 하나님을 기쁘시게 할 수 없다(히 11:6). 하나님의 사랑의 빛이 단순한 말씀을 통해 예리하게 초점을 맞추어 임한다. "그 은혜에 의하여 믿음으로 말미암아 구원을 받았으니"(엡 2:8).

믿음과 지식

믿음에서 지식의 역할, 그리고 이 둘의 차이는 아마도 믿음을 정의하는 두 단어인 **신념**(belief)과 **신뢰**(trust)의 차이를 주목해 볼 때 가장 잘 설명될 수 있을 것이다. 이 문맥에서 우리는 신념을 '충분한 증거에 근거한 지적인 동의'라는 좁은 의미 혹은 부차적인 의미로 사용한다. 그리고 신뢰는 '의지하여 맡김'이라는 의미로 사용한다.

충분한 증거에 근거해서 나는 예수가 존재하셨고, 일정 기간 팔레스타인의 거리를 걸었음을 믿기로(believe) 했다. 이 경우에는 내게 어떤 헌신도 요구하지 않으며 어떤 위험도 없다. 내 행동을 바꾸지 않아도 되고, 내 삶에서 신뢰의 영역이 확장되거나 나의 죄악 된 상태가 변하지도 않는다. 이 신념은 아브라함의 경우처럼 나에게 의로 여겨질 것도 아니다(갈 3:6). 나는 하나님을 믿는 것이 아니라 증거를 믿는 것이기 때문이다. 내가 얼마나 잘 믿든지 나는 여전히 타락한 천사나 사탄보다 못한 존재일 것이다. 그들도 믿고 떨기 때문이다(약 2:19).

따라서 지식은 지성의 동의를 자극할 수 있을지 모르지만 신뢰를 이루는 의지의 행동을 자극하지는 못한다. 돌처럼 굳은 우리 본성의 마음은 지식보다 강력한, 마음을 녹일 수 있는 무엇에 의해 부드러워져야 한다. 사람은 (머리가 아닌) "마음으로 믿어 의에 이르[기]" 때문이다(롬 10:10).

지식이 그 자체로 신뢰를 만들어 내지는 못하지만, 그것은 정도의 차이가 있기는 하더라도 틀림없이 신뢰를 위한 선제 조건은 된다. "그런즉 그들이 믿지 아니하는 이를 어찌 부르리요 듣지도 못한 이를 어찌 믿으리요 전하는 자가 없이 어찌 들으리요"(롬 10:14). 이 부분에서 기본적인 명령은 "너는 하나님과 화목하고 평안하라"(욥 22:21)는 것이다. 우리 주님도 의심하던 도마에게 손을 내밀어 그리스도의 몸에 난 상처를 만져 보라고 하시며 친히 신뢰를 쌓기 위한 객관적 증거의 가치를 가르치셨다. 다메섹으로 가는 길에 땅에 엎드러진 다소의 사울이 "주여 누구시니이까"라고 정보를 요구할 때 "나는 네가 박해하는 예수"(행 9:5)라고 하신 대답은 그가 신뢰해야 할 대상을 알려 준다.

지식을 경멸하는 것은 믿음을 단순히 주관적 경험으로 만드는 것으로, 구원을 단지 지식에서 찾는 것만큼 치명적이다. 현대 기독교 실존주의는 믿음이 내적 실재임을 상기시키고 인간의 이성으로 이해하려는 것을 경고한다는 점에서 유용하다. 그러나 하나님이 자신의 말씀을 통해 주신 지식의 객관적인 근거의 실재를 무시하고 믿음이란 내적 의식의 자기 확신이라고 주장하는 것은 하나님의 지식인 역사적 그리스도로부터 격리되어 하나님의 능력으로부터도 격리되는 것이다(고전 1:24).

과학적인 법칙과 원리에 대한 신념으로 인도하는 지식은 그것을 찾는 자들에게 가능하지만, 우리의 신뢰의 근거가 되는 하나님의 존재에 대한 지식은 하나님의 은혜의 행위에 의해 주어진다. 우리는 그분이 자신에 관해 말씀하신 것을 믿음으로 하나님을 배워야 한다. "옛적에 선지자들을 통하여 여러 부분과 여러 모양으로 우리 조상들에게 말씀하신 하나님이 이 모든 날 마지막에는 아들을 통하여 우리에게 말씀하셨으니"(히 1:1, 2). 오직 이 근원으로부터 완전한 지식이 흘러나오는데, 이 지식이 없이는 우리의 지성이 얼마나 많은 것을 알고 있든지 우리는 어둠 가운데 걷는 것이다.

지식과 우리를 구원하는 신뢰의 행위의 관계는 양에 의한 관계(quantitative relationship)가 아니다. 아담을 타락하게 만든 것은 무지가 아니라(딤전 2:14) 의지적으로 행한 불신이었다. 따라서 아담으로 난 인간은 하나님을 떠나 자기의 능력으로는 하나님을 찾을 수 없는 타락한 상태에 있다. "하나님을 믿지 아니하는 자는 하나님을 거짓말하는 자로" 만들기 때문이다(요일 5:10). (다소의 사울처럼) 우리가 말하는 분을 알도록 하는 충분한 지식을 받았을 때 우리는 더 이상 지식을 요구할 위치에 있는 것이 아니라 은혜의 요청을 유효하게 하는 명령을 대면하는 위치에 있는 것이다. "너는 마음을 다하여 여호와를 신뢰하고 네 명철을 의지하지 말라"(잠 3:5).

믿음과 이성

기독교 신앙에서 인간 이성의 역할에 관한 논쟁이 만들어 낸 열기와 수많은 책을 어찌 다 말할 수 있겠는가! 테르툴리아누스의 "불가능하기 때문에 확실하다"("Certum est quia impossible est", *De Carne Christi*, 5)부터 케임브리지 플라톤주의자들의 "진정으로 종교적이면서 비합리적인 것은 없고, 진정으로 합리적이면서 비종교적인 것은 없다"는 주장까지 이에 대한 견해는 매우 다양하다. 양 극단은 나름의 치명적인 허점을 드러낸다. 미신, 교회의 권위에 대한 의존, 또는 한편으로 철저한 주관주의를, 다른 한편으로는 이성적 회의주의와 유물론, 허무주의를 말이다.

현대 개신교의 분위기는 믿음의 근거로서 이성(또는 '자연') 신학에 회의적이다. 그 대신 오늘날에는 믿음을 주관적으로 하나님을 '직접 대면하는' 것이나, 경험을 자기 확신으로 생각하도록 하는 경향이 그 자리를 차지한다.

우선, 어떤 의미에서 믿음의 선제 조건이 되든 어느 정도의 지식이 용납된다면 아무리 사소하더라도 이성에 어떤 역할이 주어져야 한다. 이성만이 정보를 규정하고 평가하는 법을 알기 때문이다.

둘째, 의지를 가지고 신뢰할 줄 알던 아담과 하와 안에 창조된 인간 이성은 타락으로 인해 하나님을 찾을 수 없게 된 인간 안에도 남아 있다(롬 8:7).

타락으로 이성이 없어진 것은 아니다. 바울이 회당에서 몇 날 몇 밤을 토론과 논쟁으로 보낸 것은 시간 낭비가 아니었다. 비록 하나님에게서 멀어졌지만 남아 있는 바른 이성은 타락한 인간의 양심처럼 어느 정도 밝은 면이 있다.

믿음과 사랑

다시 스펄전을 인용해 보자. "우리가 비록 볼 수 없다 할지라도 모든 사랑의 밑바닥에는 사랑하는 존재에 대한 믿음이 있다. 그 존재의 사랑스러움, 공로, 그리고 우리를 행복하게 만들어 줄 능력에 대한 믿음 말이다. 내가 누군가를 믿지 않는다면 나는 그를 사랑할 수 없다. 내가 하나님을 신뢰할 수 없다면 나는 그분을 사랑할 수 없다." 필연적으로 우리는 우리가 사랑하는 사람들을 신뢰하게 되어 있다. 사실 믿음은 사랑으로 보호받으며, 따라서 신구약 성경의 기본적인 권면은 "사랑하라"라고 말할 수 있다. 그렇다. 사랑은 명령되는 것이 아니라 압도적으로 끌리는 것이다. 매력을 느끼게 만드는 것이 사랑이라서 "사랑은 여기 있으니 우리가 하나님을 사랑한 것이 아니요 하나님이 우리를 사랑하사 우리 죄를 속하기 위하여 화목 제물로 그 아들을 보내셨음이라 …… 우리가 사랑함은 그가 먼저 우리를 사랑하셨음이라"(요일 4:10, 19)고 했다.

믿음은 어떻게 작용하는가

아마도 핵심 단어는 '말미암아'(through, 통하여)일 것이다. "은혜에 의하며 믿음으로 말미암아(통하여)……." 하나님 편에는 측량할 수 없는 은혜가 있고 사람 편에는 공허함, 메마름, 죽음이 있다. 사람이 생명의 물을 얻고 싶다면 통로가 있어야 하는데, 그 통로가 바로 믿음이다. 이 통로는 완벽할 필요도, 클 필요도 없다. 작은 물방울이어도 순수하고 효

힘이 있기 때문이다. 그 통로에는 공적도 필요 없다. 물이 흘러가는 죽은 파이프 안에 살리는 생명이 흘러가기 때문이다.

우리는 구원에 이르는 믿음(saving faith, "은혜에 의하여 믿음으로 말미암아")과 살아 있는 믿음(living faith, "의인은 믿음으로 말미암아 살리라"[히 10:38])을 즉각적으로 구분해야 한다.

구원에 이르는 믿음은 상대적인 용어로 언급된 적이 없다. 믿음의 결과는 상대적인 것이 아니기 때문이다. 그것은 죽음에서 생명으로 옮겨 가는 것이다. 잃어버린 바 되었든지 구원받았든지 둘 중 하나이고, 이 두 상태 사이의 등급은 점진적인 것이 아니다.

구원에 이르는 믿음은 이성에 의해서 그 힘이나 지식의 정도가 유효해지는 것이 아니라 그 대상이 유효해지는 것이다. 그리스도의 옷자락을 만진 여인은 거의 무지 상태에서 그렇게 했지만 치유되었다. 난폭한 파도 아래 가라앉던 베드로의 경우도 마찬가지다. "주여 나를 구원하소서 하니 예수께서 즉시 손을 내밀어 그를 붙잡으시며 이르시되 믿음이 작은 자여 왜 의심하였느냐 하시고"(마 14:30, 31).

따라서 구원에 이르는 믿음은 더도 덜도 아닌 주 예수 그리스도를 의지하는 신뢰다. "나를 믿는 자는 죽어도 살겠고"(요 11:25). 그 이상 무엇도 필요하지 않다. "이 사람을 힘입어 믿는 자마다 의롭다 하심을 얻을 것이라"(행 13:39)고 하셨고, "내가 그들에게 영생을 주노니 영원히 멸망하지 아니할 것이요 또 그들을 내 손에서 빼앗을 자가 없느니라"(요 10:28)고 하셨기 때문이다. 이보다 덜할 수도 없다. "이 예수는 너희 건축자들의 버린 돌로서 집 모퉁이의 머릿돌이 되었느니라 다른 이로써는 구원을 받을 수 없나니 천하 사람 중에 구원을 받을 만한 다른 이름을 우리에게 주신 일이 없음이라"(행 4:11, 12)고 하셨고, "나로 말미암지 않고는 아버지께로 올 자가 없느니라"(요 14:6)고 하셨고, "그를 믿는 사람들이 다 그의 이름을 힘입어 죄 사함을 받는다 하였느니라"(행 10:43)고 하셨기 때문이다.

구원에 이르는 믿음과 살아 있는 믿음 사이의 차이는 생명을 공급하기 위해 처음 열린 통로와, 능력과 승리의 영광을 공급하기 위해 지속적으로 사용되는 통로의 차이다. 타락 이전에 아담의 믿음이 그의 순종과 성취의 행위를 통해 보인 것처럼 이제 그리스도 안에 있어서 그리스도의 완전한 순종에 의해 구원을 받고 신성에 참여한 중생한 자들은 더 넓은 차원에서 살아간다. 약해지지 않는 하나님의 능력의 풍성함이 믿음을 통해 가능해지고(마 17:20), 믿음의 통로를 통해 그 능력을 어떻게 사용하는지에 이 땅에서의 축복과 하늘에서의 상급이 달려 있다(고후 5:10).

이 모든 것은 다음 두 구절로 요약될 수 있을 것이다.

구원에 이르는 믿음_ "또 증거는 이것이니 하나님이 우리에게 영생을 주신 것과 이 생명이 그의 아들 안에 있는 그것이니라 아들이 있는 자에게는 생명이 있고 하나님의 아들이 없는 자에게는 생명이 없느니라"(요일 5:11, 12).

살아 있는 믿음_ "내가 그리스도와 함께 십자가에 못 박혔나니 그런즉 이제는 내가 사는 것이 아니요 오직 내 안에 그리스도께서 사시는 것이라 이제 내가 육체 가운데 사는 것은 나를 사랑하사 나를 위하여 자기 자신을 버리신 하나님의 아들을 믿는 믿음 안에서 사는 것이라"(갈 2:20).

【 참고 문헌 】

G. C. Berkouwer, *Faith and Sanctification*.

J. Bright, *The Kingdom of God*, 「하나님의 나라」, 크리스챤다이제스트 역간.

E. J. Carnell, *Christian Commitment*.

J. Hick, *Faith and Knowledge*.

J. G. Machen, *What Is Faith?*

C. B. Martin, *Religious Belief*.

A. Richardson, *An Introduction to the Theology of the New Testament*.

C. H. Spurgeon et al., *What Is Faith?*

S. Thompson, *A Modern Philosophy of Religion*.

B. B. Warfield, *Biblical and Theological Studies*, ed. Samuel G. Craig.

31장
신비적 연합

윌리엄 뮬러

> 윌리엄 뮬러(William A. Mueller, 1902-2001)_ 뉴욕 대학에서 박사 학위를 받고 서던 침례 신학대학원과 뉴올리언스 침례 신학대학원에서 가르친 침례교단의 교회 역사가다. 그는 「서던 침례 신학대학원의 역사」(A History of Southern Baptist Theological Seminary, 1959)와 「섭리와 기도의 학교: 뉴올리언스 침례 신학대학원의 역사」(The School of Providence and Prayer: A History of the New Orleans Baptist Theological Seminary, 1969)의 저자다.

기독교 대화에서 '신비적'이라는 단어가 언급될 때마다 어떤 사람들은 즉각적으로 우려를 표명한다. B. B. 워필드나 칼 바르트 같은 저명한 신학자들도 그리스도인의 대화에서 이 단어를 사용하는 것을 심각하게 경고하지 않았는가? 하지만 장 칼뱅, 스펄전, G. A. 바로이스(Barrois) 등과 같은 사람들은 모두 개혁주의 전통에 속했는데도 부활하신 주님과 신자들의 신비적 연합에 관해 떳떳하게 언급했다. 이런 다양한 견해를 고려해 볼 때 우리는 과연 어디에 서야 할까?

우선 이 문제에 관해 분명히 해둘 것이 있다. 그리스도와의 신비적 연합은 신자가 그리스도 안에 혹은 그분의 신성에 완전히 잠기는 것(또는 흡수되는 것)을 의미하지 않는다. 신플라톤주의나 전통적인 힌두교에 표현된 동일성 철학(identity philosophy)은 어떤 경우에도 복음주의적 기독교 경험에서 가능하지도, 용납되지도 않는다. 그럼에도 우리는 십자가에서 죽으시고 부활하셔서 영광을 받으신 주님과 신자의 인격적이고 친밀한 연합의 실재와 가능성에 대해 확언한다.

이 문맥에서 '신비적'(mystical)이라는 단어는 그리스도와의 교통에 대한 경이로움을 제안하는 데 사용된다. 속죄받은 죄인과 용서하신 구주의 연합은 인간의 모든 이해를 초월한다. 그것은 하나님이 만드신 것이고 위대한 사랑의 선물이라서 이기적인 묵상의 결과가 아니라 하나님과 인간을 성공적으로 잘 섬길 수 있도록 성령을 통하여 전인적으로 공급받은 동력의 결과다.

이 연합에 대한 성경적 가르침

성경은 곳곳에서 하나님이 피조물과 교제하기를 열망하신다고 증언한다. 하나님은 교제하기 위해 인간을 창조하셨다. 인간의 타락은 주님과의 관계를 망가뜨렸지만, 하나님은 인간이 하나님과의 복된 관계를 회복할 길을 고뇌하셨다. 노년의 에녹과 같이 아브라함은 하나님의 친구처럼 하나님과 동행하며 교제했다. 하나님은 이스라엘을 애굽의 포로 생활에서 해방시키셔서 그분의 택한 백성, 그분의 뜻을 선포하는 왕과 제사장의 나라로 부르셨다. 모세는 하나님과 얼굴과 얼굴을 마주하며 교제하였고, 이사야, 호세아, 예레미야, 에스겔 같은 선지자들도 여호와 하나님과의 이런 친밀하고 거룩한 교제가 어떤 것인지 알고 있었다. 그러나 최종적으로 잃어버린 피조물과 지속적으로 관계를 맺기 원하시는 하나님의 열망의 표현은 성육신하신 말씀인 예수 그리스도 안에서 절정에 이르게 된다.

사복음서와 연합

신약 성경에 익숙한 독자는 예수께서 확실한 행동과 적나라한 가르침을 통해 제자들과 그분 자신, 그리고 성부 하나님과의 친밀한 연합을 깊이 원하셨음을 즉각 깨달을 수 있다. 예수께서는 제자들을 부르시고, 명하시고, 깨끗케 하셨다. 다양한 은유와 그림을 통해 그리스도께서는 그분이 소유하신 자들과 어떤 관계를 원하셨는지 그 깊이와 넓이를 보여 주셨다. 누가복음 12장과 14장, 마태복음 10장, 그리고 수많은 곳에서 예수는 제자도의 **대가**(cost)라는 용어로 자신의 제자들과 자신의 강력한 관계를 묘사하신다. 그분을 위해서라면 제자들은 모든 것(부모, 형제, 집, 가정)을 희생해야 한다! 그분을 위해서라면 그들은 자신을 십자가에 못 박고 순교의 자리까지도 인내해야 한다. 그리고 사도들과 초기 제자들은 모든 것을 포기하고 그들의 주인을 따랐다. 사실 예수께서는 자신과 제자들을 완전히 일체로 보셔서 "무엇이든지 나의 이름으로 구하면 아버지께서 너희에게 주실 것이라"고까지 말씀하실 수 있었다. 그리스도의 제자들이 은혜와 심판의 복음을 전할 때, 그들은 "너희 말을 듣는 자는 곧 내 말을 듣는 것이요 너희를 저버리는 자는 곧 나를 저버리는 것이요 나를 저버리는 자는 나 보내신 이를 저버리는 것이라"(눅 10:16)는 말씀을 확신하고 그렇게 할 수 있었다.

예수께서 계승(Nachfolge)에 관해 말씀하시거나 그분의 발자취를 따름에 관해, 환난 중에 참음, 그분의 이름으로 말함, 그분을 위한 고난, 그분의 영광을 함께 누림, 그분과 함께 거함에 관해 말씀하실 때, 그리스도와 신자들 사이의 친밀하고 개인적이며 무너지지 않을 연합의 증거들이 있었다. 예수는 세상의 빛이시다. 따라서 그분의 제자들은 어둠 가운에 빛나는 빛이 되어야 한다. 예수가 포도나무면 우리는 가지고, 그분이 목자면 우리는 양이고, 그분이 주인이면 우리는 그분의 종이다. 맏형이신 그분은 우리를 형제라고 부르기를 부끄러워하지 않으신다. 그리스도께서 성부 안에 계시듯이, 우리도 그분 안에 있다(요 17장). 십자가와 죽음을 통한 그분의 영화롭게 되심은 우리의 영화롭게 됨과 궁극적인 구원을 내포한다. 예수께서 그분의 피 흘리신 고난을 통해 우리를 속량하시고, 그분의 영광스러운 부활을 통해 우리를 영원히 그분의 것이 되게 하신 것보다 거룩한 일이 어디에 있겠는가? 우리 주님의 분명한 가르침에는 구원의 기쁨이 있고, 영생의 선물, 환난 중 인내, 그리고 아들이며 우리의 주이신 예수 그리스도의 능력과 은혜를 통한 궁극적이고 최종적인 하나님과의 관계가 있다.

바울 서신에 나타난 신비적 연합

비평 학문은 신약의 서신 문헌들이 사복음서보다 우선되었다는 사실을 발견했다. 바울 서신들이 공관복음이나 요한복음보다 오래된 것임에는 의심의 여지가 없다. 하지만 그럼에도 신약 성경의 이 두 부분에는 놀라운 조화가 있다. 이미지는 다르지만 내용은 기본적으로 같다. 우리가 공관복음을 연구하든 교리적이고 권면적인 사도들의 서신을 연구하든 선포된 것은 한 복음이다. 따라서 신자들과 그리스도의 신비적 연합에 관해서는 바울도 분명하다.

1892년 "그리스도 예수 안에서"라는 바울의 공식이 갖는 절대적 중요성을 지적한 사람은 저명한 신약학자인 아돌프 다이스만(Adolf Deissmann)이었다. 바울 서신에 164번 나오는 이 공식에 의해서 바울은 그리스도와 자신의, 그리고 모든 참된 신자의 친밀하고 신비스런 연합을 표현하려 했다.

따라서 바울은 "그리스도 안에서" 우리가 택함을 받았고(롬 16:13), 부르심을 받았고(고전 7:22), 예정되었고(엡 1:11), 선한 일을 위해 창조되었고(엡 2:10), 기업을 이어받았으며(엡 1:11), "모든 일을 그의 뜻의 결정대로 일하시는 이의 계획을 따라 우리가 예정을 입어 …… 그의 영광의 찬송이 되[었다]"(엡 1:11, 12)고 가르친다.

"그리스도 안에서" 각 신자는 의롭다 함을 받고(갈 2:17), 거룩해지고(고전 1:2), 우리가 받는 세례가 상징하는 그리스도의 죽음에 들어감을 통해 우리도 십자가에서 죽었고(롬 6:1-11), 모든 언변과 지식에 풍성해졌다(고전 1:5). 우리는 모든 민족과 방언의 사람들과의 관계에서 하나가 되었다고 선언된다(갈 3:28). 남쪽과 북쪽, 어느 곳에 있든지 간에 사도가 한 말의 무게를 그리스도인들이 이해할 수 있다면, 다른 인종을 향한 인종적 우월감과 교만, 반유대주의, 그리고 모든 비기독교적 자세가 급진적으로 변할 것이다.

바울에게는 "그리스도 안에서", 그리고 오직 그 안에서만 속량이 있고(롬 3:24), 영생이 있고(롬 6:23), 의가 있고(고전 1:30), 어리석은 자를 위한 지혜가 있고(고전 4:10), 율법으로부터의 자유가 있으며(갈 2:4), 또한 "그리스도 안에서" 성부 하나님이 "하늘에 속한 모든 신령한 복을 우리에게 주[신다]"(엡 1:3)는 깊은 확신이 있었다. 바울은 하나님이 "그리스도 안에서" 실패 없이 언제나 우리로 하여금 이기게 하신다고 확신했다(고후 2:14).

그리스도와의 연합의 친밀함은 바울 서신에서 다양한 은유를 통해서도 제시된다. 신랑과 신부의 관계, 남편과 아내의 관계보다 부드럽고 사적인 관계가 어디 있겠는가? 바울은 에베소서와 고린도후서에서 이 그림을 사용한다. "내가 하나님의 열심으로 너희를 위하여 열심을 내노니 내가 너희를 정결한 처녀로 한 남편인 그리스도께 드리려고 중매함이로다"(고후 11:2). 하나님의 가족인 교회도 "그리스도 안에" 그 존재가 있기 때문에 그리스도를 닮은 삶을 살아야 한다.

이 주제와 관련해서 바울의 글에 나타난 또 다른 상징은 몸과 그 몸의 지체다. 고린도전서 11장과 12장에서, 그리고 에베소서에서 바울은 그리스도를 교회의 머리로, 신자를 몸, 즉 교회의 지체로 언급한다. 신학자들은 그리스도의 몸, 즉 교회를 그리스도의 신비스러운 신부로 언급하기도 한다. 맞는 말이다. "유비 크리스투스 이비 에클레시아!"(*Ubi Christus ibi ecclesia*) 그리스도가 계신 곳에 교회가 있다! 루터가 말한 대로 두세 명만 그분의 이름으로 모여도 된다. 더욱이 바울은 개인적으로든 집단적으로든 고린도 교회에 있는 신자들을 "하나님의 전"이라 불렀다. 여기서도 그리스도의 교회의 숭고한 소명과 거룩함이 강조된다.

그러나 신자와 그리스도의 신비한 연합에 관한 가장 숭고한 표현은 바울의 고난의 신비에 나타난다. 육체로는 알지 못한 주님(Master)을 바울이 얼마나 깊이 이해하고 있었는지를 깨닫지 않고는 골로새서 1장 23-28절의 감동적인 구절들을 읽을 수 없다. 바울은 골로새 교인들을 위한 자신의 고난을 즐거워한다. 그래서 그는 감히 "그리스도의 남은 고난을 그의 몸 된 교회를 위하여 내 육체에 채우노라"(골 1:24)고 고백한다. 결국은 그리스도가 그들 안에서 이루어지고, 과거로부터 감추어져 있었으나 이제 성도들에게 나타난 **영광의 소망**인 그들 안에 있는 그리스도를 알도록 하기 위함이다.

시대마다 예수 그리스도의 교회 한구석에는 하나님의 목적을 이루기 위해 고난을 견뎌야 한다고 말한 사람들이 있었다. 인도 선교의 선구자인 윌리엄 캐리는 동인도 회사가 그의 승선을 거절했기 때문에 덴

마크 배로 항해를 해야 했다. 콜카타에 도착했을 때 그는 수년 동안 괴롭힘을 당했고, 나중에는 영국에 있는 그의 친형제가 캐리와 절교했다. 로버트 모리슨의 중국 교사들은 외국인에게 중국어를 가르치다 들켰을 때 받을 고문이 두려워 독약을 소지하고 다녔다. 아프리카의 로버트 모팻, 인도네시아의 노멘젠(Nommensen), 최근 라틴 아메리카의 복음주의 선교사들, 스탈린 지배 하의 러시아 신자들, 나치 정권 때와 지금 동독의 그리스도인들, 이외에도 많은 사람이 수 세기에 걸쳐 기독교 증인으로서 '피의 시련'의 흔적을 가지고 있다. 종은 주인보다 위에 있지 못하다. 그들이 주인을 모욕했다면 그의 제자들도 모욕할 것이다. 하지만 오늘날 교회의 선교를 볼 때 치열하게 싸우는 모습을 어디에서 볼 수 있을까? 그보다는 오히려 신분 유지, 세상의 기준이나 가치와의 타협, 그리고 종종 노골적으로 주님을 부인하는 일들이 있지 않은가? 바울, 베드로, 요한, 그리고 초대 교회는 이 증언에 모두 한목소리를 낸다. "우리가 그와 함께 영광을 받기 위하여 고난도 함께 받아야 할 것이니라"(롬 8:17b).

바울이 신비주의자였는가? 갈라디아서 2장 20절이 떠오른다. 거기서 그는 이렇게 고백한다. "내가 그리스도와 함께 십자가에 못 박혔나니 그런즉 이제는 내가 사는 것이 아니요 오직 내 안에 그리스도께서 사시는 것이라 이제 내가 육체 가운데 사는 것은 나를 사랑하사 나를 위하여 자기 자신을 버리신 하나님의 아들을 믿는 믿음 안에서 사는 것이라." 바울 역시 믿음의 사도요 예수 그리스도 안에서 하나님의 무한한 은혜의 사도인 것을 기억하자. 다이스만을 인용하자면, 바울의 신비주의는 대응적 신비주의(reacting mysticism)다. 그 안에 언제나 하나님에게 주도권이 있었다. 바울은 삼층 천으로 올라가는 신비를 경험하기는 했지만, 그런 계시나 비전을 자랑하기보다는 약함을 통해 완전해지는 강함을 소유한 하나님의 은혜를 자랑했다(고후 12:1-10). 무아지경에 이르는 것은 그리스도인의 영광이 아니다. 오히려 그리스도의 십자가, 자신을 부인하는 것, 그렇게 함으로 격동의 순간에도 하나님의 영광을 고대하는 것이 그리스도인의 영광이다. 지금의 교회가 영광을 누리는 것이 아니라, 많은 환란을 통하여 하나님 나라에 이르게 될 교회가 영광의 교회다.

결론

살펴볼수록 그리스도와 신자의 신비적인 연합, 그리스도와 교회의 신비적인 연합은 비교할 수 없이 아름답고, 하나님의 은혜와 목적의 의도로 가득한 **독특한 관계**다. 그것은 단순히 외적인 것이 아니라, 그 의미와 범위에 있어서 하나님의 성령의 영향 아래 그리스도인의 자기 훈련이 유기적으로 성장해야 하는 **내적인 연합**이기도 하다. 더욱이 우리의 존재로 하여금 오래 참음 가운데 강력하게 그리스도와 연합되도록 하는 것은 속량의 마지막 날까지 우리의 인 치심이 되신 성령께서 하시는 일이기 때문에 그것은 **영적인 연합**이다. 또한 마지막으로 그것은 신자가 머리 되신 그리스도께 붙어 있는 것이기 때문에 **떨어질 수 없는 연합**이다. 우리는 결코 망하지 않고 끝까지 견딜 것이라는 약속을 가진 자들이기 때문이다. 그 어느 것도 믿는 자의 영혼을 그리스도 예수 안에 있는 하나님의 사랑에서 끊을 수 없으리라(롬 8:38, 39).

신자와 그리스도의 신비적 연합에 관한 교리는 시험 중에도 지속적인 힘의 근원이 되어야 하고, 우리 주님과 더 친밀히 교제하기 위한 분명한 메시지와 요청이 되어야 한다. 이 교리는 그리스도의 몸 된 교회에서 우리와 연합되어 예수 그리스도의 교회에 속한 세상의 모든 사람과 함께 나누어야 할 믿음과 사랑, 예식과 찬양, 선교와 전도, 신학과 기독교 선포 등의 풍성한 유산을 깨닫게 한다. 더욱이 A. J. 고든(Gordon)이 잘 표현한 대로 "그리스도 안에 있음은 단순히 그분의 신성과의 연합이 아니라 인성과의 참된 연합이기도 하다. 그분은 성자인 동시에 인자이기 때문이다. 우리는 슬픈 사람의 마음과 진정으로 연합하지 않고는 슬픔의 공동체의 마음에 결코 다가갈 수 없다." 우리가 예수 그리스도와 연합했다는 인식이 우리로 하여금 존 울먼(John Woolman)의 기도를 할 수 있게 해주기를 바란다. "주님, 사람들의 모든 조건과 상황으로 오늘 나에게 새롭게 세례를 베풀어 주소서." 모든 무기력을 벗어 버리고 하나님의 무기로 옷 입어 그리스도 안에 그 존재가 있는 자들처럼 행하고 기도하고 살고 증거하고 죽고 믿음을 보이고, 이 땅에 있는 나라들이 우리 주님의 나라가 될 때까지 그분의 이름으로 승리하자. 수르숨 코르다(Sursum corda)! 마음을 높이 들라! 레겜 하베무스(Regem habemus)! 우리에게는 왕이 있다! 아니, 만왕의 왕, 만주의 주가 계신다. 우리는 모든 두려움을 제거하고 모든 죄와 악을 정복할 것이다. 그분이 갈보리에서, 그리고 부활절 아침에 이미 정복하셨기 때문이다. 구속받고 연합된 영광스러운 공동체가 구속된 새로운 땅에서 그분의 은혜 가운데 거할 때, 그분의 목적은 실현될 것이다.

【 참고 문헌 】

J. Calvin, *Institutes*, II. iii. 2, 「기독교 강요」.
B. B. Warfield, *Biblical and Theological Studies*.
A. J. Gordon, *In Christ*.

J. S. Stewart, *A Man in Christ*.

G. A. Barrois, "Mysticism," *Theology Today* (July, 1947).

A. Wickenhauser, *Pauline Mysticism*.

K. Barth, *Church Dogmatics IV*, 620쪽 이하,「교회 교의학」, 대한기독교서회 역간.

32장
이신칭의

휴 맥도날드

휴 맥도날드(Hugh Dermot McDonald, 1910 경-2001)_ 런던 대학에서 박사 학위를 받고 런던 성경대학(지금의 런던 신학교)에서 부학장과 교수를 지냈다. 그는 「예수: 인간이며 신」(Jesus: Human and Divine, 1968), 「인간에 대한 기독교적 관점」(The Christian View of Man, 1981), 「그리스도의 죽음의 속죄」(The Atonement of Death of Christ, 1985)를 저술하였다.

우리가 지금 다룰 교리는 복음에 나타난 하나님의 마음과 인간의 마음을 위한 복음 둘 다에 관한 것이다. "사람이 어떻게 하나님 앞에서 의로울 수 있는가?"라는 질문에 대한 답을 찾는 일은 우리 신앙의 심오한 부분으로 들어서서 성령의 깊은 것들을 다루는 것이다. 실제로 복음의 모든 위대한 진리는 이것에 근거하며, 이것과 연관되어 있다. 이신칭의(인간의 필요에 대한 하나님의 답)는 하나님이 죄인 된 인간을 받으시는, 변하지 않는 메시지이자 방법이다.

그러나 윌리엄 템플(William Temple)이 말한 대로 사람들은 "내가 구원에 기여할 수 있는 유일한 것은 내게 구속이 필요하도록 만든 나의 죄"(Nature, Man and God, 401쪽)라는 사실을 쉽게 잊어버린다.

칭의는 율법 아래 정죄된 죄인들에게 죄 없다 선언하고, 그리스도의 의를 전가하여 단번에 그들을 의롭게 하고, (그분의 구속 사역에 근거하여 은혜에 의해 행위가 아닌 믿음으로 말미암아) 그들이 완전히 용서받아 하나님이 받으실 만한 자녀가 되고, 영생과 성령의 은사들의 상속자요, 수여자가 된다는 확신을 갖게 만드는 하나님의 값없는 자비의 법적 행위다. 이러한 것들은 같은 성령의 능력으로 새로운 관계 속으로 들어와 우리로 하여금 이전에 행하도록 명하신 선한 일을 행할 수 있도록 해준다. 하지만 그와 같은 행위나 그 행위를 가능케 해주는 믿음은 영혼이 의롭게 되는 데 아무런 기여를 하지 못한다. 다만 하나님이 보시기에 인간을 받으셨다는 선언적 증거로 간주될 뿐이다.

이 광범위한 정의 안에는 이미 아주 중요한 몇 가지 요소가 언급되어 있다.

칭의의 본질

히브리어인 '짜덱'과 헬라어 동의어인 '디카이우'는 지금 우리가 논의하는 문맥에서는 도덕적인 의미보다 법적인 의미로 이해되어야 한다. 물론 법적으로 함축된 모든 경우에 언제나 이렇게 이해해야 하는 것은 아니다. 그 의미가 '의롭다고 선언되다'보다는 '의롭게 만들다'라는 의미로 사용된 구절들도 있기 때문이다. 로마 가톨릭이나 일부 '개신교' 저자들은 전가된 신적인 의가 아니라 주입되고 본유적인 자신의 의에 의해 의롭게 된다는 견해를 지지하는 데 이런 의미의 구절들을 인용하기도 한다.

하지만 신실한 개신교인과 '바울 신학자'로 남기 위해 그 단어가 언제나 '의롭다고 선언되다'라는 의미임을 증명할 필요는 없다. 사실 "죄인이 의롭게 될 때 그는 어떤 의미에서는 의롭게 만들어지면서 의롭다고 여겨지는 것임을 양쪽 진영 모두 인정해야 할 것이다. 이 두 견해 사이의 실제 차이는 사람이 어떻게 의롭게 만들어지고 선언되는지 그 방법을 설명할 때 분명하게 드러나기 때문이다"(J. Buchanan, *The Doctrine of Justification*, 228쪽, 「칭의 교리의 진수」, 지평서원 역간).

하지만 하나님 앞에서 인간이 어떻게 인정받는지를 구체적으로 다루는 이러한 성경 구절들에서 그 단어는 분명 법적인 의미를 염두에 두고 있고, 그렇게 이해하고 해석해야 한다는 것을 인정하는 것은 중요하다. 예를 들면 의미상 대조를 이루는 '정죄'라는 단어가 사용될 때에는 법적인 의미가 분명히 존재한다(예를 들면, 신 25:1, 잠 17:15, 사 5:23, 마 12:37. 특히 하나님에 대해서 언급하는 로마서 5장 16절, 8장 33, 34절을 보라). 이와 관련된 표현을 담고 있는 구절들에서도 법적인 개념은 대단히 중요하다(예를 들면, 창 18:25, 시 32:1, 143:2, 롬 2:2, 15, 8:33, 14:10, 골 2:14, 요일 2:1). 칭의의 동의어가 사용된 구절에서도 의롭다 함을 받은 사람은 하나님과 법적으로 변화된 관계를 맺게 됨을 보여 주고, 그 단어가 영적이고 도덕적인 속성의 변화를 의미하지 않고 있음이 분명하다(예를 들면, 롬 4:3, 6-8, 고후 5:19, 20).

칭의 교리는 자칫 '법적 허구'(fictio juris)라는 인상을 남기듯이 주장되기도 한다. 법적 허구 사상은 사람이 실제로는 의롭지 않은데 단순히 하나님이 의롭다고 선언하신 것으로 가르칠 때 발생한다. 진리는 하나님이 믿는 자를 그리스도 안에서 의롭게 된 것으로 여기시고 "그의 사랑하는 자" 안에서 그를 영접하여, 그리스도 안에서 변화된 존재로 선언하시는 것이다. 이것이 복음의 역설이다. 인간은 죄인이지만 완전하다는 역설이다. 따라서 '의로운' 사람만이 의롭다고 칭함받을 수 있다. 중요한 질문은 하나님이 "무죄!"와 "유죄!"의 판결을 내리시는 것이 누구의 의에 근거하느냐다.

칭의의 근거

여기서 두 가지 문제가 제기될 수 있다. 죄인을 의롭게 하시는 하나님의 행위의 궁극적인 근거와 즉각적인 근거다. 궁극적인 근거는 하나님의 뜻과 긍휼히 여기심에 있다(요 1:13, 약 1:18, 딛 3:5-7, 롬 9장, 특히 16절["그러므로 그것은 사람의 의지나 노력에 달려 있는 것이 아니라 하나님의 자비에 달려 있습니다", 새번역] 참조). 칭의는 이 위대한 사실에 궁극적인 근거를 둔다. 여기서 성경에 비추어 생각해 볼 수 있는 것은 죄인에 대한 구원의 계획과 목적을 확실하게 하기 위해 삼위 하나님 안에서 삼위 사이에 맺으신 영원한 언약의 계시다(엡 1:3, 4, 3:2 등 참조). 이 영원한 은혜의 언약 안에서 우리의 구원은 확실해진다.

하지만 여기서 좀 더 구체적으로 우리의 칭의는 전적으로 그리고 완전하게 우리를 위한 그리스도의 객관적인 중보 사역에 근거하고 있음을 지적해야 한다. 이는 십자가에서 이루신 우리 주님의 행위와 연결되어 있다. 즉 우리의 칭의는 우리 외부에서 발생한 일이라는 것이다. 그것은 우리에 의해서나 우리 안에서 발생한 일이 아니다. 칭의는 우리를 위하여 단번에 된 일이다. 우리는 '그리스도의 피로'(롬 5:9), '그리스도의 의로운 행위로'(5:18), '그리스도의 순종으로'(5:19), '우리 주 예수 그리스도의 이름으로'(고전 6:11) 의롭다 선언되었다.

하지만 죄인을 의롭다 하시는 칭의의 좀 더 즉각적인 근거는 그리스도의 전가된 의다. 어떤 사람들은 죄인의 칭의가 주입된 은혜(grace infused)와 본유의 의(righteousness inherent, 원래 가지고 있던 의)의 결과라고 잘못 주장해 왔다. 이는 특히 구주의 전가된 의를 (세례를 받아) 거듭난 자의 본유적 의로 대치시킨 로마 가톨릭교회의 근본적인 실수다. 결과적으로 칭의의 법적인 본질은 상실되고 성화와 동일시되고 말았다.

하지만 로마 가톨릭교회에 속하지 않은 사람들 중에도 인간의 의를 위한 공간을 만들어 칭의 교리의 온전한 의미를 훼손시킨 이들이 있다.

칭의를 위해 인간이 감당할 부분을 제공하려는 모든 시도를 로마서는 강력히 거부한다. 로마서가 강조하는 것은 신자에게 전가된 그리스도의 의다. 온전하신 그리스도의 온전한 의다. 그리스도는 나누어지지 않으며, 그분의 의 역시 그래서 일부를 나누어 주는 것이 아니다. 로마서 5장 17절은 "의의 선물", 즉 '한 사람의 순종'으로 인한 의(5:19)에 관해 말한다. "따라서 그것은 그리스도의 의, 하나님의 뜻을 감수하고 행함으로 신자들에게 전가된 그분의 완전한 순종이다. 바로 그 근거에 의해서 경건치 못함에도 신자는 의롭다 칭함을 받게 되고 율법의 저주에서 자유로워져 영생을 얻게 되는 것이다"(C. Hodge, *Systematic Theology*, Vol. III, 151쪽, 「조직 신학」, 크리스챤다이제스트 역간).

그리스도의 의의 전가 교리는 가능하지 않거나 인위적인 것으로 취급하며 부인할 수 없다. 우선 첫 번째 문제에 대해서는 고린도후서 5장 21절이 결정적으로 중요하다. 그리스도가 도덕적인 의미에서 죄인이 될 수 없다는 것은 무엇보다 분명하다. 그렇다면 칭의를 통해 우리가 도덕적으로 의롭게 된다는 의미가 아니다. 그분은 우리 죄를 짊어지셔서 죄인이 되었고, 마찬가지로 우리는 그분의 의를 짊어짐으로 의인이 되었다. 따라서 우리의 죄는 그분에게 전가되었고 그분의 수치와 고난의 법적 근거가 되었으며, 그분의 의는 우리에게 전가되어 우리의 칭의의 근거가 된다.

반면에 그리스도와의 연합 교리에서 분리된다면 그리스도의 의의 전가는 단순히 피상적으로 보일 뿐이다. "칭의는 단순히 하나님의 경륜 가운데 형식적인 이동을 의미하는 법적 허구가 아니다"(A. H. Strong, *Systematic Theology*, 479쪽 참조).

칭의의 통로

로마 가톨릭은 교회의 성례가 인간을 하나님이 받으실 수 있는 상태로 만들고 유지시킨다는 '사효론'(*ex opero operato*, 행해진 행위로부터[from the work worked]. 개인의 믿음과 집행자의 인격에 상관없이 행해진 성례의 행위 자체로 유효하다는 로마 가톨릭의 견해_ 옮긴이)을 만들었다. 그러나 성경은 칭의가 '믿음으로' 이루어진다고 선언한다(예를 들면, 롬 3:22, 27, 28, 4:16, 5:1 등을 보라). 이 믿음은 '맡김'(fiduciary)이다. 즉, 완전한 구속과 현존하는 구원자에 대한 생명력 있고 인격적인 신뢰다.

"믿음은 어떤 사람들이 주장하는 대로 인간의 개념이나 꿈이 아니다. 믿음은 우리 안에 행하시는 하나님의 사역으로, 우리를 변화시키고 하나님에게 새로운 생명을 부여받는 것이다"(요 1:13, M. Luther, *Preface to Epistle to the Romans*). 야코부스 아르미니우스(Jacobus Arminius)는 "믿음의 저자는 성령이다"라고 자신 있게 외쳤다(*The Works of James Arminius*, J. Nichols and W. Bagnall 역, 1853, Vol. II, 110쪽). 그것은 "감사해야 할 하나님의 은혜로운 선물이다"(앞의 책, 500쪽).

이와 관련해서 두 가지 사실을 강조해야 한다. 우선 믿음은 단지 우리의 칭의를 위한 통로일 뿐이라는 것이다. 아르미니우스가 말한 대로 그것은 '형상'적 원인이 아닌 '도구'적 원인이다. 어떤 사람들은 우리가 받은 용서는 그리스도의 속죄 사역에 근거한다는 것이 매우 분명하지만, 칭의는 율법의 절대적인 요구에 온전히 순종하는 대신에 하나님이 받아들이기로 하신 믿음에 근거한다고 했다(롬 4:3, 창 15:6 참조). 하지만 믿음 자체를 행위나 '공적'으로 바꾸는 것은 복음의 전적인 진리를 치명적으로 위배하는 것이다. 아브라함의 믿음은 순종을 대신한 것이 아니었다(히 11:8 참조). 그것은 의로움으로 이끄는('에이스') 믿음이지, 의로움을 대신하는('안티') 믿음이 아니다. '복음적 순종'이라는 용어를 사용한다고 해서 그런 견해가 용납될 수 있는 것은 아니다. 이런 경우의 믿음은 어떤 도움도 받을 수 없다.

그렇다면 믿음이 단지 칭의의 통로가 된다는 것은 문자적으로 모든 행위가 제외되었다는 의미다(롬 3:28, 4장, 갈 2:16, 3장, 엡 2:8 등 참조). 거듭나지 않은 사람이 행한 행위가 그의 칭의에 아무런 역할도 하지 못한다는 것은 강조할 필요도 없다. 그러나 우리의 구원이 오직 은혜, 오직 믿음의 문제로 남으려면 이 말은 중생 이후의 선행이라 불리는 것에 적용되어야 한다. 행위의 필요에 대한 야고보의 말은 그 행위들이 공적으로서 갖는 가치를 말하는 것이 아니라 증거적 가치를 말하는 것이다. 바울은 행위를 구원을 위한 공적으로 여기는 것을 부인한 것이고, 야고보는 단지 지적인 믿음을 정죄한 것이다. 야고보는 죽은 믿음(inactive faith)은 의롭다 함을 받지 못한다고 말하고, 바울은 공적으로서의 행위로는 의롭다 함을 받지 못한다고 말한다. 바울은 행위가 아닌 구원에 이르는 믿음을 요구하는 것이고, 야고보는 살아 있는 믿음, 즉 행함이 있는 믿음을 요구하는 것이다. 이 둘은 서로 모순되는 것이 아니다.

종교 개혁 때 재발견된 이래로 '오직 믿음'(sola fide)이라는 성경적 원리는 계속 타협되어 왔다. 어떤 이들은 회개와 사랑과 새로운 순종이 의롭게 되기 위한 믿음에 포함되어야 한다고 주장했다. 여기서도 그리스도의 은택과 인간의 행동 사이의 공적을 공유하려는 노력이 강조되었고, 그렇게 함으로 인간에게 어느 정도 영광을 돌리려고 했다. 그러한 사상에서 은혜는 더 이상 은혜가 아니다.

따라서 사람이 의롭게 되는 믿음은 그 자체가 순종의 행위다. "믿음과 행위가 칭의에서 동시에 일어나는 것은 불가능하다"(J. 아르미니우스, 앞서 언급한 책, 119쪽). 믿음은 순종과 동일한 것이 아니라 오히려 순종이 자라도록 하는 싹이다. 믿음은 그리스도를 영접하고 우리가 그분과 연합하게 만드는 매개이자 도구다. 성경은 우리가 '믿음 때문에'('디아 피스틴') 의롭게 된다고 말하지 않으며, '믿음을 통하여'('디아 피스테오스') 혹은 '믿음에 의해서'('에크 피스테오스') 의롭게 된다고 말한다.

최근에는 칭의의 수단으로 초교파적 사랑, 도덕적 재무장, 심지어 기도의 치유를 믿음과 함께 연관시키는 경향이 있다. 이런 주장들은 하나님 앞에서 죄인이 의롭다 함을 받기 위한 믿음의 자리에 대신할 것들을 만들고 있는 것이다.

칭의의 결과

이는 당연히 죄 사함을 내포한다. 칭의는 하나님 앞에서('코람 데오') 새롭게 확립된, 변하지 않고 지속될 지위와 관련이 있다. 그러나 죄 사함은 새로워질 것이다. 의롭다 함을 받은 사람은 사랑하시는 자 안에서 영접될 것이고, 단지 출생에 의해서가 아니라 양자 됨을 통해 '하나님의 자녀'가 될 것이며, 자녀로서 가족의 모든 권리와 특권을 누릴 수 있도록 '입양'('휘오데시아')되는 것이다(갈 5:5, 롬 8:23, 엡 1:5 참조). "양자 됨은 아들로서 신자들 사이의 관계가 지니는 존엄성을 내포하는 용어다. 그것은 영적 출생을 통하여 가족이 되는 것이 아니라 아들의 자리에 있게 되는 것이다." 그와 같은 신자들은 현재의 소유로 영원한 생명을 소유한다(요 3:15-18, 요일 5:10-12 등 참조). 그와 같은 신자들은 또한 우리가 얻은 소유의 보증이실 뿐 아니라(엡 1:14) 우리의 성화를 유효하게 하고 보장하시는 분으로서 성령을 갖게 된다(벧전 1:2, 엡 3:16).

칭의의 증거들

선행은 인간의 칭의와 관련하여 선포적 가치를 지닌다. 사람이 그리스도와 연합하게 되었기 때문에 의로워진 자는 여전히 죄인임에도 하나님이 그 안에서 일하시는 것처럼 자기의 구원을 위해서 일해야 한다(빌 2:12, 13). 루터는 이 문제를 아주 간결하게 표현했다. "오! 이것은 살아 있으며 창조적이고 활동적이고 능력 있는 것이다. 이 믿음! 따라서 이 믿음이 견실하게 선행의 열매를 맺는 일에 실패하는 것은 불가능하다. 그것은 행할 선이 있는가를 묻기 전에 이미 그것을 했고, 그것을 행하고 있다. 그와 같은 선을 행하지 않는 자는 믿음이 없는 자다"(앞서 언급한 책).

【 참고 문헌 】

J. Arminius, *Works*, Vol. II.

A. A. Hodge, *Outlines of Theology*.

C. Hodge, *Systematic Theology*, 「조직 신학」, 크리스챤다이제스트 역간.

J. Buchanan, *The Doctrine of Justification*, 「칭의 교리의 진수」, 지평서원 역간.

A. H. Strong, *Systematic Theology*.

L. Berkhof, *Systematic Theology*, 「벌코프 조직 신학」, 크리스챤다이제스트 역간.

J. S. Stewart, *A Man in Christ*.

33장
양자 됨

J. 테오도르 뮬러

> J. 테오도르 뮬러(J. Theodore Mueller, 1885-1967)_ 웹스터 대학에서 박사 학위를, 제니아 신학대학원에서 신학 박사 학위를 받은 루터교 신학자다. 그는 콘코디아 신학대학원의 조직 신학 교수를 지냈고, 「기독교 교리」(*Christian Dogmatics*, 1934)를 저술하였다.

그리스도인은 하나님이 그리스도 예수 안에서 영원 전부터 그분이 택한 성도를 사랑하는 자녀로 입양하셨다는 것을 가장 위로가 되는 복음의 계시로 여긴다. 그리스도께서 제자들을 "친구"(요 15:14)라 부르신 것도 그리스도의 참된 사랑을 보여 주지만, 성경이 그리스도인을 부르는 '자녀'라는 용어는 친구의 그것보다 훨씬 큰 특권들을 내포한다. "양자 됨에 관한 개혁주의 교리"(The Reformed Doctrine of Adoption)라는 유명한 논문에서 R. A. 웹(Webb)은 신자들을 그분의 사랑하는 자녀로 받아들이는 하나님의 은혜로운 입양에 관해 이렇게 말한다. "뜨거운 예배로 그분에게 나아갈 때 우리는 아버지 되심에 포함된 모든 달콤함과, 아들 됨으로 둘러싸인 모든 부드러움을 가지고 모여든다. 재앙이 우리를 엄습하고 환난이 홍수처럼 밀려올 때, 우리는 자비로운 아버지이신 하나님에게 소리를 높이고 손을 뻗는다. 죽음의 천사가 우리 집 창문을 기어오르고 사랑하는 사람을 데려가려 할 때, 우리는 하나님 아버지의 마음을 묵상하며 가장 사랑스러운 위로를 얻는다. 범람하는 홍수를 바라볼 때 무너져 내리는 육신의 장막 가운데 우리에게 힘을 주는 것은 별들 너머 불빛으로 가득 찬 언덕 위에 있는 아버지의 집이다"(19쪽). 그리스도인들이 양자 됨의 교리를 감사하며 숙고하는 것은 바로 이 형언할 수 없는 위로의 관점에서 비롯된다.

양자 됨의 정의

A. H. 스트롱(Strong)은 칭의와 화해와 관련하여 '은총으로의 회복'이라는 일반적인 주제 아래 양자 됨의 교리를 다음과 같이 간략하게 정의한다. "깨어진 우정을 새롭게 하는 면에서 볼 때 은총으로의 회복은 '화해'로 표현될 수 있고, 아버지이신 하나님이 아들과의 관계를 새롭게 하는 면에서 볼 때는 '양자 됨'으로 표현될 수 있다"(Systematic Theology, Vol. III, 857쪽). 매클린톡(McClintock)과 스트롱이 쓴 『백과사전』(Cyclopedia)에서도 비슷한 정의를 볼 수 있다. "신학적인 의미에서 양자 됨은 그리스도 안에 있는 믿음으로 말미암아 의롭게 되어 천국의 유업을 이어받도록 하나님의 가족으로 받아들인 하나님의 자유로운 은혜의 행위다"('양자 됨'[adoption]을 보라). 이 정의들에 따르면 양자 됨은 아버지이신 하나님과 영혼의 참된 관계의 회복과 더불어, 이 세상과 오는 세상에서 아들 됨이라는 특권의 수여를 담고 있다. 따라서 본질적으로 하나님과 떨어져 그분의 의로운 심판 아래 있던 신자들은 이제 그분의 자녀요, 영생의 상속자로 받아들여진 것이다.

성경에 나타난 양자 교리

문자적으로 '아들 삼기'라는 의미를 가진 '휘오데시아'라는 단어는 신약에서만 사용되었다(International Standard Bible Encyclopedia, '휘오데시아' [huiothesia]를 보라). 칠십인역에는 사용된 적이 없고, 신약에서도 이방인 신자들을 위한 서신(예를 들면 갈라디아서, 로마서, 에베소서)에서만 사용되었다. 거기서도 사도는 하나님의 양자 삼는 행위보다는 아들 됨의 상태와 그 의무를 더 강조한다. 바울이 살던 당시, 헬라인과 로마인 사이에서는 "출생에 의해 가족이나 친족이 되지 않았지만 가족으로 받아들여 신분과 특권을 부여한 법적 행위"(JSBE, '양자 됨'[adoption]을 보라)로서의 양자 됨이 널리 알려져 있었기 때문에 바울은 하나님의 영적 휘오데시아가 무엇을 의미하는지를 그의 독자들이 잘 안다고 전제할 수 있었다. 하지만 이 용어를 사용하는 데 사도가 당시 유행하던 관습을 따랐는지는 또 다른 문제다. 구약 성경은 양자 됨에 관해 세 번 언급하는데(출 2:10, 왕상 11:20, 에 2:7, 15), 세 번 모두 팔레스타인 지방 밖에서 일어난 일이다. 그러나 구약이 믿음의 이스라엘에게 아들 됨의 의무를 부여하는 것처럼(출 4:22, 신 14:1, 32:5, 렘 31:9), 바울은 선택받은 이스라엘을 '휘오데시아'(롬 9:4)라 부른다. 신자들이 그리스도 안에서 하나님의 자녀라는 신약 복음서의 복된 진리는 바울이 쓰지 않은 성경에서도 당연히 강조되었다(예를 들면, 눅 20:36, 요일 3:1, 2, 10).

신적 은혜의 영원한 행위인 양자 됨

성경에 따르면 양자 됨은 신적 은혜의 영원한 행위다. "그 기쁘신 뜻대로 우리를 예정하사 예수 그리스도로 말미암아 자기의 아들들이 되게" 하셨기 때문이다(엡 1:5). 양자 됨으로의 이 영원한 예정은 구원으로의 하나님의 영원한 예정과 마찬가지로 '그분 안에서', 즉 예수 그리스도 안에서(엡 1:4) 이루어진 일로, 그분의 성육신과 대속, 부활(간단히 말하면 '구원의 서정'[ordo salutis])을 포함한다. "때가 차매 하나님이 그 아들을 보내사 여자에게서 나게 하시고 율법 아래에 나게 하신 것은 율법 아래에 있는 자들을 속량하시고 우리로 아들의 명분을 얻게 하려 하심"이었기 때문이다(갈 4:4, 5). 그러므로 양자 됨은 하나님의 값없는 은혜의 행위로 모든 인간적인 공적을 배제한다. 그것은 전적으로 오직 은혜(sola gratia)로 된 것이다. 신자들은 전적으로 은혜에 의해 구속받은 것처럼 전적으로 은혜에 의해 양자가 된다. 따라서 택하시고 구속하시며 그분의 택함받은 성도들을 입양하실 때 하나님은 은혜 위에 은혜를 더하시는 것이다.

성경은 성부께 양자 됨을, 성자께 구속함을 돌리고, 그리스도 안에서 신자가 되어 그분의 사랑하는 자녀가 되도록 거룩케 하시는 일은 성령께 돌린다. 사도는 다음과 같은 기록을 통해 진리를 분명하게 가르친다. "무릇 하나님의 영으로 인도함을 받는 사람은 곧 하나님의 아들이라 너희는 다시 무서워하는 종의 영을 받지 아니하고 양자의 영을 받았으므로 우리가 아빠 아버지라고 부르짖느니라 성령이 친히 우리의 영과 더불어 우리가 하나님의 자녀인 것을 증언하시나니 자녀이면 또한 상속자 곧 하나님의 상속자요 그리스도와 함께한 상속자니 우리가 그와 함께 영광을 받기 위하여 고난도 함께 받아야 할 것이니라"(롬 8:14-17). 물론 이 세상에서 양자 됨에 대한 신자의 확신은 오직 믿음으로만 이해할 수 있다. 하지만 마지막 부활의 날에는 "하나님의 자녀들의 영광의 자유에"(롬 8:21) 이르게 될 것이다.

양자 됨과 다른 성경 교리들의 관계

양자 됨의 교리는 칭의, 화해, 중생, 회심, 성화의 교리와 아주 밀접한 관계에 있다. 양자 됨은 하나님의 은혜로 인한 영원한 선택과 그리스도의 대속 때문에 객관적으로 하나님의 법적인 영역(in foro Dei) 안에 존재하게 된다. 주관적으로 신자는 그리스도 안에 있는 믿음을 통하여 혹은 사도가 "너희가 다 믿음으로 말미암아 그리스도 예수 안에서 하나님의 아들이 되었[다]"(갈 3:26)고 말한 대로 그리스도 안에서 신자가 됨으로 양자 됨을 얻게 된다. 이는 한 사람이 그리스도께 회심하는 순간에 바로 하나님의 자녀가 된다는 의미다. 그러나 의롭게 되고 그리스도 때문에 의롭다 칭함을 받는 바로 그 순간, 그는 그리스도의 대속에 의해 얻은 완전한 의를 구주 안에서 개인적인 믿음으로 받게 된다. 이처럼 위안이 되는 복음의 진리를 사도는 로마서 5장 1절에서 강조한다. "그러므로 우리가 믿음으로 의롭다 하심을 받았으니 우리 주 예수 그리스도로 말미암아 하나님과 화평을 누리자"(롬 5:1). 이 말씀은 회심의 순간에 신자가 하나님과 화해하게 된다고 선언한다. 믿음으로 말미암아 그는 "주 예수 그리스도로 말미암아 하나님과 화평을" 누리기 때문이다. 성경에 따르면 화해란 의롭다 함을 통하여 혹은 죄 사함을 통하여 신자가 하나님과 평화를 누리게 되는 것으로, 하나님의 은혜의 행위다.

또한 요한이 "예수께서 그리스도이심을 믿는 자마다 하나님께로부터 난 자"(요일 5:1)라고 기록한 대로 그리스도를 믿는 믿음에 의하여 신자는 중생 혹은 거듭남을 얻는다. 이는 또한 신자가 회심했음을 의미하는데, 회심은 사실 그리스도 안에 있는 믿음에 의해 어둠에서 빛으로 돌아오는 것이다(행 26:18). 하나님에게서 멀어져 소원해진 죄인은 이제 참된 신뢰와 진실한 사랑으로 주 되신 하나님에게 돌아온다. 사도는 이 말의 의미를 이렇게 기록했다. "어두운 데에 빛이 비치라 말씀하셨던 그 하나님께서 예수 그리스도의 얼굴에 있는 하나님의 영광을 아는 빛을 우리 마음에 비추셨느니라"(고후 4:6). 중생한 신자는 그리스도께서 자신을 죄와 죽음과 지옥에서 구원하신 인격적인 구주라고 확고히 확신하게 된다. 또한 그리스도 안에 있는 믿음에 의해서 신자는 성화의 선물, 혹은 거짓된 욕망으로 부패한 옛 사람을 점차 벗어 버리고 하나님을 따라 점차 의와 진리의 거룩함으로 지으심을 받은 새사람을 입는 선물을 받게 된다(엡 4:22-24). 따라서 그리스도 안에 있는 신자의 믿음은 완전히 새롭게 됨을 성취한다. 칭의, 화해, 중생, 회심, 성화, 그리고 마지막으로 (마지막이라고 소홀히 할 수 없는) 아들이 되는 양자 됨이다.

바울은 신자가 불신에서 믿음으로, 죄에서 거룩함으로, 죽음에서 생명으로 옮겨 가는 영적인 과정 전체를 요약해서 이렇게 기록한다. "너희는 그 은혜에 의하여 믿음으로 말미암아 구원을 받았으니 이것은 너희에게서 난 것이 아니요 하나님의 선물이라"(엡 2:8). "그런즉 누구든지 그리스도 안에 있으면 새로운 피조물이라 이전 것은 지나갔으니 보라 새것이 되었도다"(고후 5:17). 성경은 신자의 구원 전체를 그리스도 안에 있는 믿음에서 기인한 것으로 말하는 것과 마찬가지로, 성령께서 신자 안에서 구원을 이루시는 하나님의 행위도 그리스도 안에 있는 믿음에서 기인한 것이라고 말한다. 따라서 양자 됨이 중생과 연관되든, 칭의와 연관되든, 아니면 따로 독립적으로 존재하든 중요하지 않다. 그것은 성령에 의한 인간의 영적 변화의 최종 목표로 간주된다. '그리스도인은 하나님의 사랑하는 자녀'라는 달콤한 복음의 선언에는 언제나 승리의 기쁨이 있다(요일 3:2, 그리고 그와 유사한 구절들 참조). 따라서 양자 됨은 하나님의 구원하시는 사랑의 최고 행위라고 볼 수 있다.

양자 됨의 복들

성경은 신자들이 양자 됨으로 인하여 누리는 형언할 수 없는 복을 분명하게 묘사한다. 로마서 8장 14-17절에 따르면, 그 복은 (1) 성령으로 인도함을 받아 거룩해짐, (2) 무서워하는 종의 영을 거두심, (3) 신자들이 하나님을 "아빠, 아버지"라 부를 수 있는 자식의 신뢰("아빠, 아버지"라는 두 단어는 하나님과의 사랑스러운 관계를 강조한다), (4) 성령께서 친히 우리의 영과 더불어 우리가 하나님의 자녀인 것을 증언함, (5) 그가 하나님의 상속자요, 그리스도와 함께 상속자가 되었다는 확신이다. 성령께서 신자들의 마음에 증거하시는 이 복은 갈라디아서 4장 6절에서도 언급되었는데, 거기서는 "아빠 아버지"라는 기쁨의 기도가 성령의 증거라는 것만 기록한다. 결국 신자는 성령의 확신케 하시는 증거의 즉각적인 효과로 하나님을 "아빠, 아버지"라고 부른다. 그러므로 양자 됨의 영은 아버지로서 신자를 향한 하나님의 사랑과 영원한 영광 가운데 그의 확실한 구원을 확신하게 한다. 환난의 때에 그리스도인은 믿음의 약함을 인하여 이 성령의 증거를 항상 깨닫지 못할 수도 있다. 그럼에도 그리스도 안에 믿음이 승리하는 한, 성령의 증거는 항상 존재한다. 결국 믿음이란 신자의 마음에 있는 성령의 강권하시는 증거에 다름 아니기 때문이다.

양자 됨 교리의 적용

모든 기독교 신학자는 '그리스도 안에서 신자는 하나님의 사랑스런 자녀'라고 하는, 위로가 되는 이 복음의 진리를 높이 평가하지만 양자 됨 교리를 다루는 데는 상당히 큰 차이를 보인다. R. A. 웹도 소논문에서 앞서 말한 것을 언급하면서 칼뱅은 양자 됨에 관해 어떤 암시도 하지 않고 튜레틴(Turretin)은 그것을 칭의의 두 번째 요소 정도로 취급했다고 지적한다. 또한 찰스 하지는 아주 철저하게 교리적 작업을 했지만 이 주제에 대해서는 침묵했고, A. A. 하지(Hodge)는 아주 간단하게만 언급하고 있음도 지적했다. 기독교의 초교파적 신경 가운데 양자 됨에 관한 고백을 정식으로 담고 있는 것은 하나도 없다. 하지만 웨스트민스터 신앙고백과 요리 문답은 신학에서 별개의 주제로 다룬다. 네덜란드 신학자인 헤르만 위트시우스(Herman Witsius)는 그의 저서 「하나님과 인간 사이의 언약의 경륜」(The Economy of the Covenants between God and man, trans. and rev. by William Crook-shrank, London: Edward Dilly, 1763)에서 양자 됨의 주제에 열아홉 쪽을, '양자 됨의 영'에는 열일곱 쪽을 할애하였다(Vol. II, 591쪽 이하).

루터는 휘오데시아를 '자녀의 영'(kindlicher Geist, 롬 8:15) 혹은 '아들 됨'(Kindschaft, 롬 8:23, 9:4, 갈 4:5, 엡 1:5)이라고 번역했다. 고전적 루터교 교리학자들에 따르면 양자 됨은 중생과 칭의와 동시에 발생한다. 그들은 신자의 양자 됨의 확신을 그로 인해 보장된 기업과 마찬가지로 거듭남의 특징으로 보았다. 양자 됨에 대해서는 경건주의도 개혁주의의 견해와 어느 정도 비슷하다. 그러나 개혁주의 신학자들이 양자 됨을 늘 동일한 관점에서 다룬 것은 아니다. 어떤 사람들은 칭의의 열매로 보았고, 또 어떤 사람들은 칭의와 조화를 이루지만 칭의보다 열등한 것으로 보기도 했다. 이성주의는 양자 됨의 교리를 철저히 배격했다. 초대 교회 교부 가운데 일부는 양자 됨을 세례의 효과로 보았는데, 이는 갈라디아서 3장 26, 27절에서 사도가 양자 됨을 그리스도 안에 있는 믿음과 중생의 씻음과 성령의 새롭게 함으로의 세례에서(딛 3:5, 6) 추적하기 때문이다. 이 교리는 세례를 사효론(ex opero operato)으로 보지 않고, 단순한 행위가 아닌 물 안에, 그리고 물과 함께 있는 하나님 말씀에 의한 은혜의 수단으로 본 루터에 의해 유지되었다(McClintock and Strong, '양자 됨'을 보라).

그리스도인들에게 있는 확신, 즉 그들이 예수 그리스도 안에서 하나님의 사랑스런 자녀라는 확신은 "하나님의 영광을 바라고 즐거워하는"(롬 5:2) 모든 신자의 마음에 깊이 뿌리를 내리고 있다.

【 참고 문헌 】

J. Orr, ed., *The International Standard Bible Encyclopedia*.

J. McClintock and J. Strong, *Cyclopaedia of Biblical, Theological, and Ecclesiastical Literature*.

S. M. Jackson, ed., *The New Schaff-Herzog Encyclopedia of Religious Knowledge*.

R. A. Webb, *The Reformed Doctrine of Adoption*.

H. Witsius, *The Economy of the Covenants*.

W. A. Jarrel, "Adoption Not in the Bible Salvation," *Review and Expositor* 15 (October 1918): 459-69.

T. Whaling, "Adoption," *Princeton Theological Review* 21 (April 1923): 223-35.

34장
성화

존 머레이

> 존 머레이(John Murray, 1898-1975)_ 프린스턴 신학대학원에서 신학 석사 학위를 받고 웨스트민스터 신학대학원에서 가르친 장로교 신학자다. 그는 「존 머레이의 구속」(*Redemption Accomplished and Applied*, 1955, 복있는 사람 역간), 「행동의 원리들: 성경적 윤리학」(*Principles of Conduct: Aspects of Biblical Ethics*, 1957)과, NICNT 주석 시리즈에 속해 있었던 두 권짜리 「로마서 주석」(아바서원 역간)을 저술하였다.

종교 개혁 당시 슬로건은 이신칭의였다. 당시 위기에 처한 여러 문제는 이 교리가 중심이 되어야 할 것을 요청했다. 오직 은혜로 인한 믿음으로 말미암은 칭의가 그 중심에 위치하지 않을 때, 은혜의 복음은 그 근원부터 오염된다. 물론 로마 교회에도 칭의 교리가 있었다. 하지만 이 칭의는 성화와 갱신으로 구성되어 있었고, 믿음의 열매인 행위 안에서 행해지는 과정으로 이해되었다.

완성되고 온전해져서 번복되지 않는, 오직 믿음에 의한 칭의는 거룩한 삶에 관심을 갖게 하는 데 해롭다는 것이 그 반대 이유였다. 과연 칭의 교리는 선행과, 그로 인해 성화된 삶의 필요와 자극을 제거하는가? 바울은 이 도전에 직면해야 했고, 종교 개혁자들도 같은 반대에 직면했다.

이러한 도전에 대한 간결한 대답이 바로 성화 교리다. 칭의와 성화는 분리될 수 없는 것이어서, 행위가 없는 믿음은 칭의를 가능하게 하는 믿음이 아니다. 칭의가 하나님 앞에서 의로운 자로 서는 것과 관련이 있다면, 성화는 마음과 삶의 거룩함과 관련이 있다. 믿음은 곧 죄로부터 구원하여 하나님이 받으시게 하는, 그리스도 안에 있는 믿음이다. 우리를 의롭게 하는 믿음에 내포되어 있는 것은 죄에 대한 미움이고, 그 영광은 거룩이신 하나님에 대한 헌신이다.

확정적 성화

성화를 확정적으로 말하는 것은 성화의 점진적 특징을 부인하고 이 교리가 자주 왜곡되던 오류로의 문을 여는 것처럼 보일지 모르겠다. 하지만 성경적인 증거에 대한 오해를 지나치게 제한하여 발생한 반대 의견이나, 이 교리가 겪었던 왜곡에 대한 두려움 때문에 성경의 가르침이 억눌리거나 축소되어서는 안 된다.

고린도에 있는 교인들에게 하나님의 교회로서, 성도로 부름받은 자들로서 "그리스도 예수 안에서 거룩하여지[라]" 하고(고전 1:2), 나중에 그들은 씻음과 거룩함과 의롭다 하심을 받았다고 했을 때(고전 6:11), 바울은 성화를 유효적 소명과 조화를 이루게 하고 성도로서 그들의 정체성을 중생, 그리고 칭의와 동일시했음이 분명하다(행 20:32, 26:18, 딤후 2:21, 살전 4:7, 히 10:10, 29, 13:12 참조). 성화를 철저하게 점진적인 일로만 생각하는 것은 굴절된 사고방식일 것이다. 그렇다면 확정적 성화란 무엇인가?

그것을 규정할 수 있는 방법은 다양하다. 구원의 상태가 시작되는 순간에 삼위 하나님의 각 위가 취한 구체적이고 특별한 행동은 각각 이 성화가 의미하는 결정적인 변화에 기여한다. 단순히 기여할 뿐만 아니라 이 변화 자체의 확정적인 본질을 확인한다. 하지만 아마도 신약 성경에서 가장 중요한 면으로 특별히 강조되어야 할 것은 신자는 성부에 의해서 성자와의 교제로 부름받았다는 것이다(고전 1:9). 그리스도와의 연합이 이 교리의 핵심이 되는데, 특히 그분의 죽음과 부활의 능력이라는 의미에서 그러하다. 그리스도께서 죽으셨을 때 그분은 모든 사람을 위하여 단번에 죽으셨다(롬 6:10). 그리고 그리스도와의 연합으로 부름받은 신자는 그리스도와 함께 죄에 대하여 죽는다. '우리는 죄에 대하여 죽었다'(롬 6:2 참고)는 것이 은혜 교리를 방탕하게 남용하는 것에 대한 답이다.

우리가 그리스도와 함께 죽었다면 우리는 "아버지의 영광으로 말미암아 그리스도를 죽은 자 가운데서 살리심과 같이 우리로 또한 새 생명 가운데서 행하[도록]"(롬 6:4) 그분과 함께 살아야 한다. 우리에게는 그분의 죽음과 부활 안에서 그리스도와 하나 됨으로 확실해진 죄와의 분명한 결별, 그리고 거룩함에 대한 헌신보다 근본적으로 더 중요한 것이 없다. 그리스도의 죽음 및 부활과 신자의 이 관계는 사도가 칭의를 말할 때 소개한 것이 아니다. 죄의 능력과 오염, 죄를 사랑하는 데서 건짐받음을 말할 때 이를 소개한다. 죄와의 결별과 새로운 삶은 그리스도의 죽음과 부활처럼 확정적이다. 죽음과 부활을 통해 그리스도께서는 죄의 권세를 깨뜨리고, 어둠의 왕 노릇 하는 자를 이기셨으며, 이 세상을 심판하셨고, 이 승리에 의해서 그분과 연합된 모든 자를 구원하셨다. 신자들은 그분과 함께 이 승리의 성취에 참여하는 자가 된다. 구원 단계에서 그리스도의 죽음과 부활로부터 비롯된 선(virtue)이 가장 확실하게 영향을 끼치는 곳이 바로 확정적 성화의 부분이다. 이 관계를 주목하지 않는다면 우리는 구속적 섭리의 가장 기본적인 특징을 놓치게 될 것이다(고후 5:14, 15, 엡 2:1-6, 골 3:3, 4, 벧전 4:1, 2, 요일 3:6, 9 참조). 신자들은 거룩함의 열매를 맺는다.

점진적 성화

확정적 성화에 대한 강조는 점진적인 것을 위한 여지를 남겨 두지 못하리라 짐작할지도 모른다. 그와 같은 짐작은 성경의 가르침에서 같은 비중으로 중요하게 다루고 있는 다른 한 면에 모순된다. 신약 성경 기자들 가운데 바울과 요한만큼 확정적인 면을 강조한 사람은 없다. 하지만 요한은 하나님에게서 난 자는 죄를 짓지 않고, 지을 수도 없다고 한(요일 3:9, 3:6 참조) 그 서신에서 이렇게 말한다. "만일 우리가 죄가 없다고 말하면 스스로 속이고 또 진리가 우리 속에 있지 아니할 것이요"(요일 1:8). 그리고 나서 "만일 누가 죄를 범하여도 아버지 앞에서 우리에게 대언자가 있으니 곧 의로우신 예수 그리스도시라"(요일 2:1)고 신자들을 위로한다. 요한에게 있어서 신자의 삶에는 자기를 깨끗하게 하는 면이 있다. "주를 향하여 이 소망을 가진 자마다 그의 깨끗하심과 같이 자기를 깨끗하게 하느니라"(요일 3:3).

신자 안에 여전히 남아 있는 죄를 생각할 때, 그리고 아직 하나님의 아들의 형상을 본받는 목표를 온전히 이루지 못했다는 사실을 생각할 때(롬 8:29 참조), 이 땅에서의 상태는 결코 정체된 채 끝나는 것으로 여길 수 없다. 그것은 점진적인 것이어야 한다. 부정적이든 긍정적이든 자기를 죽이는 것과 성화되는 것으로 이어지는 점진적인 과정이다.

바울이 자기 죽임에 관해 언급한 문맥을 보면 충격적이다. 그는 죄에 대하여 단번에 죽고 그리스도 안에서 새로운 삶의 영역으로 옮겨졌음을 말하는 문맥에서 자기 죽음에 대해 이렇게 말한다. "너희가 …… 영으로써 몸의 행실을 죽이면 살리니"(롬 8:13. 골 3:5 참조). "육과 영의 온갖 더러운 것에서 자신을 깨끗하게 하자"(고후 7:1).

성화는 단순히 죄를 씻는 것 이상을 내포하는 것으로, 바울이 "하나님을 두려워하는 가운데서 거룩함을 온전히 이루어야 하는" 적극적인 것을 의미했다. 그리스도의 형상을 닮아 가는 과정이 끝나는 점진성을 우리가 변화하는 것으로 말하기 위해 신약 성경에서 사용한 극적인 표현을 보라. "마음을 새롭게 함으로 변화를 받[으라]"(롬 12:2). "우리가 다 수건을 벗은 얼굴로 거울을 보는 것같이 주의 영광을 보매 그와 같은 형상으로 변화하여 영광에서 영광에 이르니 곧 주의 영으로 말미암음이니라"(고후 3:18). 후자의 인용 구절보다 더 구체적으로 성화의 사실과 방법을 정의해 주는 구절은 없다. 우리가 주 그리스도의 영광을 **반영하는** 것이든, 아니면 우리가 그분의 영광을 보는 것이든 구체적인 생각은 다르지 않다. 우리가 그분의 영광을 본다면 그 영광을 반영할 것이고, 반영한다면 그것은 우선 우리가 그것을 보았기 때문이다(요 1:14 참조). 관심과 열정을 쏟는 대상을 닮아 가는 것이 심리학의 법칙인데, 이 경우도 예외는 아니다. 그러나 사도가 상기시키고자 한 것은 이 변화의 비밀이 자연적인 요소가 아니라는 것이다. 변화가 진행되게 하는 것은 주님의 성령이시다.

성화의 특징이라 할 수 있는 이 점진성은 개인에게만 국한되는 것이 아니라 그리스도의 몸으로서 그리스도와 연합과 교제를 누리는 교회에도 적용된다. 신자들은 자신을 독립된 개체로 여기지 말아야 한다. 영원한 계획 가운데 그들은 그리스도 안에서 택함받았고, 구속의 완성을 통하여 그리스도 안에 있게 되었으며, 그 적용에 있어서 그리스도와의 교제로 인도된다. 성화는 그리스도의 온몸이 완성되어 흠 없고 허물이 없는 완전한 상태로 드러질 때까지 독립된 개체로서의 개인에게서는 실현되지 않을 그 절정의 순간을 향해 나아간다. 연합적 관계에서 실제로 적용될 책임과 특권, 그리고 기회는 즉각적으로 (교회에서) 나타나게 된다(엡 4:11-16 참조).

성화를 이런 관점에서 살펴볼 때 "그리스도의 장성한 분량"(엡 4:13, 1:23 참조)보다 중요한 개념은 없다. 신자들이 독립된 개인으로서가 아니라 교회에서의 연합과 교제를 통해 자라야 할 그리스도의 장성한 분량이란 죽은 자들에게서 첫 열매가 되신 그리스도 안에 거하는 자들 안에 은혜와 선, 진리와 지혜, 의와 거룩함이 가득 차는 것이다.

따라서 성화의 과정은 하나님의 아들의 형상을 닮아 가는 것에 다름 아니다. 즉 단순히 외적으로 동화되어 흉내 내는 정도가 아니라 그리스도 안에 있는 충만한 것을 부여받아 닮아 가는 것이다(요 1:16 참조). 우리가 지구상에 존재하면서 현상적으로 익숙해져 있는 어떤 형태의 유기적 혹은 생물적 생명에 의해서가 아니라 훨씬 광활하고 높은 곳에서 존재하고 적용하는 유기적 삶을 통하여 이 충만함은 우리에게 흘러 들어온다. 그리스도와 교회는 상호 보완적이다. 우리의 것을 필요로 하는 것도, 하나님의 특별한 소명이 있어야 하는 것도, 그리스도의 몸에 속하는 데서 비롯되는 요구가 있는 것도 아니다. 또한 교회의 머리 되시는 그리스도 안에 존재하는 충만함에서 흘러나오지 않은 채 사명으로 부름받는 직분도 존재하지 않는다.

성화의 매개체

확정적 성화에서 중요하게 다루어야 하는 것은 신자가 그리스도와 함께 죽었고 새로운 생명으로 살아났다는 점이다. 이 관계를 어떤 관점에서 보든지 우리는 우리의 수동성을 인식하지 않을 수 없다. 역사적으로 과거에 이미 끝난 일이라는 관점에서 볼 때에도 그리스도의 죽음과 부활은 우리의 어떤 행위도 요구하지 않았음이 분명하다. 또한 사람 안에 실제로 발생하는 일이라는 관점에서 볼 때에도 죄를 분명히 사하고 거룩함에 헌신하도록 하는 데 인간적인 수단이 요구되었다고 보는 것은 인정할 수 없다. 믿음조차 죄에 대해 죽고 의에 대해 살게 하는 수단으로 간주될 수 없다. 이와 관련된 언어들이 이를 분명하게 보여준다(롬 6:3, 4, 6, 17, 18, 7:4, 엡 2:4, 5 참조). 더욱이 예수의 죽음과 부활의 효력이 우리 안에 유효하도록 만드는 고리는 그리스도와의 연합이다. 그리고 이 연합을 확립시키는 것은 성부 하나님의 부르심이다. 어떤 경우에도 인간적 수단에 의해 정의된 적이 없다. 우리를 죄와 사망의 법에서 해방시키는 기능적 원리는 바로 성령이시다(롬 8:2). 따라서 이 결정적 변화를 가능하게 하시는 분은 성삼위 하나님이다.

점진적 성화의 매개체는 누구인가? 예수께서는 중보의 기도를 성부께 드리신다. "그들을 진리로 거룩하게 하옵소서 아버지의 말씀은 진리니이다"(요 17:17). 그분이 다음과 같은 말씀을 하신 것도 성부에 관한 것이었다. "무릇 열매를 맺는 가지는 더 열매를 맺게 하려 하여 그것을 깨끗하게 하시느니라"(요 15:2). 바울도 동일하게 성부께서 거룩하게 하신다는 진리(살전 5:23)를 강조하였다. 그러나 성령께서도 매개체가 되신다. 성령께서는 신자들이 주님의 영광을 나타내도록 변화하는 과정에 보냄받은 분이다(고후 3:18). 그리스도를 아는 지식에 있어서 지혜와 계시의 영이 되시는 분이 성령이시고(엡 1:17), 우리로 몸의 행실을 죽이도록 하는 분 역시 성령이시다(롬 8:13). 성화의 열매와 표적이 되는 덕목들은 성령의 열매다(갈 5:22). 우리를 향한 하나님의 사랑의 불꽃을 우리 마음에 붓는 분도 성령이시다(롬 5:5). 우리가 하나님의 장성함으로 충만해져서 하나님 앞에 놓인 목표를 이룰 수 있도록 끝까지 우리의 전 인격을 통해 유효하게 역사하시는 성령께서 신자들 안에 거하시는 것은 독특한 특권이다. 성화는 심리학의 새로운 법칙에 의해서 진행되는 것이 아니라 내주하셔서 지속적으로 새롭게 하시는 성령의 역사로 진행된다.

강조점들이 왜곡된 데에는 우리에게 책임이 있다. 성화가 하나님의 매개체이신 성령이 친히 이루시는 일임을 절대적으로 강조하는 것은 높이 치하하지만, 그렇다고 해서 신자들이 취해야 할 행동에 무관심해지는 오류에 빠져서는 안 된다. 이는 신자들을 향한 명령을 지키지 않아도 되는 것을 암시하지 않기 때문이다(롬 6:13, 19, 8:13, 고후 7:1, 갈 5:16, 25 참조). 아마도 종종 잘못 적용되는 빌립보서 2장 12, 13절이 가장 교훈적인 본문일 것이다. 이 구절이 말하는 구원은 최초의 구원이 아니라 예수 그리스도의 계시에서 이미 취한 구원이다(롬 13:11, 살전 5:9, 히 1:14, 9:28, 벧전 1:5, 2:2 참조). 우리가 이루어야 하는 구원은 이미 완성되고 절정에 이른 구원이다. 즉 이 구절은 구원을 드러내는 데 있어 우리는 최선을 다해 우리의 책임을 다해야 함을 의미한다. 따라서 여기에 내포된 것은 하나님이 일하신다고 해서 우리의 행위가 면제되거나 형식적인 것이 되지는 않는다는 것이다. 우리가 일하기 때문에 하나님의 일하심이 중단되는 것은 아니다. 이 둘은 상호 관련되고 연결된다. 하나님이 우리 안에서 일하신다는 사실은 우리의 일함에 격려와 자극이 된다. 진실로 하나님의 일하심은 의지와 행함에 있어서 우리의 일에 에너지를 공급하는 원인이다. 우리의 일함은 하나님의 일하심의 지표가 된다. 우리가 일하지 않으면 하나님의 일하심이 나타나지 않는 것이다. 물론 주제넘은 자기 확신은 제외된다. 우리 안에 있는 두려움과 떨림은 우리의 철저한 연약함을 반영한다. 그럼에도 하나님이 우리 안에 일하신다는 것을 확신할수록 우리는 우리의 일함에 더욱 부지런해지고 성실하게 된다. 우리의 전 인격은 단순히 하나님의 아들의 형상을 닮아 가는 과정의 범위 안에 머물기만 하는 것이 아니라 그 안에서의 모든 기능을 감당하도록 요청된다.

【참고 문헌】

G. C. Berkouwer, *Faith and Sanctification*.

J. C. Ryle, *Holiness: Its Nature, Hindrances, Difficulties, and Roots*, 「거룩」, 복있는사람 역간.

A. Köberle, *The Quest for Holiness*.

A. W. Pink, *The Doctrine of Sanctification*.

W. Marshall, *The Gospel-Mystery of Sanctification*.

J. Fraser, *A Treatise on Sanctification*.

35장
성도의 견인

W. 보이드 헌트

> W. 보이드 헌트(W. Boyd Hunt, 1916-2007)_ 사우스웨스턴 침례 신학대학원에서 박사 학위를 받고 그곳에서 오랫동안 가르친 침례교 신학자다. 그가 쓴 책으로는 「16 대 1」(*Sixteen to One*, 1953)과 「구속되었다! 종말론적 구속과 하나님 나라」(*Redeemed! Eschatological Redemption and the Kingdom of God*, 1993)가 있다.

견인은 기독교 계시의 주요 사상이다. 하나님 사랑이 지닌 독특한 특징이 한결같음이라는 것은 잘 알려진 바다. 예수는 자신에게 속한 자들을 사랑하시되 끝까지 사랑하셨다. 십자가에서 사랑을 배운 신자는 '모든 것을 견딘다'는 것이 바로 바울의 궁극적인 말이었다. 유다는 주님을 배반했고 데마는 바울을 떠났지만, 요한계시록에 따르면 끝까지 견디는 자들은 흰옷을 입게 된다. 셰익스피어가 '견인'을 '왕이 되게 하는' 은혜라고 한 것은 그리 놀라운 일이 아니다.

하지만 신학적인 논의에서 견인은 일반적인 의미보다는, 하나님이 부르시고 거듭나게 하신 선택받은 모든 사람을 마지막 구원까지 지키신다는 칼뱅의 교리를 설명하는 전문 용어로 사용된다. 잘 알려진 대로 이것은 "한 번 받은 구원은 영원하다"는 교리다.

견인과 배교

전문적인 의미에서 견인은 배교 사상, 또는 신자들도 일시적으로 은혜의 상태에서 잃어버린 바 되었다가 다시 은혜의 상태로 돌아올 수 있다거나 아니면 한 번 구원을 받았다가 끝내 다시 정죄 상태로 돌아갈 수 있다는 교리에 대치된다. 배교의 가능성을 주장하는 사람들도 견인 사상을 완전히 부인하지는 않지만, 견인을 끝까지 믿음을 지켜야 하는 성도의 의무로 생각하는 일반적인 의미에서만 인정하고 전문적인 의미에서 이 단어의 용도는 부인한다.

각 교리는 성경에 견고하게 뿌리를 두고 있다고 주장한다. 견인도 인간의 구원을 시작하시고 완성하시는 주도권은 하나님에게 있다고 설득하는 구절들을 주목한다. 신자 안에서 착한 일을 시작하신 이가 끝까지 이루실 것이다(빌 1:6, 요일 3:6-9, 4:4 참조). 하나님이 자신에게 속한 자들을 보호하신다(요 10:28, 29, 골 2:2["충만한 확신"(새번역)을 강조하고 있음을 주목하라. 히 6:11, 10:22 참조], 딤후 1:12, 벧전 1:5). 그 무엇도 신자를 하나님의 사랑에서 끊을 수 없다(롬 8:34, 히 7:24, 요일 2:1, 눅 22:31, 32, 요 17:11-15 참조). 성령께서 구속의 날까지 성도들을 인 치실 것이다(고후 1:22, 5:5, 엡 1:13, 14, 4:30). 견인의 관점에서 볼 때 한 과정이 완성되지 않고 단지 시작만 있다면(막 4:16, 17, 벧후 2:20, 요일 2:19) 그것은 구원이라 부를 수 없다. 인내 없이는 구원이 없기 때문이다(마 10:22, 24:13, 막 13:13, 고전 15:2, 골 1:23, 히 3:6, 14, 10:38, 계 2:7, 10, 11, 17, 25, 26, 3:5, 11, 12, 21). 그럼에도 신자가 하나님의 일을 막을 수도 있다(고전 3:1-3, 히 5:12-6:8). 그래서 그리스도인들을 향해 경고와 권면이 반복된다(마 5:13, 고전 3:11-15, 9:27, 10:12, 갈 5:4, 빌 2:12,

13, 히 2:1-3, 3:12-14, 6:4-6, 9-12, 10:26-29, 벧후 1:8-11). 이 견해를 지지하는 사람들은 히브리서 6장 4-6절과 10장 26, 27절과 같은 구절이 배교를 가르친다기보다는 이론적 가능성을 가리킨다고 이해한다(W. Manson, The Epistle to the Hebrew, 15쪽을 보라). 아니면 실패한 사람들은 처음부터 회심한 사람이 아니었다고 본다. 이처럼 해석이 쉽지 않은 구절이 많다.

견인-배교 교리의 역사를 보면 이 문제는 단순히 칼뱅주의와 아르미니우스주의의 차이가 아니라 좀 더 근본적으로는 개신교와 (로마 가톨릭이든 그리스 정교회든) 가톨릭의 차이, 넓게는 아우구스티누스주의와 펠라기우스주의의 차이로 이해하는 것이 마땅하다.

종교 개혁 이전의 견해들

초대 교부 사상(주후 100-500)의 관점은 실제로 죄를 최소화하고 인간의 자유를 지나치게 강조하여 아우구스티누스(354-430)와 대립한 영국의 수도사 펠라기우스(약 360-420)에 동의하는 것으로 예측할 수 있었다. 초대 저자들에게는 배교의 가능성이 일반적인 전제였다.

종교 개혁 이전의 견인에 관해 분명하게 말해야 하는 것은 아우구스티누스의 몫이었다. 그는 예정으로 시작하는 영생으로의 택함은 최종적으로 견인을 포함한다고 보았다. 구원은 언제나 하나님의 선물이기 때문에 그는 견인에 관한 자신의 저서에 「견인의 선물에 관하여」라는 제목을 붙였다. 하지만 그는 신자가 자신의 최종적인 구원을 확신할 수 있다는 것은 부인했다.

중세 로마 교회는 인간의 자유와 능력과 관련하여 아우구스티누스의 예정론이 아닌 반(半)펠라기우스주의의 낙관주의를 따랐다. "트리엔트 공의회의 규범과 법령"(1563)에 따르면 인간은 의롭게 하시는 은혜와 자유롭게 협력한다. 하나님은 "배신을 당하지 않는 한" 의롭다 함을 받은 사람을 배신하지 않는다고 했는데, 이는 "모든 치명적인 죄에 의해 은혜를 잃을 수 있다"는 배교의 교리와, "죄로 인해 그들이 받은 칭의의 은혜에서 떨어진 자들도 다시 의롭게 될 수 있다"는 회복의 교리로 인도한다. 신자들은 "아직 남아 있는 전쟁을 두려워해야 한다." 후반부의 주장에 대해 J. S. 웨일(Whale)은 "중세 교회는 이 불확신을 남용하게 되었다"고 했다(The Protestant Tradition, 67쪽).

종교 개혁자들의 견해

로마 교회의 반펠라기우스주의에 반대해서 종교 개혁자들은 은혜에 대한 아우구스티누스와 바울의 강조를 회복했다. 이 회복의 영향력을 부분적으로만 강조한 루터(1483-1546)는 견인 교리를 발전시키는 데 실패했다(마르틴 루터, "The Greater Catechism," Henry Wace and C. A. Buchheim 편역, *Luther's Primary Works*, 141, 142쪽을 보라). 루터교의 도식은 기본적으로 배교의 가능성을 허락하는 데 동의한다(The Augsburg Confession [1530], Art. XII; The Formula of Concord [1576], Art. IV, Negative III; The Saxon Articles [1592], Art. IV, III). 멜란히톤(1497-1560)의 신인 협동설이나, 구원에 있어서 인간의 의지와 하나님의 의지는 상호 협력한다는 그의 가르침은 루터교 신학 안에 있는 반펠라기우스주의의 강조점을 반영한다.

칼뱅(1509-1564)은 좀 더 훌륭한 논리적 일관성으로 은혜에 대한 종교 개혁의 강조점을 잘 설명하였다. 아마도 그가 최초로 견인 교리를 온전하게 발전시켰다고 볼 수 있을 것이다. "선택의 흔들리지 않는 일관성"을 붙들고 그는 신자의 현재와 미래의 구원은 확실히 보장되었다고 주장한다(*Institutes*, Beveridge 역, III. xxiv. 10; III. ii. 16, 40, 「기독교 강요」). 강경한 칼뱅주의 정통은 도르트 총회(네덜란드, 1618-1619)에서 전통적인 정의를 확립하게 된다. 온건적 칼뱅주의에 대한 아르미니우스주의의 「항의서」(Remonstrance)의 답변으로, 도르트 총회는 다섯 가지 원리를 세우게 된다. 바로 무조건적 선택, 제한적 속죄, 전적 타락, 저항할 수 없는 은혜, 성도의 견인이다. 논리적으로 첫 번째 원리에서 비롯되는 마지막 원리에서 도르트는 견인에 관한 확실한 주장을 위해 열다섯 조항을 요약하여 열거한다. 강경한 칼뱅주의는 신적인 보전에 대한 내적이고 심리적인 확신이 아닌 신비적이고 신학적인 확신을 강조한 경향이 강하다. 웨스트민스터 신앙고백(1647)에 따르면 "성도의 견인은 그들의 자유 의지의 힘에 달린 것이 아니라 변할 수 없는 선택의 작정에 달렸다"(17장 2항).

아르미니우스주의 혹은 온건적 칼뱅주의의 가장 중요한 발전은 원래의 웨슬리주의에서 볼 수 있다. 하이퍼 칼뱅주의자들(Hyper-Calvinists)의 반율법적 극단에 대한 반발로 존 웨슬리(1703-1791)는 인간의 인내의 필요성을 강조하고 배교의 가능성을 용납했다. 그러나 그는 다른 누구보다 신약 성경에서 강조하는 신자의 기쁨에 찬 내적 혹은 심리적 구원의 확신을 재확인했다. 웨슬리는 심지어 미래의 견인에 대한 온전한 확신은 일부 사람들만이 소유한다고 했다(*The Letters of the Rev. John Wesley*, John Telford 편집, 1931, Vol. III, 305, 306쪽을 보라). 후기 감리교는 이미 말한 대로 은혜에 대한 소홀함과 자유에 대한 강조로 인해 반펠라기우스주의로 기운 경향을 보였다(R. E. Chiles, "Methodist Apostasy: From Free Grace to Free Will," *Religion in Life*, XXVII [Summer, 1958], 438-449쪽을 보라). 역사의 아이러니지만 아르미니우스주의는 온건적 칼뱅주의의 견해보다는 후기 반펠라기우스주의로 기울었다.

최근의 발전

20세기 처음 30년까지 특히 미국에서는 칼뱅주의-아르미니우스주의 논쟁이 개신교의 신학적 영역을 주도했다. 칼뱅주의 쪽으로는 개혁주의, 장로교, 자유교회, 청교도, 회중교회, 그리고 나중에 대부분의 침례교가 합세했고, 아르미니우스주의 쪽으로는 배교의 가능성을 옹호한다는 좁은 의미로 볼 때 루터교, 재침례파(메노나이트), 일반 침례교회와 자유 침례교회, 감리교, 성결교, 제자파(Disciple group)가 합세했다. 영국 성공회는 애매한 입장을 취했다.

오늘날에는 과거의 논쟁들이 주도적이지 않다. P. T. 포사이스(Forsyth)가 예견한 대로, "칼뱅 이후로 영광의 중심은 하나님의 예정에서 그리스도 안에 있는 구속의 행위로 옮겨졌다"(Faith, Freedom, and the Future, 277쪽).

재강조의 필요성

견인 교리를 다시 주장해야 한다는 최근의 견해는 다음과 같은 점들을 강조한다. (1) 이 문제를 재고해야 할 시급성은 아무리 강조해도 지나치지 않다. 성경적인 관점에서 볼 때 견인의 문제는 기독교의 가장 심각한 문제 중 하나인 헌신되지 않은 교인들의 비극의 문제를 다루는 데 핵심이 있다. 견인을 비참한 대립과 절망적인 낙심의 상황에서 영웅적이고 자기희생적인 절개라는 일반적인 의미로 이해한다면, 오늘날 성도에게는 견인에 관해 어떻게 말해 줄 수 있을까?

이 문제는 결코 가벼운 것이 아니다. 또한 명목상의 기독교가 칼뱅주의에서 더 심각한지, 아르미니우스주의에서 더 심각한지를 보여 줄 수 있는 중요한 증거는 없다. 장로 교인이 감리 교인보다 용감한 것도 아니고, 침례 교인이 루터 교인보다 내적으로 적들에 대한 하나님의 승리를 더 확신하는 것도 아니다. 하이퍼 칼뱅주의 청교도들도 개인의 구원 확신으로 흔들렸고, 〈내 주는 강한 성이요〉(A Mighty Fortress Is Our God)를 쓴 루터도 배교의 가능성을 믿고 있었다.

복음주의자로서 우리는 그리스도 안에서 우리의 자유를 소중히 여긴다. 하지만 포사이스는 이렇게 묻는다. "순종하는 사람보다 더 자유를 느끼고, 다스림을 받는 사람보다 더 해방감을 느낀다면," 그것이 진정 그리스도 안에서 우리가 누리는 자유인가?(앞서 언급한 책, 291쪽)

(2) 그리스도인의 경험은 은혜에서의 신적 주도와 이 땅에서의 인간의 자유로운 반응 모두를 포함한다. 전자 때문에 기독교 신학은 이론적으로 인간은 그리스도인으로서 자유하기 때문에 은혜로부터 떨어져 나갈 수 있지만, 경험적으로는 하나님의 은혜가 이를 막는다고 주장한다. 성경에 근거한 믿음은 하나님의 신실하심이 우리의 신실치 못함을 이길 것임을 확신한다. J. S. 웨일은 "하나님은 믿을 수 있고 변하지 않는 분이기 때문에, …… 은혜는 변덕스러운 것이 아니라서 간헐적으로 임하거나 멈출 수 없고, 우리는 여전히 깨지고 넘어지지만 은혜는 여전히 머물기 때문에" 우리는 확신을 가진다고 말한다(앞서 언급한 책, 83쪽. 웨일은 우리의 믿음은 인간의 약함에 정복되지 않는다는 확신이 개신교의 영광이라고 지적하면서, 이 확신은 교황적, 계급적, 성직적 허세에 치명적이라고 말했다[144쪽]).

그럼에도 그리스도인의 경험은 인간의 자유로운 반응이라서 이 확신은 언제나 신자들의 확신일 뿐이다. 하나님은 '믿음 없이'가 아니라 '믿음을 통해' 확신케 하신다.

(3) 이 땅에 사는 동안에는 최종적인 완성의 단계가 없기 때문에 최종적인 내적 확신도 없다. 신자는 마치 자신의 믿음이 이미 완전히 실

현된 것처럼 느긋하게 앉아 있을 수 없다. 신자는 그리스도를 소유하고 있지만, 여전히 그리스도가 필요하다. 신자는 구원을 받았지만, 여전히 구원이 필요하다. 한편으로 신자가 그리스도 안에서 갖는 확신은 매우 실제적이다.

순교자들은 고통과 죽음을 직면할 때, 승리에 찬 노래를 불렀다. 다른 한편으로 신자의 확신은 반복적으로 확인되어야 한다. 인간은 자신의 확신을 위협하는 염려의 원인들에서 결코 자유로울 수 없다. 최근 실존주의자들이 이를 이해하는 데 많은 도움을 주었다. 그러나 신자로서 인간은 이 위협들을 결코 혼자 맞닥뜨리지 않는다. 그와 함께 서 계신 또 다른 분이 계시기 때문이다.

(4) 견인 교리의 또 다른 두 가지 측면은 언급만 하고 지나가자. 우선 하나님은 그분의 복을 받을 수 있는 영적 수용력을 확장시키는 신자의 견인을 높이 평가하신다. 이것이 가진 자에게 준다고 하신 예수의 원리다. 둘째, 보전으로서의 견인은 공동체적인 면이 있다. 하나님은 개인을 보전하듯이 성령 안에서 신자들의 교제인 교회도 보전하신다. 그분은 교회를 무너뜨리려는 자를 물리치는 새 생명을 통해서 교회를 거듭 일으키신다(로마 가톨릭교회의 신학에 따르면 신자는 배교할 수 있어도 교회는 배교하지 않는다. 칼뱅주의 신학에 따르면 교회는 배교할 수 있지만 개인 신자들은 배교할 수 없다).

결론적으로 견인은 쉬운 교리가 아니다. 하나님이 참으시고 신자도 참는다. 하나님은 신자들의 견인을 통해 견인하신다. 그럼에도 신자의 견인은 하나님의 선물이다.

이는 쉬운 교리가 아니다. 그렇다고 막연한 위로의 교리도 아니다. 견인 교리는 신자가 과연 십자가에 갔었는지, 그곳에 적나라하게 드러난 사랑을 아는지, 견인의 마지막 순간까지 그리스도인의 성품의 모든 표지를 포함하는 기본적인 신실함을 그곳에서 배웠는지를 물으면서, 영혼이 거룩한 부담을 안고 시온에서 쉼을 얻기를 갈망하게 한다.

베드로 때부터 폴리카르포스 때까지 살았던 사람들의 헌신에 관해 말하면서 가이 스코필드(Guy Schofield)는 그들처럼 승리한 사람들은 아직 없었다고 선언한다. 그러면서 이렇게 설명한다. "그들의 육체는 우리와 마찬가지로 뜨거움과 차가움, 칼과 채찍에 민감했다. 그러나 그들은 모든 것을 참으며 그 경주를 포기하지 않았다"(It Began on the Cross, 244쪽).

【참고 문헌】

G. C. Berkouwer, *Faith and Perseverance*, trans. R. D. Knudsen.

J. F. Green, Jr., *Faith to Grow On*.

G. S. Hendry, *The Westminster Confession for Today*.

R. Shank, *Life in the Son*.

J. S. Whale, *The Protestant Tradition*.

A. S. Yates, *The Doctrine of Assurance*.

36장
교회의 본질

제임스 패커

> 제임스 패커(James I. Packer, 1926-2020)_ 옥스퍼드 대학에서 박사 학위를 받은 개혁파 성공회 교단의 신학자다. 그는 1979년부터 리젠트 대학교에서 강의했으며, 「제임스 패커의 복음 전도란 무엇인가」(*Evangelism and the Sovereignty of God*, 1961, 생명의말씀사 역간), 「하나님을 아는 지식」(*Knowing God*, 1973, IVP 역간), 「축약된 신학」(*Concise Theology*, 1993)을 포함한 다수의 책을 저술하였다.

"아름답고 거룩한 신비"(아퀴나스)인 하나님의 교회는 성경의 핵심 주제다. 교회는 성경이 선언하는 구속(redemption)의 대상이기 때문이다. 하나님의 아들이 인간이 되어 죽으심은 교회를 구원하기 위함이었고(엡 5:25), 하나님은 그리스도의 피로 그의 교회를 사셨으며(행 20:28), 구원의 지혜를 천사들에게 알리신 것도 교회를 통해서였다(엡 3:10). 그리스도인 각자가 은혜의 섬김을 받고 성장과 섬김의 수단을 공급받는 곳도 교회다(엡 4:11-16). 교회론을 공부하지 않고는 하나님의 목적도, 은혜의 방법도, 그리스도의 나라도, 성령의 역사도, 세계의 역사도 온전히 이해할 수 없다.

그렇다면 교회란 무엇인가? 우리가 교회를 조직된 사회로 처음 만나게 된다는 사실 때문에 마치 그것이 가장 본질적인 교회인 것처럼 오해해서는 안 된다. 교회의 외형적인 모습은 참된 본질을 드러내기보다는 오히려 흐리게 만드는 경향이 있다. 본질적으로 교회는 단순히 인간의 조직이 아니라 하나님이 만드신 것으로 공통의 구주를 신뢰하고 성령에 의해 성취된 연합 안에서 주와 하나 된 죄인들이 나누는 교제다. 따라서 교회의 참된 생명은 신자 개인의 경우처럼 현재는 "그리스도와 함께 하나님 안에 감추어[져]" 있어서 그리스도께서 나타나실 때까지 세상에 드러나지 않는다(골 3:4). 교회의 본질을 바르게 이해하고 있다면 그때까지 우리에게 필요한 것은 그리스도와 성령의 존재와 사역, 그리고 믿음의 삶이 갖는 의미에 대한 통찰력이다.

하나님의 언약 백성

교회는 단순히 신약에 등장하는 현상이 아니다. 신약 성경의 교회는 구약 이스라엘의 역사적 연장이기 때문에 교회가 신약 시대에 시작되었다고 말하는 교회론은 우선 제외되어야 한다. '교회'를 가리키는 신약의 단어인 '에클레시아'(일반 헬라어에서는 '공적인 모임')가 헬라어 구약 성경(칠십인역)에서는 이스라엘의 '회중'을 의미하는 단어로 계속 사용되었다. 바울은 초창기부터 바울 당시까지의 역사에서 교회를 감람나무로 비유했다. 이 나무에서 일부 자연적인 가지들(이스라엘 백성)은 불신으로 인해 떨어져 나가고, 거친 가지들(이방인)이 그 자리를 대신하게 되었다고 말한다(롬 11:16-24). 또한 바울은 그리스도 안에 있는 이방인 신자들이 "아브라함의 자손(씨)", "하나님의 이스라엘"이 되었다고 했다(갈 3:29, 롬 4:11-18, 갈 6:16 참조).

신구약 성경 모두에서 교회의 생명은 하나님이 아브라함과 맺으신 언약에 근거한다. 성경적 교회론의 기본 개념은 교회를 하나님의 언약 백성으로 보는 것이다.

언약이란 무엇인가? 언약은 서로가 맺은 관계에 내포된 의무를 행하기로 쌍방이 합의하는 약속과 헌신의 관계다. 하나님이 죄인들과 맺으시는 언약을 보여 주는 두 개의 주요 성경적 비유가 있는데, 지배자와 피지배자 사이의 군주 언약과 남편과 아내 사이의 결혼 언약이다. 전자는 하나님의 주권과 주 되심을 말하고, 후자는 하나님의 사랑과 구원자 되심을 말한다. 그분의 언약에 의해서 하나님은 그분의 다스림에 대한 인정을 요구하고 그분의 복을 누리게 될 것이라 약속하신다. 이 두 사상 모두는 "나는 너희의 하나님이 되고 너희는 내 백성이 될 것이니라"라는 언약의 슬로건 안에 포함되어 있다(출 29:45, 레 26:12, 렘 31:33, 고후 6:16, 계 21:3 등 참조). 이 두 사상은 신자가 "나(우리)의 하나님"이라고 말할 때마다 그 안에 함축된다.

교회에 관한 교리에 있어서 대단히 중요한 창세기 17장에서 하나님은 아브라함과의 언약을 설명하셨다. 네 가지 점을 주목해 보아야 한다. 우선 언약적 관계는 아브라함의 씨를 통하여 그들의 "대대 후손"에게 이어지는(7절) **연대적인** 것으로 소개되었다. 따라서 언약은 영구적인 공동체를 만들었다. 둘째, 이 관계는 하나님의 편에서는 일종의 **약속된 자비**의 행위였다. 그분은 아브라함의 자손에게 가나안 땅을 주겠다고 약속하셨다(8절, 천국의 상징. 히 11:8-16 참조). 이미 아브라함에게 말씀하신 대로 이것은 그들을 애굽 포로에서 구원함을 포함한다(창 15:13-21. 출 2:24 참조). 셋째, 이 관계의 결국은 하나님과 그분의 백성 사이의 **교제**였다. 그들은 하나님이 그들을 아신다는 사실을 알고 하나님 "앞에서 행[한다]"(1절). 넷째, 언약은 "표징"(11절)인 할례라는 **입문 의례**를 통하여 확인된다(11절).

　나중에 모세를 통하여 하나님은 자신의 백성에게 그들의 삶과 인준된 **예배** 형식(하나님과 그들의 교제를 보여 주는 절기들과, 유일하게 이 교제의 근거를 제공해 줄 수 있는 죄 사함을 위한 피 뿌림을 보여 주는 제사들)을 위해서 **율법**을 주셨다. 또한 선지자들을 통하여 하나님은 메시아가 오셨을 때 실현될 영광스러운 소망을 그들에게 거듭 말씀하셨다.

　따라서 구속받은 가족, 즉 하나님의 언약 백성으로서 교회에 대한 성경적 개념을 볼 수 있다. 교회는 그분의 계시된 뜻을 따라 예배하고 섬김을 통해, 그분과의 그리고 서로간의 교제를 통해, 그분의 약속을 믿고 행함을 통해, 메시아 왕국의 다가올 영광을 고대함을 통해 그 백성이 언약적으로 하나님이 받으신 하나님의 소유임을 보여 준다.

신약의 완성

그리스도께서 오셨을 때, 구약의 개념은 폐지된 것이 아니라 완성되었다. 언약의 중보자이신 그리스도께서는 스스로 모세의 때와 그리스도인의 때 사이를 연결하셨다(즉, 예레미야 31장 31절 이하에 근거하여 히브리서 8-10장에 나오는 '옛' 언약과 '새' 언약). 신약은 하나님이 주관하신 이스라엘 역사가 요약되고 완성된 하나님의 종이자 참 이스라엘(마 2:15 등 참조), 그리고 이 땅의 모든 나라가 복을 받게 되는 아브라함의 자손으로(갈 3:8, 9, 14-29) 그리스도를 묘사한다. 전통적인 희생 제사를 영구히 드린 속죄의 죽음을 통하여 믿는 유대인들과 이방인들은 그리스도 안에서 이 땅에 있는 하나님의 백성이 된다. 신약에서 할례에 준하는 초기의 표적인 세례는 무엇보다도 교회로 들어오는 유일한 길인 그리스도의 죽음과 부활을 통한 그리스도와의 연합을 보여 준다(롬 6:3 이하, 갈

3:27 이하, 골 2:11 이하).

따라서 신약 성경의 교회는 아브라함을 그 아버지로(롬 4:11, 16), 예루살렘을 어머니이자(갈 4:26) 예배 장소로(히 12:12), 구약 성경을 교회의 성경으로(롬 15:4) 본다. 베드로는 출애굽기 19장 5, 6절과 호세아 2장 23절을 반영하여 기독교 교회를 "택하신 족속이요 왕 같은 제사장들이요 거룩한 나라요 그의 소유가 된 백성이니 …… 전에는 백성이 아니더니 이제는 하나님의 백성"(벧전 2:9, 10)이라는, 철저한 구약 용어들로 묘사한다.

그리스도 안에서 새로운 피조물

성경은 하나님의 언약 백성이라는 사상 위에, 그리스도께서 죽음에서 부활하셨을 때 시작된, 죄에 물든 피조물의 구속적 갱신에 동참한 자들의 모임이라는 사상을 덧붙여 교회에 관한 개념을 발전시킨다(고전 15:20, 골 1:18 참조). 각 신자가 죽음에서 생명으로 옮겨지고(엡 2:1 이하), 생명을 주는 성령을 소유하고 그리스도 안에서 인도함을 받는(롬 8:9-14) 새로운 피조물인 것처럼(고후 5:17), 전반적으로 교회 역시 그렇다. 그 생명은 십자가에서 죽으시고 부활하신 그리스도와의 연합으로부터 나온다. 에베소서에서 바울은 교회를 '주 안에서 거룩한 성전'으로 지어져 가는 그리스도의 건물로(2:21), 장성한 분량으로 자라가는 몸으로(4:11-16), 거룩하고 정결하게 '어린양의 혼인잔치'를 기다리는 신부로(5:25 이하. 계 19:7 이하 참조) 묘사한다.

'범기독교적인' 전통을 가진 최근의 일부 저자들은 몸에 대한 바울의 은유(에베소서는 물론이고 로마서 12장, 고린도전서 12장, 골로새서에서도 볼 수 있다)가 특별한 존재론적 중요성을 갖는 것으로, 또한 교회는 (다른 무언가가 아니라는 의미에서) '실제로' 그리스도의 인간 됨과 성육신한 삶의 연장을 가리키는 것으로 다룬다. 하지만 바울에 따르면 그리스도와 교회의 연합은 상징적으로 세례를 통해 표현되는데, 이 세례는 단순히 그리스도의 몸으로 연결되는 것을 상징하는 것이 아니라 죄에 죽으신 그리스도께 참여하여 그 구원의 열매로 그분의 생명과 부활의 능력에 참여함을 상징한다. 성령으로 세례를 받아 한 몸이 되었다고 했을 때, 바울은 성령께서 우리를 몸의 지체가 되게 하여 세례가 상징하는 그리스도와의 연합에 이르게 한다는 것을 의미했다(고전 12:13). 성경은 교회를 성육신이 아닌 부활의 연장으로 이해하게 한다. 아무튼 바울은 머리의 권위와, 지체를 향한 그의 사역, 그리고 지체들이 서로 이루어야 할 다양한 사역을 보여 주기 위해서 몸에 대한 은유를 사용했을 뿐, 그 외의 다른 신학적인 방향으로 추론할 만한 근거는 전혀 없다.

교회에서의 사역

신약 성경은 교회에서의 모든 사역을 교회를 통한, 교회를 향한 그리스도의 사역으로 이해한다. 모든 지체가 그리스도의 중보를 통해 하나님께 나아갈 수 있게 된 제사장적 백성이 교회인 것처럼, 모든 지체가 사역을 위한 은사를 그리스도께 위임받고(섬김), 한 몸을 이루는 덕을 세움으로(고전 12:4-28, 롬 12:6-8, 고전 16:15, 고후 9:1 참조) 사람을 섬기는 것이 교회다. 이러한 보편적인 사역의 상황 안에서 그리스도는 사역을 위한 힘과 지혜를 주시고(고전 3:10, 15:10) 그들의 수고를 축복하심으로(고전 3:6, 7) 특별히 몇몇 사람을 복음 사역으로 부르신다(엡 4:11. 롬 1:1, 5, 9, 15:16 참조). 말씀을 가르치고 적용하는 그리스도의 대변인과 대표로서 교회 직분자들은 그리스도의 권위를 행사한다. 하지만 그들은 각자 종으로 교회에 속한 것이지, 교회가 그들의 왕국인 양 그들에게 속한 것이 아님을 기억해야 한다. 교회는 그리스도의 왕국이지, 그들의 왕국이 아니다(고후 4:5 참조). 이것이 바로 루터가 교황들이 잊고 있다고 비난한 기본적인 문제다.

보편 교회와 지역 교회

바울은 단순히 몸 전체만이 아니라 한 지역에 있는 모임, 심지어는 기독교 가정도 '교회'(the church)라고 말한다. 어떤 지역 모임도 한 교회(a church)라고 부른 적은 없다. 바울은 보편적 교회를 (교단은커녕) 지역 교회들의 모임이라고 간주하지 않기 때문이다. 오히려 바울은 성도들이 모일 때, 심지어 주님이 말씀하신 것처럼 두세 사람만 모여도(마 18:20) 주님의 이름으로 모인다면 그들이 교회라고 생각했다. 얼마나 작든 간에 각 특정 모임은 교회의 초자연적인 삶의 영적 실제를 구현하고 드러내는 보편적 교회를 지역적으로 보여 준다. 따라서 바울은 몸에 대한 은유를 약간 변형하여 지역 교회(그리스도 안에서 한 몸[롬 12장, 고전 12장])와 보편 교회(그리스도 아래 한 몸[엡 4장])에 모두 적용할 수 있다.

유형 교회와 무형 교회

종교 개혁자들은 유형 교회와 무형 교회, 즉 하나님이 보시는 대로의 그리스도의 교회와, 사람이 보는 대로의 그리스도의 교회(다른 말로 하면 참 교회와, 참인 것처럼 보이는 교회)의 구분이 필요하다고 보았다. 사람은 교회를 고정된 구조와 등록된 교인들에 의해 조직된 사회로 본다. 그러나 (종교 개혁자들이 주장한 대로) 이 사회는 성경이 말하는 거룩한 우주 교회와 절대로 같을 수 없다. 이 둘 사이의 정체성은 정도에 있어서 기껏해야 부분적, 간접적, 지속적으로 다양함을 보인다. 여기에 중요한 점이 있다. 하나님이 보시는 대로의 교회, 즉 그리스도와 교통하며 그 안에서 서로 교제하는 신자들의 모임이 필연적으로 사람들에게 보이는 교회는 아니라는 점이다. 그리스도와 성령, 그리고 믿음, 즉 교회를 만드는 실재들은 모두 무형이기 때문이다. 교회는 그 지체들이 그리스도의 이름으로 예배하고 하나님의 말씀을 듣기 위해 모일 때 가시화된다. 그러나 이러한 유형 교회는 일종의 혼합된 몸이다. 정통이라 할지라도 이 교회에 속한 일부는 참 신자가 아니기 때문에(다시 말하면 하나님이 보시는 대로의 교회에 속한 참 지체가 아니기 때문에) 회심이 필요하다(마 13:24 이하, 47절 이하, 고후 13:5, 고전 15:34 참조). 따라서 종교 개혁자들의 이 구분은 유형 교회의 교인이라 할지라도 그리스도 안에 있는 믿음을 떠나서는 구원이 유효할 수 없다는 생생한 진리를 보호한다.

    이 구분이 조명하는 또 다른 문제는 교회의 연합에 관한 것이다. 가시적인 조직 자체가 하나님의 한 교회일 수 있다면 그 조직에서 분리되는 것은 결국 연합을 깨뜨리게 될 것이고, 분열된 기독교를 다시 하나 되게 하는 유일한 길은 하나의 거대 교회를 만드는 것이 된다. 또한 이 가정에 근거하여 일부 조직적인 특징이 교회의 본질이 된다고 주장하게 될 것이고, 따라서 재결합이 반드시 필요할 것이다(예를 들면 로마 교회는 실제로 교회를 교황의 머리 됨 아래 신실한 자들의 사회라고 정의한다. 일부 성공회 교인들도 마찬가지로 사도적 계승에서 감독 제도가 본질적이라고 주장한다). 하지만 교회는 무형이고, 참 교회는 이미 하나다. 이 하나 됨은 그리스도 안에서 이미 교회에 주어졌다(엡 4:3 참조). 정당한 초교파적 사명은 교단적 통합을 통해 교회를 연합하는 것이 아니라 이미 존재하고 있는 연합을 인식하여 지역적인 차원에서 정당한 가치를 부여하는 것이다.

하나님의 목적에서 교회는 영광스러운 것임을 살펴보았다. 하지만 이 땅에서의 교회는 대체로 적대적인 환경에 남아 있는 작은 양 떼로 존재한다. 때로는 그 상태나 미래가 안정되어 보이지 않는다. 그럼에도 두려워할 것은 없다. 시온의 언덕을 다스리는 왕이신 그리스도께서 친히 교회의 구주이고 머리이며 건축자이고 보호자이기 때문이다. 그분은 "음부의 권세가 이기지 못하리라"(마 16:18)고 교회에 약속하셨다. 그분은 자신이 하신 말씀을 어기는 법이 없으시다.

【 참고 문헌 】

J. Bannerman, *The Church of Christ*.
C. Hodge, *The Church and Its Polity*.
A. M. Stibbs, *God's Church*.
R. B. Kuiper, *The Glorious Body of Christ*.
E. Best, *One Body in Christ*.

37장
교회의 행정

에드워드 카넬

> 에드워드 카넬(Edward John Carnell, 1919-1967)_ 보스턴 대학에서 박사 학위를 받고 하버드 대학에서 신학 박사 학위를 받은 침례교 신학자다. 그는 풀러 신학교에서 학장을 지냈고(1954-1959), 윤리학과 종교 철학을 가르쳤다. 「기독교 변증학 서론」(An Introduction to Christian Apologetics, 1948)과 「정통 신학을 위한 변론」(The Case for Orthodox Theology, 1959)을 저술하였다.

믿음과 실천을 다루는 다른 문제들과 마찬가지로 복음주의자는 정당한 교회 행정의 영역을 정의할 때에도 성경을 살펴본다. 그러나 언뜻 보아서는 혼란스러울 만큼 성경은 그 영역에 대해 결정적이지 않아 보인다. 교회를 위한 어떤 **구체적인** 행정도 확실하게 제정하지 않기 때문이다. 일반적인 행정 절차의 원리들은 분명하지만 구체적이지는 않다. 바로 이것이 행정의 문제가 교회 안에서 그토록 깊고 오래된 분열을 가져온 이유 중 하나다.

하나님의 영은 형식과 질서에 있어서 특정한 다양성을 허락하기를 기뻐하신 것 같다. 아무튼 우리 중 누구도 자부할 권리는 없다. 기독교의 어느 교파도 초대 교회에 존재한 것과 같은 행정 구조를 가지고 있지 않기 때문이다.

행정의 필요성

사도신경에 따르면 교회는 성도의 교통이다. 이 견해는 성경과 일치한다. 참된 신자들은 그리스도와 교제하며, 이 교제는 기관이 사라지면 그 권리도 사라지는 외부 사회(external society)와 다르다. 이 교제는 기관 없이도 존재할 수 있다.

그렇다면 교회는 왜 교회적 규율(ecclesiastical rule)의 멍에를 져야 하는가? 어째서 교제 그 자체로 돌아가게 두지 않는가? 행정은 말씀 사역이 방해받지 않도록 교회의 일들을 정돈하고 질서 있게 해주기 때문이라는 것이 그 답이다.

교회는 외부 사회가 아니지만 그 존재의 규범적 근거를 지닌 생동력 있는 사회(vital society)다. 그리스도는 교회의 머리시고, 우리는 성경을 통해, 그리고 성경 안에서 그리스도를 대면한다. 말씀 사역이 이 교제에 그토록 중요한 이유다. 부지런히 성경을 연구하거나 설교하지 않는다면, 그리스도인은 하나님이 요구하시는 바가 무엇인지 알지 못할 것이다.

하지만 말씀 사역이 흥왕하기 위해서는 부차적인 책무들에 방해받지 않아야 한다. 그래서 주님은 교회에 섬기고 가르치고 다스리는 보조적인 사역들을 기쁘게 허락하셨다. 종합해 보자면 이 사역들이 바로 교회 행정의 본질을 이루는 것으로, 그것들은 교제(fellowship. 필자는 지역 교회도 'fellowship'이라고 부른다_ 옮긴이)를 안정되게 해준다.

섬김의 사역

성경은 교회 안의 이해 갈등을 해결하기 위해 섬김의 사역이 시작되었다고 말한다(행 6:1-6). 헬라파는 그들의 과부가 매일의 구제에서 빠지는 것 때문에 히브리인들을 원망했다. 정의롭지 못함에 대한 공격은 충분히 교제를 위협할 수 있다. 사도들은 이 문제를 해결하기 위해 무언가 해야 한다는 것을 알았고, 그래서 즉각 처리했다. 하지만 그들은 그렇다고 식탁의 섬김을 위해 말씀 사역을 떠나는 것은 옳지 못하다는 것을 알았다. 그래서 교회의 실제적인 일들을 감독하도록 집사를 세웠다. 목사와, 복음을 전하는 그의 사역 사이에는 그 어떤 것도 들어와서는 안 된다.

섬김의 사역이 말씀 사역에서 부담을 덜어 줄 방법은 무궁무진하다. 많은 섬김으로 방해를 받을 때, 목사는 양들의 목자로서 자신의 책임에 소홀해진다. 기도와 묵상에 헌신하기보다는 주보를 만들고, 교회를 청소하고, 농구팀을 코치하느라 바빠진다. 아니면 자금 모금이라든지, 교회 건물 건축, 혹은 복잡한 교육 제도와 같은 거창한 것들의 방해로 기력을 소진할 수도 있다. 목사는 사도들의 예를 따라야 한다. 즉, 위임의 기술을 잘 발휘해야 한다. 초대 교회에 집사가 필요했다면 오늘날 교회에는 섬김의 사역에 기독교 교육 책임자와 심리학자가 필요할지도 모르겠다.

가르침과 다스림의 사역

사도들이 장로들에게 가르침과 다스림의 사역을 위임했지만, 장로를 세우는 일은 (집사와 달리) 교제 가운데 일어난 어떤 구체적인 사건에 의해 비롯된 것이 아니다. 우리는 장로들이 언제 처음 왜 세워졌는지 알지 못한다. 단지 유다에 있는 고난당한 형제들에게 구제 헌금을 보낼 때 그 돈이 바울과 바나바의 손을 통해 장로들에게 전달되었다고 알고 있다(행 11:29, 30). 따라서 장로의 직분은 아주 초기부터 교회 행정에 속해 있었던 것으로 보인다.

교회를 세우셨을 때 그리스도께서는 이미 존재하던 교제(fellowship)에 의존하셨다. 이 교제는 당시 회당에서 사용되던 행정 형태에 익숙한 이스라엘 백성이 만든 것이었다. 따라서 이 형태가 새로운 교제의 공동체 안으로 들어오는 것은 아주 자연스러운 일이었다. 장로 직분은 "내용상 그 당시 유대 회당 제도 가운데 최선인 것들은 그대로 취하고, 자유로운 복음의 영과, 기독교 회중이 자리매김을 한 섭리적 상황에 일치하도록 일부는 수정과 발전을 감행한 과정에 따라 지속되었다. 이러한 추정은 그 당시 역사에 속하는 신약의 문서들이 제시하듯이 직접 혹은 간접적인 모든 증거에서 확인된다"(D. D. Bannerman, *The Scripture Doctrine of the Church*, 410쪽).

권위에 있어서는 사도가 장로보다 우월했지만 교회 안에서 장로 직분은 영구적인 최고직이었다. 요한의 죽음 이후, 사도의 직분이 계속되었다는 증거는 없다. 성경은 사도 직분의 지속을 명령하지 않았고, 그 직분에 합당한 사람의 자격을 구체화하지도 않았다.

하지만 장로(혹은 감독)의 직분을 맡을 자의 자격은 성경에 구체적으로 언급되어 있다(딤전 3:1-7). 이것은 막연한 가능성의 문제가 아니다. 사도 바울은 중대한 개인적 위험에도 불구하고 자신이 설교한 장소들에서 장로를 임명했다. 이방인 교회들도 유대인 교회를 주도하던 정치에 의해 운영되었다는 사실은 증명이 더 필요 없을 만큼 자명하다.

장로들의 목적

장로에게는 가르침과 다스림의 사역이 맡겨졌다. "이 이중적인 기능은 원래 형태인 것으로 보이는 '목사와 교사'라는 바울의 표현에서 나타나는데, 이 두 단어는 같은 직분을 다른 면에서 묘사한 것이다. 행정이 이 직분의 첫 번째 개념이었겠지만 그럼에도 가르침의 사역은 처음부터 장로들에게 부여된 것으로, 그 이후로 내내 무엇보다 중요한 일로 간주되었다"(J. B. Lightfoot, "The Christian Ministry," *Saint Paul's Epistle to the Philippians*, 194쪽). 가르침과 다스림의 사역은 섬김의 사역과 정확하게 같은 목표를 가지고 있다. 교회의 일들을 품위 있고 질서 있게 유지하여 말씀 사역이 방해를 받지 않도록 하는 것이다.

사도들이 장로를 세운 후, 장로들은 자치적인 조직(self-acting body)으로 섬겼다. 그들은 회중의 동의를 얻어 그들의 수를 늘릴 수도 있었고, 교회의 완전한 모습을 위해 필요하다 여겨지는 부속 직분을 만들 수도 있었다.

하지만 장로들은 가르치고 다스리기 위한 직분이라고만 할 뿐 장로의 구체적인 의무는 성경이 언급하지 않고 있음을 주목해야 한다. 집사의 경우처럼 성경은 장로가 성령과 지혜로 충만한 이상 그들에게 무엇이 요구되는가보다는 열정과 효율로 그들의 임무를 수행했음만을 추정토록 할 뿐이다.

교회 행정의 기능적인 요소

오늘날 교회는 "다스림의 사역을 위해 감독이나 교구 감독과 같은 독립적인 직분이 별도로 필요한가, 아니면 다스림의 사역이 직분의 동등함을 원하는 목사나 장로에게 속한 것인가"라는 문제로 나뉘어 있다. 이와 관련해서는 두 가지 점을 주목해야 한다.

우선 신약 성경은 '장로' 직분과 '감독' 직분을 동일시하고 있다. 그러므로 이 두 직분 사이의 구분은 원리에 의한 것이 아니라 효율에 의한 것이다. "사도 시대에는 2세기 이후에야 볼 수 있는 장로와 감독 사이의 구분이 없었다. 에베소 교회의 지도자들은 차별 없이 장로, 감독, 목자(또는 목사)로 묘사되었다"(F. F. Bruce, *Commentary on the Book of Acts*, Eerdmans, 415쪽). 이러한 주해의 정통성은 널리 인정되고 있다.

좀 더 중요한 두 번째 사항은 교회 안에 있는 다른 보조적인 사역들과 마찬가지로 다스림의 사역도 당시 필요에 따라 자유롭게 발전시켰다는 것이다. 따라서 실제 교제 현장에서는 다양한 형태의 행정이 나타날 수 있는데, 이 형태들은 풍성한 문화적, 사회적 영향의 결과일 수도 있고, 아니면 단지 효율성의 요구 때문일 수도 있었다.

교제의 수가 매우 적어서 교회 안에 주어진 모든 사역, 즉 말씀, 섬김, 가르침, 다스림의 사역을 모두 목사 한 사람이 감당하는 경우도 가능하다. 그가 다른 사람들을 훈련하는 데 성공한다면 보조적인 사역들을 위임할 수 있다. 그러나 아주 천천히 진행해야 한다. 급하게 위임하는 것은 지혜롭지 못하기 때문이다(딤전 5:22 참조).

하지만 교제가 성장하면, 다스림의 직분을 별도로 만드는 것이 효율적일 수 있다. 이때 책임이 주어진 직분자를 어떻게 부르든(감독, 주교, 교구 감독, 총무) 큰 차이는 없다.

어떤 경우에는 다스림의 직분을 그룹(당회 또는 목사와 집사회 등)에 부여하는 것이 더 효율적일 수 있다. 그때 모임에 속한 사람의 수나 그들에게 주어진 호칭은 중요하지 않다. 중요한 것은 다스림의 직분이 성경적 원리에 근거를 두고 있다는 것이다.

교회의 권징

교회의 교인이 매우 부도덕한 죄를 지었을 때 그는 복음적 회개의 표지가 보일 때까지 교제에서 제외되어야 한다. 이 점에 있어서 신약 성경은 분명하다(예를 들면 고린도전서 5장을 보라). 심각하게 부도덕한 행위는 무시되어서는 안 되며, 그렇다고 아무나 판단하도록 해서도 안 된다. 그 교제가 품위와 질서를 유지하려면 권징을 행할 수 있는 권위와 함께 특정한 사람들에게 그 임무를 맡겨야 한다. 합법적인 사법권의 영역이 확실하게 **규정되어야** 한다.

그러나 교회의 교인이 거짓 가르침을 따르는 것에 대해 신약 성경은 분명하게 말하지 않는다. 한편으로 그리스도인은 그리스도와 사도들의 가르침을 유지해야 한다는 명령을 받았지만, 다른 한편으로는 이 교제 안에서 어떤 교리가 본질적인 것인지, 오류를 범한 자들에게는 어떻게 해야 하는지에 대한 구체적인 지침은 받지 않았다. 예를 들면 일부 유대파는 할례가 필요하다고 가르쳤다(행 15:1-5). 사도들은 그 오류를 지적했지만, 그렇다고 유대파를 출교하지는 않았다. 또한 일부 고린도 교인들은 부활을 부인했다(고전 15:12). 사도 바울은 그런 부인에 충격을 받았지만 고린도 교인들에게 이단을 정죄하는 절차를 밟도록 명령하지 않았다. 이런 예는 얼마든지 있다(롬 16:17, 살후 3:14, 15, 딤전 6:3-5, 딤후 2:14-19, 딛 3:9-11, 요이 1:9-11을 보라).

악을 행하는 오류자들을 직면할 때 어느 정도까지 다루어야 할지를 놓고 교회가 나뉘는 것은 당연한 일이었다. 신약에 결정적인 내용들이 나와 있지 않기 때문이다. 어떤 교단은 정교한 사법적 장치를 만들 것이고, 어떤 교단은 도덕적으로 압박하여 오류자들을 내보내려고 할 것이다. 권징의 기계적 방법은 중요하지 않다. 중요한 것은 교회가 신실하게 그리스도와 사도들의 가르침을 지속하려고 애써야 한다는 것이다.

결론

교회 행정은 교제의 종이자 수단이지, 목적이 아니다. 이 점은 굉장히 중요하다. 행정적으로 구체적인 사항에 동의할 수 없다고 해서 서로 나뉘어서는 안 된다. 그렇게 한다면 우리는 교회의 다스림에서 기술이 아닌 **사랑**이 진정한 제자의 표지임을 잊는 것이다. 이상적인 교회의 모습은 전 세계적인 그리스도인의 교제다. 무엇이든 이 이상에 방해가 되는 것은 성경에 의해 철저히 검증되어야 할 것이다.

더 탁월한 행정 조직체를 자랑하는 대신, 우리는 더 중요한 율법적 문제들(공의, 자비, 믿음)을 다루어야 한다. "주님이 오실 때 '박사, 장로, 집사'에 관해 논쟁하는 자들보다는 이러한 것을 행한 자들로 발견되는 것이 복되다"(Richard Hooker, *Of the Laws of Ecclesiastical Polity*, Preface VI, 5).

단순히 새로운 직분을 만들어 내는 것이 현대 교회의 복잡함에서 비롯되는 문제들에 대한 총체적인 답은 아니다. 신약 시대의 직분들은 단순하고 효율적이었다. 그저 직분만 늘리는 것은 교회가 믿음과 지혜의 삶을 인간적인 지혜로 대치하려는 표지인지도 모른다.

우리는 그런 직분자가 더 필요하지 않다. 우리에게 필요한 것은 현재의 직분들을 성경적인 기준으로 끌어올릴 하나님의 선지자들이다. 지도자들이 성령과 지혜로 충만하다면 어떤 행정 형태든 운영할 수 있을 것이다. 그러나 이러한 덕이 지도자에게 부족하다면, 가장 현명하게 고안된 행정 조직체로도 충분하지 않을 것이다.

과도한 행정은 독재로 가기 쉬운 반면, 지나치게 적은 행정은 무정부의 혼란에 빠지기 쉽다. 이 두 극단은 모두 우리의 교제를 파괴할 것이다. 좋은 지도자는 단순히 이 두 극단 사이에서 길을 찾아가는 사람일 뿐만 아니라, 자신의 권위가 주어진 것이며 종속적인 것임을 기꺼이 인정하는 사람이다. 교회적 다스림에는 어떤 독립적인 권한도 없다. 모든 권한은 말씀 사역의 심부름꾼으로 존재하기 때문이다.

【참고 문헌】

G. W. Bromiley, *Christian Ministry*.

A. Harnack, "Organization of the Early Church," in S. M. Jackson, ed., *The New Schaff-Herzog Encyclopedia of Religious Knowledge*, Vol. VIII.

C. Hodge, *Discussions in Church Polity*.

T. W. Manson, *The Church's Ministry*.

_____, "The Ministry in the New Testament," *The Chicago Lutheran Theological Seminary Record* 57 no. 3 (July 1952). 이 글은 미국에 있는 연합 루터 교회의 사역 교리 위원회를 위해 준비한 연구 결과다.

V. Taylor, "Living Issues in Biblical Scholarship: The Church and the Ministry," *The Expository Times* 62 no. 9 (1951): 269-74.

38장
세례와 성찬

메릴 테니

> 메릴 테니(Merrill C. Tenney, 1904-1985)_ 하버드 대학에서 박사 학위를 받은 침례교 신약학자로, 휘튼 대학교대학원 학감, 복음주의 신학협회 2대 회장을 지냈다. 그는 「요한: 믿음의 복음」(John: The Gospel of Belief, 1948)과 「신약 조망」(New Testament Survey, 1961)을 포함한 다수의 책을 저술했다.

세례와 성찬이라는 두 가지 예식은 교단이나 개인의 영적 성숙과 상관없이 그리스도의 교회에 속한 모든 교인이 지키는 것이다. 이 예식들이 단지 상징적인 가치만 가지고 있다고 믿든, 직접적으로 영적인 은혜를 제공한다고 믿든 간에 이 성례들은 모든 사람의 예배에서 중심을 차지한다. 그 안에서 기독교 교리의 핵심이 가시적인 형태로 표현되기 때문이다.

세례

세례는 신앙을 고백한 신자를 신약의 교제 안으로 들어오게 하는 예식이다. 침례나 물 뿌림, 물 부음을 통해 그는 죄 씻음과 그리스도를 믿는 믿음을 공적으로 고백했다. 베드로는 오순절에 회중에게 "회개하여 각각 예수 그리스도의 이름으로 세례를 받고 죄 사함을 받으라"(행 2:38)고 말했다. 그 뒤로 교회가 성장하는 단계마다 신자의 세례가 강조되었다 (행 8:12, 38, 9:10, 10:47, 48, 16:33, 18:8).

세례의 개념은 질병에 걸린 사람들을 정결케 하기 위해 물로 씻을 것을 요구하는 구약의 율법에 그 근거를 두고 있다(레 14:8). 유대교로 개종한 사람들도 이전의 옷을 벗고 할례를 받은 후에 자신을 완전히 씻도록 요구되었고, 그 후에 유대인 공동체의 일원으로 받아들여졌다. 이 예식은 자신의 부정함과 함께 율법을 정결케 하는 수단으로 받아들이는 것이었다. 당시 요한의 세례는 그런 용도에 근거한 것이었음이 틀림없다. 요한의 설교를 들은 사람들은 요한이 세례를 외쳤을 때 놀라지 않았으며, 성경도 그 중요성을 당연하게 여기기 때문이다(막 1:4, 5). 하지만 세례 요한은 자신의 세례 사역이 "성령으로 세례를 베푸시[는]" 또 다른 분이 오기를 기대하는 준비 과정임을 알고 있었다(막 1:8).

예수께서 요한의 세례를 받으신 것은 하나님과 사람들을 향한 사명에 자신을 헌신하신 공적 서약이다. 그분은 죄가 없었음에도 죄인과 같이 취급받으셔서, 제자들에게 마지막으로 사명을 주신 사건에 함축된 더 온전한 의미와 회개의 상징을 연결하는 고리를 제공하셨다. 그분은 제자들에게 "가서 모든 민족을 제자로 삼아 아버지와 아들과 성령의 이름으로 세례를 베[푸는]" 일에 동참하게 하셨다(마 28:19). 이 명령에 의해 그분은 세례를 구원에 있어서 삼위 하나님의 온전한 일과 연결시키고, 교회가 우주적으로 행해야 할 일로 규정하셨다.

세례의 핵심 구절인 로마서 6장 4-6절에서 바울은 세례를 거룩함에 대한 논의와 연결시켰다. "그러므로 우리가 그의 죽으심과 합하여 세례를 받음으로 그와 함께 장사되었나니 이는 아버지의 영광으로 말미암아 그리스도를 죽은 자 가운데서 살리심과 같이 우리로 또한 새 생명 가운데서 행하게 하려 함이라."

로마에 있는 그리스도인들이 이 예식에 익숙하다고 가정하고 바울은 죽음과 부활의 의미에서 세례를 설명했다. 죽은 사람에게는 응보적 공의를 행할 수 없으므로 그리스도의 죽음 안에서 이루어지는 그리스도와 그리스도인의 연합은 그를 정죄에서 자유케 하며 부활을 통하여 새 생명을 공유하게 된다. 그리스도인은 이 경험을 세례 예식을 통해 상징적으로 확립하게 되고, 믿음을 통해 현실로 받아들인다. 비록 이 진리는 점차 온전하게 깨닫게 되겠지만 말이다.

점진적인 이 연합의 경험을 확신하게 하고 그리스도인을 그리스도의 몸의 활동적인 지체로 만드는(고전 12:13) 성령 세례가 물세례와 병행한다. 외적인 예식과 내적인 실재에 '세례'라는 같은 단어를 사용한 것이다. 마치 그 둘이 상호 의존적이며 둘 모두 필요한 것처럼 말이다. 내적인 경험은 외적인 고백을 요구하고, 외적인 고백은 내적 실재에 의해 보조되어야 한다.

세례의 유효성은 물이 지닌 특징이 아닌 개인과 하나님의 관계에서 기인한다. 신약에서 구원을 세례와 직접적으로 연관시키는 구절은 베드로전서 3장 20, 21절이다. "물로 말미암아 구원을 얻는 자가 몇 명뿐이니 겨우 여덟 명이라 물은 예수 그리스도께서 부활하심으로 말미암아 이제 너희를 구원하는 표니 곧 세례라 이는 육체의 더러운 것을 제하여 버림이 아니요 하나님을 향한 선한 양심의 간구니라." 번역을 보면 마치 세례가 사람을 구원한다고 말하는 것처럼 보이지만 문맥을 살펴보면 "……로 말미암아 구원을 얻었다"는 말은 "……에 의하여 구원을 얻었다"는 뜻이 아니라 "……로 말미암아 보전되었다"는 뜻임을 알 수 있다. 세례의 물은 우리의 구원을 위한 수단을 제공하는 것이 아니라, 마치 노아가 홍수의 물을 통과하여 안전에 이른 것처럼 우리로 새 생명에 이르게 하는 위험을 상징한다. 당연히 물은 어느 누구도 구원할 수 없다. 구원은 오직 하나님의 은혜로만 이루어진다.

적절한 세례 방식에 관한 오랜 논쟁은 아마도 모든 사람이 만족할 만한 결론에 도달하지 못할 것이다. 의역되기보다는 직역되었던 '밥티조'라는 헬라어는 근본적으로 '적시다', '거꾸러뜨리다', '담그다'라는 뜻이다. 씻음을 암시하는 것과 같은 예외적인 구절이 있기는 했지만 어원적인 의미로 볼 때 세례는 원래 '잠김'을 가리켰다. 역사적으로 이 방식은 동로마 교회에서 정식으로 제정되었고, 중세까지는 서로마 교회에서도 채택되었다. 2세기경 문서인 "열두 사도의 가르침"(*Teaching of the Twelve Apostles*)에 따르면, 물을 붓는 관수례는 물이 부족한 경우에 허락되었고, 물을 뿌리는 살수례는 중세 때 늦게 발전되었다.

세례 방식보다 중요한 문제는 합당한 후보자에 관한 것이다. 신약성경은 이에 관해 분명하게 언급하는데, 세례를 받고자 하는 사람의 개인적인 믿음을 강조한다. 믿음이 헌신보다 선행되어야 한다. 물세례의 외형적인 행위 자체는 비그리스도인을 그리스도인으로 만들지 못한다. 개인적인 믿음의 행위가 가능하지 않은 유아의 경우에는 세례를 받는 것이 합당한가? 이 질문에 관해 성경에는 직접적인 답이 없다. 빌립보 간수장의 가족에 관한 언급(행 16:33, 34)은 그 자리에 유아가 포함되어 있었다고 암시하지 않으며, 다른 구절들에서도 분명한 답을 제시하지 않는다. 세례에 대한 다양한 견해는 성경에 암시되어 있는 것을 해석하려는 시도에서 비롯된 논리적 결과일 뿐이다.

세례를 받는 순간, 그리스도인은 그리스도께 번복할 수 없는 헌신을 드리게 된다. 그리스도의 죽으심은 세례받는 사람을 구속하는 수단이 되고, 그리스도의 생명은 그 사람의 삶에서 지속적이고 역동적인 힘이 된다. 그가 참으로 신실하다면 되돌아갈 수 없고 되돌아갈 필요도 없는 영적인 경험으로 걸음을 떼는 것이다. 그 사람은 하나님과, 그리고 교회를 구성하는 구속된 공동체의 다른 지체들과 새로운 관계를 맺게 된다.

세례를 받고 그것이 의미하는 모든 것에 동의함으로 그리스도인은 거룩한 삶을 살아가야 한다. 그는 필연적으로 자신이 버린 옛날의 죄로 돌아갈 수 없으며, 거룩과 의식적인 영적 성장에 자신을 헌신해야 한다. 골로새서 2장 12, 13절과 2장 20절-3장 2절에서 바울은 세례받은 신자는 과거의 해이한 생각과 행위를 멀리하고, 이제 새로이 시작한 거듭남의 새로운 교제의 기준들을 받아들여야 한다고 가르쳤다. 그와 같은 삶은 부정적인 금욕주의가 아니라 하나님의 윤리적 계시에 대해 거듭난 양심이 보이는 즉각적인 반응이다. 신약에 따르면 세례는 단순한 종교 예식이 아니라 도덕적, 영적으로 거룩함에 헌신한다는 서약이다.

성찬

두 번째 예식은 죽으시기 전날 밤, 주님이 제정하신 기념 잔치다. 제자들과 함께 유월절을 기념하실 때 예수께서는 제자들에게 떡과 포도주를 주시며 "이것은 내 몸이니라"고 말씀하시고 "이것은 많은 사람을 위하여 흘리는 나의 피 곧 언약의 피"라고 말씀하셨다(막 14:22, 24). 바울의 기록에 따르면 초대 교회(주후 50년경)에서 성찬은 예배의 중심이었고 정기적으로 행해졌다(고전 11:23-26). 순교자 유스티누스(Justin Martyr)는 그의

「첫 번째 변증」(First Apology)에서 그리스도인들은 그 주의 첫째 날에 모여 예배하며 떡을 뗐다고 기록했다. 몇몇 예외적인 경우 말고 이 성스러운 식사는 오늘날까지 모든 교파가 채택하고 있다.

성찬에서 무엇보다 중요한 것은 성찬이 하나님과 인간 사이에 새 언약의 인 침인 그리스도의 죽으심을 보여 준다는 것이다. 그리스도의 몸이 나뉘고 피를 흘리심으로 속죄를 성취하시고 그렇게 하여 인간을 하나님과 화목하게 하는 제물이 되신 것이다. 떡과 포도주가 육체적인 몸속으로 스며들어가 건강해지듯이 그리스도의 존재가 성찬에 참여하는 사람 안에 영적으로 들어간다. 이런 나눔을 통해 그리스도의 능력이 공급되고 그분의 힘이 신자들 삶의 근원이 된다.

성찬은 제사장이 드리는 제물이 아니지만 그리스도의 죽으심이 단번에 드려진 제물이 되셨기 때문에 그 원래 의미는 단순히 사교적 식사 이상의 의미를 지닌다. 떡과 포도주는 그 자체가 이스라엘이 애굽에서 해방되고 구속된 나라로서 새로운 삶을 사는 상징인 유월절 잔치의 부분이었다. 유비적으로 "우리의 유월절 양 곧 그리스도께서 희생되셨[다]"(고전 5:7). 따라서 우리가 나누는 요소들은 구속받아 하나님의 교회로 들어오게 된 각자의 몸이 연합함을 암시한다.

떡과 포도주는 문자적으로 그리스도의 살과 피의 일부가 될 수 없다. "이것은 내 몸이다", "이것은 내 피다"라고 말씀하셨을 때, 그리스도께서는 제자들과 함께 식탁에 비스듬히 앉아 계셨기 때문이다. 그림이 그 대상의 모습을 보여 줄 뿐인 것처럼 떡과 포도주는 단지 그리스도의 육체적 존재를 상징적으로 보여 주는 것임을 그들은 이해했을 것이다. 생명의 떡에 관해 말씀하실 때 예수께서는 이미 이를 비유적으로 설명하신 바 있다. "인자의 살을 먹지 아니하고 인자의 피를 마시지 아니하면 너희 속에 생명이 없느니라"(요 6:53). 그분의 언어를 문자적으로 받아들인 사람들은 이 설명에 당혹스러워했다. 예수께서는 그 다음 말씀을 통해서 그 말의 원래 의미를 알려 주셨다. "살아 계신 아버지께서 나를 보내시매 내가 아버지로 말미암아 사는 것같이 나를 먹는 그 사람도 나로 말미암아 살리라"(요 6:57). 그분과 아버지의 관계는 몹시 친밀해서 '먹음'으로 표현되었는데, 이 관계가 그분과 그분의 제자들 사이에서도 이루어져야 한다. 이 애매한 표현에 제자들이 불만을 토로하자 주님이 대답하셨다. "살리는 것은 영이니 육은 무익하니라"(요 6:63). 물질적인 상징을 먹는 것은 그리스도의 영적 본질을 적용하는 방식이자 그 본질을 상기시키는 것이다.

예수께서는 또한 자신이 다시 올 때까지 제자들이 자신에 대한 기억과 주어진 의무를 지키며 살 것을 당부하기 위해 그 일을 행하셨다. 그분의 마지막 말씀은 "주의 죽으심을 그가 오실 때까지 전하는 것"이었다. 당시에는 주님이 자신의 목적을 구체적으로 나타내지 않으셨지만, 그분의 죽음과 부활을 넘어 그분의 나라가 세워지는 계획을 묵상하고 계셨다. 자신의 떠남이 제자들과의 가시적인 우정을 멈추게 할 것임을 아시고 주님은 그들에게 낙심하지 말고 그들의 부르심이 지닌 참된 목적을 잊지 말라고 격려하신 것이다.

주님의 식탁은 또한 교제의 새로운 근거를 제공한다. 그것을 취하는 자들은 지속적으로 악과 연합될 수 없으므로 모든 부정한 것과 완전히 결별하는 것이 요구된다. 고린도 교인들의 우상 숭배를 책망하면서 바울은 "너희가 주의 잔과 귀신의 잔을 겸하여 마시지 못하고"(고전 10:21)라고 말한다. 더 나아가 이는 신자들 간의 연합의 끈을 만들어 준다. 미움, 질투, 분쟁은 그리스도께서 희생 제물이 되신 동기인 사랑의 원리에 합당하지 않기 때문이다. 부정적 혹은 긍정적으로 그리스도인들은 살아 계신 그리스도의 존재를 중심으로 하나의 교제를 이루고 있다.

그러므로 성찬 참여는 감사와 정직으로 떡과 잔을 받는 신자들에게 국한된다. 죄가 전혀 없는 상태는 선제 조건이 아니다. 그렇다면 아무도 성찬에 참여할 수 없을 것이다. 그러나 부주의한 무관심이나 의지적으로 회개치 않는 것은 이 잔치를 누리기 위해 겸손과 진실함으로 모인 다른 사람들과 연합하기에 적합한 정신이 아니다. 명백한 죄는 성찬에서 배제되는 근거로 적합하다. 그것이 교회에서 행하는 최종적이고 가장 끔찍한 단계의 권징이다.

이 은혜의 수단들에 의해서 신자는 신자의 삶을 시작하고 유지한다. 죄에서 구원받고 새로운 삶을 소유하는 공적 믿음의 선언은 그리스도를 의지하겠다는 공적 서약인 세례를 통해 나타나고, 같은 믿음을 가진 사람들과의 연합은 성찬에 의해서 유지된다.

「개혁주의 교회의 성례적 가르침과 실천」(Sacramental Teaching and Practice in the Reformation Churches, 106쪽)이라는 저서에서 G. W. 브로밀리(Bromiley) 박사는 이 예식의 가치를 아주 잘 요약했다. "그것들의 의미와 목적을 아는 것은 그것을 누릴 수 있도록 하는 데 도움이 된다. …… 그러나 그것을 제대로 사용하기 위해서는 그리스도 자신과 그분이 행하신 일을 볼 수 있도록 준비해야 하는데, 이를 위해 그리스도께서 친히 택하신 방법들과 그리스도께서 주라는 것을 알 수 있도록 성령께 기도하며 준비해야 한다."

【 참고 문헌 】

"Baptism," in J. H. Blunt, ed. *Dictionary of Doctrinal and Historical Theology.*

K. Barth, *The Teaching of the Church Regarding Baptism.*

A. Carson, *Baptism in its Modes and Subjects.*

O. Cullmann, *Baptism in the New Testament*, trans. J. K. S. Reid.

W. Flemington, *The New Testament Doctrine of Baptism.*

G. H. W. Lampe, *The Seal of the Spirit.*

J. G. Lawson, *Did Jesus Command Immersion?* (개정판)

J. Warns, *Baptism*, trans. G. H. Lang.

A. J. B. Higgins, *The Lord's Supper in the New Testament.*

J. Jeremias, *The Eucharistic Words of Jesus.*

C. L. Wallis, *The Table of the Lord.*

39장
은혜의 다른 수단들

프랭크 개블라인

프랭크 개블라인(Frank E. Gaebelein, 1899-1983)_ 하버드 대학에서 석사 학위를 받고 휘튼 대학에서 문학 박사 학위를 받은 복음주의 교육자로서 스토니브룩 학교의 교장으로 오랫동안 봉직했다. 그는 「영감의 의미」(The Meaning of Inspiration, 1950) 외에 여러 책을 저술했고, The Expositor's Bible Commentary의 편집자였다.

세례와 성찬은 그리스도께서 친히 제정하신 은혜의 수단으로, 그리스도의 은혜가 그분의 몸의 지체들에게 흘러들어 가도록 한다(세례는 그리스도의 죽음과 부활을 통해 그분과 연합하게 하여 새로운 삶과 교회의 교제로 들어가게 하는 입문이고, 성찬은 주님이 다시 오실 때까지 떡과 포도주의 요소에 믿음으로 동참하여 그 생명의 양식을 공급받는 것이다). 그러나 이 두 성례 말고도 은혜가 사람들에게 임하는 수단들이 있다. 찰스 하지가 말한 대로 "은혜의 역사는 성령의 역사다. 은혜의 수단들은 성령의 영향이 전달되고 행해지게 하는 일과 관계된 수단들을 가리킨다"(Systematic Theology, Vol. II, 654쪽, 「조직 신학」, 크리스챤다이제스트 역간). 따라서 그 제정에는 독특함이 있지만 성례들이 하나님의 은혜를 받을 수 있는 유일한 매개는 아니다. 성경과 삶은 성령께서 다양한 방법으로 사람들에게 영향을 주고 있음을 증거한다.

이러한 은혜의 수단은 매우 많기 때문에 좁은 지면의 짧은 글에서 다루려면 무엇을 선택해야 할지 고민에 빠지게 된다. 그러나 성례와는 다르지만 성례와 특별한 관계에 있는 은혜의 수단들(예를 들면 하나님의 말씀, 기도, 성도의 교제)을 다루고 나서 일반 은총을 통해 오는 수단들을 다룬다면, 적어도 부분적으로나마 그 문제가 해결될 수 있을 것이다.

세례와 성찬은 독립적으로 존재하지 않는다. 그것들은 교회 안에서 하나님의 말씀과 아주 긴밀한 관계를 맺고 있다. 그래서 칼뱅은 말하기를, "순전하게 하나님의 말씀이 들리고 전파되며 성례가 그리스도께서 제정하신 대로 행해지는 곳은 어디든지 그곳에 하나님의 교회가 있음을 의심할 여지가 없다"(*Institutes*, J. T. McNeill 편집, Vol. II, 1023쪽,「기독교강요」)고 했다. 또한 R. S. 월리스(Wallace)가 보여 준 대로(「말씀과 성례에 관한 칼뱅의 교리」*Calvin's Doctrine of the Word and Sacrament*), 위대한 개혁자들의 사상은 대부분 성경과 성례의 끊어질 수 없는 관계에 의존하고 있다.

하나님의 말씀

은혜의 다른 수단 중 가장 우선적인 것은 하나님의 말씀이다. 단순히 참된 설교와 신실한 청종뿐만 아니라 각 신자가 날마다 사용하는 하나님 말씀도 은혜의 수단이 된다. 사도 시기(고전 1:17, 21, 23, 24)부터 그 다음 세대들로 이어지기까지 교회의 역사는 설교된 말씀이 영혼의 구원과 양식을 위한 은혜의 수단이었음을 증거한다. 1세기 교회가 '떡을 떼는 일을 지속적으로 행했다'(행 2:42) 본문은 그와 함께 "사도의 가르침"과 "교제", "기도"를 함께 언급한다. 사실 사도행전에는 사도들이 선포한 말씀이 많은 곳에 기록되어 있다(행 2:14-35, 3:12-26, 4:31, 7:2-53, 8:4, 35, 10:34-43, 13:16-41 등). 사도행전에 나타난 형태를 보면 하나님은 말씀을 신실하게 설교하고 순종으로 듣는 것을 자신의 백성을 위한 복으로 만드셨다. 따라서 성경에 대한 진실함은 교회의 삶에 매우 중요하며, 말씀의 권위에 문제를 제기하는 것은 하나님의 주요 은혜의 수단 중 하나를 의심하는 것이다.

하지만 단순히 공적인 설교와 청종에서만 성경이 은혜의 수단이 되는 것은 아니다. 개인적인 사용에서도 성경은 성령께서 사용하시는 은혜의 수단이 된다. 그리스도인의 경험과 관련된 권위 있는 몇몇 고전 텍스트(loci classici)와 하나님 말씀의 관계를 상기해 보라. 아우구스티누스는 로마에 있는 정원에서 "취하여 읽으라"(톨레, 레게)라는 어린아이의 음성을 듣고 집으로 가서 로마서 13장 13, 14절을 읽고 회심했다. 루터는 비텐베르크에 있는 검은 수도원(Black Monastery)에서 로마서 1장 16, 17절을 묵상하다가 회심했다. 번연은 고린도전서 1장 30절을 통해 영적 평안을 체험했다. 이들이 체험한 것은 모든 세대, 모든 사람 가운데 그리스도인들이 체험한 수많은 경우와 다르지 않다. 중생케 하시는 하나님의 은혜로운 역사 안에서의 이러한 기능(약 1:18, 벧전 1:23)과 아울러 성경은 또한 신자가 자라도록 하는 영적인 일용할 양식이 된다. "오직 우리 주 곧 구주 예수 그리스도의 은혜와 그를 아는 지식에서 자라가라"(벧후 3:18)는 권면은 "갓난아기들같이 순전하고 신령한 젖을 사모하라 이는 그로 말미암아 너희로 구원에 이르도록 자라게 하려 함이라 너희가 주의 인자하심을 맛보았으면 그리하라"(벧전 2:2, 3)는 명령과 병행한다. 날마다 말씀을 읽는 것은 의심할 여지 없이 이름 없는 수많은 하나님의 백성을 위한 지속적인 은혜의 수단이다.

교제, 기도, 예배

다시 사도행전으로 돌아가 보면 교제와 기도에는 가르침과 성찬이 동반되었음을 볼 수 있다. "그들은 사도의 가르침을 받아 서로 교제하고 떡을 떼며 오로지 기도하기를 힘쓰니라"(행 2:42). 분명한 것은 다른 어떤 은혜의 수단보다 가장 포괄적인 것이 교제('코이노니아')라는 것이다. 새뮤얼 루더포드(Samuel Rutherford)는 "많은 석탄이 불을 크게 지피듯이 성도의 교제가 그렇다"(*Letters*, A. Boner 편집, 286)며 비유적으로 표현했다. 성도의 교제를 돕는 예배는 분명한 은혜의 수단이다. 칼뱅의 「기독교 강요」 새 번역본(J. T. McNeill 편집)에서 교회를 다루는 제4권의 제목은 "하나님이 그리스도의 공동체로 우리를 부르시고 그 안에서 우리를 은혜의 수단들, 곧 거룩한 보편적 교회에 거하게 하시는 외적인 수단과 도움들"이라는 원래 제목의 축소형이라는 점이 중요하다. 종합적인 의미에서 교회는 참으로 사람들에게 성령의 영향을 끼치는 주된 은혜의 수단이다. 이 사실을 제대로 인식한다면 복음주의가 빠지기 쉬운 일종의 개인주의의 극단을 수정할 수 있다.

다시 말하지만 개인적인 것뿐 아니라 공적인 행위로서 기도도 은혜의 수단이다. 주님이 가르치신 대로 문을 닫고 골방에서 기도하는 것은 지극히 개인적인 영적 훈련이지만, 모든 신자는 어디에서 기도하든 늘 그리스도의 몸의 지체로서 기도한다. 또한 신자는 하나님의 말씀을 떠나 기도하지 않는다. 성경의 약속들은 기도의 기본적인 구성 요소가 된다. 영혼을 성경으로 채우면 신자는 기도하게 되고, 기도는 성경으로 인도한다. 우리 주님의 완벽한 기도 생활부터 아브라함, 모세, 다윗, 다른 시편 기자들, 엘리야, 이사야, 예레미야, 다니엘, 요나, 에스라, 베드로, 바울을 포함하여 성경에 나오는 위대한 성도들의 중보에 이르기까지 성경은 기도의 책이다. 응답된 기도만이 은혜의 수단인 것은 아니다. 하나님을 높이고 찬양하며 하나님과 교통한다는 의미에서 기도 행위 자체가 영혼에 복을 가져다준다.

이 시점에서 하나님 말씀을 설교하고 듣는 것과 기도를 포함하는, 공예배에 대해 특별히 언급하겠다. 공예배도 아주 훌륭한 은혜의 수단이기 때문이다. 칼뱅은 "신자들에게 공적 예배보다 훌륭한 도움은 없다. 예배를 통해 하나님은 자신의 백성을 차근차근 세워 주시기 때문이다"(*Institutes*, Vol. II, 1019쪽, 「기독교 강요」)라고 말했다.

하지만 이러한 은혜의 다른 수단들을 엄격하게 분석하는 것은 사실 불가능하거나 매우 어려운 일이다. 인간 안에 육체적, 정신적, 영적 요소가 연합되어 있듯 성령의 역사를 이루는 이 수단들은 상호 연관되어 있고 상호 의존적이기 때문이다. 하나님의 말씀은 영적인 씨앗이자 영적인 음식이다. 기도는 그 약속과 가르침에 따라 드려진다. 성례는 성경이 가르치는 대로 집행된다. 이 모든 것은 말씀의 중심에 계신 분, 신자들이 은혜의 교제를 나누는 교회의 머리이신 그분 아래에 있다.

일반 은총과 관련된 그 외 수단들

"정도의 차이가 있기는 하지만 모든 사람이 공유할 수 있는 성령의 일반적인 영향"(L. Boettner, *The Reformed Doctrine of Predestination*, 179쪽, 「칼빈주의 예정론」, 보문출판사 역간; C. Hodge, *Systematic Theology*, Vol. II, 654-675쪽 참조, 「조직 신학」, 크리스챤다이제스트 역간; M. E. Osterhaven, "Common Grace," Christianity Today, Vol. VI, No.8 [1962], 374쪽 이하)을 의미하는 일반 은총을 통해서도 하나님은 사람들에게 그 혜택을 부여하신다. 성령의 이 영향에 포함되는 것들에는 "하나님이 그 해를 악인과 선인에게 비추시며 비를 의로운 자와 불의한 자에게 내려주심이라"(마 5:45b)라고 주님이 말씀하신 산상수훈에서 전형적인 예를 볼 수 있는 자연 질서의 복뿐만 아니라, 브살렐(출 31:2-4)에게서 그 예를 볼 수 있는 예술적인 영역이나, 모세와 여호수아, 다윗에게 주신 행정적인 영역, 혹은 다른 많은 인간의 능력에서 볼 수 있듯이 하나님이 인간들에게 주신 재능도 있다. 따라서 인간이 이루는 지적이고 문화적인 모든 진보(과학도 예외는 아니다)는 일반 은총에서 비롯된다. 문학 작품이나 예술 작품을 인간적인 일이라고 말하고 과학적인 진보는 세속적인 영역이라고 치부하는 편협주의에 대한 답이 바로 여기에 있다. 하나님이 능력을 주신다면, 참된 진리 안에서 사용된다는 조건 아래 그 능력의 결과는 마땅히 하나님이 주신 은혜의 선물로 받아들여야 한다. 순교자 유스티누스가 말한 대로 "좋다고 말하는 모든 것이 우리 그리스도인에게 주어졌다"(*Second Apology*, 13쪽). 그러므로 음악은 단순히 성스러운 가사가 없더라도 그 자체로 일반 은총 아래에 있어서 행복하고 고귀하게 만드는 영향을 끼친다. 다른 예술의 경우도 마찬가지다. C. G. 오스굿(Osgood)이 쓴 작은 책의 제목인 "은혜의 수단인 시"는 단순히 상징적일 뿐만 아니라 문화 자체에 대한 영적인 사용을 지적해 준다.

자연

예술과 과학은 기회와 능력 면에서 제한받을 수밖에 없지만 교육이나 문화 수준과 상관없이 모든 사람에게 열려 있는 일반 은총의 영역도 있다. 가장 일선에는 자연 안에서 행해지는 하나님의 일들이 있다. 배를 타고 바다로 가서 그 깊은 곳에서 드러나는 기이한 일들을 보라(시 107:23, 24). 눈을 들어 산을 보라(시 121:1, 2, 36:6). 하나님이 두신 달과 별들이 있는 하늘을 묵상해 보라(시 8:3). 이것들과, 이것들을 통한 경험들은 살아 계신 하나님의 위대함을 말없이 능숙하게 전해 주는 은혜의 수단들이다.

일과 섬김

일반 은총의 수단들 가운데 일은 매우 중요하다. 매일의 업무를 신실하게 수행하는 것은 다른 방법으로는 얻을 수 없는 만족감을 준다. 로렌스 형제가 말한 것처럼 가장 낮은 곳의 일이라 할지라도 하나님의 영광을 위한 것이라면 그리스도인의 위대한 체험을 위한 길이 된다(『하나님의 임재 연습』[The Practice of the Presence of God] 참조). 그러나 특히 사랑과 자비에서 비롯된, 다른 사람을 위한 희생적인 섬김의 유형에 속하는 일은 행하는 자와 수혜자 모두에게 복이 된다. 현대 복음주의 가운데 사회적 관심이 결여된 부류가 있다면, 인간의 필요에 대한 민감함을 새롭게 하는 것이 그 해결책이다. 배고프고 목마른 사람에게 음식과 마실 것을 주고, 나그네를 대접하고, 헐벗은 자에게 입을 것을 주고, 병든 자와 갇힌 자를 방문한 자들에게 주님은 "여기 내 형제 중에 지극히 작은 자 하나에게 한 것이 곧 내게 한 것이니라"(마 25:40)고 말씀하셨다. 주님의 동생인 야고보도 기록하기를 "하나님 아버지 앞에서 정결하고 더러움이 없는 경건은 곧 고아와 과부를 그 환난 중에 돌보고 또 자기를 지켜 세속에 물들지 아니하는 그것이니라"(약 1:27)고 했다. 태국 충카이(Chungkai)에 있는 악명 높은 일본 수용소에서 말로 다할 수 없는 수모를 당한 영국 군인들이 어떻게 굶주린 일본인 부상자들에게 음식과 물을 나눠 주고 그 원수들의 상처를 싸매 주었는지를 묘사한 뒤, 어니스트 고든(Ernest Gordon)은 선언한다. "우리는 은혜의 순간을 경험했다. ……

하나님은 우리의 편견의 담을 헐어 버리시고 '사랑하라'는 그분의 명령에 순종할 의지를 우리에게 주셨다"(Through the Valley of the Kwai, 222쪽).

특별한 인간관계들

또 다른 은혜의 수단으로는 다양한 인간관계를 들 수 있다. 그리스도와 교회의 연합을 보여 주는 소중한 비유(엡 5:22-33)인 남편과 아내의 경건한 연합은 분명 주님을 경외하며 그 안에서 살아가는 사람들에게 특별한 분량의 은혜를 전달한다. 부모와 자식의 관계, 친구 사이의 우정, 고용인과 고용주, 의사와 환자, 학생과 교사, 시민과 공직자, 이 모든 관계는 사람들에게 복을 주기 위해 성령께서 사용하실 수 있는 수단이 된다.

하나님의 은혜의 넓이는 측량할 수 없다. 그분의 주권 가운데 하나님은 어떤 환경이든 자신의 자녀들에게 선한 도구로 삼으실 수 있다(롬 8:28). 심지어 실망과 오해, 슬픔과 비극과 같은 인생의 쓴 경험조차도 우리의 가장 깊은 절망마저 거룩하게 사용하시는 분을 통하여 은혜의 수단이 될 수 있다. 하나님의 자비는 끝이 없다. 그분의 은혜는 끝없는 지평선이며, 그 은혜를 전달하는 수단들은 인생만큼이나 다양하고 다채롭다.

이 은혜의 다른 수단들의 사용

순서에 따라 마지막으로 언급할 것은 이 은혜의 수단들의 사용이다. 성례는 아니지만 하나님 말씀이나 기도처럼 특별한 수단들도 성례보다 무시되어서는 안 된다는 말은 단순히 특별한 수단에만 국한되어서는 안 된다. 재능을 사용하고, 일을 하고, 다른 사람을 섬기고, 창조의 아름다움과 결실을 즐기고, 다른 사람들과 어울려 살고, 인생의 모든 우발적인 일들을 경험하는 것도 그리스도인에게는 주님을 향해 지속되는 의무다. "무엇을 하든지 말에나 일에나 다 주 예수의 이름으로 하고 그를 힘입어 하나님 아버지께 감사하라"(골 3:17)는 바울의 권면을 소홀히 여기지 않음으로 신자들은 이러한 은혜의 다른 수단들을 합당하게 사용할 수 있다.

【 참고 문헌 】

L. Boettner, *The Reformed Doctrine of Predestination*, 「칼빈주의 예정론」, 보문출판사 역간.

J. Calvin, *Institutes*, 「기독교 강요」.

C. Hodge, *Systematic Theology*, Vol. II, 「.조직 신학」, 크리스챤다이제스트 역간.

Brother Lawrence, *The Practice of the Presence of God*, 「하나님의 임재 연습」.

M. E. Osterhaven, "Common Grace," *Christianity Today* 6 no. 8 (January 19, 1962): 374-75.

R. S. Wallace, *Calvin's Doctrine of the Word and Sacrament*.

40장
죽음과 불멸

제임스 톰슨

> 제임스 톰슨(James Grant-Suttie Stewart Thomson, 1911-2003)_ 에든버러 대학에서 박사 학위를 받은 구약학자다. 그는 뉴칼리지, 컬럼비아 신학대학원에서 가르쳤고, 1961-1973년에 성다윗교회에서 목사로 섬겼다. 「예레미야서에 기록된 주의 말씀」(The Word of the Lord in Jeremiah, 1959)과 「계시에 대한 구약의 관점」(The Old Testament Views of Revelation, 1960)을 썼다.

죽음은 모든 사람의 보편적인 경험인데도 사람들은 긴박한 순간까지 그것에 관해 생각하지 않으려 한다. 그들은 죽음은 불가해한 것이고, 죽은 후 살아난 증거는 없다고 주장한다. 그들은 지옥에 대한 생각을 불편해하고, 천국에 관한 생각은 어색해한다. 현대 과학, 그리고 인생과 그 상태에 대한 세속적이고 무신론적인 철학의 승리가 이와 같은 반응을 만들어 낸 것이다. 인간의 인격적 품위 격하, 원자 폭탄에 의한 대학살은 영생에 관한 개념을 희미하게 만들었다. 종교적인 사람들을 포함하여 많은 사람이 미래의 삶에 관심이 없고, 매력도 느끼지 않으며, 걱정하지도 않는다. 불멸에 대한 믿음이 소멸되지는 않았겠지만 퇴색된 것은 분명하다.

그런 중에도 죽음은 여전히 지울 수 없는 엄숙한 사실로 남아 있다. 왜 그런가? 죽음과 죄의 관계 때문이다. 사람들은 죄로 인해 죽는다. 하나님의 형상(이마고 데이)으로 인간이 창조된 데는 죽음의 여지가 없는 하나님과 인간의 관계를 포함한다. 인간은 원래 불멸이 아니었다. 죽음은 피할 수 없는 것이 아니지만, 인간 본연의 완전함에서는 그것이 적용되지 않았다는 말이다. 그런데 죄와 함께 죽음이 왔다. 인간이 자연적인 피조물이어서가 아니라 죄 때문에 죽음을 피할 수 없게 된 것이다. 죄는 죽음을 '타락의 속박'으로 만들고, 고통스러운 능력과 처벌이라는 속성을 부여한다. 하나님과의 분리인 죽음(시 88:3-5, 사 38:9-20)은 육체적이며 영적인 사건이다. 그리스도께서는 죽음을 이기심으로 죄를 이기셨다. 죄의 저주는 그리스도로 하여금 죽음과 죽음의 권세를 가진 자를 물리치는 죽음을 죽으시게 했다. 죽음의 엄숙함은 죄와의 관계에서 비롯된다.

이 엄숙함은 인간이 죽지 않고 살 것이라는 뿌리 깊은 확신에서 비롯된다. 죽음의 불가피함과 그 최종성에도 인간은 자신이 죽지 않는다고 알고 있다. 심지어는 불가지론자나 합리주의자도 자신의 최고 순간에는 죽음 후 소멸에 대한 확신이 희미해지는 것을 발견한다. 사후 생존에 대한 믿음은 보편적일 뿐 아니라 아주 오래된 것이다. 이집트 사람들도 그렇게 믿었고, 그리스에서는 오르페우스교(Orphics)가 그러한 믿음을 수용했으며, 그로 인해 플라톤도 그 믿음을 받아들였고, 히브리인들도 그렇게 믿었다. 그리스도 당시 유대인들도 믿었고, 기독교는 늘 그렇게 믿었다. 원시인들도 불멸은 추측이 아니라 확실한 것으로 믿었다. 사후 생존은 멸하지 않는 인간 심연에 뿌리를 두고 있는, 없어지지 않는 본능을 인간이 어떻게 해석하는지를 보여 준다.

그럼에도 이 불멸에 대한 물리적 지식이나 과학적 '증거'는 없다. 신념은 과학적 발견이나 철학적 결론에 근거할 수 없다. 죽음 이후의 삶은 과학이 알 수 없는 경험의 영역에 속한다. 심지어 심령술사들의 심령학적인 연구도 믿을 만하지 못하다. 영혼의 사후 생존에 대해 그들이 증명했다는 것들은 설득력이 약하다. 육체를 떠난 영의 정체성에 대한 확실한 주장도 없었다.

그렇다면, 불멸의 소망에도 확신이 없는가? 세 가지를 고려해 볼 수 있다.

(1) 인간의 존재(personality). 의심은 존재의 핵심인 영혼 혹은 자아라는 실재의 존재에 대한 거부라고 볼 수 있는데, 이는 데이비드 흄(David Hume)으로 거슬러 올라간다. 버트런드 러셀에 따르면 "한 인간이 지속되는 데 가장 중요한 것은 기억이다." 즉, 죽음 후 기억이 없다면 불멸에 대한 소망은 근거 없는 것이 된다. 이생에 대한 어떤 사람의 기억이 죽을 때 사라져 버린다면, 그는 지상에 존재하던 그 사람이 아니기 때문에 죽음 후 삶에서의 개인적인 정체성과 지속성은 기억을 포함한다. 하지만 기억은 뇌와 밀접한 관계가 있기 때문에 뇌가 죽을 때 기억도 사라져야 한다. 따라서 불멸에 대한 믿음은 과학적인 근거가 없다. 하지만 이처럼 오래된 반론은 뇌가 마음과 아무 의미 없이 연결되어 있다는 전제에서 비롯된 것인데, 과학은 사실 이 둘이 어떻게 연관되어 있는지 알지 못한다. 불멸에 반하는 과학적 증거는 기껏해야 그들의 주장에 대한 반론에 대응할 증거를 제시할 수 없다는 점에서 부정적이다.

(2) 인간의 합리성. 마음과 몸이 상호 의존적이긴 하지만 과연 뇌에서의 생리학적 변화가 생각을 만들어 내는 것일까? 만일 그렇다면 육체적인 변화가 어떻게 심리적인 현상을 만들어 내는 것일까? 유물론자

들은 인간의 정신적 삶은 전적으로 육체적인 변화에서 비롯된다고 답하지만 이런 우발적인 일이 반대 방향으로 일어나지는 않는다. 일부 심리학자들은 정신적인 사건과 육체적인 사건은 상호적이지 않다고 답변한다. 기껏해야 이들 사이에 교감이 있을 뿐이라는 것이다. 또 어떤 사람들은 육체적인 것과 정신적인 것 사이에 교류가 있을 것이라고 추측한다. 다시 말해 첫 번째 견해가 사후의 생명을 부인한다면, 다른 두 견해, 특히 세 번째 견해는 정신이 육체보다 우월한 존재 양식이므로 존재하기 위한 육체적 기능에 의존할 필요가 없음을 내포하는 바람을 지지한다.

(3) 인간의 도덕성. 도덕적 원리의 근원과 충족이 이 세상의 시공을 초월하기 때문에 사람들은 마치 자신이 불멸인 것처럼 삶에 전념한다. 도덕성이란 사람이 불멸이 아니라면 어떻게 행해야 하는지를 의미한다. 도덕성은 인생이 살 만하다는 것에 대한 보증이다. 그러나 이는 믿음이 불멸의 소망에 없어서는 안 될 요소임을 의미하기도 한다. 하나님에 대한 믿음은 사람으로 하여금 우주는 합리적이고 도덕적이라는 믿음을 갖게 한다. 이 말은 우주가 정의와 진리의 편이고, 죽음 이후의 삶에서는 악과 선이 그에 상응하는 보상을 받게 되리라는 믿음을 갖게 만든다는 의미다. 하나님이 히브리인들에게 주신 계시 안에서 믿음은 그리스도를 통해 생명이 죽음을 이길 것이라는 약속과 보장을 발견하도록 한다. 여기서 몇 가지를 주목해 보자.

성경

(1) 구약에서 말하는 불멸. 구약에서는 생명 못지않게 죽음도 하나님과 관계를 맺은 인간을 포함한다. 죽을 때 몸은 땅에 남고, '네페쉬'는 스올

로 들어간다(사 38:17, 시 16:10, 86:13), 하지만 호흡, 영, 또는 '루아흐'는 스올이 아닌 하나님에게로 돌아간다(전 12:7). 어둠, 침묵, 망각의 장소인 스올에서의 인생은 불길하고 침울하다. 의식과 활동, 기억에도 불구하고 존재보다는 '죽음'이 지배한다(욥 10:21, 22, 시 39:12, 13, 115:17, 18, 사 14:9-12). 죽음은 영원히(욥 7:9) 여호와의 손을 떠나게 하며(사 38:10, 11, 18), 따라서 시편 88편 10-12절은 절망을 말하고, 욥기 7장 9절에서 말하는 희망도 그리 밝지 않다. 스올은 종교적인 중요성이 적다. 선지자들은 개인의 불멸이 확인될 때 개인의 가치가 소망에 기여한 바를 선지자적으로 강조하지만, 그런 경우에도 스올에 관해서는 침묵한다. 하지만 스올에서의 삶과 관련된 어두운 절망을 통해 소망의 빛이 희미하게 나타난다(시 16:8-11, 73:23, 24). 인생을 통한 하나님의 임재와 섭리, 인도하심은 죽음이 소멸이 아님을 보장한다. "이후에 주께서 나를 영광 안으로 영접하실 것이다." 불멸에 대한 신앙은 하나님, 날마다 교제하시는 하나님의 본성과 신실하심에 대한 믿음에서 비롯된다.

(2) 외경(에스드라2서 7:43, 지혜서 9:17 참조)과 묵시 문학에는 불멸에 대한 소망이 여전히 분명하게 나타난다. 부활에 대한 이해가 좀 더 분명하게 형성되자, 메시아의 왕국을 공유한 죽은 자에 관한 질문이 던져졌다. 육체가 영과 혼과 함께 부활하는가? 그 모습은 이 땅에서의 모습과 같은가? 그 대답은 부활한 사람은 천사의 몸을 가지게 된다는 것이었다(에녹서 51:4, 62:15, 16). 여기서도 불멸에 대한 유대인들의 국가적 소망과 개인적 소망의 혼합이 영향을 주었다.

(3) 사두개인과 예수의 논쟁(막 12:18-27). 이는 시편 73편 23, 24절에 근거한 것임이 틀림없다. 사두개인들은 사후의 삶은 단지 이 땅에서의 삶의 연장이라는 전제로 불멸에 대한 믿음을 부인했다. 그에 대한 답

변으로 주님은 중요한 것 두 가지를 말씀하셨다. (a) 사후의 삶은 이 땅에서의 삶과 다르다. 죽음 후에는 인간이 천사와 같아서 가령 사후에는 결혼을 생각할 수 없다. 이러한 새로운 존재 유형에 대한 믿음을 부인하는 것은 '하나님의 능력을 모르는 것'이다. (b) 사두개인들의 부인 역시 '성경'에 대한 무지를 드러낼 뿐이다. 불멸에 대한 믿음이 유래된 전제는 족장 시대부터 존재했다. 아브라함과 이삭과 야곱의 하나님은 '죽은' 족장들을 포함한 산 자의 하나님이다. 하나님은 교제하기 위해 그들을 부르셨다. 따라서 그들은 하나님에게 매우 소중한 존재이고 그들을 그냥 흙으로 두실 수 없었다. 다시 말해 그리스도께서는 불멸에 대한 믿음을 사후의 삶을 위한 유일하게 타당한 최종적 논증인 하나님의 신실하심에 근거하도록 했다. 이에 유일한 대안은 그 전제를 부인하는 것뿐이다.

(4) 교회도 같은 근거에 따라 논증했다. 그리스도의 부활이 왜 그리스도인의 부활의 근거가 되는가?(고전 15:20-22, 6:14, 고후 4:14, 롬 8:11) "그가 사망에 매여 있을 수 없었[으므로]"(행 2:24) 하나님이 예수에게서 사망의 사슬을 끊으셨기 때문이다. 그러지 않았더라면 하나님의 본성, 자신을 향한 하나님의 확실한 자비, 성육신의 의미는 모두 부인될 것이다. 그래서 그리스도의 부활은 그리스도인의 불멸을 보장한다. 그리스도께서는 다시 살아난 자신의 삶을 함께 나누기로 약속하셨고(요 14:1-3), 끊을 수 없는 끈으로 그리스도인을 자신에게 묶으셨기 때문이다(요 6:39, 40, 44, 54). 다시 말해 불멸과 그리스도의 부활에 대한 그리스도인의 믿음과 구약 족장들의 소망은 모두 같은 기초 위에 세워져 있다.

(5) 자연적 불멸과 영생은 동의어가 아니다. 전자는 하나님의 선물인 후자를 받아들일 수 있게 만든다. 영생은 삶의 영원함과 질을 모두

의미한다. 그 삶은 지금까지 우리가 살아온, 그러나 다른 차원의 삶이다(롬 14:17, 골 1:13, 2:12, 13, 3:1, 2). 그 삶에는 완전하지 않지만 하나님을 아는 지식(요 17:3, 5:24)이 있는데, 이 지식은 머리로 아는 지식이 아니라 가슴으로 아는 지식이다. 이 세상에서 이 지식은 도덕성을 말하지만, 그 세상에서는 사랑을 말한다(요일 3:14). 그 세상에서는 그러한 삶에 맞는 환경이 주어질 것이며 절대적인 완전함으로 나타날 것이다.

(6) 유대주의는 죽은 자들이 스올에서 부활을 기다리거나 불완전한 복이 있는 중간 상태에 있거나, 아니면 완전한 복을 누리는 마지막 날까지는 아니더라도 이미 천국에 있다고 가르친다. 여기서도 유대주의는 공동체와 개인의 불멸을 주장한다. 전자(공동체) 없이 후자(개인)는 불완전하다. 정통 기독교에 따르면 구속받았든 받지 않았든 죽은 자들은 최종 거주지에 있게 되는데, 죽을 것이 죽지 않을 것을 입게 되는 일반 부활 때까지는 육신을 입지 않는다. 예수와 신약 교회는 죽은 자의 현재 상태를 일시적 보호 상태로 간주했다. 천국이든 지옥이든(눅 16:19 이하) 그들의 운명은 심판 때에야 선언된다(마 25:31 이하). 죽을 때에 그리스도인은 확신을 가지고 아버지께 자신의 영혼을 의탁하며(눅 23:46), 그분과 복된 교제 안으로 들어간다(눅 23:42, 43, 빌 1:23). 따라서 로마 교회의 연옥 교리나 죽은 자를 위한 기도는 성경적 근거가 없다.

부활

부활은 불멸의 주제에 영향을 끼친다. 미래의 존재 상태는 히브리인들의 소망 패턴이나 영과 육을 나누는 헬라적 패턴을 따르지 않을 것이다. 지속성과 동일성, 육체적인 유사 형태, 그리고 서로를 인식하는 확신은 "영의 몸"이라는 단어에 함축되어 있다. 지속성과 동일성은 물질적인 입자보다는 도덕적 인격에 해당할 것이다. 하지만 '천사들과 같은'(막 12:25) '육체적' 모습, 유한을 잃어버린 무한인 것은 확실하다. 오늘날의 과학 연구와 철학 사상들은 이 소망의 신빙성을 지지한다. 인격적 존재는 더 이상 육체적 유기체에서 분리되지 않는다. 물질은 특별한 패턴 안에서 그 자체를 체계화하는 에너지다. 몸은 특정한 분자의 집합과 동일하지 않다. 7년의 변이 기간에 몸은 그 자체 그대로 남아 있었는데 이는 단순히 특별한 입자들이 불변하기 때문이 아니라 그것들이 몸의 자기 동일성 원리에 따라 체계화했기 때문이다. 몸은 자아에게 본질적으로 중요하다. 의식은 마음뿐 아니라 몸도 포함한다. 육체적 몸이 영의 몸과 관련되는 지속성과 동일성, 그리고 그 안에 포함될 변화는 '신비'다. 하지만 여기에서의 자아와 거기에서의 자아의 관계는 분명하다. "생명의 성령의 법"은 지금도 몸 안에서 작용하고 있다. "이 죽을 것"은 미래의 "죽지 아니함"을 입을 것이다. 이는 단순히 영혼의 생존을 보장할 뿐만 아니라 전 인격적인 미래의 삶, "영의 몸"으로 덧입게 될 회복과 전인적 자각 능력을 보장한다.

운명

이 땅의 삶과 이후 삶의 지속성과 동일성이 무엇보다 도덕적이라면, 이 세상도 도덕적이어야 하며 이 땅에서의 삶은 단지 근신 기간이어야 한다. 옳은 것과 그릇된 것 사이의 도덕적 선택들이 인격과 영원한 운명을 결정한다. 죽음 이후 우리는 우리가 누구인지 드러나고 어떤 도덕적 인격체였는지를 심판받을 것이다. 그리스도께서는 잃어버린 바 된 영혼이 지옥에 있게 될 가능성을 말씀하셨다. 선택과 행동에 상관없이 모두가 잘 끝나지는 않을 것이다. 지옥은 하나님과 분리되어 죄악 된 자아가 존재하는 곳이다. 도덕적이고 영적인 인간은 하나님 없이 만족할 수 없기 때문이다. 하나님이 주기 원하시는 선물(자기 자신)을 거절하는 것은 꺼지지 않는 불이다. 이것은 스스로를 괴롭게 만드는 소외(alienation)다. 이를 택하는 자에게는 어둠이 주어진다. 이와 대조적으로 천국에는 아름다운 모습이 있고, 하나님과의 더 깊은 교제가 있으며, 완전한 하나님의 형상이 있고, 영적 본질의 완성이 있으며, 더 고상한 능력의 성숙함이 있고, 완전한 거룩함이 있어 "밤낮으로 간절히 하나님을 받들어 섬길" 것이다. 그렇다면 죽음은 심판으로 들어가는 입구 아니면 영생으로 들어가는 매우 엄숙한 위기가 될 것이다. 오직 이 땅에만 소망이 있다면 죽음은 끔찍한 비극이요 멈추지 않는 비관이며 영혼의 어두운 밤이다. 그리스도께서 우리의 소망이 되신다면 죽음은 더 이상 통치 능력이 없다(롬 8:2). 그것은 인생의 문지방일 뿐이다. 죽음도 "주와 함께" 있다. 그래서 이미 복된 죽음을 죽은 자들은 연합하여 주님과 함께 아름다운 비전을 나누게 될 것이다.

【 참고 문헌 】

C. R. Smith, *The Bible Doctrine of the Hereafter*.

J. Baillie, *And the Life Everlasting*.

W. A. Brown, *The Christian Hope*.

C. Allington, *The Life Everlasting*.

W. R. Matthews, *The Hope of Immortality*.

W. Milligan, *The Resurrection of Our Lord*.

M. Ramsey, *The Resurrection of Christ*.

J. Denney, *Studies in Theology*.

H. V. Hodson, ed., *The Great Mystery of the Hereafter*.

41장
재림_ 천년 왕국에 관한 관점들

윌리엄 아넷

> 윌리엄 아넷(William M. Arnett, 1915-1995)_ 드류 신학대학원에서 박사 학위를 받고 애즈베리 신학대학원에서 가르친 감리교 신학자다.

성경은 예수 그리스도께서 인격적으로, 육체적으로 볼 수 있게 하늘에서 땅으로 다시 오신다는 것을 분명하게 가르친다. 이 놀라운 절정의 사건을 사도 바울은 기독교 교회의 "복스러운 소망"(딛 2:13)이라고 불렀다. 그리스도께서는 은혜 안에서(요 1:14, 17, 딛 2:11) 이 땅에 초림하셨고 영광 가운데(마 16:27, 24:30, 25:31, 눅 21:27) 재림하실 것이다. 하나는 과거의 사건이고, 다른 하나는 미래의 사건인 이 두 오심은 성경에 예언적으로 예고되어 있다. 예수 그리스도의 이 두 번의 강림에 관해서는 히브리서 9장 28절에 잘 요약되어 있다. "이와 같이 그리스도도 많은 사람의 죄를 담당하시려고 단번에 드리신 바 되셨고 구원에 이르게 하기 위하여 죄와 상관없이 자기를 바라는 자들에게 두 번째 나타나시리라." 특히 그리스도의 재림에 관한 신약의 많은 성경 구절을 통해 제임스 데니(James Denney) 박사는 학자적 열심으로 선언하기를 "신약 각 곳에 매우 자명하게 기록된 것(초대 그리스도인들의 마음을 매우 가득 채우고 있던 것), 즉 세상 끝 날에 그리스도께서 친히 오실 것이라는 생각에는 의문의 여지가 없다. 어떤 모양으로든 신약과 관계를 유지하기 원한다면 우리는 모든 자의 심판자로 오실 그리스도의 재림을 주장해야만 한다"고 했다(*Studies in Theology*, 239쪽).

그리스도의 재림의 의미

이미 지적한 대로 재림은 예수 그리스도께서 영광을 받아 죽지 않는 육체의 몸을 입고 인격적으로 이 땅에 다시 오신다는 의미다. '파루시아'라는 단어는 마지막 때에 그리스도의 재림을 가리키는 전문 용어로 신약 성경에서 자주 사용되었다(예를 들면, 마 24:3, 27, 37, 39, 벧후 3:4, 12, 요일 2:28). 그분의 재림은 친히(행 1:11, 요 14:3, 21:20-23), 예기치 않을 때(마 24:32-51, 25:1-13), 갑자기(마 24:27, 눅 17:24), 눈에 보이게(마 24:30, 계 1:7), 영광으로(막 8:38, 눅 9:26) 임할 것이다.

 이 위대한 진리는 오해와 남용의 대상이 되어 왔다. 그리스도의 재림은 오순절 성령의 임하심과 동일하지 않고, 개인의 회심과도 동일하지 않다. 그것은 예루살렘의 멸망 같은 재앙과도 동일하지 않고, 신자의 죽음이나 세상 끝까지의 복음 전파와 동일시될 수도 없다. '실현된 종말론'(미래의 묵시적 사건을 부인하고 현재를 강조하는 견해)은 재림의 진리를 증발시켜 버린다. 이 교리의 핵심은 "이 예수는 하늘로 가심을 본 그대로 오시리라"(행 1:11)는 말씀대로 마지막 때에 있을 그리스도의 재림이 지닌 인격적 특성이다.

그리스도의 재림의 중요성

성경에서 이 주제가 두드러진다는 점이 그 중요성을 어느 정도 보여 준다. 네 권의 책을 제외한 모든 신약 성경이 이 주제를 언급했고, 신약 성경 216장 안에서 318구절이 이를 언급했다. 어림잡아 성경의 5분의 1이 예언인데, 그 예언 가운데 3분의 1이 그리스도의 재림과 관련되고 신약 성경의 20분의 1이 이 주제를 다루고 있다. 또 다른 면에서 보자면 이 주제는 속죄보다 두 배 많이 언급되었고, 그리스도의 초림보다는 여덟 배 많이 언급되었다.

재림의 중요성은 이 교리가 기독교 신앙의 주요 교리들, 즉 그리스도의 신성(마 26:63, 64), 속죄(히 9:13-28), 하나님의 아들 됨(요일 3:1, 2), 성화(살전 3:12, 13, 5:23), 부활(고전 15:23), 최후 심판(딤후 4:1), 상급의 약속(딤후 4:7, 8, 계 22:12, 벧전 5:4)과 연결되어 있다는 사실을 통해서도 볼 수 있다. 무엇보다 그 중요성은 그리스도께서 친히 선언하신 일이라는 사실에서 볼 수 있다(예를 들면, 마 24:25, 눅 21장, 막 13장, 요 14장).

기독교 교회의 위대한 초교파적 신경들은 간단하면서도 분명하게 그리스도의 재림에 대한 기대를 포함하고 있다. 사도신경은 그리스도께서 "하늘에 오르시어 전능하신 아버지 하나님 우편에 앉아 계시다가 거기로부터 살아 있는 자와 죽은 자를 심판하러 오십니다"라고 선언한다. 니케아 신경은 "산 자와 죽은 자를 심판하시기 위해서 영광과 함께 다시 오실 것이다"라고 기록한다. 아타나시우스 신경도 "그분이 오시면 모든 자가 그들의 몸으로 살아날 것이며 그들의 행위를 셈하리라"고 했다.

기독교의 다양한 모임의 공식 선언들, 예를 들면 아우크스부르크 신앙고백(1장 17항), 영국 성공회 39개 신조(4항), 웨스트민스터 신앙고백

(32, 33장), 감리교의 종교 조항들(3항) 등이 모두 이 교리를 소개한다. 여기에 그리스도 보편 교회의 신학자들과 찬송가 작사가들의 엄청난 증언도 덧붙일 수 있다. 찰스 웨슬리의 위대한 찬송가 가사는 이렇게 빛나는 증거들의 본질을 잘 반영한다.

> 대속하신 구주께서 구름 타고 오실 때
> 천만 성도 함께 모여 주의 뒤를 따르네.
> 할렐루야 할렐루야 우리 구주 오시네(새찬송가 174장).

그리스도의 재림의 목적

재림의 구체적인 사항에 대한 해석은 다양하다. 이 다양한 세부 사항을 엮어서 맞추는 작업이 얼마나 힘든 일이든 분명한 사실은 그리스도께서는 자신의 백성을 위해 오신다는 것이다(살전 4:16, 17, 요 14:3, 마 25:6, 눅 19:15). 또한 심판과 보상이 그리스도의 재림과 관련 있다는 것도 명백한 사실이다(마 25:31-46, 딤후 4:1, 계 22:12). 하나님의 구속은 마지막 원수가 구속자의 발아래 있고 하나님이 만유 안에 계실 때에야 완성된다(고전 15:25-28).

(1) 천년 왕국설. 그리스도께서 세상을 심판하기 위해 다시 오신다는 데는 복음주의자들이 동의하지만 그분의 재림과 관련된 사건들에 관해서는 의견이 서로 다르다. 이 차이는 대체로 '천년 왕국'(the Millennium. '1,000'을 의미하는 라틴어 *mille*에서 유래)이라 불리는, 요한계시록 20장에 나오는 천 년의 막간에 대한 다양한 해석에서 기인한다. 이 구절(계 20:1-7)에 대해서는 일반적으로 세 가지 관점, 즉 후천년설, 무천년설, 전천년설이 있다.

(2) 후천년설. 이 용어는 "복음 전파와 성령의 구원 역사를 통하여 세상이 기독교화될 때까지 하나님 나라는 이 세상에서 확장되고 있고, 그리스도의 재림은 보통 천년 왕국이라고 부르는 의와 평화의 기나긴 시대 끝에 일어날 것이라며 마지막 일에 관해 주장하는 관점을 보여 준다"(L. Boettner, The Millennium, 4쪽). 이 관점을 수용하는 복음주의자들은 인간의 진보와 사회적 발전과 관련하여 이 관점을 강조하지만 하나님 나라는 초자연적인 과정이 아니라 자연적인 과정에 의해서 성취될 것이라는 자유주의의 주장과는 차이가 있음을 재빨리 지적한다.

후천년주의자들은 요한계시록 20장을 상징적으로 이해해야 하고, 처음 일곱 구절에 여섯 번 나오는 "천 년"이라는 단어는 아주 긴 시간을 의미하며, 무엇보다 사람 마음속에 임한 영적인 하나님 나라를 포함한다고 주장한다. 이는 그리스도의 재림, 일반 부활, 그리고 심판에서 절정을 이루게 될 영적 번영의 황금시대가 될 것이다. 구약과 신약 모두 미래의 황금시대에 대한 증거를 제공한다. 이사야 11장 9절은 "물이 바다를 덮음같이 여호와를 아는 지식이 세상에 충만할 것"이라고 예고했고, 시편 22편 27절에서도 "땅의 모든 끝이 여호와를 기억하고 돌아오며 모든 나라의 모든 족속이 주의 앞에 예배[할]" 날이 언급되었다. 후천년주의자들은 신약에 나오는 누룩의 비유가 이 사회가 천국의 능력과 영향에 의해 변화되면서 복음의 우주적 확장과 승리를 가르친다고 생각한다(마 13:33, 눅 13:20, 21 참조). 물론 여기에는 긴 시간에 걸친 지루한 과정이 포함되어 있음을 인정하지만 궁극적인 목표는 확실하고 결과는 보장되어 있다.

(3) 무천년설. 어떤 사람들은 비천년설(non-millennarian)이라고 부르기도 하는데, 이 관점은 요한계시록 20장을 상징적이고 영적으로 해석

하여 지상에서의 천년 왕국을 생략한다. 무천년주의자들은 이 세상에서 회심한 자들의 희망을 가리키는 '황금시대'의 개념을 거부한다. 오히려 그들은 성경이 선과 악은 앞으로도 계속 대치될 것이지만 마침내 그리스도께서 이러한 마찰의 세상 속으로 갑작스럽고 개인적으로 임하셔서 영혼을 신속하게 심판하시는 최후의 심판이 있을 것이라고 가르친다고 믿는다. 따라서 요한계시록 20장에 나오는 그리스도의 천년 통치를 영적으로 해석한다. 아우구스티누스에게서 시작된 이 관점에 따르면 천년 왕국은 교회와 그리스도인의 삶을 통해 세상에서 이루어지는 그리스도의 현 통치를 가리킬 수 있고, 아니면 중간 상태의 천국에서 지금 그리스도와 함께 다스리는 순교자의 영혼들을 가리킬 수도 있다. 이 특별한 가르침을 따르는 사람들은 천년 왕국을 문자적, 시간적으로 해석하는 것은 오류가 있다고 주장한다.

(4) 전천년설. 이 관점은 요한계시록 20장에 나오는 천년 왕국에 관한 구절이 문자적으로 해석되어야 하며, 그리스도의 재림은 이 땅에서 왕으로서의 그리스도의 통치를 시작하게 할 것이라고 주장한다. 그리스도의 오심에는 두 단계가 있는데, 우선은 그리스도께서 신부인 교회를 위해 오실 '휴거'가 있고, 그 다음에는 그리스도께서 신부와 함께 이 땅으로 오실 '계시'라 부르는 단계가 있다. 영광으로 나타나실 때 그분은 천 년 동안 적그리스도를 굴복시키시고 이 땅에 그분의 통치를 세우실 것이다. 천년 왕국 끝에 잠시 사탄이 이끄는 강한 저항이 있을 것이고, 그 다음에 악한 자들의 육체적인 부활과 마지막 흰 보좌 심판이 따라올 것이다.

전천년설 관점도 그리스도의 천년 왕국 이전에 임할 환난의 때를 분명하게 가르친다. 하지만 성경에서 예고된(마 24:21, 단 12:1) 환난의 때와 관련된 '휴거'를 놓고 전천년주의자들 사이에도 이견이 있다. 어떤 이들은 휴거가 환난 전에 일어날 것이라고 믿는데, 이 견해를 환난 전 휴거설(pretribulation rapture)이라고 부른다. 다른 이들은 휴거가 환난 후에 일어날 것이라 믿고 이를 환난 후 휴거설(post-tribulation rapture)이라고 부른다. 또 다른 이들은 휴거가 환난 중에 일어날 것이라고 믿어서 환난 중 휴거설(mid-tribulation theory)을 주장한다.

또한 전천년주의자 가운데에는 요한계시록 20장을 세대주의적 관점으로 해석해서 천년 왕국이 성경에 드러나 있다고 믿는 일곱 세대의 마지막 세대라고 보는 사람들도 있음을 주목해야 한다.

그리스도의 재림의 때

성경에서 우리 주님의 재림이 매우 중요한 위치를 차지하고 있지만, 재림의 때에 관해서는 구체적으로 언급되어 있지 않다(막 13:32, 살전 5:1, 2). 따라서 우리는 늘 준비하고 있어야 한다(마 24:44). 우리가 시간이라고 부르는 것을 하나님의 관점에서 평가할 때 그리스도의 재림은 그분이 떠나가신 순간부터 항상 임박하고 가까운 사건이다. 재림의 때는 알 수 없지만 그때가 가까워졌음을 알리는 다양한 '표적'은 성경에 기록되어 있다. 이 표적들로는 전쟁과 소문(눅 21:9), 교회에서의 배교(눅 18:8, 딤전 4:1), 하나님의 백성이 조상의 약속된 땅에 모이는 일(마 24:32, 33, 눅 21:29-31), 복음 전파가 있다(마 24:14). (또한 막 13장, 딤전 4:1-3, 딤후 3:1-7, 벧후 3장 참조).

역사의 목표

결론적으로 재림에 관한 주제는 역사의 의미와 목적을 포함하고 있음을 지적해야 할 것이다. 성경은 역사가 구속의 흐름을 따라 세워졌으며, 마지막 목표를 향해 나아갈 때 위기를 조성하는 반대 세력들과 갈등이 있다고 주장한다. 마지막 때까지는 알곡과 쭉정이(마 13:24-30), 사랑과 미움, 평화와 전쟁, 믿음과 배교, 의와 죄(예를 들면 요한계시록)가 뒤섞인 상태가 계속될 것이다. 하지만 마지막에는 하나님이 승리하실 것이다. 갈등 가운데 그분의 아들을 통해 심판 날에 하실 그 마지막 말씀은 하나님에게 속해 있기 때문이다(행 17:31, 롬 2:16). 선과 악의 반복적인 갈등으로 점철된 광대한 인간 역사의 드라마가 영원히 계속되지는 않을 것이다. 마지막에는 하나님과 의가 승리할 것이다(고전 15:24-28, 행 15:14-18, 딤후 2:19, 계 11:15).

그리스도의 재림에 관한 진리는 모든 신자에게 영광과 위로가 되는 계시일 뿐 아니라 그리스도인의 섬김과 거룩한 삶에 자극과 격려가 된다(눅 21:28, 고전 1:7, 빌 3:20, 골 3:4, 5, 살전 1:10, 4:18, 히 9:28, 약 5:7, 벧후 3:12, 요일 3:2, 3). 이는 비그리스도인과 그리스도를 거절하는 자들에게 엄중한 경고이지만(막 13:35, 37, 요 3:18, 살후 1:7, 8, 벧후 3:3, 4, 9, 10, 유 14, 15절, 계 6:12-17), 그분의 아들과 구원을 위한 그분의 속죄의 죽음을 온전히 의지하는 하나님의 자녀에게는 '복된 소망'이다. 얼마나 가슴 벅찬 조망인가! "아멘 주 예수여 오시옵소서"(계 22:20).

【 참고 문헌 】

O. T. Allis, *Prophecy and the Church*.

L. Boettner, *The Millennium*.

G. E. Ladd, *The Blessed Hope*.

J. H. Snowden, *The Coming of the Lord: Will It Be Premillennial?*

G. Vos, *The Teaching of Jesus Concerning the Kingdom of God and the Church*.

J. F. Walvoord, *The Return of the Lord*.

42장
죽은 자의 부활과 최후 심판

월터 웨셀

> 월터 웨셀(Walter W. Wessel, 1921-2002)_ 에든버러 대학에서 박사 학위를 받고 베델 대학과 베델 신학교에서 가르친 침례교 신약학자다. 그는 『NIV 스터디 바이블』(*NIV Study Bible*)의 신약 편집자였다.

신학적인 영역에서 종말론적 주제들이 중요하지 않거나 적합하지 않은 것으로 여겨진다고 해서 우리가 종말의 시간을 배제할 수 있는 것은 아니다. 이러한 상황을 급진적으로 바꾸기 위해서 종말론적 세계와 성경 신학에 대한 새로운 강조가 결합되었다. 신약 성경의 중요한 종말론적 주제들을 냉철하게 사고하고 우리 시대에 그 주제의 의미와 중요성을 신중하게 고려해야 하는 작업이 신학자들에게 요청된 것이다. 이 종말론적 주제들 가운데 가장 중요한 두 가지가 죽은 자의 부활과 최후 심판이다.

죽은 자의 부활

죽은 자의 부활에 관한 믿음은 일반적으로 고대와 현대 모두 받아들여지지 않았다. 기독교가 이 진리의 반대자들에게 굴복한 것이 교회에는 재앙이었다고 한 A. M. 램지(Ramsay)의 말은 옳았다. "그것은 복음의 날카로운 날을 무디게 만들었고, 인간과 세상에 관한 믿음에서 기독교의 탁월함을 요약하는 교리를 제거하고 말았다"(『그리스도의 부활』[The Resurrection of Christ], 100쪽). 라인홀드 니부어도 "사도신경에서 '나는 몸의 부활을 믿습니다'라는 것만큼 기독교 신앙의 전체 핵심을 깔끔하게 표현한 것은 없다"(Beyond Tragedy, 290쪽)고 주장했다.

구약 성경은 내세에 대해 이상하리만큼 침묵한다. 이 침묵이 죽은 자에 대한 가나안 족속의 종교 의식에 대한 반작용이었다는 주장도 있다. 이유가 무엇이든 구약은 대체로 사후를 죽은 자의 거주지인 스올과 관련하여 묘사한다. 부활에 관해 언급할 때 대부분은 개인의 부활과 구분된 국가의 부활을 염두에 두었다. '마른 뼈 골짜기' 본문으로 잘 알려진 에스겔 37장이나 이사야의 묵시(26:19)에 나오는 부활 구절들이 이에 속한다. 개인의 부활이 분명하게 나타난 구절은 다니엘 12장 2절이다. "땅의 티끌 가운데에서 자는 자 중에서 많은 사람이 깨어나 영생을 받는 자도 있겠고 수치를 당하여서 영원히 부끄러움을 당한 자도 있을 것이며."

몸의 부활 교리는 신구약 중간 시대, 특히 마카베오 때에 결정적으로 발전하였다. 안티오코스 에피파네스 아래에서의 극심한 고난과 핍박은 이 교리를 다듬는 자극제가 되었는데, 이는 솔로몬의 지혜서나 마카베오2서와 같은 외경에서, 그리고 솔로몬의 시편과 에녹1서와 같은 위경에서 현저하게 나타난다.

죽은 자의 부활에 관한 믿음은 신약에 이르러서야 만개한다. 공관복음에서 찾아볼 수 있는 예수의 말씀부터 묵시록에서 요한이 본 비전에 이르기까지 신약의 각 층마다 부활에 관해 언급한다.

죽은 자의 부활에 대한 신약의 모든 믿음은 그리스도의 부활의 사실성에 근거한다. 고린도전서 15장은 그와 관련된 대표 구절이라 할 수 있는데, 미래의 부활을 부정하는 자들에게 바울이 제시한 답이 그리스도의 부활이었다. "그리스도께서 죽은 자 가운데서 다시 살아나셨다 전파되었거늘 너희 중에서 어떤 사람들은 어찌하여 죽은 자 가운데서 부활이 없다 하느냐 만일 죽은 자의 부활이 없으면 그리스도도 다시 살아나지 못하셨으리라"(고전 15:12, 13). 그러나 그리스도께서 다시 살아나사 "잠자는 자들의 첫 열매"(20절)가 되셨다. 쿨만(Cullmann) 박사는 영혼 불멸에 대한 헬라 사상과 죽은 자의 부활에 관한 성경적인 개념의 차이를 강조했다(Immortality of the Soul or Resurrection of the Dead?). 성경은 몸과 영혼을 나누는 헬라적 이원론을 받아들이지 않는다. 성경적 사고에서 인간의 몸은 하나님의 창조 행위에서 비롯된 좋은 것이다. 따라서 인간을 악한 몸 안에 갇혀 지속적으로 탈출을 시도하는 영혼이 있는 것으로 간주하지 않았다. 인간은 몸-영혼의 존재로, 구속 과정은 비물질적인 자아와 함께 물질적인 것을 포함하며, 이 과정은 몸의 부활을 통해 절정에 이른다.

부활한 몸의 본질에 대해서는 예수께서 거의 아무 말씀도 하지 않으셨다. 그분이 하신 가장 중요한 말씀은 일곱 형제와 결혼한 여인이 부활 때에는 누구의 부인이 되겠느냐는 사두개인들의 질문에 하신 대답에 나온다. 예수께서는 성경과 하나님의 능력에 대한 잘못된 지식 때문에 내세의 상태를 현재 상태로 제한하는 것은 잘못되었다고 대답하셨다. "부활 때에는 장가도 아니 가고 시집도 아니 가고 하늘에 있는 천사들과 같으니라"(마 22:30). 부활의 삶은 새롭고 다른 존재 질서에 속한다.

사도 바울도 고린도전서 15장 35-50절에서 다음과 같은 질문들에 답하면서 본질적으로 같은 말을 한다. "죽은 자들이 어떻게 일어나는가? 그들은 어떤 몸을 입게 되는가?" 헬라인들이 육체적 존재는 썩을 수밖에 없다는 근거로 몸의 부활을 부인했기 때문에 고린도 교회에서 이 질문은 아주 중요했다. 썩는 몸으로 내세에 무엇을 할 수 있겠는가? 바울은 인간의 육체적 몸이 썩는다는 것을 인정한다("혈과 육은 하나님 나라를 이어받을 수 없고"[50절]).

하지만 또 다른 종류의 몸이 있다. 부활한 몸이 이 땅에서 지녔던 몸의 연속인 것은 사실이지만(바울은 이 연속성을 심긴 씨앗과 거기에서 자란 이삭에 비유한다), 그럼에도 현재의 몸과 부활한 몸은 현저하게 다르다. 바울은 42-44절에서 이 둘을 대조해서 나열하며 그 차이를 강조했다. "썩을 것으로 심고 썩지 아니할 것으로 다시 살아나며 욕된 것으로 심고 영광스러운 것으로 다시 살아나며 약한 것으로 심고 강한 것으로 다시 살아나며 육의 몸으로 심고 신령한 몸으로 다시 살아나나니." 썩을 것, 욕된 것, 약한 것, 육의 몸(자연적 몸)은 모두 이 땅에 있는 몸에 속하지만 대조적으로 썩지 않을 것, 영광스러운 것, 강한 것, 신령한('프뉴마티코스') 몸은 부활한 몸에 속한다.

특히 마지막에 언급된 특징은 많은 오해를 불러일으켰다. 이 문제에 대한 G. E. 래드(Ladd)의 대답이 정곡을 찌른다. "육의 몸(natural body, 문자적으로는 'psychical'['정신의', '심령의'])이 '프시케', 즉 정신이나 마음으로 만들어진 몸이 아니듯이 고린도전서 15장 44절에서 언급한 '신령한 몸'

도 영으로 만들어진 몸이 아니다. …… 비록 부활 때에 그것을 경험한 자들에게 시작될 새로운 존재 질서임을 인정하더라도 그것은 문자 그대로 실제의 몸이다"(Crucial Questions Concerning the Kingdom of God, 139쪽, 「하나님 나라에 관한 중요한 문제들」, 성광문화사 역간). 이 문맥에서 "신령한"은 '성령에 의해서 주도된', 혹은 레온 모리스가 제안한 대로 '성령의 필요에 의해 개조된'(즉 인간의 영혼) 것을 의미한다고 보는 것이 최선이다. "신령한 몸이란 …… 인간의 영과 밀접하게 연관된 기관이다. 현재의 몸이 이 땅의 삶과 밀접하게 연관된 것처럼 말이다"(The First Epistle of Paul to the Corinthians, 228쪽). "신령한"이 무엇을 의미하든 바울은 내세는 매우 영광스러워서 우리의 현재 몸은 하나님이 우리를 위해 준비하신 것을 온전히 누릴 수 있도록 급격하게 변해야 할 것이라고 확신했다(빌 3:20, 21 참조).

모든 복음주의자는 죽은 자의 부활이 그리스도의 재림과 관련이 있다고 믿지만(빌 3:20, 21 참조) 세부적인 부분에서는 많은 차이를 보인다. 어떤 이들은 그리스도의 재림 때에 모든 사람에게 임할 일반적인 부활을 주장하고, 또 어떤 이들은 특히 요한계시록 20장(요 5:29, 빌 3:11, 고전 15:23 참조)에 근거해서 천년 왕국 이전 그리스도의 재림 때 있을 (의로운 자들의) 부활과 마지막 때에 있을 (불의한 자들의) 또 다른 부활, 이렇게 두 가지가 있다고 주장한다. 세대주의자들은 그들의 환난 전 '휴거'와 환난 후 '계시' 이론과 일치하도록 첫 번째 부활을 두 단계로 나눈다. 구체적인 부분에서는 다르지만 복음주의자들이 한목소리로 단언하는 "우리는 몸의 부활을 믿습니다"라는 고백을 흔들지는 못한다.

최후 심판

죽은 자의 부활과 밀접하게 관련된 것이 최후 심판이다. 우리 주님이 선언하셨다. "무덤 속에 있는 자가 다 그의 음성을 들을 때가 오나니 선한 일을 행한 자는 생명의 부활로, 악한 일을 행한 자는 심판의 부활로 나오리라"(요 5:28, 29).

최후 심판에 관한 신약의 생각은 구약에 나오는 주의 날 개념에서 비롯된다. 그날은 하나님이 모든 사람을 심판하여 의로운 자에게는 복을, 악한 자에게는 멸망을 주시는 역사의 마지막 위기('crisis'라는 영어 단어는 단순히 '심판'을 뜻하는 헬라어를 직역한 것이다)다.

심판은 성경적 신앙의 핵심이다. 신구약 모두에서 의로우신 하나님의 심판은 피할 수 없다. 의로운 하나님은 죄는 심판하시고 순종은 상 주신다.

심판자는 다름 아닌 하나님이며, 이 심판에서 대행자는 아들이신 예수 그리스도시다. 따라서 하나님은 "정하신 사람으로 하여금 천하를 공의로 심판할 날을 작정하시고"(행 17:31) 아들에게 "인자 됨으로 말미암아 심판하는 권한을 주셨[다]"(요 5:27).

하나님이 그리스도를 통해 행하시는 심판은 우주적이다. 모든 사람이 하나님의 심판대에 설 것이다(롬 2:6-10). 이는 그리스도인뿐 아니라(고후 5:10, 롬 14:10) 비그리스도인도 포함한다(계 20:15). "그리스도 예수 안에 있는 자에게는 결코 정죄함이 없나니"(롬 8:1)라는 말씀처럼 예수를 믿는 사람은 정죄함을 받지 않을 테지만(요 5:24), 이는 그리스도인들에게 미래의 심판이 전혀 없다는 의미로 받아들여져서는 안 된다. 바울은 구체적으로 "우리가 다 하나님의 심판대 앞에 서리라"(롬 14:10)고 언급했는데, 이 문맥에서 "다"는 '모든 그리스도인'을 의미한다. 하지만 그리스도인은 담대하게(요일 4:17) 심판을 맞이할 것이다. 그리스도의 구속 사역은 이미 그를 사면했기 때문이다. 토마스 아 켐피스(Thomas a Kempis)는 "주님이 심판하러 오실 때 십자가의 표시가 하늘에 있을 것이다"라고 했다.

그리스도인의 심판은 행한 것(works)에 근거할 것인데(고후 5:10) 일부 그리스도인들의 행한 것은 헛된 것으로("나무나 풀이나 짚으로") 드러날 것이다. 그날 헛된 것으로 드러난 것들은 불타 없어질 것이라서 신자는 구원을 받지만 "불 가운데서 받은 것" 같을 것이다(고전 3:12-15). 그리스도인들을 위한 "행위의 심판"은 "행위 교리에 무의식적으로 매달리는 바울의 바리새인적 이상이 아니라 그리스도인의 삶에서 겪는 도덕적 갈등의 심각성에 대한 주장"이라고 한 앨런 리처드슨(Alan Richardson)의 말은 옳다(An Introduction to the Theology of the New Testament, 342쪽). 이 심판에서 그리스도의 책망과 칭찬에 대한 판결은 그 자체로 벌과 상급이 된다(마 25:21, 23, 눅 19:17. 22:61, 62 참조).

최후 심판은 예수 그리스도께서 인간 역사 안으로 들어오심으로 실제로 시작된 심판 과정의 절정이다. 예수께서는 "내가 심판하러 이 세상에 왔[다]"(요 9:39)고 말씀하셨기 때문이다. 최후 심판의 현재적 측면은 특히 요한복음에서 강조되었다. 아들을 믿지 않는 자는 "하나님의 독생자의 이름을 믿지 아니하므로 벌써 심판을 받은 것이[다]"(요 3:18). 최후 심판은 이미 시작되었고, 그 근거는 예수에 대한 믿음이다. 공관복음서에서도 같은 가르침을 볼 수 있다. "누구든지 이 음란하고 죄 많은 세대에서 나와 내 말을 부끄러워하면 인자도 아버지의 영광으로 거룩한 천사들과 함께 올 때에 그 사람을 부끄러워하리라"(막 8:38. 마 10:32, 33, 눅 12:8, 9 참조).

(믿는 자들과 마찬가지로) 믿지 않는 자들의 심판 근거로 행위를 강조한 구절들이 있다(마태복음 25장 31-46절, 로마서 2장 6-10절의 '대심판'[Great Assize] 본문). 슈타우퍼는 이 구절들을 이렇게 이해했다. "그리스도의 사역을 거절하고 자기 성과에 의존한 자들은 그들의 성과에 의해 심판을 받을 것인데 …… 그와 같은 심판은 불가피하게 정죄에 이르게 된다. 가장 고상한 필요와 특징들조차 자기만족이라는 때가 묻어 있기 때문이다" (*New Testament Theology*, 221, 222쪽).

마지막 심판의 결과에 관해서는 매우 분명하다. 예수의 가르침과 사도들의 글 모두 하나님을 지속적으로 거역하는 자들의 최종 운명은 영원한 정죄라고 말한다(마 25:31, 46, 살후 1:7-10, 계 20:14, 15).

죽은 자의 부활에 관한 논의에서처럼 심판의 때와 수에 관한 복음주의자들의 견해도 다양하다. 하지만 최후 심판이 역사의 마지막과 영혼들의 궁극적 이별을 포함한다는 사실에는 이견이 없다.

죽은 자의 부활과 최후 심판에 관한 성경적 교리들은 그리스도인에게 강력하고 실제적인 의미를 함축하고 있다. 그리스도인들은 부활 때에 절정에 이를 구속과, 최후 심판 때에 절정에 이를 그리스도의 주권에 대한 계시를 기쁨으로 기다리지만, 후자에는 일면 정신을 차리게 만드는 요소들이 있다. 그리스도인으로서 삶의 질을 판단받기 위해 그리스도 앞에 서야 한다는 사실은 거룩한 삶에 강력한 자극이 된다. 모든 사람은 하나님의 은혜의 복음에 근거하여 심판을 받기 위해 같은 주님 앞에 서야 하는데 이는 더 이상 정죄함이 없는 예수 그리스도에 관한 진리를 선포하는 데 얼마나 노력해야 하는지를 긴박하게 요청하기도 한다. 종말론과 윤리학이 결코 분리될 수 없다는 사실은 얼마나 명확한가? 종말론과 복음적 관심 역시 분리될 수 없다.

【 참고 문헌 】

P. Althaus, *Die letzten Dinge*.

O. Cullmann, *Immortality of the Soul or Resurrection of the Dead?*

T. A. Kantonen, *The Christian Hope*.

H. A. A. Kennedy, *St. Paul's Conception of the Last Things*.

W. Milligan, *The Resurrection of the Dead*.

S. D. F. Salmond, *The Christian Doctrine of Immortality*.

R. Summers, *The Life Beyond*.

G. Vos, *The Pauline Eschatology*, 「바울의 종말론」, 좋은씨앗 역간.

G. Kittel, *Theologisches Wörterbuch zum Neuen Testament* (적실한 글들이다).

43장
마지막 상태_ 천국과 지옥

J. 알렉 모티어

> J. 알렉 모티어(J. Alec Motyer, 1924-2016)_ 클리프턴 신학대학 부총장, 트리니티 대학 총장을 지낸 성공회 성경학자다. 그는 「그리스도의 풍성함」(*The Richness of Christ*, 1966)과 BST(Bible Speaks Today) 시리즈의 여러 주석 외에도 많은 책을 저술했다.

인간의 운명에 관한 질문에 민감한 사람이라면 누구나 틀림없이 보편론자(universalist)가 되고 싶을 것이다. 조건적 불멸설이 가르치는 대로 죽음에서든, 아니면 영혼 멸절설이 가르치는 대로 죽음 후 심판 때든, 다른 사람으로 모든 존재의 끝을 직면하는 것을 원하는 사람은 아무도 없다. 또한 전통적 정통에서 주장하는 대로 죄인들이 의식적으로 영원히 경험해야 하는 영원한 죽음의 고통을 원하는 사람도 없을 것이다. 그래서 모든 사람의 영혼에 임한 복과 영생을 보장해 주는 신앙적 관점은 엄청나게 매력적이다.

하지만 그런 감상은 신학적인 기준이 될 수 없다. 또한 보편론자들의 글이 인간의 사랑에서 끌어낸 유비에 의존하고 있는 것을 보면서 그러한 생각을 채택하려는 간절함에 도사리는 위험을 인식해야만 한다. 이른바 인간은 영원에 관한 문제를 측정하는 데 있어서 어떠한 기준도 소유하고 있지 않기 때문이다. 우리는 하나님의 사랑이 어떠한지를 본능적으로 아는 것이 아니다. 따라서 우리는 인간적인 유비에 조심해야 한다. 또한 하나님의 거룩이 어떤 것인지도 알지 못하기 때문에 죄인이 죄의 심각성을 가벼이 여기는 것도 조심해야 한다. 오직 하나님만이 그것이 정확하게 무엇인지, 함축된 의미가 무엇인지를 말씀하실 수 있다. 우리는 "율법과 증거"의 원칙을 철저하게 지켜야 한다. '진리의 하나님은 무엇이라고 하셨는가?'를 배워야 한다.

구약

구약은 죽음 후 인간의 생존에 관한 사실을 강조한다. 이는 경건한 자든 불경건한 자든 모두에게 사실이다. 떠난 자의 장소인 스올에서의 삶은 족장 야곱(창 42:38)과 왕 다윗(삼하 12:23)이 기대한 바였고, 바벨론의 많은 이방 왕도 기대하였으며(사 14:9), 애굽의 수많은 사람도 기대한 바였다(겔 32:18 이하). 모두 다 죽는다. 그리고 모두 다 스올에서 그들의 거주지를 찾는다.

한 가지 살펴보아야 할 대단히 중요한 점이 있다. 조건적 불멸과 영혼 멸절을 지지하는 사람들은 죽음을 '생명 혹은 존재의 상실'로 정의한다는 것이다(H. Constable, *The Duration and Nature of Future Punishment*, 16쪽). 즉 인간은 불멸을 소유하고 있지 않다고 말하며, 오직 그리스도를 믿는 믿음의 상태만이 불멸을 소유하고 나머지는 죽음으로 끝난다고 주장한다. 이 주장을 약간 변형해서 영혼이 잠시 육체적으로 존재하지만 심판 때에 하나님에 의해 소멸된다고 말하는 영혼 멸절설의 주장은 여기서 중요하지 않다. 질문은 이것이다. "우리는 죽음을 '생명의 상실'로 정의할 수 있는가?" 그럴 수 없다! 구약은 죽음을 오히려 이 땅에서 스올로의 장소 이동이나 몸과 영혼이 연합된 이 땅의 삶에서 영혼이 분리된 스올의 삶으로의 상태 이동으로 본다. 하나님은 친히 죽음을 정의하시기를, "너는 흙이니 흙으로 돌아갈 것이라"(창 3:19)고 하셨지만 창조의 아름다움에서 볼 때 인간은 흙 이상이다(창 2:7). 결과적으로 정확한 균형은 전도서 12장 7절에서 볼 수 있다. "흙은 여전히 땅으로 돌아가고 영은 그것을 주신 하나님에게로 돌아[간다.]" 성경 전체에서 확고하게 제시되고 있는 것은 죽음을 이렇게 이해하는 것이다.

스올에서의 혼의 삶은 성품과 인격 면에서 현재 삶의 연장으로 계시되었다. 다윗은 잃어버린 아들을 다시 만나 알아볼 것을 기대했다(삼하 12:23). 무덤에서 불려 온 사무엘은 땅에서 보던 그 사무엘이었다(삼상 28:11 이하). 욥(19:25-27)과 시편 기자(49:15)도 사후의 인격적 생존을 기대했다.

이는 동시에 구약이 오는 세상이 지닌 도덕적 특징의 차이를 인식하고 가르치는지를 묻도록 인도하는데, 우리는 이 질문에 대한 기초적인 것만 구약에서 발견할 수 있다. 악한 자의 경우에는 분명히 사후가 부정적일 것을 암시만 한다. 예를 들면 특히 인생에서 아주 악했던 자들과 스올을 연관시킨 구절들이 있다(시 9:7, 잠 5:5, 시 88:7-12, 욥 31:12). 마찬가지로 악한 자는 악 가운데 죽게 될 것이라는 위협(겔 3:18)은 그가 이 땅에서 일찍 죽게 될 것이라고 말하는 반면, 문맥의 일반적인 어조는 회개하지 않은 채 죽은 자에게 특별한 운명이 기다리고 있음을 제시한다. 이는 다니엘 12장 2절에 더욱 분명히 나타난다.

의인이 받을 상급에 대한 가르침은 오히려 더 두드러지게 기록되어 있다. 이 점과 관련된 구절들(예를 들면 사 25:8, 26:19, 잠 14:32, 단 12:2, 시 16:8 이하, 17:14, 15, 49:14, 15) 중 시편 73편 23, 24절은 의심할 여지 없이 가장 두드러진다. 이 시편에서 고민하는 문제는 악인의 형통함과 의인의 고난이 매우 익숙한 일이라는 것이다. 시편 기자의 해답은 이러하다. 인생의 모든 때와 상황에서 하나님이 없는 사람보다는 하나님이 있는 사람이 훨씬 잘 산다는 것이다. 앞서 언급된 구절들을 볼 때, 경건한 사람은 부를 축적한다. 현재의 삶에서 그는 하나님이 자신과 함께하셔서 자신을 버리지 않을 것이라고(23절) 확신하며, 미래를 전망할 때는 하나님의 섭리에 의해 예정된 삶을 보고(24a절), "후에는 영광으로" 들어간다. "영접하다"(receive)라는 동사는 시편 49편 15절과 창세기 5장 24절에서도 발견할 수 있는데, 이는 성도를 영화롭게 하는 하나님의 행위를 나타내는 전문 용어다.

신약

신약에 발을 내딛는 순간 우리는 하나님의 백성을 위한 복과 구원받지 못한 자들의 정죄에 대한 분명한 선언을 보게 된다. "그들은 영벌에, 의인들은 영생에 들어가리라"(마 25:46)고 말씀하셨을 때 우리 주 예수께서는 주해 작업에 대한 편견 없이 분명하게 불멸을 조명하셨음을 알 수 있다. 서로 상반된 영원한 운명에 대한 분명한 주장과 함께 신약은 죽음, 즉 이 땅에서의 삶을 마치는 것은 인간의 유예 기간이 끝난 것임을 단호하게 주장한다. 인간이 죽으면 영원한 운명이 결정된다. 주 예수 그리스도께서 이 문제에 대해 언급하신 또 다른 경우가 부자와 나사로의 이야기다. 부자와 나사로의 이야기에서 주님은 둘 사이에 구덩이가 있는 것과 죽음 이후에는 운명을 바꿀 수 없다는 것을 특별히 강조하셨다(눅 16:26, 히 9:27, 계 20:12 참조).

그렇다면 신약 성경은 그리스도 없이 죽은 자들에 관해서는 무엇이라고 가르치는가? 하나님이 행하실 심판의 절대적 정당성을 우선으로 강조하고 있음을 주목해야 한다. 요한계시록 20장 12절 이하는 이 심판이 정확한 증거에 의한 것이라고 말한다. 그 증거에는 "생명책"뿐 아니라 우리 행위에 대한 책도 있다. 이 부분에서 하나님의 심판석이 종종 잘못 해석되기도 한다. 하나님의 보좌 앞에서 적극적으로든 소극적으로든 하나님을 공식적으로 거부하던 자들이 마음의 변화를 일으켜서 자신의 잘못을 뉘우쳐 회개하고 소망에서 끊어진 자들이 구원받기를 원하게 되리라고 믿고 싶을 것이다. 가망 없던 모든 고통이 담긴 그림에 마술을 부리는 것이다. 하지만 성경은 전혀 다른 그림을 강조한다. 죽은 자들은 이 땅에서 보여 준 대로 하나님을 거역하고 그리스도를 거부하는 죄를 짓는 동일한 모습으로 하나님 앞에 나타날 것이다. 주님의 이야기에 나오는 부자는 이 땅에서 보인 개인적인 특징을 지옥에서도 그대로 보여 준다. 감각적인 만족을 위한 욕구, 다른 사람의 행복을 자신의 개인적인 기분에 맞추려는 것, 하나님의 율법에 대한 관심의 부재다.

하나님이 내리시는 심판은 질에 있어서 '영원하고'(마 25:46, 살후 1:9, 계 20:10), 형태에 있어서는 '불'(마 25:41, 계 20:14, 15), '심판'(마 25:46), '멸망'(살후 1:9), "둘째 사망"(계 20:14)으로 나타난다. '영원'이라는 단어는 보편주의를 배제시킬 수밖에 없어 보인다. 그 이야기에 나오는 "큰 구렁텅이"가 그 대답이다. 보편주의자가 도달하고자 하는 목표를 향해 동정심이 파도처럼 밀려오지만, 하나님이 내리실 심판은 영원의 상태를 시작하게 할 것이라는 강력한 주장 앞에서 그는 어떤 힘도 거의 쓰지 못한다. 보편주의자들이 채택한 두 가지 가운데 어느 것도 이 시점에서는 효력을 발하지 못한다. 그들은 고린도전서 15장 28절을 인용하며 하나님이 "만유 안에 계시려" 한다는 소망을 언급했음을 강조하면서 하나님의 피조물 중 일부가 그분에게서 영원히 격리되는 것은 가능하지 않다며, 성경으로 성경을 반박할지도 모르겠다. 혹은 더 나아가 어떤 사람들이 영원히 잃어버린 바 된다면 하나님의 사랑은 대상을 잃을 것이고, 그렇다면 그분은 더 이상 전능하지 않다고 주장할 수도 있다. 하지만 이는 모두 비성경적인 생각이다. 우선 고린도전서의 구절에서 "아담 안에서" 죽은 "모든 사람"과 "그리스도 안에서" 삶을 얻은 "모든 사람"은 동일하지 않다. 따라서 모든 사람을 통해 하나님이 영광을 받으신다는 해석은 잘못된 것이다. 둘째, 성경은 거룩함을 하나님의 본질적인 속성으로 가르치고, 결함이 있는 죄인의 거룩만으로는 받아들여지지 않는다는 진리를 보여 준다. 하나님은 심판을 통해 **영광을 받으신다**(예를 들면, 겔 10:4, 사 2:10 등). 셋째, 전능한 사랑은 모든 죄인의 구원을 보장하고 죽음 후에도 그와 같은 사랑의 증거들을 제공하여 모든 심령이 자유로이 반응하게 만드실 것이라는 주장에 대하여 성경은 그 사랑은 이미 확증된 것이어서 더는 다른 것을 기대할 수 없으며(롬 5:8, 막 12:6 참조) 구체적으로 그 사랑은 그분이 자신을 위해 값없이 은혜롭게 택하신 자들을 구원하기로 하신 것이라고 주장한다(요일 4:9-14).

그러나 영원의 문제를 이미 결정된 것으로 받아들인다면 정죄당한 자들의 그 다음 상태는 무엇일까? '영원'이라는 단어를 따라 영혼 멸절설은 '죽음'과 '멸망'이라는 단어를 강조한다. 구원받지 못한 자의 영원한 상태는 영구히 소멸되고 사라져서 더는 존재하지 않게 되는 것이다. 하지만 우선 이는 소멸이 아니라 변형이므로, 이미 정의한 '죽음'의 의미와 일치하지 않는다. 이 의미에 따르면 죽음이 이 세상의 삶을 종결시키고 몸과 영혼을 분리하는 다른 삶으로 인도하는 것처럼 "둘째 사망"도 존재를 종결한 후 불 못으로 인도할 것이다. 둘째, 이는 신약에서 세 곳 중 두 곳에서 사용된 "멸망"의 의미와도 일치하지 않는다(고전 5:5, 살전 5:3). 그 구절들은 분명히 의식적 존재의 최종적이고 완성된 상태를 뜻하지 않았다. 셋째, 그와 같은 멸절은 불 못에서 "세세토록 밤낮 괴로움을 받[는]"(계 20:10) 마귀의 몫도 아니고, 주 예수에 따르면 마귀들과 동일한 불에 들어가는 저주를 받은 자들의 몫도 아니다(마 25:41). 넷째, 멸절은 필연적으로 (어쩌면 전혀) '형벌'이 아니다. 이런 주장이 어떤 사람들에게는 안도감을 줄 것이다. 마지막으로 멸절은 우리 주님이 부자의 이야기에서 친히 보여 주신 원칙과 일치하지 않는다. 영원히 잃어버린 자신의 상태를 아는 것과 그 상태에서 고통을 경험하는 것이 그의 몫이었다.

이런 것들을 기록하는 것은 그리 즐거운 일이 아니며, 이를 묵상하는 것 역시 부담만 될 뿐이다. 이것들로 구원의 말씀을 선포하도록 요구하고 하나님이 자기를 사랑하는 자들을 위하여 예비하신 영광(고전 2:9)을 새롭게 인식시키자. "신자가 죽을 때에 그 영혼은 완전히 거룩해져 즉시 영광 중에 들어가고 그 몸은 여전히 그리스도와 연합하여 부활할 때까지 무덤에서 쉰다"(웨스트민스터 소요리 문답). 그리고 나서 "그리스도 안에서 죽은 자들이 먼저 일어나고 그 후에 우리 살아남은 자들도 그들과 함께 구름 속으로 끌어올려 공중에서 주를 영접하게 하시리니 그리하여 우리가 항상 주와 함께 있으리라"(살전 4:16, 17). 따라서 죽음의 때에 신자들에게는 즉각적인 전망이 있고, 마지막 부활의 때에 궁극적인 전망이 있다. 신약을 통해 우리는 죽음 후에 하나님의 임재 앞에서 즐거움을 누리게 될 것이라고 배운다. 이것이 세상을 떠나 주와 함께 있는 것이 훨씬 좋은 일(빌 1:23)이라고 한 바울의 기대였다. 그는 '주와 함께할 집으로' 돌아갈 것이기 때문이다(고후 5:6 이하). 이러한 사도의 말에서 그가 죽음 후에 영혼이 잠자는 것을 기대하지 않았음을 본유적으로 알게 된다. 그것은 분명히 나사로가 체험한 바도 아니었다(눅 16:23 이하. 계 6:9, 10 참조).

하지만 주님과의 이런 영화로운 즐거움은 그분의 백성을 위해 예비된 복을 제한시키지 않는다. 주 예수께서 성취하신 구속은 그 효력 면에서 전체적이며 전인적이다. 그래서 신약 성경은 "몸의 속량"에 대한 전망도 주장한다(롬 8:23, 엡 1:14). 바로 그때가 우리가 그분을 보고, 그분과 같이 될 영광의 절정이다(요일 3:2).

어린양의 영광

이 땅에서의 개인적인 요소들과 관련하여 내세는 지속성과 변화로 규정할 수 있는데(고전 15:35 이하), 변화산에서 모세와 엘리야를 알아볼 수 있던 것처럼(눅 9:30) 우리도 사랑하는 사람들을 알아볼 것이다. 이 땅에서의 수고와 관련해서는 복된 쉼의 약속이 있고(계 14:13), 결함에 관해서는 덧입음이 있으며(고후 5:1, 2), 시련과 불확실에 관하여는 공급하심과 안전이 있고, 슬픔과 관련해서는 위로와 기쁨이 있다(계 7:14-17). 현재 하나님의 백성들 사이에서 불완전하게 실현되는 교제 대신 그곳에는 "장자들의 모임과 교회"(히 12:23)가 있어서 어린양의 보혈을 함께 중언할 것이고(계 7:9), 무엇보다 그곳에는 죄와 패배에 의해 훼손된 주님과의 간헐적인 교제가 아니라 어린양이 모든 영광을 받으실 것이다. 사탄, 죽음, 슬픔, 패배, 심지어 모든 유혹도 사라져서 구속받은 자의 찬송은 그저 믿음이 아닌 실제로 보는 것에서 나올 것이며, "영원히 주님과 함께"라고 말하는 성취된 말씀이 가장 빛나는 보석이 될 것이다.

【 참고 문헌 】

H. Constable, *The Duration and Nature of Future Punishment* (영혼 멸절설).

J. A. T. Robinson, *In the End, God* (보편주의).

L. Boettner, *Immortality*.

H. Buis, *The Doctrine of Eternal Punishment*.

L. Morris, *The Wages of Sin*.

_____, *The Biblical Doctrine of Judgment*.

C. Hodge, *Systematic Theology*, 「조직 신학」, 크리스챤다이제스트 역간.

L. Berkhof, *Systematic Theology*, 「벌코프 조직 신학」, 크리스챤다이제스트 역간.

주제 색인

ㄱ

가나안 족속의 종교 의식, 죽은 자에 대한 396
가룟 유다 209, 332
가르침, …의 사역 354
가르침과 다스림, …의 사역 352-353
가뭄, 하나님의 일인 130
가야바 228
가장, 가족 안에서 …의 역할 216
가장 위대한 세대, 복음주의의 9, 17-12
가정, 교회인 347
가현설 189
간과 86
갈레노스 96
갈리아 신앙고백 79, 81
갈보리, 인간 역사의 십자로에 있는 204
감각/감상/감성 12, 106
감리교 271, 336
감리교의 종교 조항 389
감사, …의 제사 237
감사의 제사 237
개블라인, 프랭크 E. 368-376
개신교의 교리 문답들, "그리스도인의 순종"에 관한 151

개인의 결단, …에 대한 강조 155
개인적인 정체성, 기억을 포함하는 379
개인주의, …의 극단 371
개종한 사람, 유대교로 360
「개혁주의 교회의 성례적 가르침과 실천」(브로밀리) 366
개혁주의 신학자들, 양자 됨에 관한 321
개혁주의 지지자 80
객관적 계시, …인 성경 40
'객관적인 무법 상태', 하이젠베르크의 원리의 136
갤리, 마크 18, 19
거듭난 인간 144
거듭남 270, 271, 274
'거듭남', …의 사도적 개념 268
거듭남, 그리스도 안에 있는 믿음으로 …을 얻는 신자 318
거룩
    …에 대한 바울의 논의 360
    …에 대한 정의 167
    …에 대한 헌신 325
    세례 후에 보이는 …에 대한 헌신 363
    유효적 소명을 통해 …으로 거듭나다 263

하나님의 18, 62
"거룩하다 거룩하다 거룩하다"라고 고백
하는 이사야의 환상 68
거룩한 본성, …으로 창조된 인간 160
거룩한 영(성령을 보라)
거룩한 우주 교회 347
거스트너, 존 H. 139-147
거짓 가르침, …을 따르는 교회의 교인들 356
겔덴하이스, J. 노벌 257-266
겟세마네, …에서의 예수의 기도 205
견인
　…교리를 온전하게 발전시킨 칼뱅 335
　…교리에 대한 재강조의 필요성 337-340
　…과 배교 333-334
　…에 관한 확실한 주장 336
　…에 관해 분명하게 말한 아우구스티누스 334
　기독교 계시의 주요 사상인 332
　칼뱅의 교리를 설명하는 전문 용어인 332
견인과 배교
　…에 대한 최근의 발전 337
　개신교와 가톨릭의 차이로서의 334
「견인의 선물에 관하여」(아우구스티누스) 334
결론, 귀납적으로 도달하는 26
결정 146
결혼 375, 382
결혼 언약, 남편과 아내 사이의 343
경건, 공통의 …에 대한 강조 19
경건주의 271, 321
경건한 사람 406
경건함, …의 부패 159
경배/예배

교제를 돕는 은혜의 수단인 371
모세를 통해 인준된 … 형식 344
천사들을 …하는 것은 엄격하게 책망하다 111
계시
　…에 나타난 하나님의 구속적 행위의 역할 32
　…의 내용에 의존하다 12
　…의 역사적 특징 31
　구속사의 독특한 사건 안에 있는 38
　그리스도께서 신부와 함께 이 땅으로 오심 391
　단순히 히브리-기독교 성경과 동일시될 수 없는 33
　선지자들에게 주어진 242
　성경에서 하나님의 지식을 보여 주는 107
　성경적 …에 대한 규범적 사상 177
　성경적 …의 구조를 이해하다 179
　역사적 사건들을 통한 전달 12
　완전한 하나님의 말씀인 177
　특별 …와 일반 …의 관계 250
　행위-말씀 36-38
계책, 사탄의 118
계획, 절대적인 근원이 있음을 의미하는 하나님의 98
고난
　…에 의한 배움 198
　그리스도를 위한, 그리스도와 함께하는 그리스도인의 222
　우리를 교제로 이끄는 그리스도의 238
　하나님의 영광으로 선포된 그리스도의 237
고난받는 종, …이신 그리스도 197, 232

고난의 신비, 바울의 300

고든, A. J. 302

고어, 찰스 198, 199

공관 복음 기자들, 세례 요한에 관한 279

공예배, 은혜의 수단인 372

공유적 속성, 하나님의 48, 57-65

공적 예배, 하나님의 백성을 차근차근 세워 주는 372

공적/일/행위

    … 대 언약 150

    … 언약 148-157

    …에 근거한 그리스도인의 심판 401

    거듭나지 않은 사람이 행한 311

    그분의 십자가 죽음으로 끝나지 않은 그리스도의 234

    심판 근거인 402

    인간의 칭의와 관련하여 선포적 가치를 지니는 313

    일반 은총의 수단인 374

    하나님이 보시기에 인간을 받으셨다는 증거인 306

공적으로서의 행위, 의롭다 함을 받지 못하는 311

「공포와 전율」(키르케고르) 233

과학 131, 132, 133

과학의 경험주의, 탁월하게 기독교적인 132

과학자들 28, 134

과학적 연구 27

관계, 성령께서 사용하시는 375

관수례, …가 허용되다 362

'관중의 태도', 삶을 향한 155

광대하심, 하나님의 52

광신주의, 종교 개혁을 제한하는 …에 대한 두려움 272

괴테 109

교리, 기본적 11, 13

교리적 전통, …의 발전 270-273

교제

    …하기를 바라시는 하나님의 열망 296

    가장 포괄적인 은혜의 수단인 371

    다스림의 직분을 별도로 만드는 것이 효율적인 …의 규모 355

    사도행전에서 가르침과 성찬이 동반된 371

    영원한 72

    유효적으로 부름받은 자들과 하나님 사이의 262

    피조물과 창조주 사이의 143

    하나님과 그분의 백성 사이의 343

교황 164

'교회'(에클레시아), 헬라어 구약 성경에서 이스라엘의 '회중'을 의미하는 단어로 계속 사용된 342

교회

    …에서의 사역 346-347

    …의 본질 341-349

    …의 신학적 설명 16

    …의 연합 348

    …의 행정 350-358

    감람나무인 342

    그라페를 통해 천사의 실재를 아는 106

    그리스도 안에서 새로운 피조물인 345-346

    그리스도의 건물, 몸, 신부인 345

    그리스도의 권위를 행사하는 … 직분자들 346

그리스도의 신비스러운 신부인 300
그리스도의 왕국인 347
보편 교회와 지역 교회 347
불멸에 대한 …의 믿음 381
사람에게 보이지 않지만 하나님은 보시는 347
성령 안에서 신자들의 교제인 339
성령의 영향을 끼치는 주된 수단인 371
시대마다 고난을 견디는 300
신약 시대의 269
"아름답고 거룩한 신비"인 341
악 가운데서도 그리스도의 임재를 확신하는 255
악한 자에게서 차단되지 않은 269
영광스럽지만 작은 양 떼로 남아 있는 349
유형 교회와 무형 교회 347-349
참된 본질을 흐리게 만드는 …의 외형적인 모습 342
하나님의 낳으심이라는 면을 상실한 274
교회적 다스림 358
구속
… 교리의 기초가 되는 섭리 124
…에 기여하는 인간 306
…의 대상인 교회 341
그리스도의 피로 말미암은 91, 207
성부와 성자 사이의 …의 언약 184
애굽에서 180
주 예수께서 성취하신 411
구속받지 못한 사람, 영적으로 눈멀고 죽은 259
구속의 초역사 34
구속의 흐름, …을 따라 세워진 역사 393

구약 성경
… 역사의 그라프 벨하우젠 학파 197
…에 근거한 세례의 개념 360
…에 나타난 성령 242-243
…에서 말하는 불멸 380-381
…에서 희생 제물의 중요한 순간은 흘린 피로 해야 할 일을 행했을 때다 235
…의 제사장적 제물 232-233
그리스도께 권위 있는 하나님의 말씀인 41
내세에 대해 침묵하는 396
소망 중에 기다리는 …의 신자들 184
아들 됨의 의무를 갖는 이스라엘에 관해 언급하는 316
악한 길에서 떠나는 것에 관한 276
양자 됨을 세 번 언급하는 316
주의 날에 관한 …의 개념 400
죽음 후 인간의 생존을 강조하는 405
하나님의 삼위적인 속성을 보여 주는 68
하나님이 말씀하고 계시다는 주장 41
구원 계획, …에 나타난 지혜 59
구원
…에 있어서 성령의 역사 243-244
교회와 개인에게 새로운 존재감을 부여한 269
그리스도 안에 있는 믿음에서 기인한 319
믿음에 대한 인간의 결정에 …이 좌우된다 83
보편 …을 부정하다 64
세례와 직접적으로 연관된 361
신자들의 264
영원한 은혜의 언약으로 확실해지는 308
완성되고 절정에 이른 …을 이루어 내

다 330
우리의 …에 본질적인 부활 209
우리의 …을 위해 결정하시는 하나님 87
인내 없이는 …이 없다 333
자신의 의를 만족시키는 하나님의 행위에서 비롯되는 89
칭의로서의 …에 대한 바울의 개념 269
특정한 사람들을 …으로 택하신 하나님 82
하나님에게서 우리에게 임하는 224
하나님의 … 선물 254
하나님의 사랑의 결실인 …의 복 59
하나님의 은혜에 의한 362
하나님이 그리스도 안에서 행하신 일에 의존하는 인간의 230
구원에 이르는 믿음(믿음도 보라) 292, 293, 311
구주(그리스도를 보라)
군주 언약, 지배자와 피지배자 사이의 343
궁극적인 근거, 의롭게 하시는 하나님의 행위의 308
권위와 순종, 중대한 문제로서 148
권징, 교회의 356-357
그라페, 계시를 담고 있는 도구를 가리키는 106
그레이엄, 빌리 8, 276
그룹, 밤낮으로 "거룩, 거룩, 거룩"을 부르짖는 111
'그릇' 100
그리더, J. 케네스 15, 16, 66-75
그리스 정교, 니케아-콘스탄티노폴리스 신경 69
그리스도 때문에(propter Christum), 우리의 형벌을 어깨에 짊어지셨다는 의미에서 90

"그리스도 예수 안에서", 그리스도와 신자들의 신비적 연합을 표현하는 298
그리스도 중심주의 18
그리스도(예수 그리스도, 하나님의 아들도 보라)
…안에서 부어 주신 하나님의 사랑 20
…에 관한 새로운 견해 195
…와 동일시됨 212-213
…와 성령의 관계 243
…와의 신비적 연합 295-304
…의 벗어나심 205
…의 부활 208-211
…의 승천 211-213
…의 역사적 사건 35
…의 영광을 반영하다 327
…의 전가된 의 308
…의 죽으심 36, 205-208, 224, 225
…의 중재 사역 231-239
…의 지속적 사역 234-237
…의 화목 제물 233-234
교회와 상호 보완적인 328
교회의 머리이신 300, 328, 351
그분 자신을 희생 제물로 드리신 220
기름 부음 받은 자 216-217
몇몇 사람을 복음 사역으로 부르시는 346
모세의 때와 그리스도인의 때 사이를 연결하신 344
사랑받는 아들이신 90
사탄을 정복하고 무력화하시는 115
새 언약의 중보자이신 182
선물로서 우리의 구원을 위해 일하시는 287
선지자이신 218-219

선택자이신 90
성경에 통일성을 제공하는 183
성령에 의해 설교를 위한 기름 부음을 받으신 243
성부 하나님께 성자이신 188
성육신과 동정녀 탄생 186-194
세상 끝 날에 친히 오실 387
신적 능력의 사용을 제한하신 202
아담 위에, 그리고 아담 전에 계신 174
여호와의 기름 부음을 받은 자이면서 직접적인 구원자인 216
역사의 끝에 육체적으로 다시 오실 53
왕이신 221-222
우리 죄를 짊어지신 309
우리가 서야 할 곳에 서신 228
율법과 선지자를 완전하게 하러 오신 41
은혜 안에서 이 땅에 초림하셨고 영광 가운데 재림하실 386
음부의 권세가 교회를 이기지 못한다고 약속하신 349
자신의 대적자와 맞서시는 92
자신의 백성을 위해 오시는 389
잠자는 자들의 첫 열매이신 397
제사장이신 219-221
종의 형태로 자신을 부으신 201
죄를 이기신 378
죄인들과 동일시되신 227
죄인을 구원하기 위해 세상에 오신 92
지옥에 있게 될 잃어버린 바 된 영혼의 가능성을 말씀하신 384
최초의 가장 위대한 피조물인 70
하나님이신 31

그리스도께 드리는 헌신, 세례를 받는 순간 363
그리스도를 통하여(per Christum), 구원을 허락하시는 선택된 자라는 의미에서 90
그리스도와의 연합 297, 309, 325, 329, 345, 346
그리스도의 공적 사역, 성령에게서 기인하는 243
그리스도의 권위, 교회가 인정한 43
그리스도의 보혈
 …에 근거한 칭의 308
 "죄 사함을 얻게 하려고" 뿌려진 226
「그리스도의 부활」(램지) 396
그리스도의 영 69
그리스도의 육체적 존재, 떡과 포도주가 상징하는 364
"그리스도의 장성한 분량", 성화와 328
그리스도의 재림 386-394
그리스도의 재림, 천년 왕국 끝에 일어날 390
그리스도의 죽으심 37, 205-208
 …에 요구되지 않는 우리의 행위 329
 단순한 역사적 사실로서의 36
 속죄로서 인간의 죄와 관련이 있는 226
「그리스도의 참된 인성」(크로스비) 199
그리스도의 천년 통치 391
그리스도인
 …과 세상의 관계 250
 담대하게 심판을 맞이하는 401
 모세의 율법보다 더 높은 기준인 151
 이성적 자연주의를 거부하는 132
 죽을 때에 아버지께 영혼을 의탁하는 383
 핍박을 경험하는 …으로의 개종 280
 합당하게 행하도록 부름받은 265

그리스도인의 경험 338, 370
그리스도인의 연합 361, 365
근대 사회, 세속주의와 과학주의 10
근신, … 기간인 이 땅에서의 삶 384
근원, …을 암시하는 성경 교리 101
긍정주의 219
기도 74, 371-372
「기독교 강요」, 그리스도 안에서 우리의 선택을 탐구해야 한다고 가르치는 83
기독교 교회의 초교파적 신경들, 그리스도의 재림에 대한 기대를 다루는 388
「기독교 신학 개요」(클라크) 199
기독교 유신론 211
기독교의 주장, 우주의 기원에 대한 97-99
기독론 190
기름 부음 받은 자, …이신 그리스도 216-217
기본적인 작정 78
기억, 인간이 지속되는 데 중요한 379
기원, 죄의 160
기적 129-138
    결정된 우주 안에서만 가능한 132
    그리스도의 부활의 208
    신약 성경에서는 "표적"(semeia), "능력"(dunameis), "이적"(terata)이라고 부른 130
    이원주의의 과함에 자리를 빼앗긴 134
    자연을 완성하며 온전케 하는 136
기준과 규례, 모든 외적 …의 권위를 거부하다 155

ㄴ

나사렛 예수 32, 187, 192
나사로(거지) 411

나지안주스의 그레고리우스 196
'날', 시간의 양 이상을 의미하는 99
남자와 여자, …로 창조된 인간 140-141
남편과 아내, …의 관계 299
"낯선 일", 하나님께 있어서 64
낮으심 267, 268
〈내 주는 강한 성이요〉 338
내적인 연합, …인 신비적 연합 302
내주하심, 성령의 242, 244
네스토리우스 202
네페쉬, 스올로 들어가는 380
노멘젠 301
노상강도, 다시 강도와 폭행을 행하는 152
노아 180, 362
논증, 하나님의 존재에 대한 23-26
놀, 마크 19, 20
뇌, 마음과 연결되어 있는 379
누가 192, 280
누룩, …의 비유 390
"능력"(뒤나메이스) 130
능력, 그리스도의 인격적인 간구의 232
능력, 하나님이 주시는 373
니고데모 268, 270
니그렌, 앤더스 60
니부어, 라인홀드 145, 396
니케아 신경 69, 241, 388
니케아-콘스탄티노폴리스 신경 69
니콜, 로저 11

ㄷ

다소의 사울 92, 288
다스림의 직분, 그룹에 부여되는 355

다양성 안에서의 통일성, 복음주의 운동을
특징 짓는 18
다윗 53, 54, 405, 406
다윗 언약 181
다이스만, 아돌프 298, 301
단순성(unitas simplicitas), …의 속성 49
단일신론, 편협한 …을 대변하는 창조 99
대가/형벌 206, 226, 227, 228
대속, 그리스도에 의한 227
대속적 속죄, …에 대한 바르트의 관점 174
대언자, …이신 예수 239
대제사장 212, 214, 215, 234
데니, 제임스 387
데마 332
데오도션 196
데이비스, 윌리엄 201
도덕법, 복음이 폐하지 않은 151
도덕성, 인간의 26, 380
도덕적 갈등, …의 심각성 401
도덕적 본성, 인간의 143
도덕적 선택 384
도덕적 속성, 하나님의 59-64
도덕적 의식 171, 286
도덕적 이원주의, 하나님과 악이 함께 영원하다는 97
도덕적 탁월함, 하나님의 62
도덕적 특징, 오는 세상에서의 406
도덕적 판단, 그리스도께서 임하게 하신 219
도덕적인 자아, 자율적으로 …라는 칸트의 견해 172
도르트 신조/총회 78, 82, 251, 252, 336
도마 288

독립성, 하나님의 50-51
독재, …로 이끄는 과도한 행정 357
'돌아섬', 하나님 나라를 보기 위한 268
동물들, …의 이름을 지어 주다 143
동방 교회, 니케아콘스탄티노폴리스 신경 69
동일시됨, 그리스도와 212-213
동정녀 탄생 191, 243
두려움과 떨림, 우리의 연약함을 반영하는 331
두로왕, …에 대한 규탄 162
둘째 사망 162
디모데 45
"때가 차매", "하나님이 그 아들을 보내셨다" 52
떡과 포도주 364
떨어질 수 없는 연합, …인 신비적 연합 302

ㄹ

라우틀리, 에릭 283
라이프니츠 71
래드, 조지 엘던 30-38, 398
램, 버나드 11, 104-112
램지, 아서 210, 396
러셀, 버트런드 144, 145, 379
레이치, 애디슨 H. 22-29
로리, 찰스 W. 72
로마 가톨릭교회
 교회를 정의하는 348
 구주의 전가된 의를 거듭난 자의 본유적 의로 대치시킨 308
 성례가 인간을 하나님이 받으실 만하게 만든다는 310
 세례가 인간의 본성에 있는 죄책과 오염을 제거한다고 여기는 153

신자는 배교할 수 있어도 교회는 배교
하지 않는다고 말하는 339
죄에 대한 관점 171
로마인, 정치의 천재인 39
로빈슨, 윌리엄 차일즈 85-94
로스, 로버트 폴 231-239
로스켈리누스 67
로크, 존 71
루더포드, 새뮤얼 371
루이스, C. S. 10,
루터, 마르틴 63, 89, 140, 150, 238, 270, 300, 313, 321, 322, 335, 338, 347, 370
루터교, 개혁주의 가르침 안에서 터키적 혹은 이슬람적 충동을 발견하게 되는 80
루터교의 도식, 배교의 가능성을 허락하는 335
룰, 앤드류 K. 121-128
리처드슨, 시릴 C. 71
리처드슨, 앨런 208, 210, 211, 401
리츨, 알브레히트 59, 63, 173
린튼, 캘빈 D. 285-294

마귀학 117
"마땅한 일", 하나님께 있어서 63
마르셀, 피에르 184
마르쿠스, 랄프 282
'마른 뼈 골짜기' 본문, 에스겔서에 나오는 396
마음, 뇌와 …의 관계 379
마지막 부활, …에 있는 궁극적 전망 410
마지막 상태, 천국과 지옥 404-412
마카베오, … 때에 발전한 몸의 부활 교리 396
마케도니우스주의 70
만군의 주, 하나님의 이름인 111
만인제사장, 루터의 … 교리 238
말형, …이신 예수 212, 298
말씀 선포(케리그마) 88, 209
말씀 소명 258, 263
「말씀과 성례에 관한 칼뱅의 교리」(윌리스) 369
「말씀의 신학」(바르트) 173
'맡김'의 믿음 310
매개체, 하나님의 129
매튜, W. R. 193
맥도날드, 휴 더멋 305-313
맨티, 줄리우스 R. 276-284
머레이, 존 323-331
먹는 것, 물질적인 상징을 365
메시아 216, 233
메시아의 왕국, …을 공유한 죽은 자에 대한 질문 381
메시아적 왕권, …에 대한 약속 221
메타멜로마이, 다른 느낌 또는 가책을 뜻하는 277
멜기세덱의 제사장직 220
멜란히톤 335
"멸망", …의 의미 409
명목상의 기독교, 부적절한 337
모르몬교 142
모리스, 레온 223-230, 399
모리슨, 로버트 301
모벌리, R. C. 223
모세 50, 96, 205, 296, 344, 411

모티어, J. 알렉 12, 404-412
모팻, 로버트 301
목사, 많은 섬김으로 방해를 받는 352
목적론적 논증 24
몸
   …의 속량 411
   그 자체 그대로 남아 있는 384
몸과 그 몸의 지체, 바울의 글에 나타난 300
몸과 영혼, 인간의 141
몸과 영혼의 연합, ….인 이 땅의 삶 406
무, 자연 밖에 있는 100
무, 하나님은 …에서 우주를 창조하셨다 97
무능, 영적 170
'무법', 소자연에서 발견되는 135
무서워하는, … 종의 영이 거두어지다 320
무소부재하심, 하나님의 52
무에서의, … 창조 98
무에서의(ex nihilo) 창조, 성경이 가르치는 140
무정부 357
무죄, …의 언약 178
무지, 아담을 타락하게 만든 원인이 아닌 289
무질서 96, 124
무천년설 390-391
무한하심 51, 384
무함마드 189
무형 교회 348
묵상, 로마서에 관한 루터의 370
묵시 문학, …에 나타난 불멸의 소망 381
문화, …의 영적인 사용 373
물과 성령, 하나님의 능력을 보여 주는 273

물로 씻음, 질병에 걸린 사람들을 정결케 하기 위한 360
물질 96, 171, 189
"물질 전", …의 영원성 96
물질성, 하나님 안에 함축된 142
뮬러, J. 테오도르 314-322
뮬러, 윌리엄 A. 19, 295-304
미리 정한 자, 하나님이 부르셔서 264
미셸, 오토 267-275
미콜라스키, 새뮤얼 J. 214-222
믿음(살아 있는 믿음도 보라) 285-294
   …과 사랑 291
   …과 이성 290-291
   …과 지식 287-290
   …에 의한 칭의 305-313
   …으로 의롭다 함을 받은 아브라함 150
   …을 '공적'으로 바꾸다 311
   …을 주관적으로 만드는 오해 271
   …의 작용 291-293
   …의 정의 286-287
   …의 주요 교리들 388
   …의 핵심인 부활 211
   기독교 신학의 핵심인 287
   "낯선 일"을 넘어 하나님의 사랑을 보게 하는 63
   단지 칭의의 통로인 310, 311
   불멸의 소망에 없어서는 안 될 380
   사랑으로 보호받는 291
   생명의 물을 얻기 위한 통로인 291
   생명이 죽음을 이길 것이라고 약속하는 380
   선행의 열매를 맺는 313
   성령의 은혜의 역사에 의한 93

세례를 위해 헌신보다 선행되는 362
순종과 동일한 것이 아닌 312
순종을 대신한 것이 아닌 311
순종함으로 증명된 아브라함의 154
완전히 새롭게 됨을 성취하는 319
우리 안에 행하시는 하나님의 사역인 310
하나님을 '직접 대면하는' 것으로서의 290
하나님이 "자기를 찾는 자들에게 상 주시는 이심"을 믿는 278
"믿음으로", … 이루어지는 칭의 310
밀턴 163

ㅂ

바깥 어두운 데, 그리스도께서 말씀하신 61
바로 126, 165, 166
바로이스, G. A. 295
바르트, 칼 54, 60, 61, 63, 64, 72, 79, 98, 105, 108, 109, 124, 127, 140, 147, 154, 173, 241, 295
바르트주의 154-155
바른 사고, 바른 행동으로 이끄는 10
바리새인 281
바리새주의 86
바벨론, …에 대한 규탄 162
바빙크, 헤르만 255
바울 10, 32, 41, 45, 59, 61, 62, 87, 118, 126, 142, 144, 150, 151, 152, 153, 164, 165, 166, 168, 169, 170, 187, 207, 208, 209, 221, 224, 225, 226, 227, 229, 235, 237, 246, 251, 260, 264, 265, 269, 283, 290, 298, 299, 300, 311, 316, 323, 324, 329, 332, 345, 346, 347, 353, 354, 356, 360, 363, 365, 386, 398, 399, 411
바울 서신, …에 나타난 신비적 연합 298-302

반(半)이신론적 관점, 기독교적이라고 보기 어려운 135
반다이크, 헨리 200
반대 견해들, 창조에 관한 기독교의 주장에 대한 99-101
반율법주의, …의 이단 152
반초월주의 108
반틸, 코넬리우스 167-176
반펠라기우스주의자 171
밥티스마 메타노이아스(회개의 세례) 281
밥티조, '적시다', '거꾸러뜨리다', '담그다' 라는 뜻인 362
배교 333-334, 335, 337
'뱀'(the Serpent) 160, 161
뱀들(snakes) 161
버스웰, J. 올리버, Jr. 158-166
번연 370
벌코프, 루이스 215
범신론 123, 133
법/율법
  모세를 통해 주신 344
  분리된 …은 속박의 제도가 된다 181
  사랑의 159
  시내산에서 …을 받기를 거부하다 154
  시내산의 180
  정결케 하는 수단인 360
  평균의 145
'법적 허구', …인 칭의 307
법적인 의미, 칭의의 307
벗어나심, 그리스도의 205
베드로 41, 42, 45, 209, 242, 265, 292, 345, 360
베르까우어, 헤리트 C. 13, 113-120, 122

베르댜예프, 니콜라이 100
베빙턴, 데이비드 14
베크, J. T. 272
베크, 윌리엄 S. 145
벨직 신앙고백 47, 78, 81
변증적 신학 학파, 새 창조에 관한 272
변화 327
변화산 205, 411
'병으로부터 죽음까지', … 고통받는 인간 272
보상적 공의, 하나님의 62
보편 교회, 그리스도 아래 한 몸인 347
보편 구원, …을 부정하다 64
보편론자 71, 404
보편주의 63, 408
복
    구원의 59
    신령한 …의 이유이신 그리스도 89
    아브라함과 그의 자손에게 약속된 154
    양자 됨의 320
    자연 질서의 136
    자연적인 253
"복된 소망"
    …인 재림 393
    기독교 교회의 386
복음
    …의 비신화화 212
    …의 삼위적 형태 15, 16
    …의 좋은 소식 205
    구원을 위해 가장 먼저 배워야 하는 282
    내용은 같은 298
    모든 나라로 확장된 …의 약속 182
복음적 교리들, 죄와 구원의 은혜에 관한 249

복음주의 13n8, 15n12, 18, 20
복음주의 신앙의 중심 19
복음주의 신학 9-16,
「복음주의 지성의 스캔들」(마크 놀) 20
복음주의자
    교회 행정의 영역을 정의하는 350
    그리스도 안에서 우리의 자유를 소중히 여기는 338
    "삼위일체적 뿌리를 지닌" 16n13
    새로운 신학적 보수 9
    성부 하나님과 성령 하나님을 소홀히 여기는 73
    여러 교리에서 차이를 보이는 14
    예수 중심적인 경건으로 특징 지어지는 19
복음주의자의 정의, 복음주의자가 누구여야 하는지에서 비롯되는 14
복음주의적, …의 의미 14
복음주의적 교회, 교리적 가르침에 목말라 하는 17
본성의 인도(natura duce), …를 따라 칭찬받을 만한 삶을 산 사람들 250
볼프 71
뵈메, 야콥 100
부도덕 356
"부르심" 260
부수적 현상설 145
부여된 실재, 우주의 98
부자와 나사로, …에 대한 그리스도의 이야기 407
부정, 아리스토텔레스의 …의 개념 172
부정적인 권세, …인 사탄의 권세 118
부정함 360, 365

부패, 타락 후 인간 본성의 178
부활
　…의 기적 137
　…의 연장인 교회 346
　그리스도의 35, 208-211, 382, 397
　마지막 410
　불멸의 주제에 영향을 끼치는 383
　승천과 연합된 211
　신약 성경에서 중요한 위치를 차지하는 210
　일부 고린도 교인들이 부인한 356
　자유주의 신학자들에게 공격받은 209
　재림과 388
　핵심적이고 우선적인 …의 교리 208
부활의 삶/생명 35, 398
「부활의 실제들」(테니) 210
부활한 몸 397, 398
분배적 공의, 하나님의 62
불멸 377, 378, 379, 380, 381, 382, 383, 397
불멸의 소망, …에 관한 고려 사항 379
불변성, 하나님의 53
불순종 149, 169, 170
불트만 117, 142, 155, 211, 270
불확정성, …의 원리 135
브라운, 윌리엄 애덤스 71
브라이트만, 에드가 S. 100
브로밀리, 제프리 W. 76-84, 366
브루너, 에밀 60, 61, 63, 64, 272
브루스, F. F. 186-194
비, 하나님의 일인 130
비공유적 속성 48, 50-52, 55
비그리스도인과 그리스도를 거절하는 자들, …에게 엄중한 경고인 재림 393

'비극적 갈등', 하나님의 본성 안에 있는 100
비기독교적 체제들, 창조에 대한 96-97
비오 12세 146
빌립보서 2장 7절, 자기 비움에 관한 핵심 구절인 199-200
빌립보의 간수, 자신의 회개를 보여 준 280
빛의 아들들 248, 270

ㅅ

사건, 하나님이 말씀하시면 일어나는 37
사고, 준거틀을 요구하는 27
사고방식, 실내 장식과 같은 현대인의 108
사도 42, 43, 210, 353
사도신경 69, 351, 388, 396
사도행전, 사도들의 설교가 기록되어 있는 369
사두개인 281, 381
사람을 섬기는, … 지체 346
사람의 인격적인 최종 결과물, 비인격적인 근원에서 비롯된 25
사랑
　…으로 보호받는 믿음 291
　그리스도의 217
　모든 것을 견디는 332
　진정한 제자의 표지인 357
　하나님의 15, 59, 60, 93, 224-225
　하나님의 최고 본성인 60
사랑과 순종적 섬김, …을 향한 강력한 동기 151
사르트르 145
사무엘 53, 406
사물(res), …을 통한 일반 소명 257
사벨리우스 70

사벨리우스주의 69
"사변형" 정의, 복음주의의 15n12
사상적 유파들, 무엇이 선이고 무엇이 악
인가에 관한 159
사역
    가르침과 다스림의 352-353, 354, 355
    교회에서의 346-347
    말씀의 351
    섬김의 352
    성령의 241, 242, 243
사역들, 교회 행정의 본질을 이루는 351
사우스, 로버트 140
사울(왕) 53
사탄
    …과 마귀들 113-120
    …에 대해 이미 이루어진 승리 117
    …의 능력을 조심하다 116
    …의 뿌리인 근본적인 죄인 교만 161
    …의 좌절 117
    …이 이끄는 강한 저항 391
    거짓으로 인간의 타락을 초래한 162
    구약 성경을 인용하여 그리스도께서 물
    리치신 41
    때로는 결코 정복될 수 없을 것처럼 보
    이는 118
    '뱀'인 161
    불 못에서 "세세토록 밤낮 괴로움을 받
    는" 410
    빛의 천사로 나타나는 113
    살인자이자 거짓말쟁이인 161
    「실낙원」앞부분에 나오는 …의 독백 163
    여전히 세상에서 힘을 행사하는 117
    우리가 알지 못하는 …의 길 118
    유혹자인 160
    이미 그를 정복한 분의 대적자로서만
    의미를 지니는 116
    창조 교리 안에 위치하는 114
    타락한 천사들의 수장인 161
    회개라는 생각 자체를 거부하는 163
사탄에 저항하다, 그리스도 안에 있는 능
력으로 116
사회적 압박, 그리스도인이 되는 것에 대
한 280
산상수훈, 왕국 원리의 선언인 221
살수례 362
살아 계신 하나님, …의 유일성 48
살아 있는 믿음(믿음도 보라) 292, 293, 311
삶/생명
    성령의 능력이 이끄는 268
    죽음 이후의 379, 381
삼위 하나님
    … 안에서 삼위 사이에 맺으신 영원한
    언약 308
    …이신 유일하고 참되신 하나님 48
    복음의 총합이자 실체이신 15
    복음주의 신학의 교리적 핵심이 되는
    …의 복음 16
삼위-연합, …의 교리 68
삼위일체 66-75
    … 교리를 널리 퍼뜨리다 72
    …에 관한 신조의 선언 68-70
    …의 성경적 근거 67-68
    …의 실재를 경험하는 데서 시작하는
    복음주의자들 19n18

영원한 사랑의 교제 가운데 거하시는 59
우주를 창조함에 적극적으로 개입하신 102
인격적인 활동의 세 중심점이 있는 97
삼위일체 주일 74
삼위일체적 확신 20
삼위적 개념 68
삼중 예정 86
상급의 약속, 재림과 388
새 언약 181, 182, 183, 364
새 창조, 인간의 272
새로운 시작, …에 관한 강조 268
"새로운 인류" 10
새로운 존재, …로서의 그리스도에 대한 사상 175
새로운 피조물, 그리스도 안에 있는 345-346
새사람, 점차 …을 입다 319
샌더스, 프레드 19n18
생령, 인간의 141
생명의 부활 400
생명이 없는 것들, 도구로서 137
"생명책" 408
선 88
선, 모든 것이 합력하여 …을 이루시는 하나님 264
선교사들, …의 고난 301
선재하신 하나님의 아들, 자기를 비우신 196
선지자
   …의 지식을 소유하신 예수 215
   …이신 그리스도 218-219
   하나님께로부터 오는 말씀을 받아 말하는 41
   현재의 직분들을 성경적 기준으로 끌어

올려야 하는 357
선지자의 말, 중재된 말인 109
선택 77, 85, 335
선택, '결정된' 것이 아니라 영향을 받는 인간의 145
선택된 자와 유기된 자, …사이의 시간 전 차별 82
선포된 말씀, 계시적 특징을 설명하는 37
선하심, 하나님의 59, 90
"선하심과 인자하심", 하나님의 283
설계, 거의 결정적인 결론을 내린 논증 25
설계자, 상호 연관된 설계와 목적이 가리키는 24
설교된 말씀, 은혜의 수단인 369
섬김, …의 사역 352
섭리 85, 121-128
성 삼위일체(삼위일체를 보라)
성, 낳으심과 관련하여 불편하게 여겨지는 274
성경(bible)
   …을 비신화화하다 155
   …을 제거하여 헛됨을 증명하기 위한 시도들 44
   …의 영감 39-46
   거룩을 가르치는 409
   결정론자들과 다른 147
   그 자체로 증언하는 40-42
   다른 무엇보다 중요하게 다뤄지는 11
   더는 절대적이지 않고 상대적으로 중요한 40
   몸과 영혼을 나누는 헬라적 이원론을 받아들이지 않는 397
   무오류의 신적인 책이 아닌 154

아담이 한 인간이었다고 가르치는 141
아브라함의 역사에 관한 기록인 32
악을 대적하는 길을 보여 주는 119
역사에 관한 책인 31
인간에게서 비롯된 책인 39
하나님의 말씀을 포함하는 40
성경(scriptures)
　…에 나타난 하나님의 계시와 영감 242
　…에 언급된 영원하신 하나님 51
　…의 정경성에 대한 정의 42
　개인적인 사용에서도 은혜의 수단인 370
　교회를 위한 행정에 관한 350
　교회의 삶에 매우 중요한 …의 진실성 370
　기도의 책인 372
　기독교 사상과 삶의 최고 기준으로서의 11
　바울이 구원에 이르게 하는 지혜를 얻은 45
　불멸과 관련된 380-383
　성령의 영감으로 기록된 242
　성례와 …의 관계 369
　신성을 삼위의 방식으로 구별하는 68
　악에 대해 이론적인 답을 제시하지 않는 127
　'어떻게' 창조가 이루어졌는지를 설명하려 하지 않는 102
　우리를 그리스도께 인도하는 45
　장로의 구체적인 의무를 언급하지 않는 354
　하나님에게서 나와 그리스도께로 흐르는 46
　하나님의 섭리적이고 은혜로운 다스림을 당연시하는 126
　하나님의 영감으로 된 41
　하나님의 영광스러움을 보여 주는 111
성경의 영감, …에 관한 교리 39-46

성경의 정경성 43
성공회 348
성령 강림절(오순절) 74, 244
성령(하나님의 영도 보라)
　… 세례 361
　…과의 합당한 관계 245
　…에 의해 '영원한 죄'로 판결받다 162
　…으로 인도함을 받다 320
　…의 내주하심 151, 244
　…의 사역 240-247, 368
　…이 친히 이루시는 성화 330
　구약 성경에 나타난 242-243
　그리스도께서 당하신 고난과 시험에서 그분을 섬기신 243
　그리스도와 …의 관계 243
　덜 존귀한 존재인 70
　모든 것을 가르치시는 42
　모든 것을 기억나게 하시는 43
　'물 위에' 운행하신 102
　믿음의 저자인 310
　사람들에게 영향을 주는 369
　생물과 무생물을 포함한 모든 피조물에 관여하는 240
　성부께 순종하시는 73
　"성부에게서 발출되는" 69
　성부와 성자에게서 나오는 69
　성화의 매개체이신 330
　스스로 표면에 드러나지 않으시는 73
　"신령한" 몸을 주도하시는 399
　신자를 하나님의 자녀로 증언하시는 317, 319
　오순절에 임하신 387

죄를 깨닫고 회심하게 하시는 282
　　죄와 사망의 법에서 해방시키시는 329
　　진리로 인도하는 236
　　하나님의 내적 증거이신 45
　　하나님이신 68, 241
「성령론」(오웬) 242
성령의 소유, 구원에 본질적인 244
성령의 열매, …를 맺다 245
성령의 은사, 다양한 245
성부 하나님(하나님도 보라)
　　그리스도의 이름으로 …께 기도드리다 74
　　부를 자들을 택하시는 184
　　영원부터 성자를 생성하심에 우선적인 73
성부 하나님, 우리를 구원하기 위해 자신의 아들을 주신 225
성부와 성자와 성령, 가장 일반적인 호칭인 68
성육신
　　…의 사실 187-190
　　…의 교리 186, 223
　　…의 기적 137
　　…의 수단 191-193
　　…이라는 놀라운 기적을 합리화하다 202
　　그리스도의 인성을 통해 중재된 하나님의 영광인 109
　　신성과 인성을 모두 포함하는 186
　　'육체를 입다'라는 뜻을 지닌 186
　　자기 비움 이론이 … 교리에 기여한 긍정적인 공헌 201
　　초자연적인 사건인 191
　　하나님이 피조물과의 관계에서 자신을 제한하신 예인 200

「성육신」(고어) 199
성육신 전 그리스도, 자기를 비우신 199
성육신 전 성자, …께서 택하신 자유롭고 자발적으로 행위를 강조하는 자기 비움 201
「성육신을 통한 화해」(시몬) 200
성육신하신 아들, 자기를 비우신 196
성인들, 연옥에서 고통당하는 죄인들을 구원하는 153
성찬 363-366
성찬 예배, 그리스도의 속죄 제사를 기념하는 238
성찬식(성찬을 보라)
성취, … 교리의 기초가 되는 섭리 124
성화 152, 323-331
　　…와 동일시되어 버린 칭의 309
　　…의 매개체 329-331
　　…의 선물을 받게 되는 신자 319
　　마음과 삶의 거룩함과 관련된 324
　　모든 죄에서 구속시키는 152
　　바울이 유효적 소명과 조화를 이루게 한 324
　　변화를 내포하는 327
　　재림과 388-389
　　점진적 326-328
　　하나님의 아들의 형상을 닮아 가는 것인 328
　　확정적 324-326
세대, 성경의 역사를 …로 나누다 153
세대주의 153-154
세대주의자 399
세대주의적 관점 392
세례 359-367

…의 이름으로 68
　　　그리스도의 죽음에 들어가는 299
　　　도덕적, 영적으로 헌신한다는 서약인 363
　　　성령 244
　　　적절한 … 방식 362
　　　죄에 죽으신 그리스도께 참여하는 346
　　　할례에 준하는 신약의 표적인 344
　　　회개를 위하여 물로 베푸는 281
세례 요한 243, 278, 279, 281, 360
세례를 위한 삼위의 고백들 189
세상
　　　고요하지도, 평안하지도 않은 148
　　　하나님의 발판인 52
「세상의 빛」 학술 토론집, 성육신 신학에 관한 198
셰익스피어 332
소수, 예수 그리스도를 인격적인 구주로 영접하는 259
소시니안 라코비안 교리 문답 68
소외, 스스로를 괴롭게 만드는 385
소요리 문답, 하나님의 작정에 대한 77
소치니, 파우스토 71
소크라테스 167, 170, 171
소통, 하나님과 인간의 109, 250
속성들, 삼위 하나님의 47-56
속죄 223-230
　　　…의 의미 224
　　　…의 제사 238
　　　재림과 388-389
속죄 행위, 그리스도의 대제사장적인 220
속죄일 235
수학적 관계, …로 발전하는 메시지 28

순교자 유스티누스 363, 373
순종
　　　…과 동일한 것이 아닌 믿음 312
　　　…의 완전한 모습 151
　　　그리스도의 170
　　　은혜 언약이 요구하는 185
　　　하나님이 계시하신 뜻에 …할 것을 요구하다 150
　　　하나님이 인간에게 요구하신 149
순종의 기준, 예수께서 세우신 151
슈타우퍼, 에델베르트 208
슈타우피츠 89
슐라이어마허, 프리드리히 71, 117, 173
스스로 완악해짐, 바로의 편에서는 126
"스스로 있는 자" 50
스올 380, 396, 405, 406
스코필드, 가이 340
스콜라 학자 67
스톱, 헨리 129-138
스트롱, A. H. 215, 315
스팀스, 루이스 F. 127
스펄전, C. H. 285, 291, 295
스피노자 50
'습관', 하나님의 …을 살펴보는 과학 131
승리, 신약 성경 전체를 통해 흐르는 229
승리, 악을 이기는 하나님의 115
승천, 그리스도의 211-213, 235
시간
　　　…과 창조의 관계 101
　　　…의 제한을 받지 않으시는 하나님 51
　　　알 수 없는 재림의 392
시간과 공간, 유동과 변화의 영역인 31

시내산, …에서 이스라엘과 맺은 언약 180
시몬, D. W. 200
시민적 의, …를 위한 일 252
시민적 의(justitia civilis), 믿음에서 비롯되지 않은 252
시삭, …에게서 구원받음 156
시험받음, 예수의 198
신격, 한 본성과 한 본질과 한 실체이신 67
신념, …의 의미 287
신랑과 신부, …의 관계 299
'신령한 몸'/영의 몸 383, 398
신령한 복, …의 이유이신 그리스도 89
"신령한 안경", 성경이라는 28
신론, …과 밀접하게 관련된 일반 은총 250
신뢰, …의 의미 287
신뢰하다, 우리가 사랑하는 사람을 291
신복음주의 9, 10, 17
신복음주의자, …의 신학적 소명 17
신비
   …이신 그리스도 187
   …인 유효적 소명 261
   속죄에 관한 224
   하나님의 영의 268
신비적 연합, 부활하신 주님과 신자의 295-304
신비적, 그리스도와의 교통이 지닌 경이로움을 보여 주는 19, 296
신비주의자, …인 바울 301
신성, …을 정의하다 202
신성, 성령의 241
신실하심, 하나님의 61, 382
신약 성경
   …의 정경성 42

…자체의 증언 42
…에서 강조하는 회개 278-280
…에서 세례의 선제 조건인 회개 280-282
…에서의 회개와 회심의 의미 277
…의 기자들 188, 198
구약 성경을 "하나님의 말씀"이라고 언급한 38
구약 성경을 증언하는 41
구약의 사람들을 참된 신자로 간주한 183
그리스도의 구원 사역을 대속적인 것으로 여기는 228
바울의 종교적 경험의 산물인 32
부활의 사실에 근거하여 기록된 210
오신 분에 대해 증언하는 42
유효적 소명에 대해 의심의 여지가 없는 259
이 '거룩한 역사'의 의식에서 벗어나지 않는 34
'장로' 직분과 '감독' 직분을 동일시하는 355
죽은 자의 부활에 관한 …의 믿음 397
죽음을 인간의 유예 기간이 끝난 것으로 주장하는 407
참 이스라엘로 그리스도를 묘사하는 344
최후 심판에 관한 400
폐할 수 없는 진리에 대한 기록인 42
하나님의 백성을 위한 복과 구원받지 못한 자들의 정죄를 선언하는 407
신약 성경의 교회 342, 345
신자
   …에게 영광과 위로가 되는 계시인 재림 393
   …의 현재와 미래의 구원을 확실히 보

장받다 335
그리스도 안에 있는 믿음을 통하여 양
자 됨을 얻는 318
그리스도 안에서 '의롭게 여겨지다' 169
그리스도와 교제하는 351
그리스도와 함께 죄에 대하여 죽는 325
그분의 이름으로 모이는…들이 교회다 347
늘 기도하는 371
독립된 개체로 여기지 않는 327
동떨어진 상태에서 구원받는 것이 아닌 229
몸의 지체인 300, 346
물질적이고 영적인 복을 약속받은 183
믿음의 선한 싸움을 싸우는 264
바울에 따르면 거룩해진 324
성부에 의해 성자와의 교제로 부름받은 325
완전히 거룩해지는 …의 영혼 410
은혜의 다른 수단들을 사용하는 375-376
'자녀'인 314
정죄함을 받지 않는 400
죄 씻음과 그리스도를 믿는 믿음이 모
두 필요한 359
하나님의 일을 막는 333
하나님의 자녀인 316, 319
신적 사랑, 예수 그리스도 안에 있는 217
신적 성품, 신적 의지에 의해 표현되는 159
신적 은혜의 영원한 행위,…인 양자 됨 316-317
신적 자기 제한 200
신적 존재, …의 속성 49
신적 케노시스,…의 개념을 대중화하다 198
신적인 관계 혹은 연합, 성부와 성자 사이
의 198
신적인 권위, 사도들의 43

신정통주의 90, 147
신정통주의 신학, 성경을 인간의 말이라고
정의하는 40
신조 고백 34
신조들, 개혁주의 교회의 271
신플라톤주의의 고안 89
신학 11, 55, 173, 274, 275
신학자
  개신교 …의 다양한 견해 272
  사랑을 하나님의 계시의 중심이자 핵심
  이라고 묘사하는 현대의 60
  신약 성경의 중요한 종말론적 주제들과
  관련한 395
  양자 됨 교리를 다루는 320
  현대 172
「신학적이고 문학적인 논문들」(허튼) 200
「실낙원」(밀턴) 163
실물 소명 257, 258
실재/현실 27, 28, 39, 286
실제적인 문제, 악의 126
실존주의 146-147, 155-156, 289
실존주의 신학, …에 굴복하지 않다 274
"실존주의, 종교와 신학"(하이네만) 146
'실현된 종말론' 387
심리주의 145-146
심리학, 우리 시대에 결정론적인 145
심슨, G. G. 144
심슨, 윌리엄 J. S. 211
심판/형벌 63, 64
심판
  …의 때에 관하여 복음주의자들 사이의
  다양한 견해 402

사랑에 대한 정의에 함몰된 217
성경적 신앙의 핵심인 400
실제적인 217
'영원한' 408
심판과 보상, 그리스도의 재림과 관련된 389
심판의 부활 400
십계명 159
십자가
 … 안에 있는 그리스도인의 영광 302
 …의 역설 204
 승리의 표시인 208
 역사의 모든 세대에게 유효한 235
 하나님은 악의 근원이 아니심을 대변하는 115
 하나님의 의를 보여 주는 226
십자가의 표시, 주님이 심판하러 오실 때 하늘에 있을 401

ㅇ

아가멤논과 입다 233
아가페 60, 61
아넷, 윌리엄 M. 386-394
아놀드, M. B. 145
아놀드, 매튜 67
아담 140, 141, 149, 169, 170, 172, 173, 174, 289, 293
"아담 안에서" 죽은 "모든 사람" 409
아담과 하와 149
"아담은 모든 사람이다" 147
아들 됨 315, 316, 388
아들 됨과 발출 48
아들러, 숙명론자인 145
아론 232

아론의 제사장직 219
아르미니우스, 야코부스 310
아르미니우스주의 336
아르미니우스주의의 선언 79
아리스토텔레스 23, 140
아리우스 69, 202
아리우스주의 69, 189
아모스 34
아브라함 32, 154, 180, 232, 233, 296, 311
아브람 150
"아빠, 아버지" 320
아우구스티누스주의와 펠라기우스주의, …의 차이 334
아우크스부르크 신앙고백, 재림에 관한 388
아원자 입자들 135
아타나시우스 67
아타나시우스 신경 69, 388
아페시스, '사함'과 '용서'로 번역된 207
악
 …에 관해 경고를 선언하는 성경 115
 …에 대적하기 위해 기도하다 118
 …에 대한 의도적인 선택 171
 …에 대해 설명하는 것을 경계하다 119
 …을 정복하시는 하나님 115
 …의 문제 126-128
 그리스도께서 정복하신 222
 설명이 가능한 …의 원리인 사탄 114
악의 능력, 인간의 힘으로는 저항할 수 없는 117
악의 자손 됨, 하나님의 낳으심과 상반되는 269
안디옥 공의회 196

안셀무스 63
안티오코스 에피파네스 396
알렉산드리아의 시릴 196
앨리스, 오스왈드 T. 148-157
야고보 311, 374
야곱 32, 405
약속, 조건적으로 아브라함에게 주신 154
약속된 자비, 하나님 편에서는 343
양자 됨 312, 314-322
"양자 됨에 관한 개혁주의 교리"(웹) 314
양자론 69
어둠 115-116, 385
어둠의 세력들 115-116
'어둠의 자녀들', '빛의 자녀들'과 구별되는 270
어린양
　…의 영광 411-412
　잠겨 있는 역사의 책을 여시는 116
언약
　…의 요소 177, 178
　…의 정의 343
　…의 통일성 182-183
　메시아 이전 시대의 183
　시내산에서 이스라엘과 맺은 180
　하나님이 아브라함과 맺으신 342
얼, 랄프 204-213
에녹 296
에덴 149
에로스, 정의된 60
에를랑겐, … 신학 271
에베소 교회, 지도자를 장로, 감독, 목자로 묘사한 355
에스겔 37, 296

에우세비우스 214
에우튀프론 167
에우티케스 202
에이스(위하여), 원인을 가리키는 281
에파팍스(단번에), … 드려진 그리스도의 제사 238
엑소도스, 벗어남, 출발을 의미하는 205
엘로힘, 복수형인 68
엘리야 205, 411
엘리엇, T. S. 286
여공, 잉여의 공덕을 쌓는 153
여자, 분리된 피조물은 아닌 140
여호와, 니느웨가 행한 것을 보신 54
역동적 과정, …으로서의 자연 136
역사
　…의 목표 392-393
　그리스도를 통해 완성되도록 계획된 125
　단지 역사 자체를 위한 기록이 아닌 32
　성경을 증언하는 42-44
　진노와 심판을 통해 하나님을 계시하는 34
　하나님 자신에게서 비롯되는 구원의 36
　하나님의 행위를 수반하는 12, 32
역사성, 승천의 212
역사와 문화의 철학, …과 밀접하게 관련된 일반 은총 교리 250
역사의 주관자, 역사를 초월하시는 36
역사적 단계, 상호 의존하는 122
역사적 사건들, 계시가 수반된 36
역사적 족보, …에서 아담을 언급하다 142
역사적 현실, 예수의 육체적 부활의 212
역설
　그리스도의 희생적 낮아지심과 승리의

높아지심의 236
죄인이지만 완전하다는 인간의 307
연대적 구원, 그리스도 안에 있는 169
연대적 죄 171
연대적 죄, 아담 안에 있는 모든 사람의 169
연옥 153, 383
열두 사도의 가르침 362
열매들, 유효적 소명의 261
영
　…이신 하나님 52
　본질적으로 선한 189
　살리는 것은 …이니 365
　생명의 384
　인간의 399
　하나님께로 돌아가는 406
영국 군인들, 일본 부상자들에게 음식과 물을 나눠 준 374
영국 성공회 39개 신조 78, 81, 388
영국의 이신론자들 71
영벌/유기 86, 90
영생/영원한 생명 312, 377, 382
영원성 51, 80
영원성, 인간 안에 있는 143
영원한 불 63
영원한 영광, …의 길 63
영원한 예정 87
영원한 정죄 402
영원한 죽음 206, 404
영원한 형벌 64
"영원히 주님과 함께", 성취된 말씀인 412
영적 눈먼 상태, …를 거두어 가는 261
영적 무능 170, 171

영적 번영, …의 황금시대 390
영적 성장, 세례 후의 363
영적 죽음 162
영적인 연합, …인 신비적 연합 302
영적인 특징들, 이마고(형상)의 143
영혼 멸절설 404, 405, 409
영혼
　생기를 주는 원리와 이마고(형상)의 이중적인 측면을 지닌 144
　아버지이신 하나님과 …의 참된 관계 315
　존재의 핵심인 379
　하나님이 인간에게 생기를 불어넣은 141
　현재 삶의 연장으로 계시된 스올에서의 …의 삶 406
영혼이 분리된 삶, 스올에서의 406
예레미야 38, 296
예수 그리스도(그리스도도 보라)
　…께서 제자들에게 주신 새 계명 151
　…를 향하여 기도드리라 73
　… 안에 있는 예정 89-91
　… 안에서 기본적인 작정을 발견하다 83
　…와 연합했다는 인식 302
　…와 천사의 관계 110
　객관적 증거의 가치를 가르치신 288
　그 말씀의 살아 있는 실체이신 218
　끝까지 사랑하신 332
　"내가 온 것은 양으로 생명을 얻게 하고 더 풍성히 얻게 하려는 것이라"고 선언하신 283
　둘째 아담이신 142
　마귀에 관해 말씀하신 161
　모든 사람을 위하여 죽음을 맛보신 206

주제 색인　　　　　　　　　　　　　　　　　　　435

모든 인간과 …의 관계 174
불멸을 말씀하신 407
사두개인과 …의 논쟁 381-382
사람이 새로워지는 데 관심이 있으신 270
사탄과 마귀들을 만나시는 116
사탄을 정복한 권세자 119
선지자, 제사장, 왕이신 214-222
성령을 소유하신 268
성부의 우편에 높이 올려지신 212
손을 내밀어 베드로를 구하신 292
신인 양성을 갖춘 하나님의 종인 110
심판 과정을 시작하신 401
심판에서 하나님의 대행자이신 400
십자가를 피할 수 있었던 226
요한의 세례를 받으신 360
우리 신앙의 자석과 같은 중심이신 73
우리를 구원하기 위해 인간이 되신 186
이 땅에서 하나님을 영화롭게 하신 236
자신의 지식과 성육신 전 영광에 관한
 …의 한계들 198
제자들과 그분 자신, 그리고 하나님과
 의 친밀한 연합을 깊이 원하신 297
제자들과 유월절을 기념하신 363
제자들을 확신시키신 297
죄인들도 선을 행할 수 있다고 말씀하
 신 253
죄인들의 죽음으로 절규하신 227
철저하게 자발적으로 영혼이 떠나가신 205
태어남에 관한 268
하나님과 지속적으로 관계를 맺게 하시
 는 296
하나님의 목적과 작정이신 84

하나님의 진노가 임한다고 가르치신 61
하나님이 낳으셨다고 선포된 273
하늘에서 땅으로 다시 오실 386
회개와 회심의 필요를 강조하신 280
회개하지 않는 자들에게 임할 운명을
 묘사하신 282
예수 그리스도의 강림 386
예수 그리스도의 중보 사역 214
"예수는 주님이다", 바울이 고백한 221
예식, 모든 교단에서 지키는 359
예언, 그리스도의 재림과 관련된 388
예정 85-94
 …에 관한 아우구스티누스 334
 그리스도 안에서 …의 핵심 86
 순전한 하나님의 은혜를 드러내는 91
 양자 됨으로의 316
 예수 그리스도 안에 있는 89-91
 이중 …을 부정하다 64
 인격적이고 그리스도 중심적이며 은혜
  로운 86
 자유로운 은혜의 선택인 91-93
 하나님의 약속과 관련하여 …을 다루는
  유혹 84
 하나님의 인격적인 결정인 86-89
 하나님의 작정으로 77
오래 참음, 하나님의 61
오류를 범한 자 356
오리게네스 101
오스굿, C. G. 373
오스터헤이븐, M. 유진 248-256
오웬, 존 242
오직 믿음(솔라 피데) 311

오직 성경 11
오직 은혜(솔라 그라티아) 93, 317
"오캄의 면도날", …의 원리 108
완전주의 152
완전함/완성 25, 26, 50, 338
왕, …이신 그리스도 214
「왜 나는 기독교인이 아닌가」(러셀) 144
외프케, 알브레히트 198
요셉 59, 166, 192
요셉의 형제들, …의 악한 목적 126
요한 42, 46, 187, 228, 238, 239, 269
요한계시록 110, 230, 332, 390
요한의 세례 360
요한의 세례 후보자들, 자신의 죄를 고백한 279
요한의 주장들, 하나님의 낳으심에 관한 274
욥 406
용서
   그리스도께 …를 구하다 74
   불경건한 자를 의롭다 칭하시는 93
   우리 본성의 고집, …을 억제시키시는 하나님 251
우선됨, 그리스도가 아담보다 174
우선적 진리, 몇 가지 받아들이는 27
우연, 지적 능력을 지닌 유기체를 만들어 낼 144
우월함, 인간의 144
우주 96, 98, 133
우주론적 논증 24
우주적 능력, 요한계시록에 나타난 천사들의 110
운명 384-385

울먼, 존 302
워드, 웨인 E. 195-203
워필드, B. B. 32, 127, 190, 295
원 복음, 하와에게 궁극적 승리를 약속한 150
원 역사 또는 원초적 역사, …로서의 창세기 1-3장 141
원 인간 또는 원초적 인간, …으로서의 아담 141
원수 됨
   '뱀'과 약속된 구원자 사이의 161
   창조주에게서 피조물이 갈라선 231
원시 종교, 영들이 능력(mana)을 행사하는 132
원인적 사용, 에이스의 282
원죄 160, 169
원초적 혼돈, 하나님 이전에 혹은 하나님 밖에 있는 100
원초적인 물질 100
월리스, R. S. 369
월부르드, 존 F. 240-247
웨셀, 월터 W. 395-403
웨스트민스터 소요리 문답 47, 159
웨스트민스터 신앙고백
   …에서 말하는 하나님의 작정 76
   선택에서는 하나님의 "오묘한 계획"을, 유기에서는 그분의 "측량할 수 없는 계획"을 다루는 81
   성도의 견인에 관한 336
   성령 하나님에 관한 241
   양자 됨에 관한 321
   재림에 관한 388
   회심에 관한 252

웨슬리, 존 88, 336
웨슬리, 찰스 194
웨슬리주의 389
웨일, J. S. 335, 338
웹, R. A. 314, 321
위기 신학 154
위임, …의 기술을 발휘하는 목사 352
위트시우스, 헤르만 321
유니테리언 71, 73
유니테리언 이신론 80
유대교/유대주의 73, 232, 383
유대파, 할례가 필요하다고 가르친 356
유물론자 379
유아, … 세례 362
「유추」(버틀러) 25
'유치함', 구약 성경에 나온 창조 이야기의 99
유형 교회 347, 348
유형 교회의 교인, 그리스도 안에 있는 믿음을 떠나서는 구원이 유효하지 않은 348
유혹 160
유혹자 160
유효적 소명 257-266
육과 영의 더러운 것, …에서 깨끗하게 하다 327
육에 속한 사람/자연인 170, 246, 249
'육체', 완전한 인간성을 의미하는 187
'육체적' 모습, '천사들과 같은' 384
육체적인 것과 정신적인 것, … 사이에 교류가 있을 것이라는 추측 380
육체적인 특징들, 인간의 143
윤리적 관계, 하나님과 인간의 172
윤리적 관점

인간과 하나님의 172
인간성에 관한 175
윤리적이고 영적인 선택 162
율법의 저주, …에서 우리를 속량하신 그리스도 227
융, 숙명론자인 145
은유, 그리스도와의 연합의 친밀함에 대한 299
'은총으로의 회복', …인 양자 됨 315
은혜 언약 177-185
성자와 맺은 184
영원히 변치 않는 185
자기 공적으로는 얻지 못하는 의를 주는 151
하나님과 관계를 맺을 때 인간에게 베푸시는 179
행위 언약에 따르는 149
은혜(일반 은총, 특별 은총도 보라)
… 언약 177-185
…에 대한 성경적(biblical) 관점 174
…에 대한 성경적(scriptural) 관점 172
…의 다른 수단들 368-376
…의 다른 수단들의 사용 375-376
…의 하나님 91
그리스도의 몸의 지체들에게 흘러들어가는 368
믿음으로 인도하는 93
복음의 핵심이자 중심인 93
선행적인 92
예수 그리스도로 말미암은 …의 선물 168
하나님 없이 해석된 87
하나님의 61, 338, 375
하나님이 모든 인간에게 주시는 252

하나님이 우리를 위하신다는 의미인 92
「은혜의 수단인 시」(오스굿) 373
음악, 행복하고 고귀하게 만드는 373
응보적 공의, 하나님의 62
응보적 의, 하나님의 63
의
　…를 사랑하다 219
　…의 선물 168
　그리스도의 151, 309
　인간의 306, 309
　하나님의 59, 62, 63, 218, 400
의로운 사람들, 선한 일을 행할 수 있는 306
의롭다 함을 받은 사람 307, 312
의무감 26, 159
의식, 마음뿐 아니라 몸도 포함하는 384
의식적인 마음 200
의식적인 신성, 무의식적인 신성이 된 200
「의심의 시대를 위한 복음: 신의 인간적 삶」(반다이크) 200
"의의 선물" 309
의인, …이 받을 상급에 대한 가르침 406
의지적 속성, 하나님의 64-65
이교도 232, 249
이교주의 96, 97
이그나티우스 191
이단, 그리스도께서 신성을 자제했다고 주장하는 197
이레나이우스 67
이마고 데이(하나님의 형상) 139, 142, 378
이방 종교 63
이방인 교회, …의 운영 353
이방인 신자들, '아브라함의 씨'인 342

이사야 159, 296
이삭 32, 154, 232
이상적인 인간, 하나님이 창조하신 140
이성(또는 '자연') 신학 290
이성, 기독교 신앙에서 …의 역할 290
이성주의 321
이스라엘
　…을 향한 하나님의 심판의 말씀 37
　…의 역사적 경험 30
　애굽의 압제에서 구원받은 33
　출애굽 이후 …과 맺은 언약 181
　하나님의 택한 백성으로 부름받은 296
이스라엘 백성, 회당에서 사용되던 …의 행정 형태 353
이신론 80, 123, 134, 135
이원주의
　극단적 …에 대한 거부 133-136
　사소한 신을 악의 원인으로 만들려는 119
　역할을 대변하는 역사적 인물의 142
　영과 물질은 완전히 이율배반적이라고 주장하는 189
　하나님의 행위 대 인간의 행위 125
이위일체론 70
"이적"(테라타) 130
이중 예정, …을 부정하다 64
이피게네이아 233
인간
　…의 기원과 본성 139-147
　…의 도덕적 본성 143
　…의 본성 142
　…의 죄 225-226
　…의 지적인 본성 143

…의 창조 139
교회를 조직된 사회로 보는 347
그리스도 안에서 새로운 피조물인 319
날마다 하나님의 계명을 어기는 153
몸-영혼의 존재인 397
변화와 회심이 필요한 276
불멸의 영혼을 소유하지 않은 405
신을 변화시키려고 애쓰는 232
어둠과 영적 죽음 가운데 영원히 방황하도록 정죄된 287
은혜를 더 이상 은혜가 아니게 만드는 312
의도되지 않은 우발적 사고인 144
이성적인 143
자기의 능력으로는 하나님을 찾을 수 없는 289
자신이 죽지 않는다고 알고 있는 378
자유로워져서 새롭고 성화된 삶을 살 수 있는 힘을 얻은 263
죄가 실재가 된 유일한 피조물은 아닌 161
죄인인 143, 144, 160, 178
죽음은 불가해한 것이라고 주장하는 377
천사에 대한 …의 태도 107
천사의 개념을 거부하는 109
타락으로 믿음의 통로를 막은 286
하나님에 의해 하나님의 형상으로 창조된 149
하나님의 지상의 종인 110
확신을 위협하는 염려의 원인들에서 결코 자유롭지 못한 339
흙 이상인 406
인간 본성
…과의 참된 연합 302

…의 죄성을 극복하는 능력 245
사르트르가 부인한 145
전적으로 타락(in totum vitiosam)하지 않은 251
인간 이성 290
인간관계, 은혜의 수단인 375
인간성/인격 25, 190, 384
인간에 관한 성경적 교리, …에서 벗어난 신정통주의 147
인간에게 주어진 권위, …인 사도적 권위 43
인간의 구원, …을 위해 일하시는 우리 구주 127
인간의 기원과 본성 139-147
인간의 몸, 성경적 사고에서는 좋은 것인 397
인간의 육체적 몸, 썩어버릴 398
인간의 의지, 하나님의 의지와 협력하는 335
인간의 중재, 효력이 없는 234
인간의 진보, 일반 은총에서 비롯된 373
인간의 필요, …에 대한 새로워진 민감함 374
인간의 행동들, 이유, 동기, 원인을 결정하는 146
인격적 교제, 하나님의 변함 없는 원래 목적인 124
인격적 특성, 그리스도의 재림이 지닌 387
인격적인 관계, 웅장한 계획의 중심인 123
인과적 진화론, 인간의 기원에 관한 144-145
인류 173, 254
「인류의 기원」(비오 12세) 146
인류학적 논증 25
인성
그리스도의 197, 202
그리스도의 인성에 대응하는 아담의 174

일반 예정 85
일반 은총(은혜도 보라) 248-256
　…과 관련된 그 외 수단들 372-373
　…의 정의 250-253, 372
　특별 은총과 …의 관계 253-255
　특별 은총과 구별된 59
　하나님의 사랑의 증거인 255
일반 작정, 하나님의 77
일반적인 경험, 하나님에 대한 69
일원론 132-133
일치 신조 79, 83, 270
입다 233

ㅈ

자기 결정, 창조를 위한 하나님의 …은 영원하다 101
자기 동일성, 몸의 384
'자기 비움', 신적 …에 관한 성경적 자료 198
자기 비움론 195-203
자기 의, 하나님이 보시기에 공격적인 152
자기 죽임, …에 관한 바울의 언급 326
자기 충족성, 하나님은 주권적인 … 안에서 존재하신다 98
자기를 깨끗하게 하는 면, 신자의 삶에서 326
자비/긍휼, 하나님의 61, 88, 91
자식의 신뢰, 신자들이 갖는 320
자신을 십자가에 못 박다 208
자연
　… 안에서 행해지는 하나님의 일들 373
　…의 존재 134
　그 자체로 존재하는 132
　역동적 과정으로서의 136

이신론 안에서 어떤 침투도 용납하지 않는 134
지속적으로 하나님의 충동을 느끼는 130
훨씬 큰 전체의 일부인 136
자연 계시 28
"자연 법칙" 131
자연 선택, 단순히 근접한 원인인 144
자연 세계, 폐쇄된 체계인 123
자연 신학 24, 28
자연 질서, …의 복 373
「자연, 인간, 그리고 하나님」(템플) 25
자연적 불멸, 영생의 동의어가 아닌 382
자연적인 복들, 모든 인간에게 …을 내리시는 하나님 253
자연적인 일들 137
자연주의 123, 219
자유 156, 286
자유로운 인격, …에 관한 칸트의 개념 173
'자유로운' 피조물들, 섭리에 포함되는 125
자유의지 101-103, 163
자유주의 저자들, 성경에서 신학적 정통성을 찾으려고 하는 44
자유주의의 부인, 하나님의 진노에 대한 60
자율적으로 도덕적인 자아, …라는 칸트의 견해 172
자존성(독립성을 보라) 50
자중적, …인 성경 44
작정(들)
　하나님 없이 해석된 87
　하나님의 76-84, 164
　잘못된 전제, 되어서는 안 되는 것이라는 165
잠김, …에 의한 세례 362

잠재력, 원래의 의나 피조된 선이 아닌 147
장로 352, 353, 354
"장자들의 모임과 교회" 411
재능 373, 375
재림(파루시아) 118, 387
저주받은 자들, 마귀들과 동일한 불에 들어가는 410
적그리스도 118, 391
전가
    그리스도 안에 있는 충만한 것에 대한 328
    그리스도의 의의 309
전가된 죄 169-170, 171
전능하심, 하나님의 65
전능한 사랑, 모든 죄인의 구원을 보장하는 409
전달/중보/중재 30, 108-110, 217
전지하심, 하나님의 58
전천년설 391-392
절대, 성경의 하나님과 동일시되는 50
절대적 근원 98
절대적 이상주의자 123
절대적 창조 96, 102
점진적 326, 327
점진적 성화 326-328
정결한 경건, …의 의미 374
정경성, 사도성과 동일한 43
정경적 지위, 탄생 기사의 191
「정교회, 가톨릭, 동방 교회의 대요리 문답」 215
정령 신앙 132, 133
정박된 집합, …로서의 복음주의 신학 15
정언 명령, 칸트의 26

정의, …를 탐구하다 168
정의의 교사, 쿰란에서 발견된 268
정죄당한 자들, …의 그 다음 상태 409
정통 기독교, 죽은 자들의 상태에 관한 383
제2 헬베틱 신앙고백 83
제사, … 제도 232
제사장, …이신 그리스도 219-221
제사장적 백성, …인 교회 346
제사장적 제물, 구약 성경의 232-233
제자 262, 268, 297
제퍼슨, 토머스 67
조직 신학, 벌코프의 58
조직에서의 분리, 연합을 깨뜨리는 348
존귀케 되심, 십자가에서 죽으신 그리스도의 211
존재론적 논증, 완전함에 대한 개념을 가리키는 25
종, …인 천사들 110
종교 개혁 43, 172, 197, 311
종교 개혁 신학 272
종교 개혁 이전의 견해들, 견인에 관한 334-335
종교 개혁자 67, 335, 347, 348
종교 개혁자들의 견해, 견인-배교에 관한 335-336
종교 철학자, 천사에 관한 심각한 토론을 하지 않는 104
종말론적 주제들, …의 새로운 적실성 395
좌절, 사탄의 117
죄
    …를 강하게 인식하다 181
    …를 씻어 주신 예수 216

…를 억제하시는 하나님 250
…를 향한 개인의 태도 269
…에 대한 바르트의 관점 174
…에 대한 성경적 교리의 재발견 249
…에 대한 성경적(biblical)인 관점 172, 175
…에 대한 성경적(scriptural) 관점 159, 172
…와의 분명한 결별 325
…의 대가를 지불하신 예수 206
…의 본질과 기원 158-166
…의 삯은 사망 149
…의 영향력이 억제되다 249
…의 정의 160
…의 짐을 감당하다 229
개인의 삶과 사회에서 …의 억제 250
그리스도께서 깨뜨리신 325
불신의 289
사망이 쏘는 것인 229
선하신 하나님이 허락하신 163
성찬에서 배제되는 근거인 명백한 366
신자 안에 남아 있는 326
어둡게 만드는 …의 효력이 사라지다 263
은혜에 종속적인 174
이전 죄에 의해 초래되는 160
인간의 225-226
인류의 계보 안에 있는 193
죽음과 …의 관계 378
죽음을 '타락의 속박'으로 만드는 378
피할 수 없는 하나님의 심판을 가져오는 282
하나님에게서는 …의 근원을 찾을 수 없다 114
죄 사함/죄 용서 89, 207, 219

죄 사함, 예수 그리스도의 이름으로 세례를 받고 …을 받은 존재 360
죄로 저주받은 세상, 어느 정도 선이 유지되고 있는 253
죄악 된 본성, 절망으로 이어지는 272
죄의 본질 158-160
죄의 부패, 이사야가 깨달은 자신의 159
죄의 창시자, 하나님이 …임을 부인하다 164
죄인
  …은 해하려 하였으나 하나님은 그것을 선으로 바꾸셨다 166
  …을 위해 계속 간구하시는 그리스도 234
  …인 인간 143
  거룩한 하나님에게 나아갈 수 있게 된 207
  예수 그리스도에 의해 의롭게 여겨지는 168
  예수 그리스도와 교제하게 되는 265
  죄에서 분리되는 207
  하나님의 일을 이해할 수 없는 82
  한 사람이 순종하지 아니함으로 …으로 여겨지다 169
죄인으로 여겨지다, 아담 안에서 169
죄책감, 개신교 신앙고백들에 표현된 172
주관주의 40, 155
주권, 하나님의 130-132
주님이 가르쳐 주신 기도 118
'주어진 것', 비합리적이고 무질서한 하나님의 존재 안에 있는 100
주의 날, 마지막 위기인 400
죽은/죽은 자
  … 후 생존에 대한 믿음 378
  …의 현재 상태 383
  그리스도 안에서 먼저 일어나는 410

존재보다는 …가 지배하다 381
하나님 앞에 나타나는 408
죽은 자의 부활 396-399
죽음
   …의 정의 405, 406
   그리스도께서 우리의 소망이라면 통치 능력을 잃게 되는 385
   보편적 경험인 377
   영원히 여호와의 손을 떠나게 하는 381
   피할 수 없는 378
   하나님의 임재 앞에서 즐거움을 누리게 될 410
준비, …의 필요성 392
중보/중재
   그리스도의 …를 공유하다 237-239
   제물을 제공하시는 하나님의 232
   죽은 자를 위한 383
   중보자에 의해 이루어지는 234
중보자, 언약의 183-184
중생 244, 267-275, 318, 319, 370
중세 교회, 불확신을 남용한 335
중세 로마 교회, 반-펠라기우스주의의 낙관주의를 따른 334
중세 신학 249
중요성, 기독교 신앙에서 십자가의 223
중재 사역
   그리스도의 231-239
   성령의 237
   하나님의 233
중재적 사역, 그리스도의 220
"즉흥적 생산" 145
「증거들」(페일리) 25

"증명", 하나님에 대한 23
증언
   성경 그 자체의 40-42
   성경에 대한 역사의 42-44
   성경에 대한 하나님의 44-46
   성령의 45
지상 명령 221
지상에서의 천년 왕국, …을 생략하다 391
지식 287, 288, 289
지역 교회, 그리스도 안에서 한 몸인 347
지역 모임, 교회인 347
지옥 384
지적 설계, …의 결과인 우주 95
지적 속성, 하나님의 58-59
지적인 본성, 인간의 143
지혜, 하나님의 58, 59
지혜와 키, …의 성장과 발전 198
직분
   사도와 장로(감독)의 353
   신약 시대의 교회 행정에서 활용된 357
진노 59, 60, 62, 217
진리 27, 161, 236
진리와 의의 왕국 221
진리와 이성, …의 기초 27
진리의 성령, 아버지께로부터 나오시는 70
진실하심, 하나님의 61
진화 197
진화의 의미(심슨) 144
질병에 걸린 사람들, …을 정결케 하기 위한 물로 씻음 360
집사 352

ㅊ

찬송, 재림을 증거하는 389
참되심, 하나님의 61
창발적 진화론 145
창세기 1-3장, 창세기의 나머지 부분과 밀접하게 연관되어 있다 142
창조/창조 세계 95-103
   …에 관한 성경의 이야기 98
   …에 나타난 성령의 역사 242
   …에 나타난 하나님의 지혜의 증거 59
   …에 필수적인 섭리 122-124
   …의 교리 98, 101, 102
   …의 특징과 구성을 판단하다 105
   인간의 140
   자연적으로 불가능한 96
   하나님과 구별되는 108
   행동에 있어서 하나님의 자유를 증거하는 101
창조성, 사람에게 필요한 26
창조적 진화론 145
창조주, …의 웅장한 계획 123
천국/하늘 52, 235, 385
천국의 유업, …을 이어받다 315
'천년 왕국', …에 대한 다양한 해석 389
천년 왕국설, 재림에 관한 389
천사 104-112
   …를 거북해하는 현대인의 태도 17, 107
   …보다 조금 못한 인간 144
   …에 관해 이성적 반대라는 것은 없다 105-106
   …의 섬김 110
   성경에서 언급하는 104

   신화적인 것으로 치부되는 107
   자기들의 통치 영역(아르케)에 머물지 않은 161
   죄를 지은 161
   지금의 현장을 침해하는 107
   하나님과 사람을 섬기는 108
   하나님의 보좌를 둘러싸고 있는 111
   하나님의 천상의 종들인 110-111
천사의 몸, 부활한 자가 갖게 되는 381
철학, 우리 시대에 의지주의적인 145
「철학적 신학」(테넌트) 25
「첫 번째 변증」(순교자 유스티누스) 364
초대 교부 사상, 펠라기우스에 동의한 334
초대 교회 32, 189, 255, 363
초역사의 하나님, 독일 신학자들이 말하는 30
"초역사적인" 사건, 하나님이 발생하시는 36
초월, 피조물 위에 있는 창조주의 109
초자연, …에 대한 현대적 편견 10
초자연적인 능력, …의 영향 129
최고 이데아, 플라톤의 23
최종 심판/형벌, 잃어버린 자들에게 임할 63
최초의 물질, 우주가 있기 전에 존재한 99
최후 심판 388, 400-402
추상성 81
출애굽 33
출애굽, …이후 이스라엘과 맺은 언약 181
충만, 성령의 244-245
취리히의 불링거 83
"친구", …라 불린 제자들 314
친구, …이신 예수 239
칭의
   …의 결과 312-313

…의 근거 308-310
…의 본질 306-308
…의 정의 306
…의 증거들 313
…의 통로 310-312
개인에게 전가된 예수 그리스도의 271
거룩한 삶에 관심을 갖게 하는 데 해로운 323
그리스도의 중보 사역에 근거하는 308
루터에게 신약 성경의 중심인 270
믿음에 의한 150, 305-313, 323
성화와 분리될 수 없는 324
십자가 아래 있는 인간의 결속을 강조하는 270
우리 외부에서 발생한 308
은혜와 용서를 전방에 배치하는 273
'의롭다고 선언하다'라는 의미인 306
하나님 앞에서 의로운 자로 서는 것과 관련된 324
하나님의 낳으심을 대신하지 못하는 274
하나님의 자비에 달린 308
칭찬받을 만한 행위, 수수께끼 같은 이교도들의 249
칭호, 유효적으로 부름받은 자들에 대한 262

ㅋ

카넬, 에드워드 존 350-358
카다쉬(히브리어로 거룩을 뜻함) 61
카슨, 허버트 M. 16, 177-185
카이퍼, 아브라함 240
칸트, 이마누엘 26, 71, 170, 171, 172
칼뱅, 장 19, 83, 89, 105, 122, 137, 147, 215, 249, 250, 295, 321, 335, 369, 372
칼뱅주의 336
칼뱅주의 신학 339
칼뱅주의-아르미니우스주의 논쟁, 미국에서 일어난 337
칼케돈 공의회, 최종 선언한 190
칼케돈의 정의, 기독론에 관한 190
캐리, 윌리엄 300
커티스, 올린 A. 207
케임브리지 플라톤주의자들 290
쿤, 해럴드 B. 95-103
쿨만 397
크로스비, H. 199
크리스채너티 투데이 8
클라크, W. N. 199
클루스터, 프레스 H. 47-56
키르케고르, 쇠렌 155, 233, 272
키츠, 존 123

ㅌ

타락 147, 170, 178-179
타락 전 선택설 78, 163
타락 후 선택설의 견해 78
타락 후 선택설-타락 전 선택설 논쟁 77, 81
타락한 사람, 영적으로 잃어버린 자인 259
탄생 기사, 마태와 누가의 191
"탕감", "간과하심"으로 번역하는 것이 나은 226
태곳적 죄, …를 허락하신 하나님의 작정 166
택함받은 자들, …에게 주는 영광스러운 선물 265
테넌트, F. R. 95

테니, 메릴 C. 210, 359-367
테르툴리아누스 67, 196, 290
템플, 윌리엄 25, 305
토마스 아 켐피스 401
토마스 아퀴나스 146
톰슨, 제임스 377-385
통치적 공의, 하나님의 62
튀빙겐 학파, 신약 비평의 197
튜레틴 321
트라이어, 대니얼 14
"트리엔트 공의회의 규범과 법령" 334
특권과 책임, 은혜 언약의 185
특별 계시
　…를 통해 인간에게 전달된 하나님의 지식 105
　독특한 역사적 사건들을 포함하는 33
　하나님의 능력의 행위와 권위 있는 말씀인 28
특별 예정 85
특별 은총(은혜도 보라)
　…과 일반 은총의 관계 253
　일반 은총과 …의 유사성 253
　하나님의 59
　회개할 수 있도록 통제하는 253
특별 작정, 선택이라는 77
'틈새의 신', …의 개념 135
틴데일, 윌리엄 46, 151
틸리히, 폴 175

ㅍ

파라클레토스(대언자), 성령의 기능을 정의하는 239

패커, 제임스 I. 16, 341-349
페레, 넬스 64
페르시아 종교, …의 이원주의적 책략 114
페어베언, A. M. 199
펠라기우스 171, 334
펠라기우스의 관점, 명백히 반기독교적인 171
펠라기우스주의, …에서 보호받다 86
펠라기우스주의와 아우구스티누스주의, …의 차이 334
포괄적 시기, 창세기의 '날'의 의미 99
포사이스, P. T. 337
"표적"(세메이아) 130, 392
"표징", …으로 확인되는 언약 343
프랑스의 우인론자들 123
프로이트 145
프로테스탄트 종교 개혁(종교 개혁을 보라)
플라톤 23, 31, 96
피, 희생물의 생명을 뜻하는 235
'피의 시련', 기독교 중인의 301
피조물
　다른 모든 …에 대한 지식과 사랑 139
　새로워진 283
피퍼, 프란츠 141
필슨, 플로이드 208, 210
핍박 44, 280

ㅎ

하나 됨, 은혜 언약의 179
하나님 나라, 세상에서 확장되고 있는 390
하나님(성부 하나님도 보라)
　…과 의가 승리할 것이다 393
　…에 의해 발견된 바울 168

…을 담대하게 우리 아버지라고 부르다 90
…의 공유적 속성 57-65
…의 구원 행위들 30-38
…의 내적 생명의 풍성함 97
…의 능력 293
…의 사랑 224-225, 286
…의 자기 계시 12
…의 자유의지 101-103
…의 작정 76-84
…의 주권 130-132
…의 후회하심 53, 54
결코 악의 원인이 될 수 없는(Deusnon-causapeccati) 114
교제하기 위해 인간을 창조하신 296
그리스도 안에서 하나님의 영광을 선포하게 하시는 263
그리스도 이상이신 31
그분의 다스림에 대한 인정을 요구하시는 343
그분의 아들 안에서 연합되는 특권을 부여하신 262
그분이 자신에 관해 말씀하신 것을 믿음으로 배워 289
동일하신 참 하나님으로 영원히 남아 계시는 53
마지막 말씀을 가지신 393
모든 것을 아시는 58
모든 공유적 속성을 소유하신 58
모든 인간에게 거저 주시는 …의 호가 250
모든 일을 이루시는 164
믿는 자를 그리스도 안에서 의롭게 된 것으로 여기시는 307

법칙에 따른 내적 체제를 세상에 허락하신 123
법칙을 '깨뜨리고' 기적을 행하시는 135
부활의 원인이신 35
불순종하는 죄인도 양자 삼으시는 88
불순종하는 죄인들을 거룩하게 하기로 선택하신 92
살아 계신 하나님이신 31
삼위 …의 속성들 47-56
섭리를 총괄하는 분인 121
성경을 증언하시는 44-46
성경을 통해 자신의 속성을 계시하시는 49
속박에서 우리를 자유하게 하기를 원하신 233
스스로 원인이 되거나 발생이 된 것은 아니신 50
시작도 없고 끝도 없으신 51
신자의 견인을 높이 평가하시는 339
실재를 창조하시고 영향을 끼치시는 274
아담과 하와에게 명령하신 149
아브라함을 부르심에서 주도권을 취하신 180
악의 고삐를 잡고 계신 127
악의 독립적인 세력을 영원토록 보고만 있지 않으시는 115
언제나 능동적이신 54
역사의 하나님이신 30
역사적 사건들을 통해 자신의 백성을 심판하시는 34
영이신 52
예수에게서 사망의 사슬을 끊으신 382
예정하시는 86, 91

온 우주의 창조자이신 97
우리 안에서 우리의 구원을 이루시는 126
우리에게 주신 은혜대로 부르신 260
우리의 구원을 결정하시는 269
우리의 신실치 못함을 이기는 …의 신실하심 338
우리의 일함을 격려하시는 330
의식의 세 중심점을 지닌 71
이 세상에 존재하는 악에 대한 책임을 …에게서 면제하다 100
이스라엘을 통해 자신을 드러내신 33
인간으로 하여금 돌이킬 수 있게 하시는 179
인간의 세계로 침투해 들어오시는 154
인간의 죄를 점검하시는 251
일반적인 모든 사람을 부르시는 257
자기 아들을 인간의 모양으로 보내신 187, 193
자기의 영광과 덕으로써 우리를 부르신 263
자신을 제한하셔서 인간이 되신 200
자신의 아들을 가당치 않은 미움으로 처형하셔서 영광을 받으신 236
자신의 피조물로 무엇이든 하실 수 있는 164
자신이 원하는 대로 발걸음을 옮겨 놓으시는 131
점진적 성화의 매개체이신 329
제물을 준비하시는 232
죄에 대한 …의 진노 114
'죽은' 족장들을 포함한 산 자의 하나님인 382
죽음에서 그리스도를 일으키신 210

중재자들을 통해 인간에게 계시하시는 109
창세전에 택하신 87
창조주이신 122, 143
처음부터 택하셔서 구원하신 265
타락 전에 인간과 교제를 시작하신 51
택한 성도를 입양하시는 314
피조물과 차이가 있는 109
피조물을 통해 알 수 있는 23
"하늘과 땅을 창조하신 분"인 95, 134
활동적이신 88
하나님과 분리, …된 상태인 죽음 378
「하나님과 인간 사이의 언약의 경륜」(위트시우스) 321
하나님을 기쁘게 하지 못하는 데서 … 돌아서다, 기쁘게 하는 것으로 277
하나님의 가족, …으로 받아들여지다 315
하나님의 가족, …의 일원이 되다 151
하나님의 거룩한 성품, 법의 근거인 159
하나님의 기름 부으심, 한 직분에 대한 216
하나님의 낮으심
  …에 관한 요한 신학 273
  영과 육의 대립을 강조하는 270
  요한의 사상에서의 269
  철저하게 예수 그리스도 중심인 268
  하나님에 대한 생각을 평가절하하는 모든 철학적 견해를 거부하는 274
  하나님에 의해 보전되고 견고해지는 273
하나님의 뜻, 자신의 삶을 …에 합당하게 만드는 사람 278
하나님의 말씀
  …으로 이루어진 성경의 책들 43
  개인을 발견하는 154

성경 안에 포함된 154
성경에서 소통된 13
영적인 씨앗이자 영적인 음식인 372
은혜의 수단인 369-371
하나님의 보좌, 천사들이 둘러싸고 있는 111
하나님의 본성 26
하나님의 불가해성, …을 인정하는 49
하나님의 상속자 320
"하나님의 섭리"(베르까우어) 122
'하나님의 숨으로', … 된 성경 41
하나님의 아들(그리스도도 보라)
  …을 통해 만물이 창조되다 102
  …의 형상을 닮아 가다 331
  모든 인류의 대표이신 204
  성부께 순종하시는 73
  우리의 본성에 참여하는 자가 되신 193
  은혜 언약의 근거를 세우시는 184
  하나님의 외적 속성에 속하는 일부 자연적 특권을 양도하거나 포기하신 199
  하나님이신 68
하나님의 언약 백성, …인 교회 342-344
하나님의 연합성(unitas singularitas) 48, 67
하나님의 영(성령도 보라) 69
  …을 거절하지 않다 245
  …을 받고 …으로 거듭나다 272
  …의 능력 269
  …의 단일 발출 또는 이중 발출 70
  …의 신비 268
  (교회 행정에) 다양성을 허락하신 350
  깨달음과 이해를 가능하게 하는 268
  세례를 주어 한 몸이 되게 하시는 346
  수면을 운행하시는 242

신자들을 위한 사역이 제약받지 않는 245
예배 공동체로 부르고 모으시는 237
은혜 언약을 실현하시는 184
하나님의 완전하심 47, 48
하나님의 은혜, 측량할 수 없는 …의 넓이 375
「하나님의 임재 연습」(로렌스) 374
하나님의 자녀들, 하나님의 영으로 인도함을 받는 317
하나님의 존재, …에 대한 논증 23-26
하나님의 종, 겸손함으로 채워진 201
하나님의 지식 12, 26, 58, 106
하나님의 지혜롭고 전능한 결단, 그분의 작정을 가능케 하는 80
하나님의 행위, 이스라엘을 구원하신 33
하나님의 현현 109
"하나님의 형상으로 지음받은 인간"(설교) 140
하나님이 낳으신 자 273
하나님이 만드셔서 죄인들 간에 나누는 교제, …인 교회 342
하나님이 완악하게 하심, 바로의 마음을 126
하나님이 주신 거룩한 성품, …을 파괴하기로 하다 162
"하늘의 부르심" 260
하와 149
하이네만, F. H. 146
하이델베르크 교리 문답 79, 252
하이젠베르크 135
하지, A. A. 321
하지, 찰스 215, 241, 321, 368
하지슨, 레너드 71, 72
하찮음, 인간의 144
"한 번 받은 구원은 영원하다", …는 교리 333

한 분 안에 계신 세 분 67, 71
한 분이면서 거룩한 세 분, 인간의 형상으로는 상상할 수 없는 67
한 사람, 백성을 위해 죽은 228
한 하나님, 삼위이신 66
한계들, 하나님과 성자의 연합에 관한 198
할례 180, 343, 356
합리성, 인간의 143, 379
항론파 조항, 선택에 관한 …의 초기 정의 83
항론파, 하나님의 "영원하며 불변하는 작정"을 언급한 79
해럴드 오켄가 9, 9n1
핵심적(crucial), 십자가를 뜻하는 라틴어 크룩스(crux) 223
행위 언약 148-157
　…을 깨뜨림 149
　그리스도인들이 의무로서의 …을 무시하다 152
　모든 사람이 자신을 위해 만드는 155
　은혜 언약과 구분되는 178
행위-말씀의 계시 36-38
행위-말씀의 복합성, 계시를 이루는 38
행위의 필요, 공적으로서의 가치 대 증거적 가치 311
행정, 교회의 350-358
행함, 성령으로 245
허버트 경 71
허용된 작정, 계시의 목적을 위한 하나님의 166
허튼, R. H. 200
헌트, W. 보이드 332-340
헤겔 50, 71

헤르마스의 목자 70
헨리, 매튜 178
헨리, 칼 F. H. 10, 18, 33
헬라인 39, 398
헬베틱 신앙고백 79
「현대 과학과 생명의 본성」(베크) 144
「현대인의 사고에서 그리스도의 위치」(페어베언) 199
형벌적 대속 226-229
형벌적 의, 하나님 안에 있는 63
형태, 내용의 변화를 넘어선 …의 변화 201
형통함, 의인의 고난에 대비되는 악인의 407
호세아 33, 34, 296
호흡, 영, 또는 루아흐, 하나님께로 돌아가는 381
혼란, 진실과 조화로 대치되는 283
혼합주의자들, …의 문제 171
홀로 계심, 하나님의 97
홍수, …의 끔찍한 심판 149
화목 제물 228, 234
화목 제물, 그리스도의 233-234
화해 318, 319
확신, 구원의 338
확정적 성화 324-326
환난 전 '휴거' 399
환난 전 휴거설 392
환난 중 휴거설 392
환난 후 '계시' 399
환난 후 휴거설 392
환난의 때, 그리스도의 천년 왕국 이전에 임할 391
환상, …인 보이는 우주 96

황금시대 390, 391
회개
　…로 번역되는 두 개의 헬라어 277
　신약 성경에서 강조하는 278-280
　신약 성경에서 세례의 선제 조건인 280-282
　하나님의 은혜를 경험하기 위한 필요 선제 조건인 280
회개와 회심 276-284
회개하지 않은 자, …를 기다리는 특별한 운명 406
회심 277, 283, 318
「회심의 선물」(라우틀리) 283
후천년설 390
후크마, 앤서니 A. 17, 57-65

후회하심, 하나님의 53, 54
휘오데시아('아들 삼기') 316, 321
휘장, 지성소를 막아 둔 207
'휴거' 391, 392
휴즈, 필립 E. 39-46
흄, 데이비드 379
흔들리지 않는 제1운동자, …의 최상부 23
(희생) 제물 220
희생적인 섬김, …의 유형에 속하는 일 374
흰 보좌 심판, 마지막 391
히브리-기독교 신앙, 역사적 신앙으로서 30
히포의 아우구스티누스 67, 85, 89, 101, 115, 249, 250, 334, 370

성구 색인

구약 성경

창세기
1 99, 141
1:1 98
1:2 242
1-3 141, 142
1:26 68, 142, 143, 242
1:27 140
1:28 149
2 99
2:4 99
2:7 141, 286, 406
2:16, 17 143
2:20 143
3 160
3:1 161
3:8 143
3:14 161
3:15 150, 161
3:19 406
5 149
5:1-5 142
5:24 407
11:7 68
12-50 142
15:6 150, 311
15:13-21 343
17 180, 343
17:1 343
17:7 182, 343
17:8 343
17:11 343, 344
18:25 307
22:1-18 154
22:8 232
22:18 150
26:5 150, 154
41:38 242
42:38 405
50:20 59, 166

출애굽기
2:10 316
2:24 180, 343
3:14 50
3:16, 17 180
4:22 316
6:6-7 33
19:4 33, 180
19:5 182
19:5, 6 345
20:1-17 159
21 182
21:5, 6 218
25:17 234
28:3 242
29:45 343
31:2-4 373
31:3 242
31:7 234
35:12 234
35:30-35 242
37:6 234

레위기
14:8 360
16:2, 13 234
16:5-19 232

16:20-22 232
19:2 159
26:12 182, 343

민수기
11:17, 25 242
14:26-38 154
14:33, 34 228
14:35 38
23:19 53

신명기
6:4 48, 68
6:5 149
10:12, 13 149
14:1 316
18:15 218
18:22 37
25:1 307
30:15-20 149
32:5 316
33:27 51

사사기
3:10 242
6:34 242
11:29 242
13 110
13:25 242
14:6, 19 242
15:14 242
21:25 146

사무엘상
10:9, 10 243
15:11 53
15:29 53
16:3 216
16:13 243
16:14 243, 251
28:11 이하 406

사무엘하
7:12-17 181
7:12-29 221
12:23 405, 406
23:2 242
23:2, 3 242

열왕기상
8:60 48
11:20 316
19:16 216

열왕기하
19:27, 28 251

역대상
1:1 142

역대하
7:14 276
12:8 156

에스더
2:7, 15 316

욥기
5:9 130
7:9 381
10:21, 22 381
19:25-27 406
22:21 288
26:7-14 129
26:13 242
31:12 406
33:4 242
37:14 257
38:1-42:6 257

시편
1 149
2:7 273
8 143, 144
8:2, 4 257
8:3 374
9:7 406
16:8 이하 407
16:8-11 381
16:10 381
17:14, 15 407
19:1 242
19:1-4 22, 257
22:27 390
31:15 52
32:1 307

33:6 242
33:11 50
36:6 373
39:12, 13 381
40:6-10 218
40:9, 10 219
41:9 242
46:11 257
49:14, 15 407
49:15 406, 407
51:11 243
73:23 407
73:23, 24 381, 407
73:24a 407
86:13 381
88:3-5 378
88:7-12 406
88:10-12 381
89:3, 4, 26 181
90:2 51
102:27 51
104 257
104:24 59
105:15 216
107:23, 24 373
110:1 242
110:4 54
115:17, 18 381
121:1, 2 373
139 52, 122
143:2 307
145:9 59, 253

잠언
3:5 290
4:23 146
5:5 406
14:32 407
17:15 307

전도서
12:7 381, 406

이사야
2:10 409
5:23 307
6:1-6 159
6:3 68, 111
6:8 68
6:9, 10 242
9:6, 7 221
11:1-10 221
11:2, 3 243
11:9 390
13, 14 162
14:9 405
14:9-12 381
14:12-14 162
25:8 407
26:19 396, 407
34:11 196
38:9-20 378
38:10, 11, 18 381
38:17 381
42:1-4 221, 243

44:6 48
46:10 54
53 217
53:6 232
55:3, 4 181
57:15 51
59:21 242
61:1, 2 216, 243
65:25 161
66:1 52

예레미야
18:8-10 54
23:23, 24 52
31:9 316
31:31 182
31:31 이하 344
31:33 182, 343
34:5 38
36:4, 6 38

에스겔
3:18 406
10:4 409
17:21 37
18:20 228
24:14 38
28:1-19 162
28:12-19 162
32:18 이하 405
37 396

다니엘
4:8 243
5:11-14 243
8:16 110
12:1 391
12:2 396, 406, 407

호세아
2:23 345
11:1, 4 33

요엘
2:13-14 54

아모스
4:12 34
5:18 34
7:3, 6 54

요나
3:9 54
3:10 54
4:2 54

미가
3:8 242

하박국
1:13 62, 227
2:4 150

학개
1:13 181
2:4-9 181

스가랴
12-14 181

말라기
3:1-4 181
3:6 53
4:4-6 181

외경과 위경
에녹서 396
   51:4 381
   62:15, 16 381
에스드라2서
   7:43 381
마카베오2서 396
솔로몬의 시편 396
솔로몬의 지혜서 396
   9:17 381

신약 성경

마태복음
2:2 221
2:15 344
3:5-12 279
3:11 281
3:15-17 234

4:1-11 198
4:4, 7, 10 41
5:13 333
5:17, 18 41
5:44, 45 253
7:13 264
7:20, 21 280
10 297
10:22 333
10:32, 33 401
11:27 216, 287
12:18-21 243
12:28 243
12:37 307
13:24 이하, 47 이하 348
13:24-30 393
13:33 390
13:55 192
14:30, 31 292
16:18 348
16:27 386
17:20 293
18:3 277
18:20 347
19:26 65
21:11, 46 218
21:29, 32 277
22:14 259
22:30 162, 398
22:39 151
22:42, 43 242
23:29, 30 218

24:3, 27, 37, 39　387	**마가복음**	1:19, 26　110
24:13　333	1:4　281	1:35　243
24:14　258, 392	1:4, 5　278, 360	1:72　182
24:21　391	1:8　360	2:10　74, 258
24:25　388	1:11　273	2:33, 41　192
24:27　387	2:10　74	2:48　192
24:30　386, 387	3:29　162	2:52　198
24:32, 33　392	4:16, 17　333	3:3　281
24:32-51　387	4:41　188	3:7, 8　281
24:35　42	6:3　193	3:7-14　278-279
24:44　392	8:31　219	3:38　142
25:1-13　387	8:38　387, 401	4:14, 15, 18　243
25:6　389	9:31　219	4:18, 19　216
25:21, 23　401	10:33, 34, 45　219	4:18-21　243
25:31　222, 386	10:45　227	4:24 이하　218
25:31, 46　402	12:6　409	6:33　253
25:31 이하　383	12:18-27　381	6:35, 36　253
25:31-46　389, 402	12:25　162, 384	7:16　218
25:40　374	12:28 이하　48	9:26　387
25:41　408, 410	12:36　242	9:30　411
25:46　282, 407, 408	13　388, 392	9:31　205
26:28　182, 207, 226	13:13　333	10:16　297
26:39　205	13:22　198	10:18　116
26:63, 64　388	13:32　392	10:27　159
27:3　277	13:35, 37　393	12, 14　297
27:46　198	14:22, 24　363	12:8, 9　401
27:50　205	14:24　182	13:5　280
28:19　68, 258, 360	15:34　206, 227	13:20, 21　390
28:19, 20　221	16:15　258	13:33　218
28:20　52		13:33, 34　218
	누가복음	16:8　248
	1:15　243	16:15　19

16:19 이하 383	1:29 219	8:44 161
16:23 이하 411	1:45 192	9:39 401
16:26 408	1:49 221	10:10 283
17:24 387	3:2 218	10:16 183
18:8 392	3:3 267	10:18 205
19:15 389	3:3, 7 267	10:27-29 265
19:17 401	3:3-7 244	10:27-30 264
20:35, 36 162	3:5 268	10:28 292
20:36 316	3:8 260	10:28, 29 333
21 388	3:15-18 313	10:30 73, 198
21:9 392	3:16 34, 59, 150, 217, 224	10:35 38, 41
21:27 386	3:18 393, 401	11:25 292
21:28 393	3:34 216, 243	11:50 228
21:29-31 392	3:35 59	11:51 228
22:31, 32 333	4:19 218	12:40 277
22:61, 62 401	4:21 이하 52	12:49 73
23:42, 43 383	4:34 268	13:34 151
23:46 383	5:19, 30 198	14 388
24:19 218	5:24 383, 400	14:1-3 382
24:27 280	5:26 50	14:3 387, 389
24:44 이하 42	5:27 400	14:6 287, 293
24:47 280	5:28, 29 400	14:10-24 218
24:50, 51 211	5:29 399	14-16 68
	6:15 221	14:17 244
요한복음	6:39, 40, 44, 54 382	14:26 42
1:1 68	6:53 365	14:28 73
1:1-18 198	6:57 365	15:2 329
1:13 244, 308, 310	6:63 365	15:11 283
1:14 109, 186, 327	7:17 66	15:14 314
1:14, 17 386	7:38, 39 245	15:26 70
1:16 328	8:26-28 218	16:8 158, 243
1:27-33 68	8:29 206	16:12, 13 245

16:13 42, 236	2:38 280, 360	14:17 59
16:13, 14 221	2:42 369, 371	15:1-5 356
16:21, 22 283	3:12-26 370	15:14-18 393
17 236, 298	3:15 210	16:31 150
17:1 236	3:19 277	16:33 280, 360
17:3 383	4:2 210	16:33, 34 362
17:5 198	4:10 210	17:7 221
17:8, 26 218	4:11, 12 292	17:25 50
17:11-15 333	4:31 370	17:27, 28 52
17:13 68	5:30 210	17:30 280
17:17 329	5:31 212	17:31 393, 400
17:24 59	6:1-6 352	18:8 360
18:11 206	7:2-53 370	19:4 281
18:37 221	7:38 183	20:28 341
19:19 221	7:42 251	20:32 324
20:28 68	7:53 109	26:18 318, 324
20:31 46	8:4, 35 370	26:20 277
21:24 42	8:12, 38 360	28:25 242
21:20-23 387	8:22 280	
	9:5 288	로마서
사도행전	9:10 360	1:1, 5, 9 346
1:5 244	10:34-43 370	1:4 211
1:9-11 211	10:38 116	1:16, 17 370
1:11 387	10:43 293	1:20 22, 257
1:16 242	10:47, 48 360	1:24, 26, 28 251
1:22 209	11:15-17 244	1:32 62
2:14-35 370	11:21 278	2:2, 15 307
2:24 210, 382	11:29, 30 353	2:4 253
2:24-32 210	13:16-41 370	2:5 이하 253
2:32 210	13:24 281	2:6, 7 62
2:32-35 211	13:39 292	2:6-10 400, 402
2:33-36 212	14-16 253	2:7-9 149

2:8 150	5:19 169, 308, 309	8:33, 34 307
2:8, 9 62	6:1-11 299	8:34 235, 333
2:14, 15 257	6:2 152, 325	8:37 230
2:16 393	6:3 이하 344	8:38, 39 302
3:21-26 216, 226	6:3, 4, 6, 17, 18 329	9 166, 308
3:21-28 62	6:4 325	9:4 316, 321
3:22, 27, 28 310	6:4-6 360	9:11, 23, 24 264
3:24 299	6:10 325	9:16 308
3:24-26 74	6:13 244	9:17, 18 165
3:25 226, 234	6:13, 19 330	9:19-21 164
3:28 311	6:23 299	10:10 288
4 183, 311	7:4 329	10:14 288
4:3 311	8 86, 237	11:16-24 342
4:3, 6-8 307	8:1 400	11:17 183
4:11, 16 345	8:2 329, 385	12 345, 347
4:11-18 342	8:3 187, 234	12:2 327
4:16 310	8:7 290	12:6-8 346
4:24 210	8:9 69, 244	13:1-4 251
4:25 209, 220	8:9-14 345	13:11 330
5 174	8:11 210, 382	13:13, 14 370
5:1 310, 318	8:13 327, 330	14:10 307, 400
5:2 322	8:14 245	14:17 383
5:5 330	8:14-17 317, 320	15:4 345
5:6 233	8:16 245	15:16 245, 346
5:8 35, 224, 409	8:17b 301	16:13 299
5:9 308	8:21 317	16:17 356
5:10 231	8:23 312, 321, 411	16:26 150
5:12-21 160	8:26 245	
5:15, 17 168	8:28 375	고린도전서
5:16 307	8:28-30 264	1:2 299, 324
5:17 309	8:29 326	1:5 299
5:18 308	8:33 307	1:7 393

1:9 261, 262, 325	12:3 237	**고린도후서**
1:17, 21, 23, 24 369	12:4-28 346	1:22 244, 333
1:18, 24 59	12:13 346, 361	2:11 113, 118
1:23, 24 261, 263	15 397	2:14 299
1:24 289	15:2 333	3:18 327, 329
1:26-30 260	15:3 220, 225	4 116
1:30 299, 370	15:3 이하 34	4:4 이하 248
2:9 410	15:4-8 209	4:5 347
2:9-3:2 245	15:10 346	4:6 319
2:12-14 246	15:12 356	4:13 287
3:1-3 333	15:12, 13 397	4:14 382
3:6, 7 346	15:14 209	5:1, 2 411
3:10 346	15:17 209	5:5 333
3:11-15 333	15:17, 18 211	5:6 이하 411
3:12-15 401	15:20 345, 397	5:10 293, 400, 401
3:22, 23 255	15:20-22 382	5:14 151, 227
4:10 299	15:22, 45-49 170	5:14, 15 326
5 356	15:23 388, 399	5:17 244, 269, 283, 319, 345
5:5 410	15:24-28 393	5:19, 20 307
5:7 364	15:25 236	5:21 168, 206, 227, 233, 309
5:10 346	15:25-28 389	6:16 343
6:11 308, 324	15:28 409	7:1 327, 330
6:14 382	15:34 348	7:8 277
7:22 299	15:35 이하 411	8:9 198
8:6 68	15:35-50 398	9:1 346
9:27 333	15:42-44 398	9:15 287
10:12 333	15:44 398	10:3-5 10
10:21 365	15:47, 48 144	11:2 300
11, 12 300	15:50 398	11:14 113
11:23-26 363	15:55-57 229	12:1-10 302
11:25 182	16:15 346	13:5 348
12 345, 347		13:13 68

갈라디아서

1:4 220
2:4 299
2:16 311
2:17 299
2:20 208, 293, 301
3 311
3:6 288
3:8, 9, 14-29 334
3:13 220, 227
3:19 109
3:26 318
3:26, 27 321
3:27 이하 345
3:28 299
3:29 183, 342
4:4 52, 193
4:4, 5 317
4:5 321
4:6 320
4:26 345
5:4 333
5:5 287, 312
5:16 245
5:16, 25 330
5:22 330
5:22, 23 245, 283
6:16 183, 342

에베소서

1 86
1:3 86, 89, 299
1:3, 4 308
1:4 87, 89, 317
1:5 87, 88, 89, 312, 316, 321
1:6 89
1:7 207
1:11 50, 65, 164, 299
1:11, 12 299
1:13 244
1:13, 14 333
1:14 313, 411
1:17 330
1:18 262
1:19-23 212
1:20 211
1:23 328
2:1, 3, 12 252
2:1 이하 345
2:1-6 326
2:4 88
2:4, 5 329
2:5, 10 244
2:8 287, 311, 319
2:8, 9 287
2:10 299
2:18 68
2:20 235
2:21 345
3:2 308
3:10 341
3:16 313
4 347
4:1 265

4:3 348
4:6 48, 68
4:11 346
4:11-16 328, 341, 345
4:13 328
4:22-24 319
4:24 144
4:30 244, 245, 333
5:2 233
5:18-20 245
5:22-33 375
5:25 341
5:25 이하 345
6:23 287

빌립보서

1:6 333
1:23 383, 411
1:29 287
2:5, 6 110
2:5 이하 110
2:5-7 199
2:5-11 198
2:7 195, 196, 199-200
2:12, 13 313, 333
3:11 399
3:12-14 153, 265
3:20 393
3:20, 21 399

골로새서 345

1:13 383

1:16, 17 221
1:18 345
1:23 333
1:23-28 300
1:24 238, 300
2:2 187, 333
2:11 이하 345
2:12, 13, 20-3:2 363
2:12, 13 383
2:14 307
2:15 115
2:18 111
2:20-3:2 363
3:1, 2 383
3:3, 4 326
3:4 342
3:4, 5 393
3:5 327
3:17 376

데살로니가전서
1:10 393
3:12, 13 388
4:7 324
4:16, 17 389, 410
4:18 393
5:1, 2 392
5:3 410
5:9 330
5:19 245
5:23 144, 329, 388
5:24 264

데살로니가후서
1:7, 8 393
1:7-10 402
1:8 62
1:9 408
2:6, 7 251
2:9 118
2:13 262
2:13, 14 265
2:14 263
3:14, 15 356

디모데전서
1:17 51
1:19 15
2:5 48
2:14 289
3:1-7 353
3:6 161
3:16 68, 187
4:1 392
4:1-3 392
4:10 253
5:22 355
6:3-5 356
6:12 264
6:14-16 221

디모데후서
1:9 260
1:12 333
2:13 61

2:14-19 356
2:19 393
2:21 324
3:1-7 392
3:15 45
3:16 41
4:1 388, 389
4:7, 8 388

디도서
2:11 386
2:13 386
3:5 244
3:5, 6 270, 322
3:5-7 308
3:9-11 356

히브리서
1-3 221
1:1 41
1:1, 2 289
1:1-4 198
1:2 187
1:3 216, 226
1:7 107
1:8 68, 221
1:14 110, 330
2:1-3 334
2:7 109
2:9 206
2:14 이하 187
2:14-18 212

성구 색인   463

2:17 220, 234
3:1 220, 260, 262
3:6, 14 333
3:7 242
3:12-14 334
4:4 220
4:14-16 212
4:15 198, 220
5:7, 8 198
5:12-6:8 333
6:4-6 334
6:4-6, 9-12 334
6:11 333
6:17, 18 53
6:19 15
7 220
7:24 333
7:25 235
8:2 220
8:10 182
8-10 344
9 220
9:11-15, 24-28 220
9:13-28 388
9:14 68
9:15 263
9:25 235
9:27 408
9:28 227, 330, 386, 393
10 220
10:5-7 218
10:7 219

10:10, 29 207, 324
10:10-14 220
10:12, 13 236
10:13 222
10:15, 16 242
10:18 226
10:19-22 220
10:19-24 237
10:22 333
10:26, 27 334
10:26-29 334
10:38 333
11 183
11:3 108
11:6 278, 287
11:8 311
11:8-16 343
11:13 183
12:12 345
12:22 111
12:23 411
13:2 111
13:8 55
13:12 324

야고보서
1:13 114
1:17 53, 253
1:18 244, 308, 370
1:27 374
2:19 288
4:7 116

5:7 393

베드로전서
1:2 313
1:3 260, 269
1:5 330, 333
1:10, 11 70
1:21, 22 68
1:23 269, 370
1:25 45
2:2 330
2:2, 3 370
2:9 262, 263
2:9, 10 345
2:21 228
2:24 226, 227
3:18 68
3:20, 21 361
3:21, 22 211
4:1, 2 326
5:4 388
5:8 116
5:10, 11 265

베드로후서
1:3 263
1:4 193
1:8-11 334
1:10, 11 265
1:21 41, 68, 242
2:4 161
2:20 333

3 392
3:3, 4, 9, 10 393
3:4, 12 387
3:8 51
3:12 393
3:15, 16 42
3:18 370

요한일서
1:5 58, 114
1:7 226
1:8 326
2:1 239, 307, 326, 333
2:2 228
2:19 333
2:28 387
3:1 59
3:1, 2 388
3:1, 2, 10 316
3:2 319, 411
3:2, 3 393
3:3 326
3:4 159
3:4-12 269
3:6 326
3:6, 9 326
3:6-9 333
3:8 161
3:9 326
3:14 383
3:20 58
4:2 187

4:4 333
4:9-14 409
4:10 228
4:10, 19 291
4:17 401
5:1 318
5:10 289
5:10-12 313
5:11, 12 293

요한이서
9-11 356

유다서
1 262
6 161
14 142
14, 15 393
19 244

요한계시록 393
1:5 221
1:7 387
1:8 51
1:13 220
2:7, 10, 11, 17, 25, 26 333
3:5, 11, 12, 21 333
5:6, 9, 12 220
5:11 111
6:9, 10 411
6:12-17 393
7:9 411

7:14-17 411
11:15 221, 393
12:12 118
14:13 411
17:14 265, 266
19:7 이하 345
19:10 111
19:16 221
20 390, 391, 392, 399
20:1-7 389
20:2 161
20:10 408, 410
20:12 408
20:12 이하 408
20:14 408
20:14, 15 402, 408
20:15 400
21:3 343
22:12 388, 389
22:20 393

초기 기독교 저작
아우구스티누스
  The City of God V, 12-
  20 249
  On the Gift of Perseverance 334
  On Marriage and Concupiscence I, 4 249, 250

에우세비우스
　Historia Ecclesiastica I.3 215

순교자 유스티누스
　First Apology 364
　Second Apology p. 13 373

Macedonian Heresy 70

니케아 신조(Nicene Creed) 241

Shepherd of Hermas 70

Teaching of the Twelve Apostles 362

테르툴리아누스
　Adversus Marcionem 196
　De Carne Christi 5 290

종교 개혁 저작

아르미니우스, 야코부스
　아르미니우스의 저작(The Works of James Arminius)
　p. 119 312
　Vol. II, p. 110 310

감리교 종교 조항(Articles of Religion of The Methodist Church) Art. III 389

아우크스부르크 신앙고백(Augsburg Confession)
　Art. XII 335
　Part 1, Art. XVII 388

벨직 신앙고백(Belgic Confession)
　XIII 81
　XVI 82

뵈메, 야콥
　Signatura Rerum p. 14 100

칼뱅, 장
　제네바 합의 신조(Concensus Genevensis) 90
　기독교 강요(Institutes)
　Book IV 371
　I. 17-18 77
　I. xiv. 3 105
　I. xvi. 2 137
　II. 15 215
　II. iii, 3 251
　II. p. 1019 372
　II. p. 1023 369
　III. 22-24 77
　III. 24, 5 83
　III. ii. 16, 40 335
　III. ii. 32 90
　III. xii. 1 90
　III. xxii. 7 90
　III. xxiv. 10 335

트리엔트 공의회의 규범과 법령(Canons and Decrees of the Council of Trent) 334

도르트 신조(Canons of Dort)
　I, 7 82

I, 12 **81**

III-IV, 3 **252**

III-IV, 4 **251**

일치 신조(*Formula of Concord*)
  Art. IV, Negative III **335**
  Art. XI, 1 **79**
  Art. XI, 5-12 **83**
  Art. XI, 12 **79**

자유의지 침례 신앙고백(*Free Will Baptist Confession*) **79**

갈리아 신앙고백(*Gallican Confession*) VIII **81**

하이델베르크 교리 문답(*Heidelberg Catechism*) 8문, 91문 **252**

루터, 마르틴
  로마서 주석 서문(*Epistle to the Romans Preface*) **310**
  대교리 문답("The Greater Catechism") **335**

항론파 조항(*Remonstrant Articles*) Art. I **83**

색슨 조항(*The Saxon Articles*) Art. IV, III **335**

스코틀랜드 신앙고백(*Scots Confession*) 1560 Art. VII **78**

제2 헬베틱 신앙고백(*Second Helvetic Confession*)

X **83**

XI **83**

영국 성공회 39개 신조(*Thirty-Nine Articles of the Church of England*)
  IV **388**
  XVII **78, 81, 82**

웨슬리, 존
  The Letters of the Rev. John Wesley Vol. III, pp. 305-6 **336**

웨스트민스터 신앙고백(*Westminster Confession of Faith*)
  chaps. 32, 33 **388**
  I, i **164**
  III, 3 **77**
  III, 5, 7 **81**
  III, 8 **82**
  IX, 4 **252**
  VI **78**
  XVII, ii **336**

웨스트민스터 소요리 문답(*Westminster Shorter Catechism*)
  8문 **77**
  20문 **82**

그리스-로마 저작
Galen *De Usu Partium Corporis Humani* XII, p. 14 **96**

칼 헨리(Carl F. H. Henry)_ 복음주의 기독교 신학자

1913년 독일에서 태어나 휘튼 대학, 북침례 신학교에서 공부했으며, 1947년 풀러 신학교에서 교수를 역임했다. 1942년, 전국 복음주의 협회(National Association of Evangelicals)를 시작하고 수년간 위원으로 섬겼다. 1956년에 빌리 그레이엄과 함께 〈크리스채너티 투데이〉(Christianity Today)를 설립하여 1968년까지 편집장으로 재직하였다. 북미 복음주의 운동에서 가장 영향력 있는 신학자로 여겨지며, 그의 저서 God, Revelation, and Authority는 세계적으로 복음주의 신앙을 형성하는 데 큰 영향을 끼친 책으로 꼽히고 있다. 국내에 번역된 책으로는 「창세기 격론」(공저), 「복음주의자의 불편한 양심」(이상 IVP 역간)이 있다.

옮긴이_ 노진준

토슨 대학(Towson University) 수학과를 졸업하고(B.A.), 웨스트민스터 신학교(Westminster Theological Seminary)에서 목회학으로 석사(M.Div.)를 받았으며, 변증학으로 박사 과정을 이수했다. 볼티모어 갈보리장로교회(1992-2009)와 LA한길교회(2009-2017)에서 담임 목사로 섬긴 바 있다. 저서로는 「노진준 목사의 다니엘서」, 「회복하라」(이상 지혜의샘), 「믿음을 의심하다」(두란노), 「읽는 설교 요한복음」 1, 2(죠이북스)가 있으며, 「조직 신학」(은성), 「성경 이미지 사전」, 「개혁주의 은혜론」(이상 CLC) 등 다수의 역서가 있다.

신앙의 기초를 세우는 기독교 기본 교리

초판 발행	2020년 12월 25일
엮은이	칼 헨리
옮긴이	노진준
발행인	김수억
발행처	죠이선교회(등록 1980. 3. 8. 제5-75호)
주소	02576 서울시 동대문구 왕산로19바길 33
전화	(출판부) 925-0451
	(죠이선교회 본부, 학원사역부, 해외사역부) 929-3652
	(전문사역부) 921-0691
팩스	(02) 923-3016
인쇄소	송현문화
판권소유	ⓒ죠이선교회
ISBN	978-89-421-0455-0

책값은 뒤표지에 있습니다.
잘못된 도서는 교환하여 드립니다.
이 책 내용을 허락 없이 옮겨 사용할 수 없습니다.

이 도서의 국립중앙도서관 출판예정도서목록(CIP)은 서지정보유통지원시스템 홈페이지 (http://seoji.nl.go.kr)와 국가자료공동목록시스템(http://www.nl.go.kr/kolisnet)에서 이용하실 수 있습니다. (CIP제어번호: CIP2020051351)